HALİD ZİYA UŞAKLIGİL

Aşk-ı Memnu

Hazırlayan: Musa Sarıkaya

EKSİK PARÇA

Eksik Parça Yayınları
Edebiyat / Roman: 06
Yayın Danışmanı: **Feridun Andaç**

Aşk-ı Memnu
Halid Ziya Uşaklıgil

Yayın Yönetmeni: **Asiye Ademir**
Hazırlayan: **Musa Sarıkaya**
Editör: **Saide Tokuç**
Sayfa Tasarımı: **Gökhan Yıkılmaz**

Kapak Tasarımı: **Anıl Erarslan - Mineral**
www.mineraltasarim.com | Tel: 0212 2893010 (pbx)

Baskı ve Cilt: MY MATBAACILIK SAN. VE TİC. LTD. ŞTİ.
Maltepe Mah. Yılanlı Ayazma Sok. No: 8/F Zeytinburnu/İstanbul
mymatbaa34@gmail.com | Tel: 0212 674 85 28

YAYINEVİ SERTİFİKA NO: 30173
MATBAA SERTİFİKA NO: 34191

Baskı: Ekim 2016
ISBN —978-605-9442-16-9

Genel Dağıtım: **İKİ A YAYINCILIK VE DAĞITIM HİZMETLERİ**
Gülbahar Mah. Elif Sok. No:4/A Mecidiyeköy / İstanbul
Tel: 0212 272 45 46 | Fax: 0212 272 45 55
http://ikiayayincilik.com.tr
http://www.facebook.com/eksikparca1
http://twitter.com/eksik_parca
www.eksikparca.com

HALİD ZİYA UŞAKLIGİL

AŞK-I MEMNU

HALİD ZİYA UŞAKLIGİL'İ BUGÜNE TAŞIYAN

Feridun Andaç

Edebiyatımızda kanonik bir yapının ortaya çıkmasını sağlayan "Servet-i Fünun" dergisi (27 Mart 1891) birçok yazarı buluşturduğu gibi, birçok edebi türün de gelişmesinde öncül olmuştur. Hâlid Ziyâ Uşaklıgil'in (1865-1945) Mai ve Siyah'ı 1896'da bu dergide tefrika etmesi, aslında, onun romancılığının dönemin edebiyat ortamında nasıl pekiştiğinin de bir göstergesidir.

Öyle ki; derginin Yayın Yönetmeni Ahmet İhsan (Tokgöz), tefrikanın sunumunda şunları yazacaktır:

"Hâlid Ziyâ Bey o muharrirlerdendir ki bir makalenin altında imzaları görüldüğü gibi insanın kalbinde derhal, 'Güzel bir şey okuyacağım!' inancı gelir. Nazik muharrir, eserlerini pek dikkatle inceleyerek, pek derinlemesine düşünerek yazar; yazdıklarını seve seve okutur. Okuyanlar, kaleminin psikolojik çözümlemedeki maharetine daima hayran kalır."[1]

Ahmet İhsan, Uşaklıgil'in Mai ve Siyah'ını "realist", "millî roman" olarak nitelendirir bu yazısında.

Derginin "parlak" yazı kadrosu arasında kendisini "pek sönük münevver" (olarak) gören Hâlid Ziyâ, aslında bu romanı ve hemen sonrasında yazdığı "Aşk-ı Memnu" ile hem yazarlığını hem de romancılığını taçlandıracaktır.

1 Mai ve Siyah, Hâlid Ziyâ Uşaklıgil; Günümüz Türkçesiyle, Yay. Haz.: Tamer Erdoğan/Mustafa Çevikdoğan, 2016, Can Yay., 332 s.

Hâlid Ziyâ'nın bu iki romanını bir dönemin ruhunun iki rengi; "siyah ile beyaz" olarak alabiliriz.

Onun romantizmden gerçekçiliğe geçişinde tanıklığının getirdiği ruh/renk, Ahmet İhsan'ın nitelediği "millî"likle izah edilemez kanımca.

Hâlid Ziyâ, "Batı formu'nda yazılmış ilk yerli roman" tanımının da ötesinde bir gerçekliği taşır romancılığımıza.

Ardılı dönem romancıları üzerindeki etkisi de asıl burada aranmalıdır. Kuşakdaşı Mehmet Rauf (1875-1931) Hâlid Ziyâ'nın etkisinde ilk romanı Eylül'ü (1900) yazar. Uşaklıgil'in üslûbunun Mehmet Rauf'u nasıl etkilediğini şu satırlarından da anlayabiliriz:

"Bu üslûbda yalnız en müstesna çiçek demetleri gibi ruhu cezb ü teshir eden latif renkler değil, aynı zamanda bu renkler kadar vecd-engiz râyihalar da vardı. Bu üslûb o kadar çiçekti ki bütün havâssını cami'idi. Yani hem rengîn, hem muattar idi."[2]

Bireyin içgerçekliğine dönük bakışın anlatımını romanının ana örgüsü kılan Mehmet Rauf da, tıpkı Hâlid Ziyâ gibi, Fransız edebiyatının etkisinde yazar. Ama yerli konu/insan gerçekliğine dönük bakışı/kurguda Hâlid Ziyâ'nın yaklaşımı Mehmet Rauf'u derinden etkilemiştir.

Öyle ki; onun Aşk-ı Memnu üzerine Servet-i Fünun'da yayımladığı (15-22 Mart 1901-1317) yazısında, aralarındaki edebi kan bağını yansıtan bir bakışı vardır. Ki; Nihal'e odaklanarak çözümlediği romanın anakronik yapısındaki duygu tınısını da öne çıkarırken, şunları söyler Mehmet Rauf:

"Hiçbir zaman yazar bizi bir kişi ve olaya bu kadar ciddi, samimi olarak ilgilendirememişti. Çünkü hiçbirisini bu çözümleme başarısıyla yaşatamamıştı."

---

2 Edebî Hatıralar, Mehmet Rauf; 2008, Kitabevi Yay., 86 s.

Romanın anlatımını "benzeri yok" olarak nitelendiren Rauf, kuruluşundaki birtakım "kusur"lara dikkati çeker.

Gene de Hâlid Ziyâ'nın "hikâye anlatmak"taki ustalığının altını çizer.

"Hâlid Ziyâ bu eserinde bütün yeteneğini, bütün sanat ve kudretini gösteriyor, bize enfes bir hikâye yazıyor; önce çözümleme, ikinci olarak hikâye etme konusundaki başarısından söz etmek istiyorum..."

Hâlid Ziyâ'nın insan ruhuna derinlikli bakışını romanın ana kahramanları Nihal, Adnan Bey, Bihter, Behlûl üzerinden görürüz. Öyle ki; romancı bir ruh arkeoloğudur adeta.

Romancının iç dünyalara bakışı kadar, dış dünya gerçekliğini yalın biçimde betimleyişi de önemlidir.

Denebilir ki; Hâlid Ziyâ, yeni düzyazının kuruluşunu hatırlayan bir birikimi çıkarıyor roman ve öykülerindeki anlatımıyla. Burada onu başat kıldığı gerçeklik duygusu kadar, yaşanan ânın/zamanın betimidir de. Bunu yalın, anlaşılır bir anlatımla gerçekleştirir.

Dış ve iç gerçekliğin anlatımını bu denli öne alması, ele aldığı konu/insan gerçeğini yansıtmada başat öğedir. Özellikle onun çıkış noktası olan "realizm"in (Fransız) etkisi Mai ve Siyah'ta belirgince öne çıkar. İlk romancılığını "hazırlık süreci" olarak değerlendirirsek; Hâlid Ziyâ, burada, özellikle Nemide (1888/1943), Bir Ölünün Defteri (1890/1944), Ferdi ve Şürekâsı (1896/1945) romanlarında kurgu ve anlatım arayışı içindedir.

Onun romancılığının odağında yer alan Mai ve Siyah > Aşk-ı Memnu > Kırık Hayatlar Hâlid Ziyâ'yı modern romanın edebiyatımızdaki kurucu yazarı kılmaktadır.

Özellikle söz dizimi, anlatımdaki açıklık/yalınlık, dili anlaşılır kılma çabasının öğeleri olarak öne çıkarken; romancının roman kişilerinin anlatımındaki tutumunda da belirleyici olur.

Unutmayalım ki, öncülü olan Ahmet Mithat (1844-1912) dil yönünden ağdalı ve savruktur. Roman kurgusunda "adaptasyon" esintisiyle birlikte, olayın anlatımını ders vermeye, nesnel anlatmaya dayandırması ondaki gerçeklik duygusunu/bakışını yavan kılmaktadır.

Millî Edebiyatın Anlamı

Hâlid Ziyâ Uşaklıgil, 1938'de yazdığı bir yazıda "millî edebiyat" konusunda şunları söyler:

"Millî edebiyat! Bu ne demektir acaba? Eğer millî edebiyatın kendisine ait olmak lâzım gelen vasıfları, onun doğabilmesine hizmet edecek şartları, velhasıl bizde öyle bir edebiyat yaratmak çareleri, ondan bahsedenler tarafından bize bildirilmiş olsaydı, ne ben, ne benimle beraber bu işle alâkası bulunanlar beyhude bir zahmete girmiş olmayacaktık.

Evirdim çevirdim, millî edebiyatın ne demek olduğuna karar verebilmek için aksini aldım, millî olmayan edebiyat dedim, onu da bulamadım, bu tâbiri başka lisanlara terceme ettim, meselâ littérature nationale diye Fransızcasını buldum. Bu, folklore olmasın diye düşündüm, olmadı, türlü şerhlerle tefsire kalkıştım, gene kanaat verecek bir netice alamadım. Şu halde millî edebiyat ne demek olacak, mademki bunun yaratılmasını düşünenler bize zihinlerinin içinde gizlenen sırrı söylemek istemiyorlar bunu biz arayıp bulmak, karanlıkların içinde gölgeler, resimler, ruhlar vardır iddiasında bulunan zünun erbabının gördüklerini biz de kendi adesemize aksettirmeğe kıyam eylemek mecburiyetinden bulunuyoruz demektir."[3]

Onun da, bu konuda, zamanında bir arayış/sorgulayışın içinde olduğu düşüncelerine yansır ister istemez.

---

3 Millî Bir Edebiyat Yaratabilir miyiz?, Nusret Safa Coşkun; 1938, İnkılâp Kitabevi, 144 s.

Öyle ki; Uşaklıgil'in sorunun yalnız anlatılanda değil, nasıl anlatılacağında da bir bakış/tutum getirdiği ortadadır. Romanın Ahmet Mithat Efendi ile geldiği çizgiden ayrılması da işte asıl buradadır. Yeni ve özgün, ama etki kaynakları hem Batı hem de Doğu'dur.

Osmanlı toplumunun Batılılaşma çabaları bir zaman sonra "sorun" olarak gündeme taşınırken; edebiyatta da "yeni" birtakım kavramlarla birlikte ikilem ortaya çıkmıştır.

Bugün bunu "yenilikçiler"/ "gelenekçiler" olarak tanımlasak da; döneminde belirleyici olan ana eksen yönetici sınıfların topluma neyi/nasıl taşıdıklarıdır. Çünkü orada yönlendirici olan askerî/sivil bürokrasidir.

Hâlid Ziyâ Uşaklıgil, işte bu noktada o sınıfsal yapı içinde neyin/nasıl yaşanıp ettiğini bize gösterir bu iki önemli romanında. Orada toplumun dipsularındaki dalgalanmayı da görürüz.

Bir yanda Batı'yı taklit eden/buna özenen insanların yaşamından kesitler sunulurken; ötede de bu ana eksenin dışındaki birtakım sorunlar gündeme taşınır.

Aşk-ı Memnu işte bu noktada hem anlatımı hem de içeriğiyle dikkati çeker.

Roman her ne kadar Adnan Bey>Bihter>Behlûl üçlemesine odaklansa da (yasak aşk bu eksende verilse de), aslında odak kişi/kahraman Nihal'dir. Yasak aşk'ın kurbanıdır adeta!

Tutkunun, bağlılığın, sadakatsizliğin, burukluğun, incinmişliğin romanıdır Aşk-ı Memnu.

Kuşkusuz Hâlid Ziyâ, bunu yazarken, karşısında duran Flaubert'in (1821-1880) Madame Bovary (1857) romanının hem farkında, hem de etkisindedir.

"Yasak aşk" eksenli romanda bir dönemin bakışı/ruhu yansıtılmaktadır. Sevgi arayışı/bakışı, kıskançlık, sevgisizlik, mahrumiyet, acı ve incinme bu ana temanın bütünleyici motifleridir.

Mehmet Rauf, Hâlid Ziyâ'nın anlatıcılığını şairanelikle taçlandırır. Doğrudur da, eğer dönem romancılarının dil ve anlatımlarına bakarsak; örneğin Şemsettin Sami (1850-1904), Taaşsuk-ı Talat ve Fitnat, 1872), Sami paşa-zade Sezai (1860-1936), Sergüzeşt, (1889), Mehmet Murat (1854-1917), Turfanda mı, Yoksa Turfa mı, (1890), Nabi-zâde Nâzım (1862-1893), Zehra, (1895); Hâlid Ziyâ'nın anlatımındaki yenilik belirgince öne çıkar.

"Hikâye" Anlatmak

Hâlid Ziyâ, bizi, bu yenilikçi düşüncelerle asıl, 1891/92'de kitap olarak yayımladığı Hikâye adlı çalışmasında buluşturur.[4]
Bunu, Uşaklıgil'in anlatı evreni/anlatıcılığının bir "manifesto"su gibi de algılayabiliriz.

Yazarımız bildiği, etkilendiği bir edebî coğrafyanın, Fransız edebiyatının izleri/etkilerinden giderek bilip öğrendiklerini bize aktarır. Öne çıkardığı yazarlarla da romantik/realist ve natüralist akımların değerlendirmesini yapar. Hâlid Ziyâ Uşaklıgil, burada, "hikâye"nin temel anlatı türü gerçeğini vurgularken; romanın bir anlatı türü olarak çıkışında da etkileyici kaynak olduğunu belirtir. Geleneksel anlatının çıkış noktasındaki belirleyiciliği tartışılmaz. Buradan bakınca, Uşaklıgil'in romancılığında belirleyici bir nokta Fransız romantikleri/gerçekçileri olduğu kadar; "hikâye etme/anlatma" sanatı olduğunu söyleyebiliriz.

Şunun altını kalınca çizer:

"Batı'da hikâyenin görmüş olduğu şu değişim sırasında Doğu milletlerinde bu edebî türün ne dereceye kadar geldiğini, nasıl değişime uğradığını izlemekten ise, Doğu hikâyesinin hiçbir zaman Batı hikâyelerinin ortaçağdaki halinin ötesine geçemediğine dikkat çekmek yeterlidir."[5]

---

4 Hikâye, Hâlid Ziyâ Uşaklıgil; Haz.: Nur Gürani Arslan, 1998, YKY., 151 s.

5 agy., s. 41

O, "hikâye"nin "yeniyüzyıl"ında, anlatma sanatının başat bir türü olabileceğinin ivmesini görür. Ama bunun da daha çok "roman"da "vücut bulacağı"nı imler. Çünkü romanın düşünsel arka planı vardır. Bunu da romana taşıyan anlatıcının toplumun dinamiklerini, bireyin ruhsal/yaşamsal durumlarını anlatmada öncül bir rol üstlendiğini hatırlatır bize, Uşaklıgil.

"Edebiyatta yenilik" düşüncesinin özellikle dönemin Fransız edebiyatında Victor Hugo ile simgeleşmesi Uşaklıgil'in gözünden kaçmaz. Romantiklerin varlığı onu etkiler, ama gerçekçilerden de uzak durmaz.

"Hikâye yazmak" konusunda onlardan el aldığını söylemek mümkündür. Balzac, Flaubert onda "gerçeği betimleme" bakışı/duyuşu/anlatımında etki kaynağıdır.

İşte buradan bakınca; Hâlid Ziyâ Uşaklıgil'i romancılığımızın kuruluşunda "ilk" kılan, kuşkusuz anlatım sanatına getirdiğini yeniliklerdir.

Özellikle de "hikâye"nin ne olduğu kadar, nasıl anlatılabileceğiyle de ilgilenir o.

Bunu da, bir bakıma, formüle eder. Hikâye kitabı bu anlamda onun "laboratuvar çalışması"nı içerir. Neyi/nasıl yapabildiğinin ipuçlarını verir bizlere.

Sorunu Romana Taşımak

Berna Moran, Türk romanının kaynaklarından söz ederken sıklıkla altını çizdiği "Batılılaşma sorunu", denebilir ki; ilk (ve en çok) Hâlid Ziyâ Uşaklıgil'de kendini öne çıkarır. Ama, o, bir yanıyla bu etkilerdeki hayatların nerede olduğu/nasıl yaşandığını bize anlatırken; o hayat tarzlarının anlatımı için yeni bir anlatım yolu/nu seçer.

Gerçekçilik, onun çıkış noktası olsa da; henüz romantizmden kopmamıştır.

Geçiş döneminde bir toplumun yaşadığı sancıyı Aşk-ı Memnu ve Mai ve Siyah üzerinden okumak pekala mümkündür.

Aşk/evlilik/Batılılaşma sorunsallarını öne çıkarması, yaşanan ahlaksal çöküşün, bireysel ilişkilerin boyutlandığı durumların yansıtılması ise Uşaklıgil romanının başat öğeleri olmakla birlikte; kurulan roman dünyasının anlatımında Batı anlatı geleneğinin üslup yaratmada nasıl etkili olduğunu gösterir bizlere.

Birey-çevre, birey-içdünyası/çatışma durumları, mekân duygusunun anlatımı, romanımıza getirdiği yenilikler olarak da kayda geçer.

Yani, hayatı romana yaklaştıran Hâlid Ziyâ Uşaklıgil; aslında romana yaklaştırılabilecek hayatların da nasıl anlatılabileceğini gösterir bize.

1

Maun sandalla çarpışmayı andıran bu tesadüflere artık o kadar alışmıştılar ki, bugün Kalender'den dönerken gene onun adeta çarparcasına yakından sıyırıp geçişini fark etmemiş göründüler. Beyaz sandalın şık, zarif süvarilerinde küçük bir telaş eseri, bir ufak korku çığlığı bile uyandıramayarak geçen maun sandala -her iki tarafı görebilmek üzere biraz yan oturan- Peyker başını bile çevirmedi, arkasını sahile vererek Anadolu kıyısına dumanlarını serpen bir vapura dalmış gözleriyle Bihter'in beyaz örtüsünün içinde vakar ve endişe dolu çehresi tamamıyla kayıtsız kaldı; yalnız, anneleri, sarıya boyanmış saçlarının altında gözlerinin anlamına derin bir belirsizlik veren geniş bir sürme çemberiyle çevrilmiş gözlerini çevirdi, ucunda gizli teşekkür anlamı titreyen bir serzeniş bakışıyla maun sandala büsbütün yabancı kalmadı.

Aralarında mesafe biraz uzanır uzanmaz, bu üç kadının kayıtsız vakarı birden sarsıldı. En evvel anne, kırk beş senenin henüz yok etmeyi başaramadığı bir gençlik vehmiyle mesirelerde etrafa dağılan tebessümleri kendi lehine yormak alışkanlığını takip ederek dedi ki:

"Bu Adnan Bey de! Artık âdet oldu, mutlaka her çıkışta tesadüf edeceğiz; bugün Kalender'de yoktu, değil mi Bihter?"

Annesinin şikâyet görünümü altında gizli bir yasak niyeti yeterli derecede saklayamayan sözlerini Bihter cevapsız bıraktı. Peyker annesine doğrudan doğruya cevap vermeyerek, "Bugün çocukları da yanında değil" dedi. "Ne güzel çocuklar, değil mi anne? Hele oğlan! Yumuk yumuk gözleriyle bir bakışı var ki..."

Bihter, eğilmeyerek, dudaklarının ucuyla sordu:

"Annelerini tanır mıydınız anne? Kız annesine çekmiş olmalı..."

Firdevs Hanım Bihter'in sorusunu anlamamışçasına donuk gözlerle bir saniye baktı, sonra başını çevirerek artık gözden kaybolan sandalı araştırdı; tekrar Bihter'e bakarak ve bu defa kendi zihninde cereyan eden efkâr silsilesini takip ederek, "Ne tuhaf bir bakışı var" dedi. Israr eden bir bakış! Ne zaman gözlerim tesadüf etse..."

Firdevs Hanım tamamlamadan evvel biraz durakladı. Galiba "bana" diyecekti, fakat kızlarına karşı bu kadarcık bir dil sakınımına tamamen sönmesi mümkün olamayan bir annelik vakarıyla lüzum gördü ve "Buraya bakarken görüyorum" dedi.

Annelerinin bu küçük dil sakınımı ikisinin de dikkatinden kaçamadı. Peyker'le Bihter manidar bir şekilde bakışarak gülümsediler, hatta Peyker bu gülümsemenin anlamını açıklamaktan çekinmeyerek: "Evet, gözlerini Bihter'den ayırmıyor" dedi.

Bu cümlenin etkisini görmek için annelerine baktılar, o, cevap vermemek için uzaklara baktı.

Firdevs Hanım, Melih Bey takımının özel şöhretinden en fazla payı olan bir çehredir ki, işte otuz seneden beri -on beş yaşından kırk beş yaşına kadar- bütün mesirelerin en tanınmış hayat timsallerinden biridir. İstanbul'un gezintileri takviminden ismi silinemeyen, hâlâ silinemeyecek görünen, hayatından her sene geçtikçe gençliğe daha çok asılan bu kadın, beyazlığını saklamak için sarıya boyadığı saçlarıyla, tazeliğinin yok oluşunu örtmek için düzgünlere[1] sıvattığı simasıyla kendisini o kadar aldatmış, henüz tazeliği vehminin içine öyle bir düşünce sapkınlığıyla kendini bırakmıştı ki, Peyker'le Bihter'in yaşlarını -birinin yirmi beş, ötekinin yirmi iki senesini- unutarak onları bütün bu tebessümlerden, bu takiplerden pay alamayacak kadar çocuk zannederdi.

Bu, iki kızla anne arasında sonsuz bir savaş ve alay zeminiydi ki, tamamen açıklık kazanamamakla beraber hemen her gün tekrar eder; Peyker'in manidar bir kelimesi, Bihter'in insafsız bir tebessümü sanki bu iki genç vücudun gençlik zaferini hâlâ genç kalmak isteyen bu annenin harap ve yıpranmış kırk beş senesine çarpardı.

O, böyle hain bir kelime, merhametsiz bir tebessüm, kulaklarına müthiş bir alay ıslığıyla kırk beş yaşını bağırırken dudaklarında acı bir izdüşümle dalgın dalgın Peyker'le Bihter'e bakar, sonra ufak bir titreyişle gözlerini bu hakikatten ayırarak tekrar gençlik vehminin, aldatıcı hazzına dönerdi.

Şimdi, dört aydan beri rahatsız edici bir fikir beynini tırmalıyordu. Peyker biraz sonra onu büyükanne edecekti. Bunu öğrendikten sonra büyükannelik bir kâbus ağırlığıyla onu bunaltmaya başladı.

Kendi kendisine sanki bu fikri silkip atmak isteyerek, "Mümkün değil!" derdi.

Büyükanne!

Melih Bey takımının içinde kadınlar hatta zor anne olurken büyükanne olmak onun için bir zül, bir ayıp hükmündeydi. Şimdiden buna bir çare düşünüyor, saçlarının beyazlarıyla çehresinin haraplığına bir tamir tedbiri bulduktan sonra büyükanneliğe de bir şey icat etmek istiyordu, öyle bir şey ki ona gençlik vehminin sarhoşluğunda gizlenebilmek için imkân bıraksın: Çocuk annesine abla, ona da anne diyecekti.

Melih Bey takımının içinde böyle garip bir istisna teşkil etmek zilletini talih onun için mi alıkoymuştu? Bu olay hayatını kirletecek bir leke kadar onu korkutuyor ve artık Peyker'e, onu büyükanne edecek olan bu yaratığa açıkça düşmanlık ediyordu.

Peyker'in son cümlesinden sonra sandalda hep sustular. Adnan Bey tamamen unutulmuş göründü.

***

Melih Bey takımı... Bu takımın İstanbul hayatında yerinin belirlenmesi sağlam bir kurala dayanmış olamaz. Tamamen kibar âlemine mensup olduğunu iddia edecek kadar sağlam bir asalet sahibi olmayan bu ailenin yarım asır evveline kadar mevcudiyeti şüpheli ve belirsizdir, aile efradı içinde kibar hayat sicilinde tanınmış isimler bırakanlara uzaktan yakından -biraz karışık olmakla beraber- tesadüf etmek nesiller şecere düşkünlerine belki mümkün olur. Asıl takımın özel hayat tarihi işte bu aileye adını bırakan Melih Bey'den başlar. "Melih Bey takımı" unvanı ailenin bütün ruhi tarihini simgeleri ve kapsamıyla özetleyen bir ifade genişliğine sahiptir.

Melih Bey kimdir?

Bu soruya açık bir cevap vermek külfetine lüzum görülmemiştir. Melih Bey vefatından sonra devam edebilecek hiçbir hatıra bırakmamıştır: Yalnız Anadolu kıyısında bir yalı ile bu yalıdan İstanbul'un hemen her tarafına yayılarak bugün "Melih Bey takımı" unvanıyla bir sivrilme noktasında birleşen kadınlar...

Melih Bey'in yalısı yarım asrın inkılap silsilesinden geçmiştir. Bugün kim bilir kimindir. Fakat ne zaman önünden geçilse Boğaziçi'nin özel hayatına vâkıf olanların kalplerinde gizli bir parmak uzanarak orasını gösterir ve belirsiz fakat zengin manalar vererek, "Melih Bey'in yalısı!" der.

Bir vakitler yalının pencerelerinden taşan şenlik ahengi hâlâ rıhtımın taşlarını yalayan suların ezgilerinde saklı, geceleri Boğaz'ın suları bir zamanlar buradan topladıkları sevinç parlaklığının hâlâ geriye kalan parıltısıyla ışıldıyor zannolunur, onun için yalının o hayat devresini bilmeyenler bile yalnız onun anlamını hissederek buradan geçerken bir âlemin meçhul bir macerasına ait zevkleri duyarlar ve kendi kendilerine, "Evet, Melih

Bey'in yalısı!" derler.

Bu yalı şehrin tarihinde seçkin bir tür çiçek yetiştiren bir sera gibi hizmet etmiş ve İstanbul'un kibar hayatına bu seçkin mahsulden örnekler serpmiştir. Bunlar yarım asırdan beri bu küçük şehrin çeşitli noktalarına dağılmışlardır; fakat onları dağılmakla beraber birbirinden ayırmayan, bütün çeşitli çiçekleri sonsuza kadar bir bağla toplu bir demet şeklinde bağlayan bir şey vardır ki, ailenin unvanıdır. Bu, aileyi akıntısının dalgaları içinde sürükleyip götüren inkılap nehrinin üstünde, batmaz bir tahta parçası şeklinde yüzmekte devam ettirmiştir.

Melih Bey takımında garip bir kendine benzetme özelliği vardır: Hangi aileyle ilişki kurarsa o aile için Melih Bey takımından olmak muhakkaktır. Melih Bey takımından bir kız -galiba bu ailenin sivrilme sebeplerinin korunması, kadınlara verilmiş olduğundan kaderin özel bir müsaadesiyle takımdan hemen bütün kız evlat çıkmıştır- bir başka aileye katılmakla olgun kimliğinin bu yeni ailenin hamurunda özümsenmemesini, o kendine benzetme özelliği emniyet altına alır. Hatta bu camekânın en güzide çiçeklerini Firdevs Hanım – aile tarihi içinde bir harika türünden – henüz on sekiz yaşındayken Rumeli sahilinin minimini zarif bir yalısına -bugün Kalender gezintisinden sonra beyaz sandalın rıhtımına yanaşmak üzere olduğu açık sarı boyalı yalıya- gelin gider gitmez evlilik hediyesi olarak oraya derhal aile unvanını götürmüş oldu; o günden itibaren kocasının ismi silindi ve yerine, "Firdevs Hanım'ın beyi!" denildi.

Firdevs Hanım birçok akraba kızları gibi kocasız kalmamak lüzumunu düşünmekte acele etmişti. Bütün mizacının hoppalığıyla ve dünyada güzel giyinmekten ve mümkün olduğu kadar eğlenmekten başka bir şeye önem vermeyen dimağının muhakemesiyle her ne olursa olsun bir koca -elbiseleriyle akrabalarının masraflarını temin edecek bir kese- bulmaya karar vermişti.

Ailenin etrafında yavaş yavaş kuvvet kazanan bir uzak kalma hissi evlenecek kızları için yalnız bir evlilik zemini bırakmıştı: Mesireler... Bir gün Göksu'da -nasıl oldu bilinemez- Firdevs Hanım'ın evliliğinden bahsedildi. Bu rivayet derenin sevda taşıyan sularının üstünden hafif bir gülüşle uçtu; güzergâhında hayretler uyanıyordu, bütün Göksu sanki bu rivayete karşı hayrete düşmüş, bir şaşkınlık çığlıksıyla titredi:

"Bu kadar erken!"

Henüz on sekiz yaşında, henüz bu çiçekten Göksu kendisine bir teselli yadigârı bırakacak bir koku almaya vakit bulmadan... Fakat ertesi hafta -iki hafta arasında bir evliliğin mühim dönüşümü vuku bulmamışçasına- Firdevs Hanım yine Göksu'da yine bir hafta evvel etraftan selam toplayan gözleriyle görünüverince bütün dere bir rahatlama nefesiyle şişti ve bu defa artık etrafında dolaşmakta evlilik ihtimallerinin girdapları açılan on sekiz yaşında şiir ve gençlik dolu bir tehlike değil, evliliğinin hemen ertesinde gezinti hayatına sadakat ispatı için Göksu'yu selamlamaya gelen Firdevs Hanım'ın sandalına bütün derenin sevda arkasında gezginci sandalları tam bir teslimiyetle takıldı, sürüklendi gitti.

Göksu'da bundan evvel Firdevs Hanım'ın evliliği rivayeti -ucunda ağır bir kurşun parçası sallanan olta iğnesi gibi- düştüğü noktanın etrafında gittikçe genişleye genişleye açılan daireler resmetmişti; herkes bu dairelerin haricinde kalmak, yalnız ufak sakınan bir temasla iğnenin ucundan biraz yem koparmış olduktan sonra kaçmak isterdi, bir saf birinin avlanmasını bekleyerek yalnız temaşa halinde kalmak tercih olunurdu.

O saf birinin kim olduğu belli olduktan sonra merak giderilmiş, hatta bu zavallı kurbanın mevcudiyeti bile unutulmuştu; artık ortada iğnesinin ucu kırılmış bir avcı, avlamaktan çok avlanmayı bekleyen bir Firdevs Hanım kalmıştı.

Daha doğrusu bu evlilikte Firdevs Hanım aldanmıştı: evlilik ona beklediği şeylerden hiçbirini getirmiyordu yahut bunlardan o kadar az bir pay getiriyordu ki birden kendisini hülyalarında aldatmış olan bu adama düşman kesildi. Bu evlilik ona saf bir genç kız emelini tatmin etmiş olmak tesellisini bile vermiyordu. O evliliğinde gençliğinin hiçbir sevda eğilimine boyun eğmemişti, bütün aşk ve sevda emellerini feda ettikten sonra bu fedakârlığa karşılık elinde hemen bir hiç görünce acı bir pişmanlık duydu, kendi kendisine: "O halde, mademki böyle olacaktı, niçin..." der, bu sorunun arasında hep kendisine zengin bir evlilik yaptıramayacaklarından dolayı ihmal edilen çehreleri görür, ve "Evet, o halde niçin onlardan biri olmadı?" sorusuyla cümlesini tamamlardı.

Firdevs Hanım tamamıyla serbestti, hatta denebilirdi ki bu kadın evlilik ilişkilerinde vazifeleri değiştirmiş, kocalık sıfatını kendisine alıkoymuştu. Bir hafta içinde zevcini Melih Bey takımından yapmıştı.

Bir gün kocasının gözleri önünde Göksu'da Firdevs Hanım'ın sandalına -içinde bir pembe zarfın yazısı saklanmış- bir demet atıldı. O akşam birinci defa olarak bir kıskançlık kavgasına girişmek kastıyla kocası demeti, mektubu sordu,

Firdevs Hanım her türlü kavga başlangıçlarını birden kesen bir bakışla doğruldu "Evet!" dedi... "Bir demet, içinde de bir mektup istersen okuyabilirsin. Daha yırtmadım. Fakat sonra? Ne olacak sanki? Halkı çiçek atmaktan, mektup yazmaktan men edecek ben değilim. Bence yapılacak bir şey varsa cevap vermemektir." Sonra kocasına eğilmiş ve parmağını sallayarak işaret etmişti: "Hem baksanıza, size tavsiye ederim bana kıskançlık meseleleri icat etmeyiniz, belki beni cevap yazmaya mecbur edersiniz."

İki sene sonra Peyker, üç sene arayla Bihter doğuyordu. Firdevs Hanım için bu iki olay iki mühim musibet darbesi hükmündeydi. Kendisini böyle birbiri üstüne anne eden bu adamla artık her gün kavga ediyor; ona, çocuklarına, kendisini gençliğinden ayırmak isteyen bu şeylere her şeyi kavga vesilesi sayan bir düşman kesiliyordu.

"Ömrüm sana çocuk yetiştirmekle mi geçecek?" cümlesi en beklenmeyen zamanlarda kocasının yüzüne vurulacak bir kamçıydı. O, bu kamçı darbelerine yüzünü uzatır, gülerek bu müthiş kavgaların sonucunu beklerdi. Karşısında bu erkeği o kadar aşağı, o kadar miskin görmekten düşmanlığına bir de nefret rengi karışırdı. Bu, ikisinin arasında senelerce süren bir cehennem hayatı oldu...

Bir gün Firdevs Hanım İstanbul'dan eve dönüş ederek odasına çıkınca birden garip bir manzara karşısında dondu: Çekmecesinin gözleri kırılarak açılmış, öteye beriye çamaşırları, kurdeleleri, mendilleri dağıtılarak atılmıştı. Birden bunların arasında buruşturulmuş, yırtılmış, etrafa serpilmiş kâğıt parçaları gördü ve hepsini anladı.

Sonunda, kocası, senelerden sonra damarlarında birdenbire bir kocalık kıvılcımının tutuştuğunu hissederek gelmiş, bu kadının özel hayatına ait sırlar mahfazasını parçalamıştı.

Öfkeli bir isyanla bir dakika beklemeyerek, odasından fırladı, önüne Peyker -o zaman ancak sekiz yaşında olan büyük kızı- geçti: "Anne!" dedi, "beybabam bayıldı, hasta yatıyor!"

Çocuğu kollarından tutarak fırlattı, kocasının odasına koştu; bütün hayatının saklanmış kinlerini bu adamın başına çarparak artık her şeyi kırmak, rabıtaları parçalamak istiyordu; ama odaya girince, sedire yığılmış yatan bu yıldırımla vurulmuş vücudun karşısında dondu. O, gözlerini çevirerek karısına baktı, bütün kirletilen hayatının serzenişleriyle dolu bir bakış... Birinci defa olarak kocasına cevap vermedi; şaşkın, dudakları titreyerek, gözlerini ayıramayarak, durdu; kocasının gözlerinden iki sessiz yaşın yuvarlandığını gördü.

Bir hafta sonra dul kalıyordu. Dul kaldıktan sonra birden kocası hakkında bir merhamet, hatta bir sevgi duydu, onun ölümüne bir parça da kendisini sorumlu sayıyordu. Fakat bu, bir ay sonra mesirelerde tekrar görünmeden onu alıkoymadı. Bu defa onun hayalinde on sene evvelki emel gayesi tekrar can bularak parlamaya başlamıştı: Bir kese bulmak, fakat öyle bir kese ki içinden avuç avuç, saymaksızın, alabilmek mümkün olsun.

İşte seneler insaftan mahrum bir dizi cereyanla hep geçiyor ve Firdevs Hanım'ın hayal dolu gözlerine karşı altın gibi parlayan o kesenin şaşaası hep talihin kıskanç elinde sönüyordu.

Peyker, Adnan Bey için: "Evet gözlerini Bihter'den ayırmıyor" cümlesiyle onun kalbini burmuştu. Demek bunu da elinden Bihter alacaktı? Peyker'den sonra Bihter! Bu iki kız onun gözünde birer rakip, onu böyle elinden ümitlerini ala ala öldürecek birer düşmandı.

Peyker'in evliliği onun için müthiş bir darbe olmuştu. Mesele çıkar çıkmaz kızının evlilik fikrine karşı isyan etti, bilhassa Peyker'in yapmak istediği gibi bir aşk evliliğine affolunmaz bir kabahat gözüyle bakıyordu. Olur vermemek için bir müddet uğraştı, sonra Peyker'in kaçmak tehdidine karşılık bütün kuvvetleri düşerek mağlûp bir teslimiyetle rıza gösterdi. İlk önce evde kendisine resmi bir edayla "valide hanımefendi" diyen bir damat görünce birinci defa olarak ihtiyarlamış olmak acısını duymuştu, sonra yavaş yavaş zaman bu acının üzerine ince bir kül tabakası çekmişti; fakat şimdi büyükanne olmak tehlikesi o külleri savuruyordu.

Çevik bir hareketle Bihter rıhtıma atladıktan sonra elini Peyker'e uzattı. Hamileliğinden beri kendisinin böyle küçük dikkatlere mazhar edilmesinden Peyker haz alıyor ve henüz hamileliği özel bir yük olacak derecede ilerlememiş olmakla beraber yürüyüşünde, gezinişinde yardıma muhtaç görünen bir mecalden mahrum duruşu süs sayıyordu, iki kız kardeş rıhtımda annelerini bekleyerek durdular. O, bilakis kimsenin yardımına ihtiyaç göstermek istemezdi.

Kendisinden beklenemeyecek bir hafiflikle sandalda ayağa kalktı, rıhtıma atladı.

O zaman bu üç kadın giyiniş tarzlarının nadir zarafetiyle meydana çıktılar.

Giyinmek... Eğlenmekten sonra Melih Bey takımının başlıca özelliği giyinmekte bütün zevk sahiplerince her zaman taklit edilen fakat hiçbir zaman tamamıyla taklidine -anlaşılamaz bir sebeple- ulaşılamayan zarafetleriydi.

Eğlenmekte bu aile fertlerinin, bilhassa bugün en çok tanınan Firdevs Hanım'la kızlarının ne dereceye kadar ilerlediklerini herkes tamamıyla kestiremezdi. Onları İstanbul'un zevk hayatında üstünlük mertebesine çıkaran özel bir şöhret vardı ki sebepleri pek araştırılmaksızın herkesçe kabul olunmuştu. Bütün Göksu, Kâğıthane, Kalender, Bendler müdavimleri onları tanırlar; Boğaziçi'nin mehtap âlemlerinde en çok onların sandalı takip olunur; en çok onların yalısının önünde tevakkuf olunarak pencerelerin saklı şeyler ifşa etmesine intizar edilir; bir piyano sesine, perdelerin arkasından fark edilen bir iki zarif gölgeye dikkat olunur; Büyükdere çayırında onların arabası halkın bakışlarını arkasına takıp sürükler, nerede görülse onlar hemen fark edilir. "Melih Bey takımı" fısıltısı mesirenin havasında uçar, herkeste bir merak hareketi uyanır, ve sanki bu fısıltının titreşimlerinden bir sırlarla dolu anlam serpilir. Bu nedir? Hiç kimse kesin ayrıntılarıyla bunu ortaya koyabilecek belirtilere sahip değildir. Birtakım rivayetler vardır ki başkalarının aleyhine hizmet edecek şeylere halkın kolaylıkla inanması sonucunda araştırmak zahmetine katlanılmaksızın geçerlilik kazanır, hatta ihtimal araştırılırsa hakikati sabit olamayacağı ve o halde bunlara inanmak lezzetinden mahrum kalmak icap edeceği için bu rivayetlerin yayıldıkları şekilde kabul olunması kararlaştırılmıştır.

Onlar bu rivayetlere ne kadar önem vermezlerse rivayetler o kadar kuvvet almış bulunurdu. Bütün gezişleri, bakışları birer manaya yorulurdu; fakat onlar da bu rivayetlerden pek de memnun olmuyor değil gibiydiler, hatta Firdevs Hanım'ın bir omuz silkintisiyle, "Oh! Halka bakarsanız hiçbir şey yapmamak lazım gelir; bence insan halk için değil, kendi için yaşamalıdır" deyişi vardı ki bütün ailenin ruh felsefesini özetlerdi.

Fakat ne denilirse denilsin, işte onlar yarım asırdan beri bütün mesirelerin zarafet ruhuydular. Bu, aile fertlerine miras olarak geçmiş bir özellikti ki onları daima İstanbul'un en iyi giyinen kadınları mertebesinde tutmuştu. Hayat tarzlarının tabii icaplarıyla yavaş yavaş bütün aile fertlerinde yayılan ve kökleşen bir zarafet ihtiyacıyla giyinmek sanatının ruhundaki sırları keşfetmişler, o bir özel kurala tabi olunamayarak yalnız zevkin müşkülpesent ölçüsüyle dengelenebilen giyinmek sanatında bir icat harikası bulmuşlardı. En gizli giyecek şeylerden yüzlerinin peçesine, eldivenlerinin rengine, mendillerinin işlemesine varıncaya kadar öyle bir nefis ve farklı zevk hükmederdi ki sadelikleriyle beraber en özenilmiş, en ihtimam görmüş süsleri bayağılığa indirirdi. Onlar görülünce bu güzelliğin fark edilmemesi mümkün olmazdı, yalnız bu sonucu yaratan nedenler dikkatten kaçardı. İşte Pygmalyon'dan[1] alınmış siyah işlemelerle açık kül rengi eldivenler, işte Au lion d'ordan[2] çıkma keçi derisinden potinler, işte siyah saten; de Lyon'dan[3] herkesinkine benzer çarşaflar...

1 İstiklal Caddesi'nde Mısır Apartmanı'nın yanında ve Galata'da iki şubesi olan ünlü bir mağaza. (Y.N.)

2 İstiklal Caddesi'nde, Kallavi Sokak'ın köşesinde bulunan, ilk yıllarında ayakkabı daha sonra kumaş ticareti yapan mağaza. (Y.N.)

3 İstiklal Caddesi'nde her türlü ticari eşya satışı yapılan mağaza. (Y.N.)

Fakat herkesinkine benzeyen bu ufak tefek şeylerde zarafetlerinin ruhundan uçan bir nefislik havası bu anlamsız şeyleri öyle seçkinlik kucağı içinde sarardı ki bunları adilikten çıkarır ve başka bir dünyanın müstesna malları hükmüne getirirdi. Onlarda taklit edilemeyen şey giydikleri değil giyinişleriydi, peçelerini bir iliştirişleri vardı ki onu herkesin peçesinden başka bir şey yapardı. Mesela onlardan biri bir gün eldivenlerinden birini iliklemeyi unutmuş olurdu: Eldivenin tersine devrilen kapağının arasından türlü türlü ince gümüş tellerle, yahut altın zincirler arasında sırayla inci ve minimini yakut parçaları sıralanmış zarif bileziklerle dolu beyaz bir bilek öyle hoş bir ihmalle açık kalırdı ki bir saniye görülebilen bu bilek artık unutulamazdı. Çarşaflarının kıvrımları, omuzları, kalçalarını sıkarak dökülüşü onları görenlere, tanıyanlara hemen kim olduklarını ifşa ederdi.

Gördüklerinden fikirler çıkarırlar; ötede beride tesadüf olunmuş örnekleri birbirine karıştırarak birinden alınmış bir şeyi diğerine ilave ederek bir başka şey meydana getirirler ve bu, başkalığıyla hepsine üstün gelirlerdi. Onlar, iki kızla anne, saatlerce müzakereler, mücadeleler yaparlar, sonunda yeni bir alet icat eden bir müşteri zaferiyle bu celselere yeni bir keşfin sevinçleriyle son verirlerdi.

Bazen, dururken, onları bir görmek ihtiyacı alırdı. Akıllarına esen kırların ilhamından taze bir şevk bekleyen bir ressam gibi bilhassa Beyoğlu'na inerek yeni gelmiş kumaşları, Tünel'den Taksim'e kadar giyilen yeni elbiseleri görmeye çıkarlardı. O zaman alınacak ufak bir şey bahane edilerek mağazalara girilir, saatlerle yığın yığın kumaşların karşısında müzakereler edilirdi. Beğenilmeyen kumaşları ellerinin tersiyle iterek yahut gözlerinin bir ucuyla reddederek, asla aldatmayan ani bir zevkle mahkûm ederler, sonra dikkat ve muayeneye layık olmak üzere ayrılan parçaları ellerinin bir iki üstat darbesiyle peykenin[1] üstünde

1 Duvara bitişik alçak, tahta sedir, kerevet. (Y.N.)

kabartırlar, bunların etkisini uzun uzun keşfe çalışırlardı. Onların itiraz kabul etmeyen bir isabetle kesin hükümleri vardı ki, dükkânlarda daima bir öğrenci hürmetiyle dinlenirdi. Bu ufak şeyleri giyinme zevki için bir hüküm önemiyle kabul olunur ve çoğunlukla asıl dükkân sahipleri satmak hevesinden çok onların fikirlerini almak lezzeti için saatlerce üşenmeyerek önlerine kumaş yığarlardı. Onlar bir müşteri sıfatıyla değil alınacak şeyi binlerce şeylerin arasından seçip ayıran birer sanat üstadı önemiyle kabul olunur, aldıkları, beğendikleri şeylere özel bir ayrıcalık verilirdi. Müşterilere karşı "Bunu beğenmediniz mi? Geçen gün Melih Bey'inkiler bunu pek beğenmişlerdi!" demek kumaşın kıymetini derhal artıracak kuvvetli bir tavsiyeydi.

Sanatlarının sihri, en çok bu zarafeti inanılmayacak bir ucuzlukla meydana getirmelerindeydi. Zaten ailenin mali gücü bunu değiştirilemeyecek bir esas kural hükmüne getirmişti. En çok gösterişe lüzum gördükleri, mesirelere özgü kıyafetleriydi. Zarafet zevkinin bu basit ve dar zemini onlar için gayet geniş bir dolaşma sahası olurdu. Hatta bugün Kalender'de yeni bir kıyafetin sergilenme töreni yapılmış, birinci defa olarak ancak bir sandalda giyilebilecek bir şey icat edilmişti. Bu, omuzlarından düşerek dirseklerinden birkaç parmak aşağısına kadar ancak inebilen beyazla eflatun tülden karıştırılmış ve yine beyaz ve eflatun kurdelelerle yer yer tutturulmuş bir harmaniden[1] ibaretti. Başlarında gayet dar fakat uzun ince bir Japon ipeğinden yapılmış, uçlarına eski işlemeleri taklit edilerek beyaz ipekten hafif bir su[2] işlenmiş bir örtü vardı ki boyunlarından dolanarak uçlarının uzun beyaz ipekten püskülleri harmanilerin aşırılığa yorulabilecek tantanasını kınayıcı bakışlardan gizlemek isteyerek kısmen saklıyordu.

1 Bütün vücudu saran, kolsuz ve bazen kukuletalı bir çeşit üst giysisi, pelerin. (Y.N.)

2 Kumaş, halı, minyatür, yazı, levha vb. şeylerin kenarlarındaki, üzerine süsleme maksadıyla desen, işleme yapılmış şerit kısım, kenar süsü, bordür. (Y.N.)

Daha sonra eflatun canfesten[1] bir eteklik ki harmaninin tamamlayıcı bir eki sayılabilirdi; fakat bu, evde giyilecek bir eteklikten başka bir şey değildi. Anne, kızlarına benzemiyordu. O zaten bir süreden beri kızlarının giyiniş tarzını beğenmeyerek onlardan ayrılmaya başlamıştı, aralarında elbiselerden görünen bir ayrılık doğuyordu. Yaşların uyuşmazlığından kaynaklanan bu ayrılığa o, kızlarının zevkini aşırılıkla suçlayarak bir neden göstermek isterdi; fakat gayet gizli ve samimi bir his onu haberdar etmişti ki hâlâ kızları gibi giyinmekte devam ederse gülünç olacaktır. Onun için bugün o da başka bir şey icat ederek harmanileri taklit edememenin öcünü almıştı: Beline kadar ince kıvrımlarla sıkı sıkıya inip belinden sonra bol dalgalarla aşağıya dökülen yensiz, gayet açık kahve bir yeldirme yapmış ve bunu her yeldirmeden ayıracak bir icat eseri olarak arkasına ucu zarif bir ipek püskülle sallanan bir başlık koymuştu.

Bu başlık Peyker'le Bihter için bir şaka silsilesi meydana getirmişti. Anneleri kendileriyle bir örnek giyinirken inceden inceye bu bitmek tükenmek bilmeyen gençlikle eğlenirlerdi; anneleri giyinmekte onlardan ayrıldıktan sonra şakalar başka bir zemine geçmiş oldu. Annelerinde bu başlık fikri doğunca önce ciddi sormuşlardı.

"O niçin anne? Örtü almayacaksınız da başlık mı koyacaksınız?"

O fikrini savunmak için cevap vermişti:

"Hayır, yalnız arkada duracak, düşün, Peyker! Gayet bol bir başlık, kenarları katlanarak gene o renkten dantelalarla örtülmüş. Hani, çocuklara özgü başlıklara benzer gürültülü gösterişli bir şey."

Onlar bu açıklamayla yetinmeyerek ciddi başladıkları sorulara doğrudan doğruya alay karıştırarak devam etmişlerdi:

---

1 Üzerinde desen bulunmayan, ince dokunmuş, parlak, tok, ipekli kumaş. (Y.N.)

"Evet fakat mademki giyilemeyecek, o halde bir yeldirmede başlığa ne lüzum var?"

"Niçin lüzum olmasın? Gece havada rutubet olursa pekâlâ giyilebilir."

"O halde gece giyilebilecek bir başlığı gündüze özgü bir yeldirmeye koymak niçin gereksin? Gece zaten başlık görünmez ki..."

Bu konuşma böyle uzayıp gitmiş, nihayet anneleriyle her konunun sonu gibi bunun sonu da altı saat süren bir dargınlığa ve kadının ağlamasına sebep olmuştu. Yavaş yavaş süslenmek hakkının kendisinden kaçtığını gene kendisine en çok dost olmaları gereken kızlarından işiten bu anne, böyle ara sıra yinelenen mücadelelerden aciz bir çocuk zayıflığıyla ağlayarak çıkardı. Bir zamanlar onu en hırçın kadınlardan biri yapan sinirlerine şimdi bir yumuşaklık, bir gevşeklik geliyor, onu en umulmaz vesilelerle ağlatıyordu. Yanı başında gittikçe gençleşen, güzelleşen bu kızlar onun için cisimleşmiş bir itiraz, somut bir alay durumuna giriyor, zaten hiçbir zaman aralarında anneliği çocuklarına bağlayan duygularla ferahlık bulamayan bu üç kadının ilişkisi bir rekabet ilişkisinin dışına çıkmıyordu.

Bugün, o artık tazeliğini kaybettikten sonra ağır bir semizlikle dolgunlaşmaya başlayan bedenini yeni yeldirmesinin içinde genç tutmaya çalışarak önden ilerledikçe iki kız kardeş arkasından gözlerinin ucuyla başlığı göstererek gülümsüyorlardı. Peyker, kendisinin de ilave ettiği bir fazla güçsüzlükle sanki yükünü taşımaktan yorgun bir vaziyetle ince sarılmış düz beyaz şemsiyesine bir baston gibi dayanarak ilerlerken Bihter, belli son derece sıkılmış bedenini dara dar[1] sararak ta arkasında iki tarafa dalga vuran etekliğiyle; belinin inceliğine oranla geniş duran omuzlarından bir ipek titreyişiyle titreyerek akan harmanisi, beline kadar büsbütün düşemeyerek beyaz pike gömleğini etekliğine bağlayan siyah meşin kemerinden iki parmak yukarıda kalmış;

1 Güçlükle, ancak, ucu ucuna, son dakikada. (Y.N.)

sağ elinden çıkardığı eldiveniyle birlikte kavranılarak tutulan şemsiyesiyle; alçak ökçeli sarı potinlerinin üstünde, yere basmıyormuşçasına bir sekişle yürüyordu. Bu iki kız kardeş, aynı hızla yürüdükleri halde birinin dinleniyor, diğerinin koşuyor denecek bir hali vardı.

Rıhtımın köşesine döndüler. Yukarıdan inen bir vapur, düdüğünü çalarak ileride iskeleye yanaşıyor, uzaktan Paşabahçe'nin çıplak toprakları üstünde akşamın gölgeleri solgun bir çimenlik koyuluğuyla titriyor, önlerinde koy şu son geçecek vapuru bekleyerek uyumaya hazırlanıyordu. Her vakit onlar sandaldan biraz beride inerek böyle eve girmeden önce yürürlerdi.

Birden Bihter şemsiyesini ileriye minimini açık sarı boyalı yalıya uzatarak Peyker'e dedi ki:

"Baksanıza, Enişte Bey değil mi?"

Peyker durarak baktı.

"Evet, bugün galiba çıkmamış olmalı."

Uzaktan iki kadınla şehnişinde duran genç adam arasına bir tebessüm alışverişi oldu.

Onlar yaklaşırken Nihat Bey, şehnişinin parmaklığına dayanmış,şimdi bütün yüzünü kaplayan geniş bir tebessümle onları bir an önce eve çekiyor gibiydi.

Bihter, Peyker'e "Eniştemde bir şey var, bakınız nasıl gülüyor!" diyordu.

Meraklarından içeriye girmeden önce şehnişinin altında durdular. Hep soran bir sessizlikle ona bakıyorlardı, o bir kelime söylemek istemeyerek ve daima gülerek duruyordu.

Peyker sabırsızlandı, "A, sıkıldım, dedi; niçin öyle gülüyorsunuz sanki ne var? Rica ederim..."

O, vaziyetini değiştirmeyerek omuzlarını silkiyordu: "Hiç!" dedi, sonra ilave etti: "İçeriye giriniz de anlatayım. Büyük bir havadis..."

O vakit iki kız kardeş içeri atıldılar. Firdevs Hanım biraz daha ağır davranarak girdi. Şimdi Nihat Bey başı açık, arkasında bol beyaz ketenden bir ceketle, ayaklarında altı yumuşak beyaz keten potinlerle merdivenleri inerek onları karşılıyordu. Bihter örtüsünü attı, harmanisinin kopçasını çözmeye çalışıyordu. Peyker eldivenlerini çekiyordu, Firdevs Hanım saklanmış bir "of!"la bir sandalyeye oturdu ve Nihat Bey balkonda başlayan cümlesini tekrar ederek: "Büyük havadis!" dedi, sonra üç kadın bu büyük havadisi soran gözleriyle yüzüne bakarken onu ortalarına, gökten düşmüş gibi, attı:

"Bihter gelin oluyor!"

Hep hayretten dondular. En evvel Bihter ancak beş saniye süren bu hayret duraklamasını bozarak ve harmanisinin kopçasını çözmekte devam ederek bir kahkaha içinde eniştesine, "Alay ediyorsunuz!" dedi.

Annesiyle Peyker havadisin gerisini bekliyorlardı. Nihat Bey vereceği haberin öneminden, onların üzerinde doğacak etkisinden emin olan bir hatip tavrıyla sözünün ciddiyetine tavırlarının tanıklığını ilave ederek elini uzattı:

Şimdi, dedi; şimdi henüz on dakika evvel burada resmen Bihter'in dest-i izdivacı talep olundu. Ben de işte hepinize, bilhassa Bihter'e resmen tebliğ ediyorum.

Bu haber o kadar kesinlik ve ciddiyetle veriliyordu ki, ötede Bihter bu konuşmaya yabancı bir kayıtsızlıkla eldivenlerini, örtüsünü harmanisinin üstüne atarken Firdevs Hanım'la Peyker, ikisi birden, sordular:

"Kim?"

"Adnan Bey!"

Bihter başını çevirdi, bu isim bir şimşek darbesiyle onu birden sarmıştı. Firdevs Hanım, ağzı yarı açık bir hayret heykeli şeklinde duruyor, bunun bir şaka olup olmadığını anlamak istiyordu.

Dudaklarına kadar bir soru geldi:

"Bihter'i mi istiyor? Emin misiniz?" diyecekti, eğer Peyker'in gülümseyen bir bakışla yüzüne bakışı onu men etmeseydi.

Birden zihninde Adnan Bey'in aleyhine bağıran takım takım sorular ayaklandı:

Utanmıyor mu? Ellisini geçkin herif! Henüz bir çocukla izdivaca talip olsun? Hiç olmazsa yaşlarda ölçülü bir oran gözetmek lazım değil miydi?

Bütün bu soruları özetleyen bir küçümseme edasıyla Firdevs Hanım mevcut olanlardan hiçbirinin yüzüne bakmaya cesaret etmeyerek:

"Adnan Bey, şu demin gördüğümüz!" dedi. Sonra birden ayağa kalkarak bu şaka o kadarcıkla terk olunacak bir şeymiş hükmünü veren kesin bir sesle: "Ben de ciddi bir şey haber vereceksiniz zannediyordum" dedi ve ilerleyerek artık basamakları gıcırdatmaya başlayan bedeniyle merdivenlerden çıkmaya başladı.

Peyker gülerek diyordu ki:

"Annemin hiç hoşuna gitmedi. Benden sonra Bihter! Yeni bir çekişme temeli daha..."

Bihter gülümsedi, yüzünde şimdi pembe bir tabaka dalgalanıyordu; bakışında bir soru tebessümüyle eniştesine baktı. Bu bakış "Sahiden, verdiğiniz haber doğru mu? Eğer öyleyse anneme bakmayınız, bilirsiniz a, bu bana ait bir mesele..." demek istiyordu. Peyker kardeşlere özgü anlaşma kolaylığıyla bu bakışın anlamını yorumlayarak açık bir soru sordu:

"Doğru mu söylüyorsunuz, bey? Bakınız Bihter merakından çatlayacak. Siz anneme ne önem veriyorsunuz?

Bihter atıldı:"'A, niçin merakımdan çatlayayım? Siz de tuhaf söylüyorsunuz"

Nihat Bey olayı iki kız kardeşe anlattı:

İki saat evvel, tam kendisi dışarıya çıkmak için giyinmeye

hazırlanırken Adnan Bey'in maun sandalı yalının önüne yanaşmış, "Sizi bugün gezmekten men edeceğim!" başlangıcıyla Adnan Bey içeriye girerek işte şurada, küçük odada ufak bir girişten, biraz dağınık bahislerden sonra "Size bugün belki garip görünecek bir mesele için müracaat ediyorum." sözleriyle başlamıştı. Ondan sonra biricik müracaat yeri olarak kendisini bulabildiğinden, valide hanımefendinin yanında aracılığını rica ederek, Bihter Hanımefendi'nin dest-i izdivacı talep olunmuştu.

Nihat Bey devam ederken Bihter'in tebessümünün yerini bir endişe anlamı alıyor oluyor ve Peyker kızarıyordu. Hikâye bitince Peyker birden itiraz etti: "Ama çocuklar! Bihter bu yaşta üvey analık mı edecek?

Bihter bu sahiplenmenin altında gizlenen haset hissini zaten bekliyormuşçasına gözlerini indirerek sustu.

Nihat Bey cevap verdi:

"Oh, çocuklar! Adnan Bey onların da lakırdısını etti. Küçük, oğlan, bu seneden itibaren mektepte kalacak. Kız, şimdi on ikisini geçiyor, birkaç sene sonra o da elbette evlenmiş olacak. O halde?"

Nihat Bey baldızının bütün ruhunu delerek orasını görmek için sanki bir pencere açmak isteyen bir bakışla Bihter'e baktı ve tamamladı:

"O halde o koca tantanalı yalı yalnız Bihter'e kalacak.

Bihter'in yüzünde pembe tabaka daha çok kuvvet kazandı. Peyker'in itiraz silahı düşerek duruyordu. Onun da kalbinde şimdi ufak bir his, niteliği pek belli olmayarak bu evlilik düşüncesini soğuk bulduruyordu. Bihter bir kelime söylemeyerek, eniştesinin son sözüne cevap vermemeyi tercih ederek eldivenlerini, örtüsünü, harmanisini toplayarak çıktı.

Bir his ona derhal konunun kız kardeşinin yanında devam etmesinden çekinmek lüzumunu ihtar etmiş, bu meselede Peyker'in validesiyle birleşeceğini haber vermişti. Ta odasına, tam bir serbestlikle düşünebilmek, itirazlara hedef olmadan evvel ya galip ya mağlup olmak için bir karar vermek azmiyle minimini odasına çıktı; kapısını kapadıktan sonra elindekileri yatağın üstüne attı, pencereye koşarak elinin tersiyle panjuru itti, Yakup -uşakları- bahçeyi sulamıştı, son kovanın kalanını Bihter'in penceresine kadar tırmanan hanımelinin topraklarına boşaltıyordu. Henüz sulanmış bahçeden toprak kokusuyla karışık çiçek kokuları odanın beyaz leylak kokularıyla dolu havasını serinlendirdi. Şimdi odaya bahçenin yeşilliklerine bürünerek koyulaşan esmer bir ışık girmiş, sanki buraya sönmeye amade bir zayıflıkla yanan yeşil bir fanusun[1] renklerini serpmişti. Bihter penceresinin yanında, sedirin koluna oturarak, birden muhakemesinin önünde dikilen sorunun hallini bu kelimenin ahenginden bekliyormuşçasına kendi kendisine:

"Adnan! Adnan Bey!" dedi.

Bu haberin Bihter üzerinde sihirli bir etkisi olmuştu. Eniştesinin son sözü hissiyatını uyuşturan bir ezgiyle kulaklarında titriyordu: O büyük yalının yegâne hâkimi olmak!

Ümitlerini geçen bir hayal gibi onu düşünmekte çok ısrar ederse silineceğinden korkarak düşünmemek istiyordu; fakat odanın içinden ısıtan ve uyuşturan bir ses, bütün hülyalarının sesi, gizli bir şakımayla gelip kulaklarına fısıldıyor ve hülyaların tamamını birden canlandıracak bir kelime şeklinde ona: "Adnan! Adnan Bey!"diyordu.

Bu isim gözlerinin önüne şık, zarif, en güzide bir âleme mensup, birçok gelecek ihtimallerine aday, uzaktan kır mı, kumral mı fark olunamayan sakalları çenesinden hafif hatla ayrılarak iki tarafına taranmış, daima güzel giyinen, daima güzel yaşayan,

1 Bir ışık kaynağının etrafına geçirilen cam mahfaza. (Y.N.)

ince eldivenlere hapsedilen parmakları altın telli gözlüğünü seri bir hareketle beyaz zarif keten bir mendilin ucuyla sildikten sonra her rastlayışta kendisine bir rica bakışıyla bakan, güzel, o kadar maharetle saklanan elli yaşına rağmen hâlâ güzel bir koca koyuyordu.

O yaş ile iki çocuğun mevcudiyeti bu isimle şu yirmi iki yaşında kızın tantana ve servet emelleri arasında bir fazla açıklık teşkil edecek derecede mesafe bırakmıyordu. Zaten Adnan Bey o adamlardan biriydi ki, onlar için yaş en adi bir önem derecesinde kalır. Çocuklar? Bilakis Bihter'in hoşuna gidiyordu. Hatta şu dakikada düşünürken bir tuhaflık bile buldu: "Bana anne diyecekler, öyle mi? Minimini bir anne! Yirmi iki yaşındayken bir genç kızın annesi olmak! Şu halde onu on yaşında doğurmuş olacağım. Hele oğlan! Oh! Sahi, ablamın hakkı var; yumuk yumuk gözleriyle bir bakıyor ki..."

Onlara giydirilecek elbiseleri bile düşünüyordu, sonra acelesine kendisi de güldü.

Bu evlilikte onu ne çocuklar ne de Adnan Bey'in elli senesi korkutuyordu, bunlar öyle küçük şeyler kabilindendi ki asıl meselenin şaşkınlığı hemen örtülüveriyordu. Eğer Adnan Bey herkese benzer bir adam olsaydı, eğer çocuklar her vakit babalarının yanında görülen güzel giyinmiş o güzel bebekler olmasaydı, bu mesele çıkar çıkmaz omuzlarını silkecek, eniştesinin yüzüne bir kahkaha savurarak kaçacaktı. Ama Adnan Bey'le evlilik demek Boğaziçi'nin en büyük yalılarından biri, o önünden geçilirken pencerelerinden avizeleri, ağır perdeleri, oyma XV. Louis ceviz sandalyeleri, iri kalpaklı lambaları, yaldızlı iskemleleriyle masaları, kayıkhanesinde üzerlerine temiz örtüleri çekilmiş beyaz kikle[1] maun sandalı fark olunan yalı demekti.

1 Uzun ve dar sandal. (Y.N.)

Sonra Bihter'in gözlerinin önünde bu yalı bütün hayalinin tantanasıyla yükselirken üzerine kumaşlar, dantelalar, renkler, mücevherler, inciler serpiliyor, bütün o çılgıncasına sevilip de alınamayarak hasret kalınmış şeylerden oluşan bir yağmur yağıyor, gözlerini dolduruyordu.

Bihter pek iyi biliyordu ki annesinin unutulmayacak derecede süren eğlence hayatı kendisine parlak, ve asıl kibar hayatını açacak bir evliliğe engel olan kuvvetli bir sebepti. Firdevs Hanım'ın kızlarına, Melih Bey takımının artık sönmeye yaklaşmış hatıra şaşaasının bu son çiçeklerine sonunda eniştesine, şu Nihat Bey'e benzer bir talip çıkabilirdi.

Eniştesine fikrini yöneltirken dudaklarında bir küçümseme gülüşü resimleşiyordu.. Kendi kendine, "Ahmak!" diyordu; Selanik rıhtımının birahanelerinde öğrenilmiş Fransızcasıyla kendisine, meslek yapmak için İstanbul'a gelip de..." Bihter eniştesinin Peyker'e, sade geçici bir tutkunluğun hükmüne boyun eğerek değil, biraz da belki asıl ailenin ilişkilerinden istifade etmek, İstanbul'un kibar hayatına karışmak hevesiyle koca olduğunu bilirdi.

Kelimenin olanca kuvvetini veren bir telaffuzla ve bu defa açık sesle "Ahmak!" diyordu.

Evet, sonunda işte böyle bir koca... Bir kaç yüz kuruş maaş, hısımından, akrabasından, bilinemez nereden ufak tefek yardımlar, daha sonra bir çocuk, daha sonra? Bihter ellerini birbirine sürterek: "Daha sonra hiç!" diyordu.

Birden aklına bir şey geldi, Peyker'in muhalefetine rağmen eniştesinin bu izdivaca taraftar olacağına hüküm verdi. Bu evlilik ona faydalı olabilir. Adnan Bey'in nüfuzundan, haysiyetinden bir fayda bekleyebilirdi. Eniştesinin her türlü duyguları susturacak derecede menfaat gözettiğine kanaati vardı.

Onun bu meselede kendisine bir müttefik olabileceğine karar

verdikten sonra kardeşini düşündü. "Zavallı Peyker! Adnan Bey ismini işittikten sonra ne tuhaf oldu. İşte bu işe engel olmak isteyeceklerden biri daha... Bu defa anneme âlâ bir yardımcı var, fakat..."

Cümlesinin aşağısını Bihter zihninde tamamlamaya lüzum görmedi, ayağa kalkarak tekrar pencereden minimini bahçeye baktı. Şimdi böyle yukarıdan şu özenilerek muntazam tutulmaya çalışılan bahçeciğe bakarken gözlerinde hayalinin yüksekliklerinden alçaklara düşen bir hor görme bakışı vardı.

Bu köşecikte, şu fakir evceğizde, her zaman bir gidişle gelen gidene benzeyen saatleri sürükleyerek geçen günleri, yirmi iki senelik hayatını bir an içinde gördü. Bütün eğlenceler, gezintiler, hatta o zamana kadar sevile sevile yapılıp giyilmiş elbiseler, yirmi iki senelik hayatının en güzel hatıraları bile birden gözünde adi ve hakir hiçler derecesine indi.

Sonra kendisini düşündü. Gözlerinin önünde kendi çehresini, kendi endamını, saçlarını, yolda geçerken görenlerin bakışlarından sevgiler, saygılar toplayan o zarif, güzide toplamı gördü; bu hayale gözlerini süzerek gülümsedi. Bu güzelliğe refakat eden ufak tefekleri birer birer kendi kendisine saydı.

Firdevs Hanım'ın, hiçbir zaman bir anne bağlılıklarını hissetmeyen bu kadının ihmallerine, kayıtsızlıklarına rağmen -bu aileye özgü fıtrî bir bilgiçlikle- Bihter de hemen her şeyden bir parça bilirdi: Mecmuaları karıştırarak, hikâyeler okuyacak derecede Türkçe, Beyoğlu dükkânlarında sarf olunacak kadar Fransızca, hatta her vakit Tarabya'dan tedarik olunan hizmetçi kızlardan öğrenilmiş Rumca bilir; piyanoda valsler, kadriller, romanslar çalar; icap ederse gayet vakarla, hisle okuduğu şarkılara hemen kendi kendine öğrenilmiş uduyla pek güzel eşlik ederdi.

Bunlar öyle bir meziyet toplamı oluşturuyordu ki onun emellerini herhalde bir Nihat Bey derecesinin üstüne kadar sevk etmek için yeterliydi; fakat annesinin hayat tarzı, bütün ailenin şöhreti o emelleri kapayan birer set şeklinde yükseliyordu. Böyle kendisini emellerinin gerçek olması imkânını ümit edebilmekten men ettikleri için ailesine kalbinde derin bir düşmanlık vardı! Oh! Şimdi onlardan ne güzel bir intikam alma vesilesi bulmuş olacaktı!

Artık tamamıyla karar vermişti. Bu kararından döndürebilecek hiçbir kuvvete mağlup olmayacaktı. Odasında gezindi, geçerken aynada kendisine tebessüm etti, orada artık kocasız kalmak tehlikesine maruz zavallı Bihter'i değil, Adnan Bey'in eşini sanki selamlamış, tebrik etmişti. Tekrar penceresine geldi, bir sarmaşık panjurun arasından girerek ona gülüyor gibiydi, bundan ince bir filiz kopardı, düşüncelerinin humması arasında inci gibi küçük ve beyaz dişlerine götürdü; onu ısırarak, artık odaya çöken karanlığın içinde, dalgın dalgın, gözleri süzüldü; bahçenin çiçeklerine, çimenlerine baktı, bahçe şimdi değişmiş, hülyalarının türlü renklerle bir sergisi olmuştu.

Artık bahçeyi değil, gözlerinin önünde küme küme yığılmış kumaşları, bunların üzerine dökülen mücevherleri görüyordu. Burada bir gökkuşağı parçalanmış, ondan yeşil, mavi, sarı ve al ipek tufanları serpilmişti ve bu renk fıskiyesinin üstüne zümrütlerden, yakutlardan, elmaslardan, firuzelerden oluşmuş güneş parçaları dökülüyor gibiydi.

İşte, işte, bütün o çılgıncasına sevilip de alınamamış şeyler, işte onlar elinin altında en küçük bir emeline boyun eğmiş ve amade bekliyor, renkli gözleriyle onu çağırıyordu.

Ah! O zarafeti sadelikle araştırmaya mecbur edip de bu alınamayan şeylerin acısını, gizli hüsranını saklamak için sahte bir nefret öğreten fakir hayat... Artık o hayattan, bunları görmemek için gözlerini kapamaktan usanmıştı.

Onlar çarşıya çıktıkça kıymettar bir mücevheri, ağır bir

kumaşı kabalıkla itham ederek ellerinin sert bir hareketiyle iterlerdi. Evet, iterlerdi fakat Bihter'in kalbinde bir şey kopardı. İşte şimdi hayal mahşerinin güzellikler tufanı gözlerini doldururken bütün çarşılarda camekânların önünde annesiyle kardeşiyle uzun uzun bekleyişlerini hatırlıyordu. Hemen her geçişlerinde şurada burada dururlar; şaşkın bir sessizlikle, birbirlerine göstermeyerek, bir fikir alışverişinde bulunmayarak bunlarla kendilerine bir göz ziyafeti çekerlerdi.

Bihter şu gerdanlığı boynuna takar, öteden bir pırlanta bileziği koluna geçirir, bir minimini serçenin gagasında nohut kadar incisiyle saçlarının arasında yerini belirler, beş dakikalık bir kendinden geçme içinde böyle hayalinde süslenir, sonra buradan ayrılırken kolunda şıngırdayan gümüş halkaları, ince altın zinciri koparıp atmak isterdi.

Bugün bunların hepsinin gerçekleşebileceğini düşünürken hayatının miskinliği daha açıklıkla beliriyor, sanki bu hayal ona hayatının mahrumiyetlerini daha sıhhat ve sadakatle gösteriyordu. Bugünün hakikatini hayalinin tantanasına alışan gözleriyle seyrediyordu.

Üstündeki elbiselerden, etrafındaki eşyadan fakir bir şikâyet yayılarak onu rahatsız eden bir hava içinde kucaklıyordu. O eskilikleri saklanmak için üzerlerine işlenmiş şeyler, atılan sandalyeleri, çatlamış eski ceviz dolapla yaldızları silinmiş demir yataklığı, pencerelerden mahzun ve hasta bir köhne edayla sarkan perdeleri, artık hoş göstermek için maharetin yetmediği bu şeyleri uzak bir miskinlik âleminin bir daha görülmemek üzere terk olunan yadigârları gibi görüyordu. Sonra, birden, bu âlemin yanında pek latif, süslü, şaşaalı bir konağın dehlizleri, odaları açılarak ışıklar içinde kaynıyordu.

Bunların içine kendisince beğenilip de alınamamış şeyleri atacaktı. Hep birer birer hatırladığı heykellerden, küplerden, resimlerden, saksılardan, o bin türlü şeylerden yığacak, duvarları, hücreleri, doymak bilmeyen bir heves bolluğuyla örtecekti. Demek, Adnan Bey'le evlilik bütün bu şeyleri yapabilmekti. İşte yemin ediyordu ki onu, ne annesi ne kardeşi dünyada hiçbir kimse bu hülyalarına kavuşmaktan men edemeyecek.

***

Kapısına vuruldu. Katina'nın sesi haber verdi:

"Sofra hazır!"

Bihter odasından çıkınca Katina'nın genç, şakrak çehresinde bir tebessümün sevinçle dolu ifadesini fark etti, "Ne gülüyorsun?" dedi.

Katina: "Oh! Ben anlamadım mı? Bilseniz küçük hanımcığım, nasıl seviniyorum"

Sonra ufak ufak parlak siyah gözleriyle Bihter'i süzerek:

"Beni beraber götürürsünüz, değil mi?"

Bihter cevap vermedi, bu genç kızın ağzında şu olayın bir sevinç sebebi olarak tekrar edilmesinden kalbine bir fazla kuvvet geldi. Bu evliliğin, dışarıda yaratacağı etkilerine şu saf sözler sağlam bir delil hükmünü almıştı.

Sofrada Adnan Bey'den bahsolunmamak için Firdevs Hanım her şeyden bahsediyor ve bu bahislere gözlerini tabağının içinden ayırmayarak somurtan Bihter'i karıştırmak, sanki onunla aleni bir kavganın önünü alacak bir barışıklık tesis etmek istiyordu. Kalender'de görülen kıyafetlerden, Yeniköy'e doğru geçen bir arabanın demir kırı hayvanlarından, mızıka çalınırken bastonunu sallayarak ıslıkla dem tutan[1] ceketinin yan cebinden kırmızı ipek mendili taşmış bir Bey'den bahsetti.

1 Herhangi bir nağmeye eşlik etmek, ahengine katılmak. (Y.N.)

Bihter annesinin bu gevezelikten maksadını anlıyordu. Birinci defa olarak annesiyle mühim, ciddi bir kavga yapmak lazım geleceğini hissetti.

Birden gözlerini cezbeden bir kuvvetle başını kaldırdı, eniştesiyle bakıştılar. Bu adamla aralarında büsbütün silinemeyen bir yabancılık kalmış, onları iki kardeş hükmüne getirecek olan samimi bir ilişkiyi men eden irade dışındaki bir korku Bihter'i kız kardeşinin kocasından uzak tutmuştu. Bu uzaklıkta bedensel bir nefrete benzer bir şey de vardı. Ara sıra onun kendisiyle göz temasından, mesirelerde yabancıların ısrarlı bakışlarına karşı titremeyen bakışı ufak bir sıkıntı titreyişiyle ayrılmaya lüzum görürdü. Bu gece gözleri tesadüf edince Bihter gözünü kaçırmadı; eniştesine ısrarlı ve onunla bir ittifak antlaşması yapan derin anlamla baktı. Onun gözlerinde kendisine itaat eden bir bakış, bir teslimiyet gördü; böyle, yalnız gözlerinin sade bir bakışıyla aralarında bir ittifakın imzası karşılıklı atılmış oldu.

Nihat Bey bir aralık ufak bir sohbet duraklamasından yararlanarak Firdevs Hanım'a sordu:

"Adnan Bey meselesine önem vermediniz?"

Firdevs Hanım evvela işitmemiş gibi: "Katina!" dedi, "Sürahiyi alıversene..."

Sonra damadına baktı: "Önem verilecek bir şey değil ki... Evvela yaşlarda bir oran yok, ondan sonra çocuklar...

Firdevs Hanım söylerken Peyker kocasını devamdan men eden bir kızgınlık bakışıyla bakıyordu. Yemek ağır bir sessizlikle bitti.

Firdevs Hanım'ın âdetiydi; sıcak gecelerde, yemekten sonra balkonuna çıkar ve burada uzun sandalyesine yatarak denizin bitmez tükenmez mırıltılarını dinlerdi.

Nihat Bey iki günden beri kuşakları çözülmemiş gazetelerini açıyor. Peyker bahsi arzu edilmeyen yerlere götürmekten çekinerek susmayı tercih ederek, sarı kalpaklı lambanın altında bir koltuğa gömülmüş, gözleri yarı kapalı, düşünüyordu.

Bihter biraz dolaştı. Bir şey bahane ederek bir aralık odasına gitmek için kayboldu, sonra yine geldi, bu gece onda bir duramamazlık vardı.

Aklına gelen şeyi erteleme ve daha uygun bir zamana bırakma imkânı bırakmayan bir tez canlılıkla yapılması icap eden şeyleri hemen yapmak onun için bir ihtiyaçtı. Şehnişinin açık kapısından taze, ferahlatıcı bir hava tül perdeleri şişirerek içeriye giriyordu. Perdeler açıldıkça uzaktan annesinin beyaz bir gölge belirsizliğiyle sandalyeye uzanmış bedenini görüyor, hemen oraya gitmemek için şehnişinden gözlerini çeviriyordu. Ortada, masanın üstünde eski kitapçıkları karıştırmak, resimleri seyretmek istedi; fakat bunları bir karartı içinde görüyor, zihninde birbiri ardına gelen darbelerle vuran bir ses ona: "Niçin şimdi değil de sonra? Eğer bu gece meseleye bir karar verilemeyecek olursa sabaha kadar uyuyamayacaksın." diyordu. Annesiyle görüşmekten gittikçe artan bir korku artık kalbine ufak çarpıntılar vermeye başlamıştı. Pek iyi biliyordu ki bu gece şimdiye kadar aralarında söylenmekten çekinilmiş ağır şeyler söylenecekti. Birden kendi kendisini bu derece korkak olduğundan ayıpladı ve Peyker gözlerini kapamış uyuklarken eniştesinin yüzüne bir duvar çeken gazetesinin önünden geçti, sofanın ta öbür ucuna, şehnişine kadar hafif adımlarla yürüdü; başını kapının tül perdelerinin arasından soktu, "Size eşlik etmeye geliyorum anne!" dedi.

Hafif bir rüzgâr önlerinden denizi okşayarak, koyu siyah kütleleri koyu karanlık sularında çalkalanan sandalların, gemilerin uzayan gölgelerini kırık ve bezgin hamlelerle sahile kadar uzatmaya çalışıyordu.

Bihter annesinin yanına, açılır kapanır küçük iskemleye oturdu; halinde bir sokulganlık, annesinin dizinden ayrılmayan çocuklara özgü bir şey vardı, yavaşça kolunu annesinin dizine koydu, üstünde iri, siyah bir yığın şeklinde duran saçlarıyla başını kolunun üzerine dayadı; gözleri bu karanlık gecede sönük sönük, dargın dargın süzülen, bir yetim kederiyle ıslak kirpiklerini titreten birkaç ışık parçasına dalarak bir müddet gökleri seyretti.

Bir gece kuşunun perişan, kırgın uçuşu gözlerini bir aralık sürükleyip götürdü. Annesi uyuyormuş gibi ona bir kelime söylememiş, sanki orada vücudundan habersiz durmuştu. Bir aralık Bihter başını kaldırdı, karanlıkta annesinin gözlerini görmek isteyerek uzandı.

Tül perdelerin arasından süzülerek yavaşça şehnişine dökülen sofanın ışığı altında anne kız birbirine baktılar. Bihter gülümsüyordu; sonra yavaş, hafif, saçlarının arasından kayıp firar eden rüzgâra benzer bir sesle: "Anne!" dedi, "Niçin Adnan Bey meselesine önem vermediniz?"

Firdevs Hanım şüphesiz böyle bir soruyu bekliyordu, doğrulmayarak o da öyle yavaş sesle cevap verdi: "Sebebini zannederim ki senin yanında söylemiştim."

Bihter gülerek omuzlarını silkti:

"Evet, fakat onlar, sizin itiraf ettiğiniz sebepler o kadar hafif şeylerdi ki, bu izdivaca olur vermemeniz için bilmem, yeterli gelir mi?"

Firdevs Hanım yavaşça doğruldu, şimdi seslerinin gizli bir fırtına saklar gibi uyanmaya başlayan içten heyecanını zapt etmek isteyerek ikisinin de dudaklarında bir kısıklık vardı. Bihter başını kaldırmıştı, annesinin dizinden kolunu çekti.

"Seni bu izdivaca pek heves ediyor görüyorum Bihter!"

Bihter kaçınılmaz bir mücadeleyi mümkün mertebe geciktirmeye çalışan bir sesle cevap verdi:

"Evet çünkü daha iyi bir fırsat doğabileceğine artık ümit kalmadı. Öteki kızınızın sonunda bir Nihat Bey'i zorla bulabildiğini pek iyi hatırlarsınız. Şimdiye kadar benim hakkımda da size bir müracaat olduğundan haberdar değilim..

Firdevs Hanım, "Beni şaşırtıyorsun, Bihter" dedi; mutlaka gelin olmak için bu kadar acele ettiğini bana haber vermiş olsaydın...

Bahsi sakin bir şekilde bitirmeye kararlı olmakla beraber Bihter birden, her vesileyle parlamaya hazır olan tabiatına mağlup oldu. Keskin bir sesle:

"Oh! Şaşıracak bir şey yok anne!" dedi, "Yirmi iki yaşında bir kız, birinci defa olarak, kabul edilecek bir evlilik talebi karşısında bulunur da sonunda görüşünü açıklamaya lüzum görürse acele etmiş olmaz zannederim. İtiraf ediniz ki Adnan Bey'i reddetmek için gösterdiğiniz sebepler belki başka bir kız için düşünülebilir. Fakat kabahat kendisinin olmadığı halde kim bilir nasıl sebeplerle koca bulmaktan ümidini kesen bir kız..."

Bihter'in sesine gittikçe sinirli bir titreyiş geliyordu. Boğazın sakin sularını yararak Karadeniz'e doğru yol alan büyük bir yük vapurunun gürültüsü Bihter'in son sözlerini boğmuştu. Firdevs Hanım şimdi büsbütün doğrulmuştu. Anne kız, karanlıkta birbirini boğmak isteyen iki düşman gibi, yüz yüze, nefes nefese, gözleriyle birbirini araştırarak duruyorlardı. Firdevs Hanım sordu:

"Ne vakitten beri kızlar annelerine karşı evlilik hakkında serbest serbest lakırdı söylemeye başladılar?"

Bihter, beş dakika evvel pamuk pençeleri altında tırnaklarını saklayan bir kedi sokulganlığıyla gelen bu kız, artık silahlarını çıkarmıştı; derhal cevap verdi:

"Anneler anlaşılamayacak sebeplerle kızlarının evliliklerini engellemeye başlayalıdan beri."

"Bihter! Annene karşı kullanılacak dili belirleyemiyorsun. Sana daha çok terbiye verdim zannediyordum.

Artık mücadeleyi açık bir harp olmaktan men edecek bir kuvvet kalmamıştı.

Sesleri yükseliyor, sonunda fırtına patlıyordu; sofradakiler, Nihat Bey'le Peyker, belki işitebilirlerdi. Bihter daha çok yaklaştı ve nefesi annesinin cildine dokunarak cevap verdi:

"Bunu terbiye noksanından çok kızlarınıza sevgi, saygı hissettirememiş olmanıza yormak doğru olur. Teessüf ederim ki, size birinci defa olarak ihtimal bir daha unutulmayacak şeyleri söylemeye mecbur oluyorum; fakat kabahat sizin... Kızınızı ayıplamadan evvel bir kere, sizi davet ederim, kendinizi düşününüz. Adnan Bey'i niçin reddettiğinizi tamamen biliyor musunuz? Yaşı ile çocukları için, diyeceksiniz. Nihat Bey'in de yaşı elli miydi? Onun da çocukları mı vardı? Halbuki bugün bana yapmak istediğiniz şeyi o zaman Peyker'e yapmıştınız. Sonunda mağlup oldunuz, bu defa yine mağlup olacaksınız, fakat bu mağlubiyet size daha acı geliyor, çünkü..."

Firdevs Hanım hırsından boğularak sordu: "Çünkü?"

Bihter, şimdi karşısındakinin ıstırabından haz alan, yaraladıktan sonra bıçağını yaranın içinde kanırtarak çeviren vahşi bir insafsızlıkla söylüyordu:

"Çünkü? İşitmek istiyorsunuz öyle mi? Çünkü ben de bu evde birisini bilirim ki eğer Adnan Bey onu istemiş olsaydı..."

Firdevs Hanım'da artık zaptı mümkün olmayan bir hiddet patladı; elinin tersiyle, Bihter'in ağzından cümlesinin aşağısını durdurmak isteyerek çarptı.

Bihter, bir çılgın gibi iki ellerinin bir kasılmasıyla annesinin iki ellerini tuttu ve dişlerinin arasından ıslık çalan bir sesle: "Evet, onu istemiş olsaydı, dedi; koşacaktı, sevincinden çıldırarak koşacaktı."

Firdevs Hanım kendisini sandalyesine salıverdi. Beş saniye evvel hastalık sinirinden kalan bir kuvvet artığıyla isyan ettikten sonra tekrar bir zaaf, onu bir müddetten beri her tartışmada artık mağlup eden çocukça bir zaaf, cevap vermekten men etti; gözlerine yaşlar hücum etti ve bütün hayatının cezası bu gece kızının ağzından dökülen bir kadın, orada, karanlık gecenin içine birer hüzünlü damlayla ağlayarak dökülüyor zannolunan gökyüzünün sönük, dargın yıldızları altında uzun uzun ağladı.

Bihter, birden, onu ağlıyor görünce, istemeksizin, düşünmeksizin, belki iki öpücük arasında bitirebilmek ümidiyle başlanıp da gözyaşlarıyla bitirilen bir mücadelenin sonucuna karşı donmuş, duruyor; karşıda kırmızı fenerin ateşli bir yılan gibi kıvranıp uzanan ışığına dalarak başını çeviremiyordu.

Meselede galip çıktığından emindi, bütün annesinin bu gözyaşları onun galibiyetine birer delil demekti; ama şimdi bunlar ona da ağlamak hevesini veriyordu, bir kelime söyleyecek olursa kendini zapt edemeyeceğinden korktu. Dudaklarını ısırarak, sahili küçük küçük şamarlarla tokatlayan dalgaların çarpıntısı arasında annesinin iri iri nefeslerini işiterek durdu: Kalplerinde anneyi çocuklarına bağlayan saygı ve sevgi ilgisi kurulamamış bu iki varlık, iki düşmana benzeyen bir anne ile kız, derin, ağır, soğuk, sanki aralarında yatan bir tabutun mateminden gelen bir sessizlikle hareketsiz kaldılar.

İkisinin arasında kırılmış bir şey; ama yapılmış bir evlilik vardı.

***

Bu gece Bihter odasına bir zafer sevinciyle girdi. Şimdi artık gerçekleşeceğinden emin olduğu hülyasıyla yalnız kalmak için acele ediyordu. Üstündeki şeyleri koparıp atmak isteyen ellerinin seri hareketleriyle soyundu, omuzlarından kayan gömleğiyle pencereye kadar gitti, panjurları çekti, camı indirdi, kandili yaktı, mumunu söndürdü, yatağının kenarına oturarak çoraplarını çekip attı; her şeyden uzak, her şeyden ayrı, yalnız hülyasıyla beraber kalmak için yatağına girdi, eliyle cibinliğini çekti.

Ötede kandilin titrek ışığı odanın gizli gölgeleriyle boğuşuyor gibiydi; masanın üzerinde şişelerin irileşen, orantısız şişen gölgeleri odanın döşemesine dökülüyordu. Şimdi Bihter yatağının içinde, hakikatle hülyanın arasına cibinliğinin tül duvarını çekerek yatıyor, odanın sessizliğinde bir uyku nefesi uçmaya başlıyordu. Yalnız -ufuklardan bir parça güneş istemek için yuvasının kenarında bekleyen beyaz bir güvercin yavrusu gibi- yataktan, cibinliğin arasından küçük, tombul bir ayak sarkıyor, sinirli bir hırçınlıkla sallanarak şuh, çapkın bir davet anlamıyla sanki bu emel yatağına takım takım hülyalar çağırıyor; "Evet!" diyordu. Buraya geliniz tantanalı yalılar, beyaz kikler, maun sandallar, arabalar, kumaşlar, mücevherler, bütün o güzel şeyler, bütün o yaldızlı emeller... Siz, hepiniz, buraya geliniz..."

2

Bugün Adnan Bey açık sarı boyalı yalıdan çıktıktan sonra maun sandalına kalbinde büyük bir hafiflikle atlamıştı. Kendisini aylardan beri içinden çıkılmaz tereddütler arasında yoran bu müracaat işte sonunda yapılmış, onun kalbini ezen ağırlığı sanki göğsünün üzerinden büyük bir taş gibi sonunda kalkmıştı; fakat sandalında kendisini yalnız bulduktan sonra bu hafifliğin arasında ufak bir çarpıntı hissetti. Bugün her zamankinin aksine işte sandalda yalnızdı, Nihal ile Bülent babalarına eşlik etmiyorlardı; ama onların boş kalan yerinde iki masum, şaşkın çehrenin gölgesi titriyor; minimini iki ses, iki çekingen, tereddüt eden çocuk sesi: "Beybaba!" diyordu; nereden geliyorsunuz? Ne yaptınız?"

Evet, ne yapmıştı? Şimdi uzaktan, akşamın son ışıkları içinde yeşillikleri gülümseyen karşı tepelere bakarak o da kendi kendisine bu soruyu soruyordu. O zaman, bu müracaata karar vermeden evvel aylarca devam eden tereddütler, kavgalar bir dakika içinde tekrar uyandı, zihnen bu mücadelenin bir tarihini, bütün o harp ayrıntılarının bir özetini çizdi. Kendisini vicdanına karşı haklı göstermek için her vakitten çok şu dakikada bir ihtiyaç duydu. O zaman, emeline ulaşmak için hazırlanan bütün sebeplerin ve delillerin yükselen, kendi sesini örten saldırı velvelesini işitti.

Evet, böyle daha ne kadar devam edebilirdi? İşte dört seneden beri hayatını çocuklarına hasretmiş, evin içinde bir annenin kaybolduğundan onların minimini ruhunu mümkün mertebe habersiz tutabilmek için çocuklarına anne olmuştu; fakat şimdi artık bu fedakârlıkta devama makul bir sebep görmüyordu. Bülent zaten mektebe gidecekti, Nihal birkaç sene sonra gelin olacaktı. Çocuklarının bağları kendisinden yavaş yavaş çözülecek, sonunda bütün çocuklarla babaların arasında açılan uçurumlar onların arasında da -hatta şimdiki bağların samimiyetine oranla daha büyük bir boşluk- açılacaktı. O zaman bu boşluğun yanında yalnız, ara sıra yalnızlığına teselli bahşetmek için uğraşan çocuklarının birkaç tebessüm sadakasıyla terk edilen kalp ısınamayarak, o yalnızlığın bütün kar parçaları hayatının semereden mahrum kalmış fedakârlıklarını kalın bir kefenle örterek, evet, yapayalnız kalacaktı.

Zaten bütün geçen hayatı bir fedakârlıktan ibaret değil miydi? Tereddütlerine karşı fazla bir üstünlük silahı bulmak için evliliğinin, bütün şiir ve aşk hatıratını inkâr ediyor, bu ikinci sevdanın tasarlanmış beşiğini süslemek için zavallı ölmüş aşkının mezarından çiçeklerini söküyor, koparıyordu.

O, otuz yaşına kadar nispeten masum bir hayat geçirmişti, hayatının en büyük aşk vakası evliliğiydi. Şimdi düşünürken on altı senelik evlilik devresi hatıralarında bir zayıf papatyanın bile neşesinden mahrum uzun, çıplak bir çöl parçası şeklinde uzanıyordu. Bu on altı sene yalnız eşinin bitmez tükenmez hastalıklarından meydana gelen hatıralar bırakmıştı. O hastalıklarla savaşmış, çocuklarının annesini kurtarmak için senelerce uğraşmıştı; sonunda, zaten beklenen sonuç bütün gayretlerini hiçe indirerek işte çocuklarını öksüz bırakmıştı. O zaman sarf olunan emekler şimdi mükâfat bekleyen seslerle hatıralarının arasında bağırıyordu. O vakit yerine getirilen bir vazife şimdi bir hak hükmünü almıştı. Ama kalbinde ufak bir heyecanın susturulması mümkün olamıyor, bu sebepleri Nihal ile Bülent'in fikirlerine nasıl kabul ettireceğine karar veremiyordu, istiyordu ki vicdanına karşı kendisini aklayan bu sebepler onu çocuklarına da affettirsin...

Birden gözlerini karşı tepelerden ayırdı. Kalender'e yaklaşıyorlardı; onlara, Bihter'e, tesadüf edebileceğini düşündü. Dümene ufak bir darbeyle daha çok yanaştı; işte uzaktan beyaz sandalı fark etmişti; dümene yine bir küçük darbeyle ufak bir kavis daha verdi iki sandal birbirinden ancak birbirine çarpmayacak derecede açık kalmıştı.

Adnan Bey kendi kendisine: "Şimdi, on dakika sonra haber alacaklar." diyordu. Bihter'in olur cevabı vereceğinden emindi, bunu genç kızın zaten gözlerinde açıkça okumuş, gözlerinin bakışında müracaatta gecikmesinden şikâyete benzer bir şey bile fark etmişti.

Kendi kendisine bir nakarat gibi: "Evet" diyordu; "Şimdi on dakika sonra..." Tekrar birden aklına Nihal'le Bülent geldi. Eve gidince onun da yapılacak bir işi vardı. Bugün çocukları hazırlamak istiyor, mutluluğunun tam olmasına engel olacak olan şu heyecanı da hemen susturmak için acele ediyordu. Maun sandal artık yapılacak bir işi kalmamış gibi süratle suları yararak ilerlerken bu heyecan büyüyordu. Hâlâ bir kolay yol bulamamış, aklına gelen çarelerin hiçbirine karar verememişti. Bir aralık Şakire Hanım'ı eşinin gelin halayığıyken[1] Nihal'in doğmasının ardından çırak edilen[2] ve o zamandan beri evde aile fertlerinden olmak önemiyle kalan kadını düşünüyor; ara sıra, "Hayır, mürebbiyesini aracı etmek daha iyi olur..." diyordu. Sandal rıhtıma yanaşıp da kapının önünde bekleyen küçük Habeş[3] Beşir koşunca Adnan Bey hemen sordu: "Çocuklar gelmediler mi"

Gelmediklerini anladıktan sonra bir ferahlama duydu; şimdi onları hem görmek istiyor hem görmek zamanını ertelemeye çalışıyordu. Bugün yalnız kalmak için çocukları mürebbiyeleriyle beraber Bebek bahçesine göndermişti.

Soyunup ev içinde giydiği ince şayaktan pantolonunu, beyaz keten gömleğini taktıktan sonra siyah alpaga[4] ceketini aradı; sinirli ellerle aynalı dolabın kapağını çekti, odanın köşesinde duran elbise askısına baktı, ceketini bulamıyordu. Eliyle zile bastı, Nesrin'e çıkıştı: "Her şey karmakarışık, hiçbir işime bakılmıyor, işte bir saattir siyah ceketimi arıyorum!" diyordu.

Siyah ceketin bir kolu iskemlenin kenarından sarkıyordu. Adnan Bey arkasından çıkardığı elbiseleri onun üzerine atmıştı. Nesrin ilerleyerek ceketi elbiselerin altından çıkardı.

O, "Gördünüz mü? İskemlenin üstünde bırakmışsınız, hiçbir şeyi yerine koymak âdetiniz değil ki..." diyordu.

Bir müddetten beri böyle hizmetinin noksan görüldüğünden, hiçbir şeye bakılmadığından, hanımsız evde ne kadar dikkat edilse hizmetçilere meram anlatmak mümkün olmadığından söz etmeyi âdet edinmişti.

---

1 Kadın köle, cariye. (Y.N.)

2 Saraylarda, büyük konaklarda emektar çalışanların, geçimleri temin edildikten sonra kendi hayatlarını kurmalarına izin verilmesi. (Y.N.)

3 Afrika asıllıları niteleyen genel bir ifade. (Y.N.)

4 Lama yününden dokunan kumaş. (Y.N.)

Nesrin çıkarken sordu:

"Çocuklar gelmediler mi?

Yatak odasından aşağı indikten sonra bir aralık sofanın penceresinden denize baktı, artık sabırsızlanıyordu. Sonra odasına, çalışma odasına girdi; bir şeyle meşgul olmak istiyordu. Onun başlıca merakı tahta üzerine oymacılıktı; bütün boş saatlerini kâğıt bıçakları, hokkalar, kibrit kutuları, üzerinde kabartma resimlerle kâğıt baskıları oymakla geçirirdi. Birkaç günden beri ortasında Nihal'in yandan çehresiyle bir küçük tabak çıkarmak için uğraşıyordu. Bunu eline almak, çalışmak istedi, çalışamadı. Tekrar zile bastı. Nesrin tekrar içeriye girdi:

"Nihal'le Bülent gelmediler mi?"

Nesrin bu defa gülümseyerek cevap verdi:

"Gelmediler efendim, fakat şimdi neredeyse gelirler."

Kız çıktıktan sonra Adnan Bey kalbinde belirgin bir korku hissi duydu. Evet, şimdi gelecekler; o zaman, o zaman ne yapacak?

En çok Nihal'i düşünüyordu. Tereddütlerine üstün gelebilmek için icat ettiği sebeplerin arasında hiçbir zaman susturmayı başaramadığı bir korku, bu olayın Nihal üzerindeki etkisini düşünmekten doğan bir korku vardı. Babasıyla kendisinin arasında başka bir varlığın, başka bir sevginin engel olmasına bu nazik, duyarlı, suda yetişmiş bir çiçeğe benzeyen kızın kayıtsız kalamayacağından emindi. Pek iyi hissediyordu ki henüz pek çocuk iken onu annesiz bırakan matemin o zaman tamamıyla duyulmayan acılarını sonradan, büyüyüp düşünmeye başladıkça birer birer duymuş, onlar çehresine gittikçe derinleşen bir yetim mazlumluğunun hüzünlerini çekmişti. Babasına gülümseyerek bir bakışı vardı ki ta gözlerinin içinde, ta o tebessümün altında tamamıyla tanıyıp sevmeye vakit bulunamamış, hatta siması bile hatırlanamayan annesi için bir matem gözyaşı saklıyor gibiydi.

Şimdi bu babayı, bu ikinci anneyi bir parça onun elinden alacaklardı. O zavallı yüreği bu ikinci ayrılıktan nasıl elim bir yarayla yırtılacaktı! Bunu düşündükçe kalbinde Nihal için ağlayan bir damar sızlardı; fakat bu artık gözünde önüne geçilmek mümkün olmayan, hatta olmasına müsaade edilmek lazım gelen bir zarar hükmünü almıştı.

Adnan Bey şimdi odasının kahverengi uzun perdeler altında yarı bir karanlığa boğulan derinliklerine dalarak iş masasının yanında meşin yarım koltuğa yaslanmış, ayaklarını uzatmış, düşünürken Nihal'le geçen bütün hayatı parça parça levhalarla koparak gözlerinin önünde yaşıyordu. İlk önce annesini kaybettikten sonra çocuğun huysuzluklarını, o bin türlü olmayacak sebepler icat olunarak saatlerce devam eden ağlayışlarını görüyordu. O vakitler babasından başka onu kimse susturamazdı. Onda bir de sinirli sakatlık vardı ki, düzensiz aralarla minimini çelimsiz vücudunu saatlerce süren buhranlar içinde ezer, hırpalardı. Küçük yatağının yanında, o matem devresinde, o sinir buhranı saatlerinde, geçirdiği ıstırap gecelerini düşündü. İşte şimdi hatırına geliyor: Bir gece uykusunun arasında, çocuğun kim bilir nasıl bir rüyadan sonra, korkulu bir sesle onu uyandırmak için "Baba, Baba!" dediğini işitmiş, yatağından kalkmış, yanına giderek sormuştu;"Ne istiyorsun, kızım?" O zaman o, babasını yanında gördükten sonra müsterih olarak, gülümseyerek, annesinin vefatından sonra birinci defa olmak üzere sorguya çekmişti: "Yarın gelecek mi?" Böyle, ismini söylemeyerek, kim olduğunu açıklamayarak annesinden bahsederdi. "Hayır, kızım" Her vakit yalnız bu cevapla kanaat ederken bu gece uykusunda galiba bir rüyayla başlayan bu bahsi takip etmişti; "Pek mi uzaklara gitti Oradan gelmek zor mu, beybaba?" O cevap vermeyerek başını sallamış, bu iki soruyu onaylamıştı. Çocuklara özgü bir inatla o mutlaka bir cevap istiyordu: "Öyleyse biz oraya gidelim, olmaz mı? Baksanıza o gelmiyor, hiç, hiç, bir gün olsun gelmiyor..." Sonra babasının sustuğunu görerek birden küçük çıplak kollarını yorgandan çıkarmış, onun başını çekerek, ağzını kulaklarına yapıştırarak, kandilin titrek ve karanlığa benzeyen ışığı altında etraftan gizli bir şey söylüyormuşçasına hafif, bir kuş nefesine benzeyen sesiyle "Yoksa öldü mü?" demişti. Bu hakikat birinci defa olarak ağzından çıkıyordu. Sonra minimini parmağını uzatarak ve babasının gözlerinden akan birer damla titrek yaşı silerek ilave etmişti: "Ama siz ölmeyiniz babacığım, siz ölmezsiniz değil mi?"

O, çocuğu yatıştırmış, yatağına zorla yatırarak örtüsünü üstüne çekmiş fakat yanından ayrılamayarak saatlerle, sessiz, uyumasını beklemişti. Çocuk o gece bütün içini çekerek nefes almıştı.

Geceleri onu bir müddet yanından ayıramaz, beraber yatardı. Şimdi bile Nihal'le Bülent aralık kapısı daima açık duran yanında bir odada yatarlardı; daha ötede mürebbiyelerinin, ihtiyar Matmazel Courton'un odası vardı. Yalnızlık bu baba ile kızı o kadar sıkı bağlarla bağlamıştı ki, ancak birbirinin havası ortamında yaşamaktan haz alabiliyorlardı; daima beraber gezerler, geceleri hemen bütün saatleri beraber geçirirlerdi. Mürebbiye Nihal'den çok Bülent'in bir arkadaşıydı. Gece Nihal Bülent'in uykusunu bekler, kadınla beraber çıktıktan sonra babasıyla yalnız kalmakta garip bir lezzet bulur, sanki hayatının bir türlü dolmayan boşluğu içinde babasıyla böyle baş başa kalış kalbinin bütün ıssız köşelerini mutlulukla dolduracak bir samimiyet kazanırdı.

Adnan Bey kızıyla bu arkadaşlık hayatının ayrıntılarını görürken etrafına, odasına; hatıralarının, kızıyla beraber geçen saatlerin sessiz şahitlerine bakıyordu. İşte ta odanın karşı duvarını boydan boya kaplayan yüksek, geniş, oyma cevizden, yekpare camlı kapaklarıyla kütüphane, bütün vakur, iri kitaplarla dolu;

ötede, kapıya karşı, yan tarafta bir vakitler merak edilerek toplanmış güzel yazılardan oluşan zengin bir levhalar mecmuası ki karmakarışık, fakat perişanlığında gözleri okşayan hoş bir zevkle tertip edilerek duvarı kaplamış; sonra diğer duvarlarda, son merakının yadigârı: Oyulmuş tahtadan minimini hücreler, resim çerçeveleri, mendil kutuları, aralarından kurdeleler geçirilerek tutturulmuş yelpazeler, ta ortada büyük bir parça kök üstüne kabartma çıkarılmış bir ihtiyar başı... Bugün, bu şeyler ona tuhaf bir bakışla bakıyorlar gibiydi.

Duvarda oymaları uzun uzun seyrediyordu. Bu ufak tefek şeyler bütün Nihal'in yanında, işte şurada yeşil kalpaklı lambanın altında geçirilen sevgi ve incelikle dolu saatlerin mahsulleriydi.

Adnan Bey elini uzattı, masanın üstünden daha tamamlanmayan Nihal'in çehresini aldı. Bu henüz bitirilmemişti; henüz ne saçlarının simasını ipekten bir çerçeve içine alan dalgaları ne de zayıf çehresinin hastalıklı süzgünlüğü belliydi; fakat o yüzüne baktıkça kendisine ağlamak arzusunu veren hasta simayı şu belirsiz çizgileri arasından tam bir açıklıkla görüyordu.

Ah! Nihal'in o yaşamaktan şikâyet ediyor zannolunan sarı, sarılığında uçucu bir pembeliğin aldatıcı neşeleri hemen solacak bir gül inceliğiyle titreyen hüzünlü çehresi! O hastayken sizi yalancı gülüşleriyle aldatmaya, etrafındakileri sahte bir mutluluk içinde kandırmaya çalışan, derinliklerinde hastalıklı ruhu ağlarken, gülen gözleri! Bunları bütün manalarıyla görüyordu. O vakit kızının hastalıklarını, sinir buhranlarını, o ta ensesinden itibaren haftalarca devam eden baş ağrılarını hatırlıyordu.

Birden, karşısında Nihal'in bu hüzünlü siması ağlayarak kendisine bakıyor zannetti. Bir dakika içinde hayatında bugünün silinmiş olmasını arzu etti. Evet, bugün silinmiş olmalıydı, bugün de diğer bütün günler gibi sonuç vermeyen mücadelelerle geçmeliydi, mağlup olmamalıydı; fakat şimdi yapılmış olan müracaat geri alınmayacak bir adım gibi görünüyordu; onu değiştirmeye, geçilmiş olan mesafeden geri dönmeye imkân bulmak hatırına gelmiyordu. O ağlayan hasta çehrenin arkasında diğer bir çehre, siyah saçlarıyla, uzun kaşlarıyla; iri mahmur gözleriyle, şiir ve gençlik dolu bir çehre ona çıldırtıcı tebessümlerle gülümsüyordu.

***

Nesrin kapıdan görünerek haber verdi:

"Geldiler efendim!"

Nesrin'in arkasında Nihal'in sesi işitildi: "Baba!" diyordu, "siz bizden evvel mi geldiniz?"

Kuşaksız açık mavi elbisesinin içinde yaşına oranla uzun duran ince vücuduyla, zarif bir keçi yavrusu çehresinin inceliğini hatırlatan süzgün simasıyla, Nihal koşarak içeri girdi, iki elleriyle babasının iki ellerini tuttu ve potinlerinin ucuna basıp yükselerek alnını babasının dudaklarına uzattı.

"Siz bizi başınızdan savar, kaçarsınız öyle mi?" diyordu. "Nereye gittiniz, bakayım? Niçin bize çıkacağınızı söylemek istemediniz? Şimdi Beşir'den haber aldık. Oh! Benim minimini Beşirciğim, bana hepsini haber verir."

Babası gülerek dinliyor; o durmaz dinlenmez çocuklara özgü bir kıpırdaklıkla kâh masanın üstünde bir şeye dokunarak kâh elleriyle eteklerine vurarak, ağzından çıkan her kelimeye bir hareket katarak söylüyordu:

"Biz de ne iyi eğlendik. Bilseniz, bugün matmazelin bütün tuhaflığı üstündeydi. Bülent'e kendi çocukluğunda tanıdığı bir dilencinin hikâyesini anlatıyordu. Ne tuhaf? Bu bir ihtiyarmış ki bir büyük parça ekmeği..."

Nihal anlatırken ince, arasından güneş geçebilecek zannolunan zayıf ellerini birbirine birleştiriyor, ağzına götürerek sanki koca bir parça ekmeği küçük ağzının renksiz dudaklarıyla yutuyordu:

"İşte böyle! Matmazel yaparken görmelisiniz ki... Bülent'i bilirsiniz ya! Çıngırak gibi kahkahasıyla gülerken bütün bahçe halkı bize bakıyordu. Matmazele söyleyelim de sofrada size de yapsın babacığım."

Şimdi babasının dizlerine dayanarak halının üstüne diz çökmüş, Bebek Bahçesi'ndeki gezintilerini, en küçük ayrıntıya kadar, fikri oynak bir kelebek gibi oradan oraya sıçrayarak anlatıyordu. Sonra birden sözünün arasında ciddi bir çehreyle sordu:

"Siz nereye gittiniz? Söyleyiniz bakayım, siz bizden gizli nereye gittiniz?"

Düşünmeksizin, "Hiç!" dedi; sonra bu cevap, bu yalan ağzından çıkar çıkmaz zapt edilemeyen bir utançla kızardı, düzeltmeye lüzum gördü: "Kalender'e!"

O, birden, sinirleri hasta çocuklara özgü garip bir sezgiyle bu yalanı keşfetti:

"Değil babacığım, işte, işte, kızarıyorsunuz, demek bizden saklamak istiyorsunuz."

Ayağa kalktı, sahte bir küskünlük vaziyetiyle, başını eğerek, dudaklarını kabartarak, gözlerinin eğri bir bakışıyla babasına bakıyordu. Şimdi, hemen şu dakikada, hiçbir şey hazırlamaksızın, hiçbir ihtiyata teşebbüs etmeksizin bu masum çocuğun karşısında, göksel bir yaratık huzurunda vicdanını temizlercesine hepsini söylemek, göğsünün üzerinde bir taş ağırlığıyla duran hakikati bu zayıf kızcağızın önüne atmak için kaçınılmaz bir ihtiyaç duydu. Elini uzatarak Nihal'in bileğinden tuttu; bu ince, içinden bir kadın vücudu çıkabileceğine ihtimal verilmeyen nazik bir dala benzer zayıf çocuğu kendisine çekti; parmaklarını küçük başının üstünde ipekten bir bulutu andıran saçlarına soktu. Bir saniye evvel neşeli öterken, birden sinirlerinin hassasiyetiyle, yuvasının sakinliğinden bir kış nefesinin geçeceğini duyan kuş gibi şimdi çehresinde bir endişe anlamıyla bekliyordu. O vakit kendisini zapt edemedi, sordu:

"Nihal! Beni seviyorsun, değil mi? Çok pek çok seviyorsun değil mi?"

Çocuklara özgü bir hilekârlıkla bu sorunun içyüzünü anlamadan evvel cevap vermek istemedi.

Babası devam etti:

"Nihal, senin için bir şey düşünüyorum." Bu yalanı söylerken kalbini bir pençe sıkıyordu: "Fakat bana vaat et, bakayım, yemin et ki itiraz etmeyeceksin, kabul edeceksin, beni sevdiğin için, evet, beni sevdiğin için..."

Tamamlayamıyordu, kendi sesinde öyle bir şey fark etmişti ki soğuk bir titreyişle vücudunu titretiyordu. Cinayetini itirafa kuvvet bulamayan bir suçlu korkaklığıyla bu çocuğun karşısında sustu. Nihal yavaşça elini çekmişti, babasından bir adım uzaklaştı; suskun, sapsarı, dudaklarında bir sorunun çekinme nefesi titreyerek babasına baktı. Bu soruyu sormadı. Niçin? Bilinemez. Hiçbir şey fark etmeyerek, babasının sözlerinde hiçbir fikir keşfetmeye çalışmayarak birden hissetmişti ki şu dünyada her şeyden çok sevdiği bu adam, bu baba, birinci defa olarak, her zamankine benzer bir hiç için ufak bir yalanla değil, hayatını hemen orada kırıverecek müthiş bir yalanla kendisini aldatmak istiyor.

Şimdi oda karanlıktı, birbirlerini bir gölge arasından görüyorlardı, aralarında bir gecenin sinirleri üşüten soğuk rüzgârı uçuyor gibiydi. Baba kız, bir kelime söylemeyerek, sinirlice bir çekinme hissiyle, hareket etmeyerek bakışıyorlardı. Başlandıktan sonra mutlak devam etmesi lazım gelen bu konuşma birden bir sekteyle kopmuş, kesilmiş oldu; fakat bu sessizlikten çıkmalıydı.

Adnan Bey şimdi kendisini ayıplıyordu; evet, hemen bugün, henüz bir şey yapılmadan, henüz bir cevap bile alınmadan, niçin söylemeye lüzum görmüştü?

Birden sofada Bülent'in bir çıngırağa benzeyen kahkahalarıyla koştuğunu işittiler, arkasından birisi kovalıyordu. Bülent kaçıyor, kâh kahkahalarıyla minimini ayaklarının gürültüleri bu sessiz facianın kenarına kadar gelip yuvarlanıyor kâh sofanın uzak köşelerinde kayboluyordu.

Adnan Bey bir şey söylemiş olmak için, "Yine Bülent'i Behlûl kovalıyor, galiba." dedi.

Nihal, "zannederim," dedi; "söyleyeyim de bıraksın. Çocuk yorgun, bugün bütün gün yürüdük."

Nihal, şüphesiz, kaçmak için bir sebep arıyordu. Fakat bu konuşma orada bırakılamazdı, şimdi o noktada durmayı fena bularak Adnan Bey mutlak söylemek ve Nihal'e söyleyemezse başka birisine söylemek için o anda karar verdi:

"Nihal!" dedi, "Mürebbiyene söyler misin? Kendisini görmek istiyorum."

Nihal, karanlıkta beyaz bir gölge gibi hafifçe silinerek çıktı. Sofada gürültü devam ediyor; Bülent kendisini sanki tutamayarak kovalayan Behlûl'den kaçmak için, artık yorulmuş nefesi kahkahalarına yetmeyerek, koltukların arkasına, köşelere sokuluyor takipçisinin hamlesini heyecanla bekliyor; hamle gerçekleşince bir çığlıkla tekrar sofada dolaşma başlıyordu.

Nihal çıkar çıkmaz ciddi bir sesle Bülent'e bağırdı: "Bülent! Yeter artık, yine terleyeceksin, seni böyle azdıranlarda kabahat!"

Bu, Behlûl'e karşı açık bir itirazdı. Nihal Behlûl'ün yüzüne bakmıyordu. Onlar -bu iki kardeş çocukları- evin içinde iki düşmandılar. Yine üç günden beri Nihal olmayacak bir sebepten, mürebbiyenin şapkasına dair Behlûl'ün bir itirazından doğan müthiş bir kavgadan sonra onunla konuşmuyordu.

Behlûl onu görünce durdu, dişlerinin arasından çıkardığı diliyle ince sarı bıyıklarını ıslatarak alaycı gözlerle yandan bakıyordu. Nihal Bülent'i elinden yakalayarak yukarıya götürürken Behlûl burnunun ucunu kaşıyarak arkasından bağırdı:

"Matmazel Courton'a en iyi duygularımı sunarım. Heceleri çekerek ilave etti: "Ve o güzel şapkasının hoş çiçeklerine..."

Nihal karşılık vermedi, her zaman bu kadar bir alay saatlerle kavga için yeterli olurken bu defa şüphesiz içten bir karşılığa tercüman olan hoş bir dudak burmasıyla yetindi. Hâlâ salıvermemek için bileğinden tuttuğu Bülent'le koşarak çıkıyordu. Bülent artık zapt olunamayan tutuşmuş taze kanıyla, şimdi ablasının elinde, sıçrıyor, basamaklardan hopluyordu. Yukarıya sofaya çıkınca bileğini kurtardı ve birden serbest kalmış bir tay sevinciyle koşmaya başladı. Nesrin avizenin iki mumunu yakıyordu, yetişebilmek için bir iskemlenin üstüne çıkmıştı, "Aman paşam, bana çarparsan düşerim!" diyordu. Bülent ona cevap vermiyordu. Arkalarından, takip ederek yukarıya çıkan Beşir'i görmüş, ona koşarak ancak beline yetişen minimini kollarıyla, kızlığa yakışan zarafeti henüz on dört senelik tazeliğiyle daha çok doğrulanan bu zarif, ince Habeşlinin vücuduna sarılmıştı. Ona yalvararak, Peyker'in hoşuna giden yumuk yumuk gözleriyle Beşir'in insana öpmek hevesini veren süzgün ince çehresinden bir olur cevabı bekleyerek, "Haydi!" diyordu, "Yine arabaya binelim, hani biliyorsun ya, geçen gün nasıl koşmuştuk! Haydi, Beşirciğim, haydi" Ona tırmanarak, artık biraz olura razı görünen bu çehreyi öpücüklerle örtmek için yükselmeye çalışarak yalvarıyordu. Beşir, şimdi gözleri Nesrin'in yaktığı avizenin fanuslarına dikilmiş zihninin dağınıklığı içinde yukarıya ne yapmak için çıktığını arayan Nihal'e bakıyor, ondan bir emir, bir küçük işaret bekliyordu.

Onun böyle, nefes almak için onayını bekleyen bir teslimiyet bakışıyla, itaat etmekten, emir almaktan, hayatına tasarruf edilmekten mutlu olan gözlerle Nihal'e bakışları vardı ki bu zavallı yaratığın ruhunu genç kızın ayaklarının altına sererdi.

Birden Nihal hatırladı, kendi kendisine: "Matmazel!" dedi.

Nesrin şimdi elinde şemayla[1] yukarı katın işini bitirmiş aşağıya inmek için gecikiyor, artık serbest kalan iskemleyi Beşir'in önüne getiren Bülent'e: "Aman paşam, o iskemle bana lazım, daha aşağıki sofanın avizesini yakacağım." diyerek, fakat asıl araba oyununu seyretmek için sırıtıyordu. Nihal geçti, sofanın bir kapısından yatak odalarına giden bir dehlize girilirdi. Üçüncü odanın kapısını vurdu.

Mürebbiye her gezintiden dönüşte çocukların elbiselerini değiştirdikten sonra odasına kapanır, soyunmak, yıkanmak, tekrar giyinmek için saatlerce orada kalırdı. Bu esnada ihtiyar kızın gizli hücresi çocuklara, herkese karşı kapalıydı.

Nihal bağırdı:

"Matmazel! Babamın yanına gider misiniz? Sizi görmek istiyor."

Sonra, cevabı işitmeden kaçtı, tekrar sofaya çıktı. Sofada şimdi araba dolanması başlamıştı. Seyirciler bile çoğalmıştı. Nesrin hâlâ elinde mumuyla iskemlenin serbest kalmasını bekliyordu; Şakire Hanım'ın kızı Cemile -henüz on yaşında bir çocuk- oyuna katılmak için heves dolu gözleriyle seyrediyor, Nesrin'i çağırmak için yukarı çıkan Şayeste -Şakire Hanım'ın evliliğinden sonra baş kalfa[2] olan- ara sıra "Kız, ne duruyorsun? Aşağıda göz gözü görmüyor, beyefendi ne der?" sorusunu fırlatarak Bülent'in gezintisine bakıyordu.

Nihal oturdu. Evvela biraz tereddüt ederek oyuna ufak bir ara veren Beşir, onun itiraz etmediğini görerek tekrar üzerinde Bülent'le iskemleyi çekmeye başlamıştı.

---

1 Mumlu fitil, muma batırılmış fitil. (Y.N.)

2 Saraylarda ve büyük konaklarda halayıkların başında bulunan kadın. (Y.N.)

Ara sıra Matmazel Courton çocukları Beyoğlu'na indirir; onları, öteden beriden bin türlü şeyler almak heveslerine serbest bir gezinti alanı vermek için, mağazadan mağazaya dolaştırırdı. Bu seferler esnasında Bülent'i en çok çıldırtan araba gezintisiydi. Yaz kış mahkûm oldukları yalı hayatından böyle nadir vesilelerle kurtularak arabada gezmek onun için bir bayramdı.

Şimdi Beşir'le beraber Beyoğlu'nda böyle bir araba gezintisi yapıyorlar, koltukların önünde bekleyerek mağazalara uğruyorlar, ufak tefek alıyorlardı: "Arabacı!" diyordu; şimdi Bon Marche'ye![1] Ah! Geldik mi? Evet, geldik! İşte camlığın içinde bir kılıç... Baksanıza, bu kılıç kaç lira. Beş lira mı? Hayır, pahalı! On beş kuruş... Ama iyi sarınız! Hazır mı? Ne kadar da uzun! Arabaya sığmayacak..."

Kim bilir bu, hayalhanesinde o kadar büyüyen kılıç, ne kadar uzun bir şey oluyordu ki, Bülent sanki elinde tuttuğu paketi koyacak bir yer bulamıyordu. Sonra sonunda arabanın bir köşesine sıkıştırarak bir özgüvenle arabacıya o tekrar emir veriyordu:

"Şimdi şekerlemeciye, Lebon'a...[2] Biliyorsun ya arabacı, şekerlemeci Lebon'a"

Araba hareket ediyordu. Cemile sonunda dayanamamış, iskemleyi arkadan itmek suretiyle oyuna karışıyordu. Nesrin "İlahi! Paşam, beni işimden alıkoydun!" diyerek iskemlesinden vazgeçmiş, aşağıya inmişti. Şayeste öteden bağırıyordu: "Beşir, çok koşma! Çocuğu düşüreceksin."

Nihal, hareketsiz, sessiz, sinirlerine çöken bir gevşeklikle Bülent'in gevezeliklerini dinleyerek, dalgın gözlerle duruyordu. Bülent şimdi şekerlemeciye diyordu ki:

Hayır, hayır! Anlamadınız. O değil, öteki sepet, görmüyor musunuz? İşte üstünde torbası, kurdelelerinin arasında bir kuşu var. Onu ağabeyime götüreceğim. Bildiniz ya, Behlûl Bey... Hani

---

1 Bonmarşe. İstiklal Caddesi'ndeki en meşhur mağazalardan biri. (Y.N.)

2 Beyoğlu'nda, Tünel bölgesinin en ünlü pastanelerinden biri. (Y.N.)

bana her vakit çikolata getirir. İçine fondan[1] koydunuz mu? On tane de kayısı koyunuz. Tamam! Aman bozulmasın..."

O vakit büyük bir ihtiyatla sanki şekerlemecinin elinden sepeti alıyor; "Burada dursun, dizlerimin üstünde." diyor. Sonra arabacıya tekrar emir veriyordu: "Köprü! Köprüye! Artık alınacak bir şey kalmadı. Çabuk ol, vapura yetişemeyeceğiz, koş koş... Geç kalırsak beybabama ne deriz?"

Öteden Şayeste Beşir'e yine bağırıyordu:

"Şimdi konsola çarpacaksın. Sen de! Çocuğun dediğine bakıyorsun."

Bülent artık Matmazel Courton'un taklidini yapıyor, iki elleriyle başını tutarak ihtiyar kızın Fransızcasıyla: "Oh! Aman yarabbi... Zannolunacak ki bir kasırga içinde yuvarlanıyoruz..." diyordu.

Sonra birden Türkçeye, fakat Matmazel Courton'un Türkçesine çevirerek arabacıya bağırıyordu:

"Ağabacı, duğ! duğ!"

Bülent ihtiyar mürebbiyenin tavrını, edasını, telaşını o kadar güzel taklit ediyordu ki, Nihal'in ince dudaklarında bir tebessüm beliriyordu; birden yanı başında Matmazel Courton'un sesini işitti:

"Nihal! Kapıma siz vurdunuz, değil mi?"

Sıçrayarak, derin bir hülyasından birdenbire uyandırılmış gibi ayağa kalkarak bir saniye cevap veremedi, sonra hatırlayarak ve birden kalbinde meçhul bir musibetin sezilen korkusu uyanarak haber verdi: "Beybabamın yanına inmenizi söylemiştim, sizi görmek istiyor."

Bir şey daha ilave etmek istiyormuşçasına duruyordu, sonra o ilave olunacak şeyi bulamayarak ve gözlerini Matmazel Courton'un yüzünden ayırarak oturdu.

1 İçinde likör, tatlı ve hoş kokulu maddeler bulunan, ağızda kolayca eriyen bir tür şekerleme. (Y.N.)

İhtiyar kız aşağıya inerken o, gene Bülent'i seyretti. Bülent arabacıya Köprü için emir verdiğini unutmuştu. Şimdi Taksim caddesinden iniyorlardı. "Hah! Burada duralım, diyordu; biraz bahçemde gezeriz."

Nihal, gözleri Bülent'in arabasına dikilmiş fakat artık kardeşinin ne dediğini işitmiyordu; küçücük dimağında siyah bir bulut parçalanmış, orasını gecelere boğmuş gibiydi.

***

Bu akşam sofrada Behlûl'ün dışında hep sustular. Bülent yorgun, vaktinden evvel uykusu gelmiş, somurtuyordu. Behlûl tuhaf bir hikâye anlatıyordu galiba... Söylerken gülüyor, hatta kahkahaları ötede Nihal'in arkasında duran Beşir'e bile bulaşıyordu

Nihal onun yüzüne bakmıyordu. Bir aralık gözlerini bir kuvvet cezbetti; Behlûl'ü dinliyor görünmek için gülümseyen babasının garip, sanki ifadesinden merhametler saçılan bir bakışla kendisine baktığını gördü. Bu bakış onu sıktı, gözlerini çevirdi; fakat hep bu gözlerin bakışındaki ağırlığı hissediyordu.

"Kızım! Bu akşam yine etlerini yemiyorsun?"

Bu her sofrada tekerrür eden bir nakarattı. O, zorla et yerdi. Adnan Bey için bu bir sürekli dertti.

Boğularak cevap verdi:

"Yiyorum, babacığım!"

Ağzında lokma büyüyor, mümkün değil yutmak için kuvvet bulamıyordu. Gözlerini kaldırdı, karşısındaki Matmazel Courton'a baktı. İhtiyar kız dalgın ve sanki bir facianın matemini tutuyor zannolunacak kadar gamla dolu bir bakışla ona bakıyordu. Birden, tayin edilemez bir incelik, babasıyla bu ihtiyar kızın iki taraftan merhamet bakışı, o kendisine ağlıyor gibi bakan bakışları arasında bulunmaktan doğan derin bir mazlumiyet üzüntüsü duydu. Bu iki bakış ona babasıyla mürebbiyesinin görüşmesi sonucu göründü, daha mahiyetini keşfedemediği musibetin orada açık bir senedini okumuş oldu, lokmasını hâlâ yutamıyordu, birden boğazına bir şey tıkandı ve oraya, sofranın üzerine kapanarak, zapt olunmaya vakit bulunamadan coşan gözyaşlarıyla şiddetli hıçkırıklarla ağladı.

***

Ertesi gün, sabahleyin, babasının çalışma odasına girdi: "Baba" dedi, "Bugün benim resmime çalışacak mısınız?" Sonra, oraya girmek için bir vesile olan bu sorunun cevabını beklemeyerek koştu, kollarıyla babasının boynuna sarıldı, başını omzuna koydu: "Baba" dedi; "Beni yine seveceksiniz, şimdi nasıl seviyorsanız öyle seveceksiniz, değil mi?"

Babası, dudaklarına sürülen bu yumuşak saçları öperek mırıldandı:

"Elbette..."

Nihal, bir saniye, sanki söyleyeceği şeye kuvvet bulmaya çalışarak durdu; sonra başını babasının omzundan, sanki kaybolmasından korkup da kaçırmamak istediği bu dayanak noktasından kaldırmayarak, "Öyleyse zarar yok, gelsin." dedi.

3

Matmazel Courton'un, Behlûl'ün o kadar alaylarına hedef olan şapkaları ne derece süslü, tantanalı ise macerası bilakis o derece sade, basitti.

Servetinin son kırpıntılarını Paris'in Longchamps koşularında kaybettikten sonra ancak bir kuş kafasını dolduracak kadar beynini kurşunla yakan bir babanın kızıydı, o vakit evlenmek için pek geç kalan Matmazel Courton ya ailesinin bütün asalet tarihini lekeleyecek bir hayatla Paris kaldırımlarına düşme yahut ömrünün sonuna kadar fakir fakat asilzade bir kız sıfatıyla vilayetlerden birinde, akrabalarının yanında sığınacak yer bulmak çarelerinden birini seçmeye mecburdu. İkincisini tercih etti. Hatta burada tamamen sığınmış bir yaratık durumunda kalmamak, sofrada yediği ekmeği kazanmış olmak için evin çocuklarının talim ve terbiyesini üzerine almıştı. Bu, hayatının o yönünü değiştirmiş oldu. Bir gün ufak bir kırgınlık, o kırgınlığın arasına giren küçük bir fırsat sebep olarak bu fakir asilzade kız, ta Fransa'nın bir köşesinden Beyoğlu'nun güzide bir Rum ailesine mürebbiyeliğe geldi. Burada uzun bir zaman İstanbul'un Beyoğlu'ndan Şişli'ye, Köprü'den Büyükdere'ye kadar sokaklarından, denizlerinden başka bir yerini bilmeyerek senelerce kaldı; Adnan Bey'in yalısı mürebbiyelik hayatının ikinci ve galiba sonuncu sahnesiydi.

Nihal henüz dört yaşındaydı: Adnan Bey bir mürebbiyeye lüzum gördü. Çocuklarına mürebbiye arayanlara ilk kabul ettirilmek istenilen yaratıklardan, o henüz Fransa'dan geldiklerini iddia eden, ancak bir nihayet iki yerden fazla bulunmuş olduklarını itiraf etmeyen, rahibelerin yetimhanelerinde yahut terzi çıraklığında eksik öğrenilmiş Fransızcalarını sahte bir telaffuzun süslerine boğmaya çalışan kızlardan takım takım gelmişlerdi. Adnan Bey'in müşkülpesentliğine galip gelebilecek bir tanesine rast gelinemedi. Bazen ikinci günü bir bahaneyle izin verilmeye lüzum görülenlerden sonunda iki ay oturmalarına tahammül edilebilenlerine kadar bunların her çeşidinden iki sene bir geçit resmi yapıldı. Bugün Alman olduğunu iddia ederken ertesi gün Sofya Yahudilerinden olduğu anlaşılan, geldiği zaman bir İtalyan kocadan dul kalmış görünerek bir hafta sonra hiç evlenmediğini ağzından kaçıracak kadar yalancılıkta hafızası sağlam olmayan bu mürebbiyelerden o kadar korkmuştu ki, Adnan Bey kızı için başka çareler düşünmeye başlamıştı.

Bir tesadüf -İstanbul'da mürebbiyeler için ancak tesadüfe güvenilebilir- Adnan Bey'e o bulunamayan şeyi buldururdu: Matmazel Courton.

Matmazel Courton'un İstanbul'da bir merakı vardı: Bir Türk evine girmek, bu Türk memleketinde bir Türk hayatıyla yaşamak... Adnan Bey'in yalısına giderken asıl hayal yuvasına giriyormuşçasına kalbi sevincinden heyecan içerisinde kalmıştı. Girdikten sonra bu heyecan hayrete dönüştü. O, mermer döşeli büyük bir sofa; taştan sütunlar üzerine kondurulmuş bir kubbe, yer yer sedef işlenmiş, şark halılarıyla döşenmiş sedirler; bunların üzerinde elleriyle çıplak ayakları kınalı, gözleri sürmeli, başları daima yaşmaklı, sabahtan akşama kadar zenciyelerin[1] darbukalarıyla uyuyan, yahut bir kenarda küçük gümüş mangaldan amber kokuları etrafa dağılırken elmastıraş nargilelerinin yakutlara zümrütlere boğulmuş marpuçlarını ellerinden bırakmayan çifte çifte kadınlar hayal etmiş; bütün batı yazarlarının, ressamlarının şarka dair hurafe ve efsanelerinden hatırasında kalan uzak yadigârlarla bir Türk evinin başka bir şey olabileceğine ihtimal vermemişti. Kendisini yalının şık, küçük misafir odasında görünce soran gözlerle rehberine bakmıştı:

"Sahiden beni bir Türk evine getirdiğinizden emin misiniz?"

İhtiyar kız hülyasında aldatılmış olduğuna bir türlü kanaat edememişti. İşte senelerce Türk kibar hayatının içinde yaşamışken hâlâ kalbinde bir şey o farz edilen şark hayatının mutlaka mevcut olmasına inanmak ister.

Aradığının zıddını bulanlara özgü bir şevk kırıklığıyla daha birinci günü dönmek emelini duymuştu; dönecekti, eğer o gün

1 Zenci kadın. (Y.N.)

soluk, süzgün, hasta simasıyla, iki senedir ikide birde değişen bu mürebbiye çehrelerinden bezgin, yorgun bir vaziyetle gelen, ona minimini elinin ince parmaklarını etkileyici bir teslimiyet anlamıyla uzatan Nihal için kalbinde derhal bir derin merhametle karışık bir sevgi hissetmemiş olsaydı...

Onun sevmek için büyük bir ihtiyacı vardı: Dünyada annesini tanıyamamış, babasını sevememiş, kimse için gönlünde bir bağlılık duyamamış olan, sevmekten mahrumiyet içinde çırpınan bu zavallı kalbin yaşlanmış bekâreti daima sarf olunacak bir şey arar; etrafında bulunan çocukları, bulunduğu evin hizmetçilerini, kedisini, papağanını dost eder; bunlara yüreğinin o saklanmış hazinesini dökerdi; fakat bir gün bu söylenen şeylerde, birden açılan bir boşluk keşfederek, kalbinden akan sevgi selsebilinin nasıl çorak bir kum çölüne döküldüğünü acı bir belirginlikle görerek beş dakika evvel dostları olan çocuklara, hizmetçilere, kedilere, papağana düşman olurdu.

O gün Nihal'in elini elinden bırakmayarak: "Küçüğüm, bakayım, gözlerinize" demiş ve Nihal uzun, uçları yukarıya kıvrık, bakışına garip bir yorgunluk hali veren sarı kirpiklerini kaldırarak mavi gözlerinde bahar saflığıyla parlayan bir tebessümle yüzüne bakınca Matmazel Courton rehberine dönerek birden karar vermişti:

"Evet, kalıyorum."

Ertesi gün bütün ev halkıyla dost oluyordu. Dillerini anlamaksızın, yalnız ona gülerek;

"Matmazel!" deyişleri için Şakire Hanım'a, Şayeste'ye, Nesrin'e kalbinde derhal sevgi duymuş; o zaman henüz paytak paytak yürüyen Cemile'yi yerden kaparak hoplatmış; Beşir'in, ortasında küçük bir çukuru, çehresine sürekli bir tebessüm dalgalarını seren çenesini okşayarak: "Oh! Minimini siyah mücevher!" demişti. Adnan Bey'in terbiyesinden, zarafetinden pek hoşnuttu;

bilhassa o, sofrada kendisine karşı bağlılık eserleri göstermişti. Behlûl için o kadar açık bir eğilim duymamış olmakla beraber belirgin bir soğukluk da hissetmemişti. Fakat bütün bu ev halkının üstünde, hatta Nihal'den çok, sevgisi evin hanımına yöneldi.

Nihal'in annesi hasta ve Bülent'e hamileydi. Matmazel Courton evin içinde en son onu tanıdı. İki gün sonra onu, Adnan Bey eşlik ederek hastanın odasına götürmüştü. Tabipler, hastanın yürümesine, gezmesine engel oluyorlardı; genç kadın odasında geniş bir koltuk içinde penceresine mahkûm idi. Hastayı, beyaz elbisesinin, sarı saçlarının arasında daha solgun görünen ince zayıf çehresiyle görür görmez ihtiyar kızın kalbinde derhal bir merhamet uyanmıştı. O gün hasta, şüphesiz iki senedir görülen mürebbiye çehrelerinin hissettiremedikleri güveni ihtiyar kızın elli senelik bir temiz hayatıyla sevinçli ve dingin duran simasından duyarak hüzünlü bir tebessümle ve kocasının vasıtasıyla, "Ümit ederim ki, Nihal sizi çok sıkmayacak." demişti, "Biraz şımarıkça büyüdü fakat tabiatında bir mazlumluk var ki şımarıklığının fazlasını affettiriyor. Ben bir hayli zamandan beri onunla meşgul olamıyorum. Hatta bilmem niçin, belki bensiz kalıverecek korkusuyla onu mümkün mertebe görmemek, düşünmemek istiyorum. Nihal size yetim kalmış bir çocuk hükmünde bırakılıyor demektir. Siz onun için bir muallimden çok bir anne olacaksınız."

Bu sözler ölmekten çok çocuğunu yalnız bırakmaktan korkan bir anne etkisiyle, titrek bir sesle söylenmişti. Matmazel Courton Adnan Bey'in tercümesini dinlerken bu sözlere hastanın ruhunu arkadaş kılmak isteyerek gözlerini, üzerinde rica eden bir tebessümün dalgaları uçan hasta simadan ayırmıyordu. Son cümle onun kalbinde en hassas, en çok titremeye eğilimli bir teli canlandırdı: Anne! Nihal'in annesi olmak fikrinin hayatının bütün mahrumiyetleri içinde en acısıyla o kadar samimi bir bağı vardı ki... Kadınlık emellerinden feragat etmiş bütün zavallı kadınların kalbinde her türlü mahrumiyetlerin gözyaşları susabilir; fakat bunlardan biri, analıktan mahrum kalmış olmak acısı, daima zehirden birer damlayla damlayan kapanmaz bir yaradır. Zannolunur ki, tabiat kadınların ruhuna boş kalmaya tahammül edemeyen bir beşik koymuştur. Bu ihtiyar kızın da ruhunda böyle bir boş beşik, o beşiğin yanında hiç olmazsa boşluğunu uyutmak isteyen bir ananın mersiye kabilinden ninnileri vardı. Birden, hastanın o son sözüyle, bu boş beşiği dolmuş zannetti ve bugünden itibaren minnettarlıkla karışık bir sevgi onu hastaya bağladı.

Matmazel Courton'un asaletin vakarına karşı feda olunamayan birtakım hisleri vardı. Bunlar, Adnan Bey'in evine girişi esnasında hükmünü icra ederek birkaç esas şartın kararlaştırılmasına sebebiyet vermişti: Çocuğun adi hizmetlerine karışmayacaktı, giydirilmesine nezaret edecekti fakat yıkanmasına müdahale etmeyecekti, kendisinin yalnız kendine ait bir odası olacaktı, şöyle yapılacaktı, böyle edilecekti... Bu esas şartlar resmi bir anlaşma kadar önemli sayılmış ve belirlenmişti. Hastayı gördükten sonra o gece Matmazel Courton çocuğu yatırmadan evvel ayaklarını yıkamak için Nesrin'den sıcak su istedi. Nesrin bilhassa ayaklarından pek çok gıcıklanan Nihal'i güldürerek yıkarken bir aralık Matmazel Courton bütün asalet vakarını unuttu, Nesrin'in yanına oturarak ve ıslanmamak için yenlerini çekerek ellerini leğenin içine soktu; bu minimini beyaz şeylerden birini alarak, okşayarak, gıcıklayarak, Nihal'i fıkır fıkır güldürerek, sanki Nesrin'e ders verdi. Nihal için bir anne olmak fikri bütün o esas şartları feshedilmiş bir nüsha hükmüne getirmişti.

Her gün öğleye yakın, derslerini bitirdikten sonra, çocuğu alır, hastanın odasına gider, bir dakika bir yerde duramayan Nihal ortalığı karıştırırken, o hastanın karşısında gülümseyerek otururdu. Bu iki kadın yalnız gözlerinin sessiz ifadesiyle birbirine kalplerindekileri dökerlerdi. Böyle ne kadar ciddi susuşlarla birbirinin ruhunu duymuşlar, görüşmeksizin ne demek istediklerini anlayarak dost olmuşlardı.

Bülent doğduktan sonra hastada o kadar çöküş eseri görünmeye başlamıştı ki, herkesle beraber Matmazel Courton da çocukların annesiz kalmaya mahkûm olduklarını anlamıştı. Hasta iki sene, bir camekân içinde yavaş yavaş kuruyan nazik bir bitki gibi sanki damla damla can vererek, sürüklendi; sonunda Nihal bir gün mürebbiyesiyle Büyükada'ya, Adnan Bey'in ihtiyar halasına gönderildi. Çocuk, orada geçirdikleri on beş gün zarfında hiçbir kere ne annesini sormuş ne evi aramıştı. Yalnız döndükleri gün birden, kendisini karşılayan yaşlı gözlerin karşısında hakikati anlayarak bağırdı:

"Anne! Annemi görmek isterim!"

Sonra etrafında cevap vermeyerek yüzlerini çeviren bu perişan ev halkını görünce çocuk kendisini yere atmış, kollarıyla bacaklarını kıvırıp duran sinirli bir çırpınma içinde, boğazını yırtan ve heyhat, cevapsız kalmaya mahkûm olan "Anne! Anne" feryatlarıyla ağlamaya başlamıştı.

O zaman ihtiyar kızın gözlerinin önüne olanca sevgi ve azametiyle bir kutsal vazife dikilmiş oldu: Bu annesiz çocuğa annesizliği unutturmak...

***

Nihal'de bazı şeyler fark ederdi ki, bunlar kalbinde ufak bir korku uyandırırdı. Bu çocukta garip, tahlilden kaçan zıtlıklar vardı. Babasından başlayarak bütün ev halkına kadar ona gösterilen sevgide her vesileyle bir merhamet hâkim olur ve bu acınarak sevilmek zaten çocuğun kalıtımsal bir zaafla hasta sinirlerinde daha çok bir hassasiyet uyandırırdı. Bu onu bir mazlumiyet havası içinde sarıyordu ve sanki bu havadan şu narin çiçeği öldürmeyecek fakat daima sarartıp solduracak bir zehirleyici nefes yayılırdı. Onun için Nihal'de herkesin gözlerinden damla damla içilen merhamet anlamının bir yetim elemi vardı. İhtimal bu, o kadar dikkati çekmeyecekti, eğer yanında tezatlar oluşturan şeyler olmasaydı. Bu tezatlar mazlumiyetini, daha çok açıklık veren bir daireyle kuşandı. Öyle şımarıklıkları vardı ki Nihal'i birden başka bir çocuk olmuş zannettirirdi. Hele babasına karşı ara sıra birkaç yaş küçülür, dizlerine tırmanır; sakallarının altından, ta dudaklarını kılların tırmalamayacağı yerlerden öpmek ister; sanki sevildiği kadar sevilmek ruhunu tatmin etmiyormuşçasına daha çok sevilmek için sırnaşık bir çocuk olurdu. Bir yerde beş dakikadan fazla durmak, bir şeyden beş dakikadan çok eğlenmek; sürekli bir sıkıntıdan, gizli, durmadan ruhunu ezen, derin bir yürek üzüntüsünden kaçmaya çalışıyor zannolunan Nihal'den beklenemezdi.

Matmazel Courton en çok bundan rahatsızdı: Nihal'e yarım saat düzenli imla yazdırmaya, piyanosunda alıştırma yaptırmayı başaramazdı; dersler daima sektelere uğrayan kırık kırık parçalardan oluşurdu; fakat bir gün, bilinemez nasıl, Nihal o kazazede derslerden öğrenmiş olarak çıkardı.

Uzun uzun hırçınlıkları vardı ki eğer bir gözyaşlarının taşmasıyla bir sinir buhranıyla sakinleşmeyecek olursa günlerle sürerdi. Gözyaşlarından, çırpınmalardan, tepinmelerden sonra fazla uyku uyumuş gibi simasına bir yorgunluk çöker, sanki bir buhran onu hırpaladıktan sonra dinlendirirdi. Belirgin olmayan aralarla, olmayacak vesilelerle dökülen bu yaşlar ruhunun inceliğinin fazlasıydı ki mutlak taşmaya muhtaçtı. Ondan sonra çılgınca bir sevinç devresi başlardı; Bülent'le, Cemile'yle, Beşir'le yalının geniş sofalarını, büyük bahçesini bitmez tükenmez dolaşmaların gürültülerine boğardı.

Matmazel Courton korkardı ki bu tezatların arasında Nihal'in zayıf, ince, vücudu çeşitli rüzgârların çarpışma noktasına rastlamış ince, narin bir dal dayanıksızlığına uğramasın.

Adnan Bey'le ne kadar uzun istişareler etmişler, bu tezatları mümkün mertebe hafifleterek çocukta bir mizaç düzeni yaratabilmek için ne çareler düşünmüşlerdi; fakat buldukları tedbirlere karşı bu sinir muamması her defasında isyan ediyordu.

Asıl Bülent'le idaresinde zorluklar görülürdü. Annesinin karnından bir bebek çıkaracakları haberini daima sevinerek, sevincinden ellerini çırparak karşılarken o doğduktan sonra birden bu sevinçte bir değişiklik meydana gelmişti. Evvelce annesinin yanına ancak günde bir iki defa giderken artık oradan ayrılmamak, başkasının bu yeni bebekle meşgul olmasına meydan bırakmamak, annesinin yatağına tırmanarak sürekli Bülent'i öpmek için türlü huysuzluklar icat etmişti. Bir hafta, çocuk annesinin odasında kaldığı müddetçe Nihal kıskançlığından çıldırmış zannolundu. Çocuğu hastanın yanından ayırıp da yalının bir köşesine, Şakire Hanım'ın yanına almaya mecburiyet görüldükten sonra Nihal Bülent'i unutmuş göründü. Çocuğu annesine nadiren ve gizlice getirirlerdi, yalının içinde Bülent eğreti görülürdü.

Daha sonra Şakire Hanım'ın yanından alınarak Matmazel Courton'a verebilmek için Nihal'in görüşüne başvuruldu: "Bülenti sana vereceğiz, onu sen terbiye edeceksin, yanında yatıracaksın, soyup giydireceksin, Bülent artık senin olacak." denildi.

Nihal bu hileye kanmış göründü, Bülent'in kendisine verileceğini çılgınca bir sevinçle kabul etti ve işte o günden beri Bülent Nihal'in, yalnız Nihal'indir, başka hiç kimsenin değildir.

Nihal'in kıskançlığında, ta küçüklüğünden beri, hemen bütün çocukların kıskançlığına karışan ihanet fikri yoktu, çocuğun ne gizlice parmağını ısırır ne yavaşça kolunu çimdiklerdi. Onun kıskançlığında başka bir şey vardı: Herkesi Bülent'ten değil, Bülent'i herkesten esirgiyor, başkalarıyla onun arasına kendi kalbini koyarak ona herkesten çok yakın olmak istiyor zannolunurdu.

Evin içinde âdet olmuştu -ilk önce şaka olarak başlanıp yavaş yavaş bir kural hükmünü ve kuvvetini alan bir âdet- ne zaman Bülent'e dair bir şey olsa Nihal'e müracaat edilir, Bülent'e tembih olunacak şeyler Nihal'e söylettirilir, hatta Bülent de daima Nihal'le tehdit olunurdu. Annelerini kaybettikten sonra ruhunun gizli bir seçimiyle Nihal Bülent'e daha çok yaklaşmıştı. Bir tabii his sanki minimini kızı küçük kardeşine bir anne olmaya sevk ediyordu; fakat öyle bir anne ki çocuğunu herkesten kıskansın onu başka birisinin eli sürüldükçe kalbinde bir şey yırtılsın.

Bir gün Adnan Bey Bülent'i dizlerinin üstünde hoplatıyordu. Nihal onları germemek için o tarafa bakmıyordu, bir aralık babası Bülent'in gevrek gevrek kahkahalarına dayanamayarak minimini tombul yanaklarını öperken Nihal başını çevirdi, duramayarak ilerledi, ta yanlarına gitti, sokuldu, o kadar ki bu öpücüklerin arasına bir engel çekmek istiyordu, sonra birden babası durarak kendisine bakınca kızardı fakat itiraf etti: "Oh! Yeter artık, baba... Fena oluyorum!" dedi. Nihal'in bütün hassas ruhu bu son sözün içindeydi. Adnan Bey o günden sonra Nihal'in yanında Bülent'i sevmekten kendini men etti ama Nihal artık bir kural koymuş oldu; Bülent'i sevmek, okşamak için birisinde, bilinemez nasıl bir keşif hissiyle, arzu olduğunu sezer sezmez kendisinden izin almaksızın bu arzuya müsaade olunmasından korkarak, "Bülent'i hiç sevmiyorsunuz!" cümlesine benzer bir şey söylerdi.

Dünyada bu endişelerden sıyrılmış, bu bin türlü kayıtlardan azade, etrafında cereyan eden bütün bu şeylerden haberi olmayan birisi varsa o da Bülent'ti. Onun yalnız bir şeye merakı vardı: Gülmek. Ve dünyada en çok onu güldürecek, en neşeli kahkahalarına serbest bir uçuş verecek Nihal'di; bilhassa iki kardeş yalnız, aralarına bir üçüncü kalp girmeksizin, yapayalnız bulundukları zaman.

Yatak odaları yalının en üst katında, bahçeye bakan taraftaydı. Büyük sofadan buraya genişçe bir dehlizden gidilirdi. Birinci odada Adnan Bey, üçüncüde Matmazel Courton, ikisinin arasındakinde onlar yatarlardı. Burada hem yalnızdılar hem bir taraftan babalarıyla, diğer taraftan ihtiyar kızla beraberdiler. Odaların arasında birer aralık kapı vardı ki geceleri yalnız perdelerin kapanmasıyla örtülürdü. Daha sonra dehlizin dördüncü ve sonuncu odasında çocuklara bir dershane teşkil olunmuştu. Dershaneye ayrılan bu oda mürebbiyenin sürekli bir derdiydi. Bülent'in derslerinden çok kasırgalarına zemin olan bu oda kadar dünyada karışıklığa mahkûm bir yer daha olamayacağına yemin ederdi. Evin içinde bir sigara iskemlesinin yer değiştirmesine kıyametler koparacak kadar düzen merakında aşırılık gösteren Adnan Bey çocukların bu odasına girmezdi, oraya ne zaman girse sinirlerinde bir hastalık hissettiğini iddia ederdi.

Yalıda başka hiçbir şeye ilişmemek andına karşılık burada bütün istediklerini yapmak için Bülent'e müsaade verilmişti. Bülent de bu müsaadeden yalının hiçbir yerinde bir tahrip eseri bırakmamak mecburiyetinin intikamını alacak derecede istifade ediyordu.

Minimini bir yazıhaneleri vardı ki babasının -bir gün birkaçını aşırdığı- oymacılık aletleriyle kenarlarına kendine özgü saçaklar oymuştu. Matmazel Courton'a sırasıyla gelen Figaro nüshalarından gemiler, külahlar, sepetler yapılmış, duvarlara, pencerelerin mandallarına, siyah yazı tahtasının kenarına asılmıştı. Ablasının bütün eski kitaplarından, resimli nota kapaklarından resimler oyulmuş, camlara, kapıların arkasına, ta duvarda Avrupa haritasının denizlerine yapıştırılmıştı; böyle oyulmuş bir şemsiye vardı ki ta okyanusun bir tarafına atılmış, bir rüzgâra kapılarak Amerika seyahatine çıkmıştı. Daha sonra bin türlü kırılmış oyuncaklar, koparılmış kitaplar, o her gün sabah akşam toplanıp da Bülent'in yalnız bir uğramasıyla sanki canlanarak haşarı kedi yavruları gibi odanın her tarafına dağılan ufak tefek, ayak basacak, oturacak yer bırakmazdı. Şimdi Bülent yeni bir merak çıkarmıştı: Elinde kurşun kalemiyle duvarlara resimler yapıyordu. Hayalinden bugün bir gemi, yarın bir deve çıkıyor, duvarın bütün etekleri yavaş yavaş doluyordu. Artık boyu yetişebilecek kadar yer kalmadığı için şimdi iki günden beri Bülent'in zihnini başka bir fikir vıcıklıyor. Nihal'in daha gönlü olup da izin vermemişti fakat onun öteden beri hep âdeti böyleydi: Evvela müsaade etmemek, kendisine itaat olunduğunu gördükten sonra artık engellemeye lüzum görmemek... Oh! Ne güzel olacaktı! Behlûl ona bir kutu boya getirmişti, bunların içinde her renkten vardı, bütün o resimler boyanacaktı. Deveyi kırmızı yapacaktı, "Değil mi, abla, deve kırmızı olur, değil mi?" Nihal henüz yumuşamamıştı. "Deli misin?" diyordu; fakat devenin rengini haber vermiyordu.

Hemen bütün hayatları odada geçerdi. Sabahleyin uyandıktan sonra yıkanırlar, giyinirler; Matmazel Courton'la beraber aşağıya yemek odasına inerek sütlü kahvelerini içerler, güzel havalarda bir saat kadar bahçede gezerler, Bülent Beşir'le koşar, Nihal büyük kestane ağacının altında Matmazelle beraber oturur, sonra ihtiyar kız hiçbir vakit göğsünden eksik olmayan küçük saatine bakarak haber verir, "Vakit geldi!" der, tekrar içeriye girerler ve odalarına çıkarlar.

Artık ders başlardı. Nihal şimdi akşamları babasına düzeltilmek üzere küçük ahlak parçaları tercüme ediyor, kolay manzumeleri düzyazıya dönüştürüyor, cari hayata dair esaslar üzerinde mektuplar yazıyordu. Matmazel Courton Nihal'le meşgul olurken Bülent her vakit geri kalan fiil defterlerini doldurmak için yazıhanenin ta öte tarafında kalemini hokkadan çıkarmazdı. bazen Matmazel Courton'un gözü Bülent'e ilişirdi ve sert bir sesle bağırırdı: "Bülent! "Bülent sonunda emr-i hazır[1] sigalarına[2] kadar ciddiyetle yazabildiği bir fiilden usanarak oraya, suret-i emriye ile suret-i inşaiye[3] arasına, ya sekiz on eğri büğrü çizgiyle bir köşk yahut ortasında hiçbir çiçeğe benzemeyen bir şeyle bir saksı kondurmak üzere bulunurdu.

Bülent'in sebebiyet verdiği bu aralar Nihal için ganimet sayılacak fırsatlardı; o mutlak sekiz satırlık bir iştigalden sonra bir nefes almak, derste tesadüf olunmuş bir kelimeden dallandırıp budaklandırarak uzun uzun devam eden bir konuşma açmak, yahut Matmazel Courton yerinden kalkıp Bülent'in defterinden köşkleri, saksıları kaldırırken o da pencereye koşup bahçeye bakmak için vesile kollardı. Sonunda bu aksamalar arasında Nihal'in dersi biter, on dakikalık bir tatilden sonra Bülent'in derslerine başlanırdı.

Matmazel Courton Bülent'le meşgul olurken Nihal'in piyanosuna, gergefine, dikişine, işlemelerine çalışması kararlaştırılmıştı; fakat onun yarım saat aynı şeyle iştigali mümkün olmadığı için canı ne zaman isterse piyanosundan dikiş takımına, dikiş takımından gergefine geçmesine müsaade olunurdu. İhtiyar kız bu kelebek için başka bir çare bulamamıştı.

Matmazel Courton Nihal'in hiçbir şeye dikkat etmeyerek, hiçbir şeyle meşgul olmayarak her şeyi öğrenmesine artık o kadar alışmıştı ki şaşmıyordu; fakat piyanoda ilerlemesine hayretten kendini men edemezdi. Ancak parmakların uzun işlemesiyle elde edilebilecek şeyleri Nihal bir gün yapıvermiş bulunurdu. Bütün Czerny'nin alıştırma silsileleri böyle can sıkacak bir oyun gibi geçmişti, şimdi Clementi'nin Matmazel Courton'u bile titreten *Gradus ad Parnassum*'una hazırlanıyordu.

---

1 Emir kipinin ikinci tekil şahsı. (Y.N.)
2 Kip, fiilin çekiminden gelen şekillerden her biri (Y.N.)
3 Emir kipi ve dilek kipi. (Y.N.)

İtalyan musikisinin Cimarosa'larından, Donizetti'lerinden, Mercadante'lerinden, Rossini'lerinden Adnan Bey'in takım takım getirdiği operaları sanki evvelden görmüş, işitmiş, hissetmiş denecek bir his ve önsezi kolaylığıyla, Matmazel Courton'un inanmak istemeyen şaşkın gözlerinin önünde, gelişigüzel okuyuverirdi. O vakit ihtiyar kız Adnan Bey'e: "Bilir misiniz, bu altı senede olmayacaktı." derdi; "Fakat bunda ne benim ne kendisinin meziyeti var, bu kızın parmaklarına Rubinstein'ın ruhundan bulaşmış olacak."

Nihal'in parmaklarına o üstadın sanat dehasından bir şey bulaşmış olması fikri öyle basit bir şeydi ki Matmazel Courton'un gözünde anlaşılmaz bir hakikati izah ederek bu musiki muammasını yorumlamış oluyordu, artık başka bir sebep aramaya da lüzum görmezdi.

Sonunda derslere bir mücadeleyle son verildi. Babasının getirdiği operaların arasında Wagner'den de vardı ki Matmazel Courton kati bir önemle çalışmasına engel oluyordu. Nihal de bilakis bu men edilen şeyi mutlak her gün eline alır, mürebbiyeyi Bülent'in pek çok hiddetlendirdiği bir sırayı kollayarak piyanosunda denemek isterdi. O zaman Matmazel Courton Bülent'i unutur, piyanoya koşardı; "Ama çocuğum, size bin defa söyledim ki bunu çalmak için insanın Alman parmakları olmalı. Parmaklarınızı kıracaksınız, yalnız o kadar değil, fikrinizi, musiki zevkinizi berbat edeceksiniz. Düşününüz bir kere: Bir fırtına ki bacaları deviriyor, kiremitleri atıyor, ağaçları söküyor, kayaları yuvarlıyor, düşününüz o gürültüyü, bundan bir musiki yapınız, işte Mösyö Wagner""

Onun Wagner için dinmez bir düşmanlığı vardı. Mösyö Wagner derken bütün bu asilzade Fransız kızının damarlarındaki kanlar Alman dâhisini aşağılayarak ıslık çalıyor zannolunurdu.

Artık ondan sonra derse devam olunmaz, ihtiyar kız yemek vaktine kadar odasına çekilir ve çocuklar istedikleri yere gitmek için hür bırakılırdı.

Nihal babasının yanına giderdi. Aşağıda, çalışma odasında Adnan Bey ikide birde saate bakarak kızının bu sabah ziyaretlerini sabırsızlıkla beklerdi.

İkisinin arasında böyle sevinç ve mutlulukla geçen saatler ne tatlı saatlerdi! Onun babasına bir düşkünlüğü, bir tutkunluğu vardı ki hiçbir zaman tatmin edilmiş olmazdı. Daima sevilmek, her vakitten çok, saniyeden saniyeye şiddetlenecek bir sevgiyle sevilmek için ruhunda asla teskin edilmeyen bir ihtiyaç vardı. Babasının yanında pek çok şımarır, geveze bir kuş, yaramaz bir kelebek olurdu. Sonsuz bir lakırdı sermayesi vardı: Derslerinden, gördüklerinden, işittiklerinden bir küçük esas sebep olurdu, babasına birbiri ardınca sorular sorardı. O, asla yorulmayarak, hatta eğlenerek, ara sıra Nihal'in bir şeytanlık ve alay fikriyle üzerine bir parça neşe serptiği bu konuşmalardan gülerek çocuklaşırdı; aralarında bir yaş seviyesi ortaya çıkardı.

Yemekten sonra Adnan Bey İstanbul'a inerdi. Çocukların o gün Matmazel Courton'la uzun bir gezintileri yoksa yalının içinde Adnan Bey'in dönüşüne kadar süren dolaşmaları olurdu. Nihal'in bilhassa vakit geçirmek için hoşuna giden yer Şakire Hanım'ın mutfağıydı.

Haremde bu mutfak oyuncak kabilinden yaptırılmıştı. Ara sıra Adnan Bey senelerden beri düzeni bozulmayan aşçısının yemeklerinden usanır, Şakire Hanım'dan bir midye dolması, bir tatar böreği, bir Çerkez tavuğu isterdi. Bu, Hacı Necip'ten gizli tutulurdu, haber alacak olursa Hacı Necip günlerce surat asar, günlerce Adnan Bey'e görünmezdi.

Bir gün midye kabuklarını görmüş, kırk senelik aşçı olduktan sonra Şakire Hanım kadar midye dolması dolduramazsa ayıp olacağını söyleyerek gitmeye kalkmıştı. Şakire Hanım'la aralarında sürekli bir çekişme vardı: Mutlaka Şakire Hanım dönme dolaptan[1] harç verirken kavga olur, Hacı Necip ikide birde: "Ya kiler dışarıya çıksın ya mutfağı büsbütün içeriye alın" derdi.

Bazen bu mücadeleler o kadar şiddet kazanırdı ki, Şakire Hanım'ın kocası vekilharç Süleyman Efendi, barış için aracılığını kullanmaya lüzum görürdü. Bu mücadelelerden evin içinde iki kişi pek memnundu. Bülent'le Beşir... Hatta onlar biraz iki tarafı kızıştırmaya yardım ederlerdi.

Şakire Hanım'dan bir şey istenilse Nihal yalvarırdı: "Kuzum, bacı beni bekle, emi? Beraber yapalım."

O gün Nihal, Cemile, Nesrin, hatta ara sıra Nesrin'e çıkışmak için gelerek dönüşte geciken Şayeste, Şakire Hanım'ın etrafında dönerler, küçücük mutfağı bir mahşere çevirirlerdi.

Burası yalının ikinci katında, bahçeye bakan, güneşli, pencerelerini sarmaşıklar kaplamış, beyaz mermer döşeli, daima son derece temiz, bir temizlik havasıyla insana iştah veren bir yerdi. Bazar Allemand'dan[2] alınmış tencereler, sahanlar, bütün o bir salon eşyası zannolunacak kadar zarif ve narin şeyler, sarmaşıkların, yeşilliklerden süzülerek giren güneş ışıkları altında temizliklerinin parıltılarını serperlerdi. Artık burada ve sevimli mutfağın içinde, kendisine bağlılıklarını bütün ruhuyla hissettiği bu yaratıkların arasında şakalarla, sahte kavgalarla, itişip kakışmalarla, kahkahalarla geçen saatleri Nihal bütün kalbini ısıtan bir mutluluk duyarak geçirirdi.

Akşam babasının dönüşünü sabırsızlıkla bekler, ta merdivenlerin üstünden bağırırdı:

---

1 Büyük konaklarda bir yerden bir yere yemek geçirmek için duvardaki bir açmaya yerleştirilmiş olan dönebilen dolap. (Y.N.)

2 İstiklal Caddesi'nde mutfak gereçleri satan ünlü bir mağaza. (Y.N.)

"Baba! Bugün size bir şey pişirdim ki... Şakire Hanım'a sorunuz da bakınız, onlar hiç karışmadılar.

"Baba! Bugün size bir şey pişirdim ki... Şakire Hanım'a sorunuz da bakınız, onlar hiç karışmadılar.

Güzel havalarda babalarıyla beraber akşam gezintilerine çıkarlardı. Matmazel Courton, bu saatleri yalının bahçesinde Alexandre Dumas'nın hikâyelerine ayırırdı.

Genç kızlara roman okutmamak Matmazel Courton için en çok tatbiki lazım bir terbiye kuralıydı ki şiddetle Nihal hakkında geçerliliğini korurdu; fakat kendisinin hikâyelere, bilhassa Alexandre Dumas'ya derin bir tutkusu vardı. Nihal'in sorularından serbesti kalabilmesine müsait fırsatları hep hikâyelere ayırırdı. Bu alışkanlığın sonucuyla onun hayatına, hissiyatına Alexandre Dumas ve ona benzeyenlerden bir şeyler sinmişti. Sanki hikâyeler ihtiyar kızın gözlerine renkleri değiştiren bir gözlük takmıştı, o ancak kenarından pay aldığı hayatı hep bu gözlüğün arasından görür, önüne çıkan çehreleri anlamak, hayatının ufak tefek olaylarına bir hüküm vermek için bütün zihninde yaşayan hikâye hatıralarına müracaat eder, onlarla bir benzerlik oranı kurduktan sonra bir sonuç çıkarırdı. Hemen hikâyelerinden birinin bir sayfasıyla uyuşmayan olaylar önem verilmeyecek bir yalan derecesine inerdi.

***

Nihal o akşam Adnan Bey'in kendisini görmek istediğini haber verince, işte altı seneden beri birinci defa olarak böyle talep olunan buluşma için ihtiyar kız derhal bir şüphe duydu. Bunun hikâye hatıralarından hangisinde bir uygulama zemini bulabileceğini hemen düşünmüştü.

Adnan Bey hayatının bu şartlar içinde devam edemeyeceğine

dair bir dolaşık nutukla ihtiyar kızı kendi fikirleri dairesine çekmeye çalışırken o hâlâ düşünüyordu, sonunda evlilik fikri bu nutkun bulutları içinden bir şimşek parıltısıyla bakışında tutuşunca Matmazel Courton şaşkın, ağzı yarı açık durdu. Hayır, hikâyelerinden hiçbirinde bu olaya bir uygulama zemini bulamıyordu, dolayısıyla inanmadı ve kendisini zapt edemeyerek Adnan Bey'le bütün resmi ilişkisine rağmen: "Şaka ediyorsunuz!" dedi.

Bu şakanın müthiş bir hakikat olduğunu anladıktan sonra ihtiyar kız duramadı, ayağa kalktı, "Ama Nihal, ama Nihal" Bu onu öldürür, anlıyor musunuz?" diyordu. Sonra Adnan Bey'in gözlerini indirerek cevap vermediğini görünce hissetmişti ki Nihal'in başı ağrısa çıldıran bu babada o ihtimalin feryadı bir yankı bulamıyordu.

Sonunda Adnan Bey cevap verdi:

"Hayır," dedi; "yanılıyorsunuz. Nihal'i o kadar yakından incelememişsiniz, yalnız alınmasına lüzum görülecek bazı tedbirler var. Hatta size de müracaattan maksat bu."

O zaman o mühim vazife kendisine verilmişti. Kabul etmemek için çırpındı, hatta bu vazifeyi icraya mecbur olmamak için bu evden kaçacağını söyledi; sonra birden Nihal'in asıl bu zamanda kendisine muhtaç olacağını düşündü, bu müthiş hakikat ile o narin vücudun arasında çarpışmayı hafifletecek bir kalp lazımdı ve o kalp ancak kendisinin kalbi olabilirdi.

Adnan Bey'in odasından çıkarken Matmazel Courton sallanıyordu. Yemek zamanına kadar Nihal'den kaçtı, sofrada ona bakarken hep ağlamak istiyordu.

O gece Nihal'e mutlak haber vermek için kesin talimat almıştı. Bülent uyuduktan sonra, yavaş sesle, ikisinin arasında cereyan eden konuşmadan sonra Matmazel Courton müsterih oldu. Kendi kendisine: "Galiba babasının hakkı var." dedi.

Nihal'e yalnız eve bir kadın geleceğinden, bu kadının herkesle beraber sofraya oturacağından, onun da bir odası olacağından, bu kadının Nihal'i pek çok seveceğinden bahsetmişti. Nihal, bütün bu şeyleri pek büyük bir sakinlikle dinlemiş, sanki yeni bir şey işitmiyormuşçasına küçük bir hayret eseri bile göstermemişti. Yalnız birtakım ayrıntıları merak ediyordu. Odası nerede olacaktı? Bu kadın güzel, kendisinden daha mı güzeldi? Beybabası ona ne diyecekti? Hangi odada yatacaktı? Bülent'e karışacak mıydı? Beşir yine Nihal'in olacak değil miydi? Ondan sonra... -Bu soruyu en sonunda vaat etmişti- ondan sonra babası Nihal'i gene eskisi kadar sevecek miydi?

Bu sorunun cevabını aldıktan sonra Nihal, henüz kapanmamış cibinliğinin altında şüphesiz gene bir araba gezintisinde gülerek uyuyan Bülent'e bakarak uzun uzun düşünmüştü. Sonunda Matmazel Courton demişti ki:

"Şimdi beybaban senden izin bekliyor, eğer sen izin verecek olursan gelecek. Yarın sabahleyin beybabana söylersin, değil mi çocuğum?"

Nihal yalnız başını hafifçe sallayarak sessiz bir "Evet!" demiş ve o gece yalnız kaldıktan sonra Bülent'in yataklığına eğilerek rüyasının mutluluğuyla gülen bu çehreyi, sanki mutluluk tebessümünü orada tespit etmek isteyerek uzun bir öpücükle öpmüş; daha sonra, bilinemez nasıl bir hisle, bu geceden itibaren aralarına bir duvarın çekilmesi lüzumunu anlamışçasına, babasının odasıyla kendi odalarının arasındaki kapıyı birinci defa olarak kapamıştı.

***

"Behlûl Bey!"

"Nihal Hanım!"

"Niçin bana bakmadan cevap veriyorsunuz?

Behlûl bir iskemlenin üstüne çıkmış, duvarda bir levhanın köşesine resim sokuşturmakla meşguldü. Nihal'in son sorusuna yine başını çevirmeyerek cevap verdi:

"Dargın değil miyiz?"

Nihal, kin tutmaz çocuklara özgü bir barışıklık hevesiyle: "A!" dedi, "Ben tamamıyla unutmuştum, sahi, dün akşam dargındık, değil mi? İstersen çıkayım..."

Behlûl iskemleden atladı: "Çerçevenin hiç aralığı yok. Biraz daha zorlansa cam kırılacak." Elinde resmi sallayarak duvarlara bakıyordu. "Şimdi bunu nereye koymalı? Nihal! Ben sana bir şey söyleyeyim mi? Sen benimle niçin dargın duramıyorsun, bilir misin? Çünkü dargın duracak olsan kavgaya imkân bulamayacaksın. Yeniden kavga etmek için mutlak barışmak lazım geliyor."

Nihal gülerek Behlûl'ün indiği iskemleyi çekip oturdu:

"Bak, bunda da yanılıyorsun. Sen bugün İstanbul'a ineceksin, değil mi? Sana ısmarlanacak birçok şeyler var. İşte barışmak için âlâ bir sebep!"

Behlûl birden reddetti:

"Mümkün değil, Nihal. Başkasına havale et. Bu ufak tefek beni yoruyor. Hem bugün..."

Elini sallayarak işlerinin çokluğunu anlatmak istiyordu. Sonra aklına bir şey gelerek: "Çantanı göster bakayım, Nihal. Ne kadar paran var?"

"İşte saygısızca bir soru!"

"Canın isterse! Ben şimdi ücret almadan hiçbir iş görmüyorum. Bana borç verecek kadar paran varsa mesele değişir."

Nihal çantasını cebinden çıkardı, açtı ve içindekileri eteğine dökerek: "Oh! Bilsen!" dedi; "Bana bugün o kadar şeyler lazım ki... İpek alınacak bir; Bülent makası ikiye ayırarak beline hançer yapmış, makas alınacak, iki; Beşir ne kadar zamandan beri yalvarıyor, kıpkırmızı bir fesle mavi bir püskül istiyor, onlar alınacak, üç."

Behlûl dönerek uzaklaştı: "Ben vazgeçtim. Bir de Beşir'in şeylerini havale ediniz, tamam olsun. Kırmızı fesle mavi püskül nereden bulmalı? Çarşıya kadar çıkılacak. Hem bana borç verecek kadar paran yok." Tekrar Nihal'e döndü: Evvela buradan çıkar babana gidersin, paralarını gösterirsin, anlıyor musun?"

Nihal yerden paralarını toplayarak çantasına doldurdu, "Vazgeçtim." dedi.

Bugün gidip babasından para istemek fikri Nihal'i ani bir etkiyle değiştirmişti. Dalgın bir bakışla karşısında bekleyen Behlûl'e baktı, sonra dedi ki:

"Büyük meseleden elbette haberin vardır. O senden bir şeyi saklamaz ki..."

Şimdi birden birbirlerine karşı yine düşman gibi söylemeye başlamışlardı. Bu iki kardeş çocuğunun arasında böyle her dakika çocukluktan beri tutuşmaya hazır bir kavga kıvılcımı vardı.

Behlûl sordu:

"Kim?"

Nihal dudaklarını kısarak cevap verdi:

"O!"

"Baban için o demek terbiyeye pek uygun bir şey değil.Sen gittikçe büyüyeceğine günden güne şımarık bir çocuk oluyorsun Nihal. Evin içinde bunu sana söyleyecek kimse yok da onun için ben söylüyorum. Matmazel Courton şapkasının çiçeklerine, elbiselerinin dantelalarına bakmaktan vakit bulamıyor ki... Dün aksan sofrada o ağlamak ne oluyordu sanki?"

Nihal sapsarıydı. İskemlede, hareketsiz, Behlûl'ü dinleyerek duruyordu. Boğuluyor gibi yutkundu, şüphesiz ağzından çıkmak isteyen şeyleri güç zapt etti, dedi ki:

"Görüyorsun ki bugün seninle kavga etmeye hiç arzum yok..." Sonra ellerini iki tarafına salıvererek ilave etti: "Kuvvetim yok..."

Sesinde öyle acı bir kahrolmuşluk anlamı vardı ki Behlûl

birden başlayan bu mücadelenin bir çocukluk mücadelesinden başka bir şey olacağını anladı, birbirine bakışarak durdular. Sonra Behlûl sakin bir sesle dedi ki:

"Nihal! Ben öyle zannediyorum ki sen bu meselede fena hareket ediyorsun. Bilsen, onu görsen, birden seveceksin... Bundan sonra senin için artık bir kadın olmak zaman gelecek. O zamanın da bir özel terbiyesi vardır ki onu ne Matmazel Courton ne de Şakire Hanım'dan öğrenebilirsin. Daha sonra evin intizamı... İtiraf et ki şimdi bu bir evden başka her şeye benziyor. Buraya öyle bir kadın girecek olursa..."

Nihal gittikçe sararıyordu. O bu sabah babasının yanından çıktıktan sonra buraya Behlûl'ü kendisine müttefik bulmak ümidiyle gelmiş, onun hiç olmazsa bu meselede kendisiyle beraber olacağını zannetmişti. Hep öyle hareket etmeden duruyordu. Behlûl devam ediyordu:

"Evet öyle bir kadın girecek olursa bütün ev birden değişecek; bugün istedikleri gibi yaşayan bu hizmetçiler bak onun elinde ne olacak; hatta Bülent, hatta sen, anlıyor musun Nihal? Senin için öyle şık, zarif, genç, güzel bir anne..."

Behlûl tamamlayamadı, birden kendiliğinden bir kuvvetle yerinden fırlayan Nihal ellerini uzattı ve yorgun bir sesle bağırdı:

"Oh! Yetişir, yetişir, fena oluyorum Behlûl!"

Behlûl sustu, birden hatasını anlamıştı, her vakitkine benzer bir şakayla konuşmayı kapamak istedi, kuvvet bulamadı. Nihal bir şey söylemeye çalışarak bakıyordu, sonra vazgeçti ve yavaş yavaş çıktı.

Behlûl o gençlerden biriydi ki onlar yirmi yaşında hayatı tamamıyla öğrenmiş olurlar, mektepten hayata çıkarken, sahneye ilk defa çıkan acemi bir sanatkârın heyecanını bile duymazlar, hayat onlar için mektepte bütün sırlarıyla öğrenilen bir komedi hükmündedir, onu o kadar iyi öğrenmişler, onun esas niteliğini öyle etki edici bir bilinçle sihirlemişlerdi ki sahneye çıkınca ufak bir başlangıç korkusundan arınmışlardı. Behlûl bir seneden beri geniş bir komedi sahnesi olmaktan başka bir sıfatla kavramadığı hayata girmişti: Burada hissettiği yegâne hayret evvelden bilinip öğrenilmemiş, keşfedilip anlaşılmamış bir şey bulamamaktan ibaretti.

Babası vilayetlerden birine memur olup gittikten sonra Behlûl Galatasaray'da yatılı olarak bırakılmıştı, haftada bir gece Adnan Bey'in yalısına giderdi; babası o kadar uzaktaydı ki tatil zamanlarını uzun bir seyahat için israf etmektense İstanbul hayatı hakkında mektepte başlanan öğrenimini genişletmek ve tamamlamak için kullanmayı tercih etmişti.

Hayallere kapılır değildi, hayatı bütün maddiyet ve bayağılığıyla görürdü. Mektepte geometri kitabının üstüne başını koyup da pencereden bir köşesi görünen gökyüzüne dalarak fikrinin bir seçkin hayal arkasından uçması gerçekleşmiş bir şey değildi. Öğrendiklerini öğrenmek için, bilmemiş olmamak için öğrenirdi, ne geleceğine ait bir emel malikânesi kurmuş ne gençliğine ait bir şiir demeti bağlamıştı. Hayat onun için uzun bir eğlenceydi. En çok eğlenebilenlere yaşamak için en çok hak sahibi olanlar gözüyle bakardı.

Eğlenmek... Bu kelimenin anlamı da Behlûl'de değişime uğramıştı. O hakikatte hiçbir şeyden eğlenmezdi. Bütün eğlence yerlerine koşardı, bütün gülünecek şeyleri arardı, ihtimal herkesten çok gülerdi; fakat eğlenir miydi? Eğleniyor görünürdü, onun için eğlenmek, eğleniyor görünmek demekti.

Bütün gülüşlerinin, eğlenişlerinin altında saklı olan bir can sıkıntısı vardı ki onu daima bir zevkten diğerine sevk ederdi. Geceyi Tepebaşı'nda bir opereti dinleyerek geçirdikten sonra ertesi gün Erenköy bağlarında bir siyah çarşafın peşinde dolaşırken görülürdü, bir pazar günü Concordia şarkıcılarından birini arabayla Maslak'a kadar götürür, bir cuma günü Çırçır suyunda saz dinlerdi. İstanbul'un hiçbir eğlence yeri yoktu ki Behlûl oradan bir zevk payı almasın. Ramazanda akşamları Direklerarası gezintisine devam eder, kışın Odeon'un balolarında ortalığı keyfinin velvelesine boğardı. Henüz mektepteyken kendisine çeşitli alışkanlıklar peyda etmişti. Mektebin her unsurla karışık hayatı içinde başlayan bu alışkanlıklar mektepten çıktıktan sonra dallanıp budaklanmış, ona memleketin bütün muhitlerinde selamlanacak çehreler, sıkılacak eller meydana getirmişti.

O kadar çok adam tanır, sevgisini o kadar çeşitli çehrelere dağıtırdı ki bunlardan bir tanesine biraz fazla bir bağlılık payı ayırmaya vakit bulamamıştı. Onun için lazım olan şey Beyoğlu'ndan yalnız geçmemek, Lüksemburg'a[1] giderse kendisini dinleyecek bir muhatap bulmak, Kâğıthane'ye gidecek olursa arabada bir kişi kalmamaktı. İnsanlara bu yolda hizmetler, bu tarzda lüzumlar için yaratılmış gözüyle bakardı, hiçbir zaman eşlik edebilecek birisine rastlamadığı olmamıştı.

Onu herkes sever, herkes arardı. Öyle kahkahaları vardı ki en derin sıkıntıları yenerek yanındakine neşe saçardı; öyle nükteler, sanatlı sözler yağdırır ki bunlar geçtiği yerlere fikrinin israf olunacak çiçekleri kabilinden serpilir, toplanır; memleket içinde gezerdi. Bir olay olsa, bir yeni şey işitilse arkasından Behlûl'ün zarif bir sözü, hoş bir şakası anlatılırdı.

Her vesileyle anlatacak hikâyeleri vardı; bir kitapta okunmuş bir sayfa, bir gazetede tesadüfen görülmüş bir fıkra Behlûl'e bir bakış zemini olurdu. Onu dinlerler ve mutlaka gülerlerdi. Gözünde bütün kendisini dinleyenler, dinlediklerine gülenler bir alay ahmaklardan başka bir şey değildi; asıl eğlenen kendisiydi.

1 İstiklal Caddesi'nde büyük bir kahvehane. (Y.N.)

Etrafındakilere kendisinin zevki için ancak böyle lüzum görüldükçe kullanılacak aletler kadar önem verirdi.

Başlıca merakı herkes tarafından taklit edilmekti. Bir sınıf gençlerin giyiniş ibresi hükmündeydi, ufak tefekler hakkında onun görüşüne bir nefis zevk kaidesi hükmünde müracaat olunurdu.

Kokular, kravatlar, bastonlar, eldivenler, bütün o lüzumsuz fakat o oranda mühim şeyler için Behlûl'de taklit olunacak mutlak bir yenilik vardı.

Bu adamın ahlak varlığı nasıldı?

Bu öyle bir soruydu ki Behlûl şimdiye kadar kendine karşı bile sormaya lüzum görmemiş, vakit bulmamıştı. Bazı şeylere inancı vardı: Parayı büyük bir kuvvet olarak görürdü, iyi bir adam olmak için güzel giyinmenin başlıca bir şart olduğunu düşünürdü; insanlara karşı vazifesinin onlarla mümkün mertebe beraber eğlenmek, memlekete karşı vazifesinin mümkün mertebe mesirelerden istifade etmek, kendine karşı vazifesinin bir haşarı çocuğu mümkün mertebe sıkmamak noktalarından ibaret olacağında tereddüt etmemişti.

Hayatta hiçbir şeye şaşmazdı, yalnız bu ahlak felsefesine katılmayanların saflığına şaşardı, lehçesinde hayret kelimesini yalnız bunun için korumuştu. Edison'un yeni bir buluşunu mesela canbazhanede görüle görüle bıkılan bir sanat eseri gibi öteden beri beklenin bir şey hükmünde görürdü. Hayatta bütün yeni şeyler için onda bir alışıklık, bir aşinalık vardı; sanki onlar eskiymiş de herkes bilmek için kendisinden sonraya kalmışçasına garip sayılanlar Behlûl için eski zaman tarihi bilinmişliğine inerdi.

Arkadaşlarını hayretlere düşüren bir olay anlatılırken o "Bundan adi bir şey olamaz." hükmünü vererek başını çevirirdi. Hatta Adnan Bey ona, "Haberin var mı Behlûl? Firdevs Hanım'ın kızını alıyorum, sana bir şık yenge..." dediği zaman Behlûl'de küçük bir hayret eseri bile uyanmamış, "Ben zaten bekliyordum." demişti.

Nihal çıktıktan sonra Behlûl hatasının fena etkisini kendine unutturmak isteyerek resmi tekrar eline aldı, etrafına baktı, sonunda bir Japon yelpazesinin arasına koymak için karar verdi. Oraya iliştirirken kendi kendisine "Bu evlilik fena değil; fakat Nihal için hiç iyi bir şeye benzemiyor. Zavallı çocuk!" dedi. İkisi ta çocukluktan beri daima birbirine karşı kavgacı, hatta kinci olmakla beraber, türlü küskünlüklere, kavgalara rağmen aralarında, şüphesiz kan bağlarıyla, büsbütün kaybolamayan bir dostluk vardı.

Onların ilişkisi hiç bitmeyen bir kavgaydı. Behlûl, aralarındaki sekiz senelik yaş farkının verdiği yetkiyle bir büyük birader sıfatını alır, Nihal'in bütün çocukluklarını eleştirir, ona verilen terbiye tarzının aleyhinde bulunur, bu kızın şımarık bir çocuktan başka bir şey olmayacağını söyler, ona eziyet etmekten garip bir haz alırdı. Bunlar Nihal'i çıldırtırdı. Keskin bir kelimeyle, şiddetli bir vaziyetle Behlûl'ün hiçbir itirazını karşılıksız bırakmazdı; sonunda kavga başlardı. Bu kavgada Behlûl Nihal'in hırçınlıklarını alaylara, karşılık verilemeyecek kahkahalara boğarak galip çıkmaya çalışırdı. Aralarında her vakit halledilecek bir mesele, son verilecek bir kavga vardı. Bu ilişki tarzı onları sonuçsuz kalmış bir çarpışmada galibiyet fırsatı bulmak için dakikaların tesadüf lütfunu bekleyen iki savaşçı sıfatında tutardı. Birbirlerini ararlar; kavgadan sonra birbirine sokulurlar; önceden gülerek, bütün kavga hatıralarını unutarak başlarlar; sonra birdenbire bir kelime, bir bakış, bir hiç sebep olur; Behlûl sanki bir çocuğu kızdırarak eğlenen bir adam sıfatından düşmeyerek, Nihal bu sahte taarruz duruşundan daha çok kudurarak kavga ederlerdi.

Bugün Nihal'de karşılık vermeye kuvvet yoktu. O çıktıktan sonra Behlûl kalbinin ta derin bir köşesinde merhamete benzer bir şey duymuş, istemediği halde bu duygunun sesini engelleyememişti. Resmi sonunda Japon yelpazesinin bir tarafına iliştirdikten sonra geri geri çekilerek baktı ve hiçbir şeye önem vermek istemeyen felsefesi kalbinin o sesine cevap verdi:

"Bir hafta sonra alışacak, değil mi?"

Hâlâ resme bakıyor; fakat onu görmeyerek, zihninde hep o meseleyi takip ederek duruyordu. Bir aralık amcasının sözü aklına geldi, kendi kendisine: "Evet, dedi; şık bir yenge, şık bir evlilik, şık bir anne ile şık bir kız kardeş! Bütün şık! Biz de Melih Bey takımından oluyoruz." Odasının bütün duvarlarını dolduran resimlere bir fikir anlatmak isteyerek elini savurdu ve içinden gelen bir dans havasıyla coşarak iki vals devresinden sonra kendisini ta ötedeki koltuğa attı, bağırdı: "Hurra!"

Sıcak bir ağustos günüydü. On beş günden beri Matmazel Courton dersleri tatil etmişti. Sabahları bahçede uzun oturmalar yapılıyor, bunlara ara sıra Adnan Bey'le Behlûl bile katılıyorlardı. Bu sabah kameriyede büyük meşguliyet vardı. Behlûl sonunda Beşir'in kırmızı fesiyle mavi püskülünü getirmişti; fakat Beşir'e biraz büyükçe kafasının her zamankinden çok uzayan kıvırcık saçlarıyla, fes küçük geliyordu. Saçlarını makinenin sıfır derecesiyle kırkmaya karar vermişlerdi. Beşir iki günden beri makineyi saklayarak bu vazifeyi başka kimseye bırakmak istemeyen Bülent'ten bucak bucak kaçıyordu. Bülent'te o kadar arzu vardı ki sonunda Nihal aracılığa lüzum görmüştü: "Neden korkuyorsun, Beşir, bir tarafını kesmez ki!" demişti.

Nihal'in bu sözü Beşir'in bütün korkularını birden söndürmüştü; şimdi orada, yere diz çökmüş, başını Bülent'e teslim etmişti. Bülent kahkahadan işleyemiyordu ki... Beşir gıcıklanarak kıvrandıkça, "Aman küçükbey!" ricalarıyla ensesini kıstıkça Bülent'in gülmekten parmakları gevşiyor, diğer eliyle karnına basarak katılıyordu. Ötede dalgın gözlerle, dudaklarında belirsiz bir tebessümün gölgesi uçarak Matmazel Courton Beşir'e bakıyor, kendisine, "Oh! Fransızlar fena bir asır geçiriyor, matmazel! Sizi temin ederim ki, Fransa'yı terk etmekle isabet ettiniz. Damarlarında biraz asalet kanı dolaşanların bu pisliklere kayıtsız kalabilmesine imkân yok." kabilinden sanki masumluk hislerinin isyanına tercüman olan nakaratlar sıralayarak Paris'in son gazetelerinden bütün kirli ayrıntılarıyla hikâye olunan bir rezalet olayını anlatan Behlûl'ü galiba dinlememek için Beşir'e bakıyordu. Behlûl'ün başlıca zevklerinden biriydi: Bütün okuduğu açık hikâyeleri, gördüğü çapkın komedileri türlü ahlak değerlendirmeleriyle sıralayarak ihtiyar asilzade kıza anlatır, onun azabından, sarı çehresini tabaka tabaka istila eden iffet kızarmasından eğlenirdi. Kameriyenin kenarında, sedirin üstünde Nihal Cemile'ye yeni öğrenilmiş bir el işi göstermeye çalışıyordu. Nihal'in huyuydu; doğrudan doğruya öğrenmeye sabrının yetmeyeceği şeyleri Cemile'ye öğretmeye çalışarak öğrenmiş olurdu. Bu, gayet ince, çeşitli renkte kurdelelerin nohut kadar boncuklarla tutturulmasından meydana gelen bir örgüydü ki, Matmazel Courton son gelen kadın işi kitapçıklarından birinde bulmuştu. Bu örgüden bir sigara iskemlesi için örtü yapılacaktı; Nihal bir yandan yapmaya çalışıyor, bir yandan Cemile'ye ders veriyordu: "Şimdi," diyordu, "sarı ile kırmızıyı ekledik, boncuğu geçirmeli, sonra bunun yanına mavi ile yeşil koruz..." Sonra karşıdan Matmazel Courton'a hitap ediyordu: "Değil mi, matmazel? Sarı ile kırmızıdan sonra mavi ile yeşil? Oh! Hiç de iyi olmuyor, ben usanmaya başladım bile; şu sırayı bitirince Cemile'ye vereceğim."

Matmazel Courton renklerin uyumuna bakmak için fakat asıl Behlûl'den kaçarak onların yanına gelmiş, Behlûl sonunda Beşir'in saçlarını eğri büğrü kestikten sonra şimdi bitirmeye üşenen Bülent'e koşarak elinden makineyi almıştı. Cemile kendisine verilecek olan bu yeni işe heveslenerek tostoparlak çehresini uzatmış, ihtiyar mürebbiyenin Nihal'e tariflerini dinliyordu.

Bahçenin üstünde ağustosun sıcak gecesinden sonra henüz dağılmaya vakit bulamayan bir sis uçuyor; kameriyenin hanımelilerinden, sarı güllerinden, yaseminlerinden bahçede karanfillerden, şebboylardan ağır bir koku üstüne çöken bu sis arasında nefes alamayarak sanki bunalmış, yüzüyordu. Bu sabah Nihal'le beraber bahçe gezintisine çıkan Fındık -sarı kedi- ötede çekingen pençesini uzatarak bu kıvırcık siyah şeylerin niteliğini anlamak isteyen temaslarla Beşir'in yere dökülmüş saçlarına dokunuyor, kameriyenin çardağında, çiçek kokularından mest olmuş bir arı sürekli bir vızıltıyla dönüyor, ta bahçenin bir köşesinde kelebeklerden korkan bir çift serçe oradan oraya sıçrıyordu.

Bahçenin üzerinde derin bir mutluluk sakinliği kanatlarını germiş bu hayat köşesini bir huzur havası içinde uyutuyor gibiydi.

O günden beri yalıda büyük olay unutulmuş denebilirdi. Hemen kimse bundan bahsetmiyordu. Şakire Hanım'ın o günden sonra başlayan baş ağrısına bile ara gelmiş, alnını sıkan yemeni çıkmıştı. Yalnız bir gün yukarıda yatak odalarında bir değişiklik olacağından bahsedilmiş, Nihal'den yatak odalarıyla dershanelerinin birleştirilerek dördüncü odanın serbest kalmasına olur alınmıştı. Nihal yalnız başını eğerek rıza göstermişti; sonra bu da unutuldu, ne o ve ne etrafındakiler buna dair artık bir şey söylememişlerdi. Nihal tatlı bir rüya içinde gibiydi. Artık hiçbir şey olmayacak kuruntusuyla hiçbir şey düşünmüyordu. Babasına her vakitten çok sokuluyor, onu her vakitten çok kendisine ayırmak istiyordu.

Sonunda bir gün yalının içinde büyük bir telaş olmuş, rıhtıma bir mavna yanaşmıştı. Gürültüler vardı, mavnadan bir şeyler çıkıyordu. Nihal pencereden koşmuş, bakmış: Bir yatak odası takımı!

Bu, isfendan ağacından güzel bir takımdı. Nihal birden anladı. Odalarda yapılacak değişikliğin sebebi asıl bu yatak takımı karşısında açıklık kazandı. Daha çok görmek istemeyerek bahçeye kaçtı.

İki günden beri takım yukarda sofada duruyordu. Adnan Bey Nihal'in bir şey sormasını bekliyordu, iki günden beri Nihal sofrayı dolduran bu kalabalığın önünden sanki görmeyerek geçiyordu.

Bugün Matmazel Courton: "Hayır, hayır, mavi ile yeşil hiç uymuyor, başka bir şey bulmalı..." derken Nihal birdenbire sordu:

"Matmazel! Niçin odaları boşaltmadılar?"

İhtiyar kız başını kaldırarak baktı. Bu soru o kadar beklenmiyordu ki hemen cevap vermedi.

"Bugün boşaltsak nasıl olur?"

Matmazel Courton biraz tereddütle cevap verdi:

"Evet fakat sonra işçiler gelecek, perde değişecek, oda..." Tamamlamadı: "Oda boyanacak." diyecekti. "Birçok iş var, bu gürültünün arasında kalacağımıza... Bu sene de Ada'ya hiç gitmemiştik, değil mi Nihal? Halana gitsek, bir iki hafta misafir kalsak..."

Matmazel Courton bu fikri icat etmişti, ikide birde onu öne sürüyor, Nihal'i annesinin vefatından kaçırdığı gibi bu yeni annenin gelmesinden de kaçırmak istiyordu. Nihal hep dudaklarını burarak muhalefet gösterirdi, buradan uzaklaşacak olursa bir şey olacağından korkuyordu. Bir gün, tereddüt etmeden olur cevabı verdi:

"Bülent'le Beşir de beraber değil mi? Öyleyse bugün, hemen şimdi gideriz. Yalnız ders odasını boşaltırken bekleriz, ondan sonra... Ondan sonra ne yaparlarsa yapsınlar..."

Odaların boşalacağına, Ada'ya gidileceğini haber alır almaz son uygulamada başarısını görerek berberliğe hevesi tazelenmeye başlayan Bülent birden Beşir'i unuttu. Elinde Beşir'in kırmızı yeni fesini mavi püskülünden tutup savurarak bağırıyordu: "Göç var! Göç var! Ada'ya gidiyoruz, merkeplere bineceğiz!" Sonra ablasına koşuyor, ona sarılarak yalvarıyordu: "Eşeklere bineceğiz, değil mi abla? Ben artık düşmem. O vakit küçüktüm, şimdi büyüdüm."

Bacaklarının üstünde dimdik durarak büyük görünmeye çalışıyordu. Hep beraber koştular, Bülent neşesinin kasırgasıyla onların hepsini yalıya sürüklemişti.

Adnan Bey'e haber verdiler; "Oda boşalıyor, çocuklar Ada'ya, büyük halalarına gidiyorlar." denildi. Matmazel Courton bunu söylerken Adnan Bey'le gözleri, başka bir dille fikirlerini anlatıyor gibiydi. Adnan Bey yavaşça, sessiz, yüzüne bakan Nihal'i çekti; galiba onu teşekkür etmek için öpecekti. Öpmedi, Nihal'de öyle bir şey vardı ki şu dakikada, odanın boşalacağı, Ada'ya gidilerek burasının serbest bırakılacağı için öpülmekten kaçıyordu.

Bülent bu göç etmek fikrinden çıldırıyordu: Şayeste, Nesrin, Beşir, evvela soğuk ve mahkûm bir itaatle başlayan bu hizmetçiler, çocuğun mutluluk sirayetinden kurtulamıyorlardı. Piyanoyu dışarıda sofaya sürüklerlerken Bülent muşamba perdenin kaytanını[1] piyanonun halkasına takarak, akıntıda yedek çekenlere özgü bir vaziyetle asılıyor, olanca sesiyle "Varda, kimse olmasın, matmazelin eski potinlerini çekiniz, hepinizi çiğneriz." diye bağırıyor, kahkahadan sinirleri gevşeyerek artık çekemeyen Nesrin: "Aman paşam, güldürme de işimizi bitirelim." diyor, fırsattan istifade ederek soluyan Şayeste, Nesrin'e çıkışarak: "Çılgın kız! Gülecek ne var? Gülünecek zamanı buldun ya!" azarlamasıyla bir anlam kastediyordu.

1 Pamuk veya ipekten sicim. Yelkeni yarı kapatmak için kullanılan örgü halat. (Y.N.)

Bülent ter içindeydi. Şayeste bir iskemleyi, Nesrin yazıhanenin gözlerini yüklenerek yürürlerken, o Beşir'in sürükleye sürükleye götürdüğü perdenin bir ucundan yapışarak "Yol verin, hamallar geçecek, bir tarafınıza çarpmasın!" çığlıklarıyla koşuyordu.

Bülent'in bu gürültüleri arasında Nihal birden sıkıldı, Matmazel Courton'a "Gidelim. Gidelim artık buradan!" dedi.

Buradan, bu evden kendisine ihanet eden birisinden kaçarcasına uzaklaşmak istiyordu.

***

On beş günden beri Ada'daydılar. Burada her şey unutulmuş gibiydi; fakat Matmazel Courton Nihal'de gizli bir hissin yavaş yavaş tırnaklarıyla içini kazıdığını, çocuğun bahsetmek istemeksizin bir şeyi beklemekte olduğunu her vakitten çok artan duramamazlığından anlıyordu. Bugün yine Bülent'in ısrarına dayanamayarak sabahleyin bir eşek gezintisi yapıyorlardı.

Ada'yı büyük bir halka içinde sıkan yolu dolaşacaklardı. Eşeğe binmekten nefret eden Matmazel Courton ile Nihal, hala hanımın tek atlı, iki tekerlekli arabasındaydılar; Bülent'le Beşir onlara yetişebilmek için çığlıklarla eşeklere biraz daha sürat vermeye çalışıyorlardı. Beşir'in kırmızı fesiyle çehresinin üstünde şimdi tozdan beyaz bir bulut vardı. Bülent'in fesinden taşan ince kumral saçları terden alnına, şakaklarına yapışıyordu, tombul yanakları al al oluyordu.

Eşek binicilerini pek geride bırakmamak için arabayı yavaş yavaş idare ediyorlar, arkalarında Bülent'le Beşir'in seslerini, eşeklerinin minimini ayak gürültülerini işitiyorlardı. Ara sıra Beşir arkada kalıyor, erkekliğini kaybetmiş Habeşlere özgü ince sesiyle: "Beyim, çok koşuyorsun; düşeceksin, beni bekle!" diye bağırıyor, o zaman Bülent ablasına sesleniyordu:

"Durunuz, bir parça dursanıza, işte benimkini zapt edemiyorum."

Matmazel Courton Nihal'in elinden terbiyeleri[1] kaparak, nadiren geçenlere yol bırakmak için kenara çekerek arabayı durduruyordu. Yine böyle durmuşlar, ta arkada, uzakta küçük bir arızaya uğrayan eşek binicilerini bekliyorlardı. Galiba Bülent'in kamçısı düşmüştü, Beşir inerek onu arıyordu.

Ada'nın üstünde sıcak bir gün hazırlanıyor; etrafta, ufkun belirsiz maviliklerinden yavaş bir ses uçuyordu. Uzakta İstanbul minareleriyle, camilerinin kubbeleriyle, tepelerinin yeşil ağaç kümeleriyle köpükten bir deniz içinde titriyor gibiydi.

Sabahtan beri aralarında nadir konuşma olmuştu. Nihal başını çevirmiş, Beşir'in şimdi boş kalarak yavaş yavaş ilerleyen eşeğine bakıyordu.

Birden, on beş günden beri birinci defa olarak Matmazel Courton'a sordu:

"Ne vakit gideceğiz?"

"Ne vakit isterseniz, çocuğum!"

Nihal ihtiyar kızın yüzüne baktı, ilk önce hayretini zapt edemedi: "Ah!"

Sonra biraz durarak ilave etti: "Demek artık bitti mi?"

Nihal hayatı sınırlı bir daire içinde geçen, hayattan ancak babasıyla mürebbiyesinin kitaplarıyla dadılarının söyledikleri kadar bilgi alan, bilgiç arkadaşlara sahip olmayan genellikle on iki yaşında çocuklardan fazla bir şey bilmezdi. Hayata dair bildikleri hep tesadüfle işitilmiş, sokakta arabayla geçerken tesadüfen görülmüş şeylerden küçük muhakemesinin belirsiz sorgulamalarıyla sınırlı kalmıştı.

1 Araba hayvanlarının dizginleri. (Y.N.)

Eve bir kadın geleceğinden haberdar olur olmaz bunun esas niteliğini düşünmeksizin sırf hissi, sırf sinirli bir acı duymuştu; bu meselede muhakemesinin hiçbir etkisi yoktu. Bu his en doğru olarak kıskançlık tabiriyle özetlenebilirdi. O gelecek kadından her şeyi, hele babasını, Bülent'i, daha sonra Beşir'i, bütün ev halkını, evi, eşyayı, hatta kendisini kıskanıyordu; bu sevilmiş şeylerin içine girmekle o kadın bunları çalacak, elinden alacak; evet, nasıl, pek iyi tahlil edemiyor, açıklıkla düşünemiyor fakat ruhu hissediyordu ki o geldikten sonra kendisi şimdiye kadar sevdiklerini artık sevemeyecekti.

Bu söz çıktıktan sonra yanında fazla konuşmamak için ev halkı kendisinden kaçıyor; o Şakire Hanım'ın odasına girerken önüne diz çökmüş, bir şeyler anlatan Şayeste birdenbire susuyor, Nesrin ikide birde göğüs geçirerek "Of!" diyor, bütün bu etrafındakilerden bir gizli anlam yayılıyordu. Demek bir şey olacaktı ki o anlayamıyordu; hatta Cemile'nin bile yuvarlak çehresinde parlayan gözleri bu küçük kızın Nihal'den çok bilgisi olduğu anlamına geliyordu.

Evvela yenilemez bir merak hissiyle Matmazel Courton' un ısrarına rağmen Ada'ya gelmemek için inat etmişti. Orada hazır bulunmak, araştırmacı bir tarihçi özeniyle bütün olayın ayrıntılarına uyanık bir şahit sıfatıyla kalmak istemişti. Kimseden bir şey sormuyordu, o olaya dair kelime söylemiyordu; yalnız anlamak, görmek istiyordu. Sonra, odalarının dağılacağını, o güzel isfendan takımın oraya konulacağını öğrenince artık daha çok durmaya kuvvet bulamamış, olayın henüz şu ilk çarpışmasıyla mağlup olarak kaçmak istemişti.

İşte on beş günden beri, sanki uzakta ölen kıymettar bir hastanın can çekişmesini duyarak fakat bir kelime söylerse sonucu çabuklaştırmış olacağından korkarak, hep onu düşünüyordu. Ada'ya gelmek için olur verdiğine pişmandı. Daha çok, sonuna kadar durmalıydı. Kalbinde öyle bir korku vardı ki dönüşlerinde yalı, babası, her şey kaybolmuş, bir rüzgâr onları savurmuş olacak zannettiriyordu. O, orada kalsaydı bu rüzgâr esmeyecek, bu rüzgâr hiçbir şey yapamayacaktı.

Daha sonra babasına açık olmayan bir kini vardı. Her vakit onlar Ada'ya geldikçe o da ikide birde gelir, günlerce beraber kalırdı; bu defa hiç, hiç uğramamış, hatta merak ederek bir adam bile göndermemişti. Son günlerde Matmazel Courton'a babasından asla bahsetmedi.

***

Adnan Bey çocuklarının dönüşünü mümkün mertebe ertelemek istiyor, Bihter bilakis her gün onlardan bahsederek, "Artık getirtseniz! Bilseniz onları görmek için ne büyük hevesim var!" diyordu.

Esasen çocuklarla ilk görüşmeden Bihter de korkuyordu, onlarla bütün ortak hayatta ilişki tarzının bu ilk görüşmeden doğacak etkiye boyun eğeceğini zannediyordu.

Bugün Adnan Bey evlenmesinden sonra birinci defa olarak İstanbul'a inmek üzere Bihter'den, saçlarının üstüne kondurulmuş bir öpücükle ayrılıyordu. Genç kadın yalvaran bir sesle, "Bugün artık bir haber gönderirsiniz, değil mi?" diyordu.

Birden merdivenin aşağısında bir gürültüyle taze, şakrak bir| kahkaha işittiler. Adnan Bey durarak: "İşte onlar! Bülent'in kahkahası... Artık sabahdan akşama kadar Bülent'in bu kahkahasını her gün dinleyeceksiniz." dedi.

Şimdi Bülent koşarak merdiveni çıkmış, arkasından takip edenlerden -Şayeste ile Nesrin'den- kurtulmuştu. Doğru babasına atıldı, minimini kollarıyla sarıldı, dudakları babasının ancak yeleğine yetişebiliyordu; bu küçük küçük lacivert çiçeklerle beneklenmiş beyaz pikeyi on beş günlük özleminin taşkınlığıyla öptü, öptü; sonra birden durarak, karşısında, bir tebessümle bekleyen kadına bakarak gözlerini babasının yüzüne dikti. Ondan bir cevap, bu kadına ne yapmak lazım geleceğine dair bir emir bekliyordu. Adnan Bey sadece, "Annen, Bülent, onu da öpmez misiniz?" dedi. O zaman Bülent, belki biraz da çocukların, şık, genç, güzel kadınlara sokulmak için duydukları arzuya uyarak gülerek ilerledi ve iki ellerini Bihter'in uzanan ellerine teslim ederek, yine bu güzel annenin hoş bir öpücük hevesiyle uzanan dudaklarına dudaklarını uzatarak öpüştü.

Nihal'le Matmazel Courton bu sırada sofanın son merdivenini çıkıyorlardı. Adnan Bey kendisine kuvvet vermek için ilk önce mürebbiyeden başladı: "Bonjur matmazel! Sonunda ihtiyar haladan sıkıldınız, galiba. Nihal, beni öpmüyor musun?"

Nihal, hâlâ Bihter'in yanında, onun bir sorusuna gülerek cevap veren Bülent'e bakıyordu, kalbinde bir şey yırtılarak gözlerini oradan ayırdı, babasına ilerledi; küçük, ince elini uzattı. Adnan Bey bu eli tuttu, sanki kızından bir af isteyerek onu sıkıyordu, çekti, çekti, baba kız evvela kısa bir öpücükle öpüştüler, sonra bilinemez neden, birden doğan bir hisle, Nihal tekrar sivri çehresini babasına uzattı, o her vakit öptüğü yerden, çenesinin altında kılsız yerden, uzun bir öpücük aradı.

Şimdi Bihter kendisine ilerliyordu. Adnan Bey Matmazel Courton'u göstererek takdim etti:

"Matmazel Courton..."

İhtiyar kızla genç kadın selamlaştılar. Bihter ilerlemekte devam etti ve tatlı, birden ilk ilişkilerin serinliğini hoş bir sevgi havasıyla ısındıran tebessümüyle, bir elini Nihal'in omzuna koydu, diğer eliyle elini tuttu ve çocuğun zayıf vücudunu çekti. Ondan hoş bir menekşe kokusu yayılarak Nihal'i taze bir bahar havasında sarıyordu, çocuğun başı, Bihter'in göğsüne dayanmış oldu. Demek, o kadar korkulan şey onun zavallı ruhunu müthiş bir afetin kâbusları içinde ezen şey bu genç, güzel, gülümseyen kadın, bu bir demet menekşe kadar havasında taze bir bahar nefesi uçan vücuttan ibaretti, öyle mi? Bu koku Nihal'in ruhunu sanki buharlaştırarak emiyor gibiydi. Gözlerini kaldırarak, başı hep orada, Bihter'e baktı, o da gülüyordu. Artık Bihter'in o tebessümünün altında bütün ruhunun teslimiyeti bir tebessüm gülleri içinde açılıyor gibiydi. O zaman Bihter, heceleri biraz çekerek şakıyan sesiyle dedi ki:

"Beni seveceksiniz, değil mi? Zaten beni sevmemek mümkün olmayacak. Ben sizi o kadar seveceğim, seveceğim ki sonunda siz de beni seveceksiniz."

Nihal cevap olarak ince dudaklarını uzattı, Bihter başını eğdi, birbirlerine düşman olması lazım gelen bu iki vücut bir dakika içinde doğan bir sevgiyle öpüştüler, dost oldular. Evet birbirinin hemen dostu olmuşlardı. Nihal korkunç bir rüyadan çıkmış gibiydi. Artık elbiselerini değiştirmek ve soyunmak için yukarıya çıkarken Matmazel Courton'a sokularak dedi ki:

"Ne güzel, değil mi matmazel? Ben zannediyordum ki..."

Bülent'in elinde çam dallarından yapılmış, büyük bir özenle Ada'dan buraya kadar getirilmiş bir çelenk vardı; onu kütüphanenin üstüne asacaktı. Mürebbiye ile ablasının önünden koştu. Dershaneye gidiyor, her şeyden evvel bu mühim işi bitirmek istiyordu. Kapıyı eliyle itti, sonra birden uzun bir hayret çığlığıyla bağırdı:

"Aa!"

Odaların değiştiğini hep unutmuşlardı. O zaman zapt olunamayan bir merakla Bülent'in arkasından geldiler. Bülent odanın ortasında, burasının bir vakitler duvarları kurşunkalemiyle yapılmış gemi resimleri dolu o mümkün değil düzen altına alınamayan ders odası olabileceğine inanamayan gözlerle, hiç hareket etmeksizin, elinde duran çam dallarından çelengi bu zarif yatak odasının neresine asmak lazım geleceğini düşünüyormuşçasına, duruyordu.

Nihal'le mürebbiye yavaşça girdiler. Matmazel Courton, "Odamıza gidelim, buraya girmemek icap ederdi." diyor fakat görmek hevesiyle o da gecikiyordu. Nihal etrafına baktı: Evvela pencereleri gördü. Gayet açık, beyaz bir bulut altında saklanmış zannolunacak kadar donuk mavi atlastan yer yer boğularak kaldırılmış yarım perdelerin arasından beyaz tüller dökülüyor, Kula'nın Batı zevkinin etkisiyle son zamanlarda ürettiği solgun halılardan birinin üzerinde küçük küçük kümeler yapıyordu. Tamamıyla açılmış panjurlardan dalgalanarak giren aydınlıkla bu perdeler mavi bir kayalıktan dökülen, döküldükçe köpüren beyaz bir şelaleye benziyordu. Yine öyle açık maviyle boyanmış duvarlar, o renkte atlasla gerilerek etrafına ince sarı kornişler çekilmiş tavan, ortasından sarkan eski mabetlere özgü fanuslar taklidi renkli çeşitli camlarla yapılmış bir büyük kandil; köşede, tam vaktiyle Nihal'in piyanosunun yerinde yatak, tavandan büyük bir sarı halkadan dolaşarak dökülen atlas ve tül karışık bir cibinlik, karşıda, iki pencerenin arasında, tuvalet takımı; yanda kapısı unutularak açık bırakılmış aynalı dolap, uzun bir sedir, yine açık mavi kalpakla bir uzun yer lambası, ufak bir geridon[1], minimini bir şamdanla birkaç kitap, ta aynalı dolabın karşısında babasının karakalemle yapılmış tabii cesamette, bir resmi...

İşte Nihal'in ilk bakışta gördüğü şeyler... Bülent hepsinden ziyade cesaretle davranarak ilerlemiş, tuvalet masasının üstüne, o bin türlü ufak tefeklere biraz eğilerek, sanki içinden birisinin başı çıkıverecekmiş gibi korkarak, aynalı dolaba bakıyor, her gördüğü şeye bir hayret kelimesi sıralıyordu.

---

1 Servis arabası, servis masası. (Y.N.)

Matmazel Courton Nihal'i çekip götürmek istedi. Nihal birden aklına gelen bir fikirle ilerledi. Dehlizden değil, odanın aralık kapısından geçmek istiyordu; eliyle aralık kapının tül perdesini iterek yol açtı: "Oh! Matmazel, bakınız!" dedi. "Sizin oda buradan kaçmış."

Matmazel Courton, biraz tutuk, cevap verdi:

"Evet, çocuğum, size haber vermemişler miydi? Ben ta oraya, birinci odaya, Bey'in eski odasına gidiyorum. Fakat bu ziyaretlerle vakit kaybediyoruz. Hâlâ üstünüzü değiştireceksiniz."

Nihal sapsarıydı. Hiçbir cevap vermedi.

Bülent şimdi kanepenin üstünde unutulmuş, beyaz kurdelelerle ipek bir kumaştan hafif bir omuz atkısını alarak sırtına koyuyor, küçücük boyuyla kırıtarak, yumuk gözlerini süzerek çalkalana çalkalana odanın içinde dolaşıyordu. Matmazel Courton sonunda ciddiyete lüzum gördü. Bülent'in arkasından atkıyı çekerek: "Küçük yaramaz!" dedi. "Size bin kere söyleniyor ki başkalarının şeylerine dokunmak ayıptır!"

Bülent gülerek cevap verdi:

"Evet, hakkınız var, matmazel. Okuma kitabında bile bu söz var, değil mi?"

Nihal ilerlemişti. Kendi odalarına geçilen aralık kapının topuzunu çevirdi, kapı açılmadı. Bir kelime söylemeksizin döndü. Hep beraber, mürebbiye Bülent'in elinden çekerek, dehlize çıktılar. Nihal kendi odalarının kapısını itti, bir adım attı. Bu defa Nihal ufak bir hayret çığlıksını zapt edemedi.

Bülent, arkasından, kasırgalı telaşıyla atıldı. "Bu ne?" dedi. "Aman abla! Bu bizim odamız mı? Bu ne güzellik! Bu ne süs! Bu karyolaların cibinlikleri yeni mi yapılmış? Kütüphanenin kırık camı değişmiş, boyanmış... Bakınız, yazıhanede bir şeyler olmuş... Benim oymalarımı bütün çıkarmışlar... Ya perdeler... Oh! Bizim de şimdi ipekli ve tüllü perdelerimiz var!" Birden Bülent'in gözlerini yeni boyanmış duvarın üstünde iğneyle tutturulmuş iri yazılarla bir kâğıt cezbetti: "A, matmazel, bu ne?"

Nihal, odasının büsbütün değişmiş manzarası karşısında, bir dakika evvel dudaklarında beliren endişe çizgisini kaybederek gülümsüyor, demir karyolasının kubbesinden mavi kurdelelerle boğula boğula inen beyaz cibinliğe bakıyordu. Bülent'in gösterdiği levhayı okudu:

"Duvarlara gemi resimleriyle insan başları yapmak yasaktır."

Bülent, "Ağabeyimin işi!" diyordu. "Demek deve resimleri yapabileceğim, öyle mi abla?"

Matmazel Courton diyordu ki:

"Bundan sonra Bülent'e kurşunkalem vermek bitti. Artık odayı temiz tutmak lazım geliyor. Bütün lüzumsuz oyuncakları da atarız. Bülent şimdi evin içinde düzen seven bir küçük efendi olacak. Bu akşam bu güzel oda için Bey'e teşekkür etmek de hatırımızdan çıkmayacak, değil mi Nihal?"

Nihal cevap vermedi.

5

Matmazel Courton diyordu ki:

"Lüzumundan fazla inat ediyorsunuz Nihal. İşte tam bir saat oluyor ki, Czerny'nin hep o alıştırmasına çalışıyorsunuz. Bu merak da yeni başladı. Altı senede bir kere arasız bir saat çalıştığınızı görmemiştim. Sizi bu kadar yorulmaktan men ediyorum, anlıyor musunuz?"

Nihal birden yuvarlak iskemlesinin üzerinde döndü:

"Tuhafsınız, matmazel!" dedi. "Bana her vakit piyanonun çalışmadan öğrenilmeyeceğini söylerdiniz. Tam ben çalışmaya heves duyarken şimdi de bu kural çıktı."

Ada'dan dönüleliden beri Nihal her zamankinin aksine olarak mürebbiyesine karşı ara sıra böyle sinirlerinin serbest bir hamlesiyle cevap vermeye başlamıştı. İhtiyar kız bu cevaplara yalnız serzenişle dolu bir bakışla karşılık verirdi. Bugün dedi ki:

"Nihal, rica ederim, biraz düşünelim. Maksat piyanoya çalışmak değil mi? Aynı alıştırmayı bir saat durmadan çalmak beyhude yorulmaktan başka bir şey değildir."

Nihal atıldı:

"İşte yine çelişki... Bana daima parmakların başka suretle çeviklik kazanamayacağından yine siz bahsederdiniz."

İhtiyar kız bütün küskün tavrıyla, "Bana itaat etmemek için bu kadar ısrar edeceğinizi bilseydim ihtara hiç lüzum görmezdim." dedi.

Nihal sustu. Önüne bakıyordu, sonra gözlerinin eğri bir bakışıyla mürebbiyesine baktı, dedi ki: "Matmazel! Beni artık sevmiyor musunuz? İşte bakınız, cevap vermiyorsunuz." İskemlesinden kalktı, Matmazel Courton'un yanına, kanepenin üzerine oturdu: "Matmazel! Ne vakit derslerimize başlıyoruz? Artık sıcak havalar bitmedi mi? İşsizlikten ne kadar sıkılıyorum biliyor musunuz? Şimdi istiyorum ki sabahtan akşama kadar odamızda okuyalım, okuyalım. Okumak hiç bitmesin."

***

Nihal'de şimdi evin içinde bir uzak durmak, tenha köşeler aramak, kendisini saatlerce odasından çıkarmayacak işler bulmak merakı başlamıştı. Bu merak babasının evde bulunduğu zamanlar hükmünü icra ederdi. O gittikten sonra Nihal eski kıpırdak çocuk olur, evin içinde gezer, bilhassa Bihter'in yanından ayrılmazdı. Garip bir hisle bu evliliğin bütün kini babasına yönelmiş, asıl Bihter'le onun arasına bir soğukluk koymamıştı. O günden beri babasından kaçıyor, sanki zavallı ruhu kendisini aldatan bu kalbin hainliğinden intikamını ondan uzak kalmakta arıyordu.

Artık sabahları babasının odasına giderek onu yatağından kaldırmıyordu. Bu sabah şakalaşmaları tamamen bitmişti. O zamanlar Nihal, henüz Bülent yatağında uyurken, uyanır, çıplak ayaklarına terliklerini takarak yavaşça babasının odasına girer, çoğunlukla onu yatağında bulurdu. O kalkmaya lüzum görerek nazlandıkça Nihal muziplikler icat ederdi.

Henüz çocuktu. Babasının miyopluğunu bir türlü anlamayarak ve gözlük kullanımının lüzumuna bir türlü akıl erdiremeyerek bir gün yine o, yatakta gecikirken, "Sabah oldu, bakınız güneşe... Yoksa görmüyor musunuz? Gözlüğünüzü getireyim mi?" demişti. O gün bunu ciddiyetle söylemişti. Sonra bu hemen her gün tekrar edilen bir şaka olmuştu. Nihal ikide birde gözlüğü alır, babasının gözüne tutar: "Bakınız, şimdi güneşi görüyor musunuz?" der, Adnan Bey bu şakadan asla usanmayan bir kahkahayla yataktan atlardı. O zaman Nihal için ufak tefek hizmetler başlardı: Babasının havlusunu tutar, diş macununun kapağını açar, leylak şişesinin topuzunu sıkarak Adnan Bey'in beyazlıkları kumrallıkları içinde kaybolan saçlarına güzel kokulu bir yağmur serperdi. Bütün bu şeyler bitmez tükenmez şakalar, kahkahalar içinde yapılırdı Başlıca oyunlarından biriydi, Nihal'in bu sabah hizmetlerine özgü bir halayık ismi vardı: Pervin! O zaman Nihal dudaklarını büzer, gülmemeye çalışır, başını biraz ciddice tutar, küçük bir Pervin olur, Pervin sıfatıyla koşar, Pervin sıfatıyla hizmet eder; sonra, birden, bu kahkahanın gümbürtüsüyle Pervin'in içinden Nihal'in neşe saçan siması çıkar, ince kollarıyla boynuna sarılır, sanki büsbütün Pervin kalıvermekten korkarak bir öpücükle kendisini bulmakta acele ederdi. Arada bir Pervin darılır, çehresini çatarak hiddetle çıkışırdı: "Pervin! Kız ben sana söylemedim mi? Niçin bu sabun kâsesini yıkamadın? Şimdi ben sana ne yapayım? Söyle bakayım, kulaklarını mı çekeyim? Dudaklarını mı koparayım?" Adnan Bey bu hiddet oyununu o kadar güzel yapardı ki Nihal, şaşkın, adeta korkarak dinlerken, birden şaşırır, işin oyunluğunu unutur, hayali Pervin için bir merhamet mi duyar, yoksa velev bir oyun sırasında velev bir şaka içinde kulaklarının çekilip dudaklarının koparılmasına ince ruhu tahammül mü edemez, ne olur; birden babasına sokularak oyunun ciddiyetini bozmak için kesik kesik gülerdi. Bir gün hem böyle gülmüş hem ağlamıştı.

Şimdi, şimdi bu şakaların arasında, nasıl olmuş bilinemez, kilitlendikten sonra anahtarı kaybolan bir kapı vardı. Bu kapı... O, aralarında soğuk bir mezar taşı şeklinde dikiliyordu. İhtimal bu evliliği tamamen affedecekti, eğer babasıyla arasına böyle bir duvar çekilmemiş olsaydı.

Onun evlilik hakkında belirsiz fikirleri vardı. Zihninde karı kocanın birbirine "bey!", "hanım!" diyen bir kadınla bir erkek olmasından fazla bilgi o kadar belirsiz bulutlar arasında kaybolurdu ki çıkan sonuçları takibe imkân bulunamazdı. Onun için yalnız bir şeyin önemi vardı: Babasıyla kendisinin arasında bir kapı kapanırken onunla bir yabancı kadının arasında mavi atlaslarla, beyaz tüylerle süslü zarif bir kapının açılmış olması...

O günden sonra bir daha o odalara girmemişti; fakat o gün Bülent'in bulduğu beyaz omuz atkısını unutamıyordu. Kapısının, ötesinden ayak sesleri, ufak gülüşler işitirken gözlerinin önüne hep omuz atkısı geliyordu. Nedir, Yarabbi! Bu omuz atkısı ki çocuğun dimağına böyle musallat olmuş, uykularına karışıyordu?

Hele ikisini beraber görmeye tahammül edemiyordu. Onlarla beraber bulunmak mecburiyeti sofrada kaçınılması mümkün olmayan bir işkenceydi. İlk günleri Nihal alışkanlığını bozmamaya, yine o gevezelikleriyle sofrada geçen saatleri doldurmaya azmetmişti; fakat bulduğu sözlerde, sözlerinin arasına serptiği kahkahalarda, tebessümünde sanki yanlış bir perdeye basılmış olmaktan doğan öyle sahte bir nağme fark etmişti ki bir gün sebepsiz bir huysuzluk çıkarmış, sofradan kalkmıştı. O günden sonra sofrada sürekli bir sessizlik lüzumlu görülüyordu.

Adnan Bey uzaktan bu küskünlüklerin alametlerini fark ediyor ve Nihal'le bir barışmanın gerçekleşme zamanına henüz gelmemiş gözüyle bakıyordu. Biliyordu ki Nihal kendisinden uzaklaştıkça Bihter'e yaklaşacak. O da asıl bunu istiyordu.

Bihter'le Nihal iki dosttular. Babası gittikten sonra Nihal bir aralık kendisine ait olan halktan, Bülent'le Beşir'in ve Cemile'nin oluşturdukları o çocuk halkından kaçar; biraz da on iki ile on dört arasında bulunan kız çocuklarına özgü bir büyümek, büyüklerle beraber olmak hevesiyle, Bihter'in yanına gelirdi.

Bihter'e henüz verecek bir unvan bulamamıştı. Ona anne demeyecekti, kendi kendisine buna karar vermişti. Başka bir isim de bulamıyordu. Beraber bulunurken başlıca ona bu isimle hitap edememekten sıkılırdı. Bir gün ona bir şey söyleyecekti. Âdetiydi, mutlaka birisine söz söylemeye başlarken bir hitap kelimesiyle başlardı, onu bulamadı, bulamadığı için söyleyeceğini unuttu. Bihter fark etmişti, gülerek dedi ki:

"İşte yine bana verecek bir isim bulamadınız. Durunuz, sizinle bir sözleşme yapalım: Bana sadece Bihter deyiniz, olmaz mı? Ben de size kısaca Nihal derim. Böyle aramızda bütün külfet de kalkardı."

Nihal kıpkırmızı oldu:

"Oh! Mümkün değil."

Bihter ısrar ediyor, Nihal'in ona bir isim bulamamak azabına mutlak son vermek istiyordu:

"Hayır, hayır, mademki benim hoşuma gidecek. Söyle bakayım, Bihter! Bihter!"

Nihal gülerek: "Bihter!" dedi.

O günden sonra daha teklifsiz oldular, artık aralarında sıkılacak hiçbir şey kalmamıştı, bir yaşta iki arkadaş sıfatını alıyorlardı. Bu refakate, Bihter ufak ve hissolunmaz bir himaye anlamını da ilave ediyordu. Bir gün Nihal'in bütün elbiselerini, çamaşırlarını, ufak tefeklerini muayeneden geçirdi; hepsini beğeniyor, Nihal birer birer gösterdikçe başıyla hep "Güzel!" diyordu. Muayene bitince dedi ki:

"Nihal! Bilir misin? Artık bunların hepsini atmak zamanı geliyor. Ben isterim ki sen küçük bir çocuk değil, genç bir kız olasın. Bu kısa etekler... Bunlar on ikisine kadar pek iyidir. Fakat on ikisinden sonra..."

Artık bir genç kız olmak fikri Nihal'i hazzından şaşırttı. Mürebbiyesinin yüzüne baktı. İhtiyar kız buna itiraz ediyordu. Bihter'e diyordu ki:

"Ama madam, zannederim ki pek erken... Fransa'da bu kadar çocuklar bahçede çember çevirir. Nihal'in eteklerini uzatmak için hiç olmazsa iki sene daha beklemek lazım gelir."

Bihter gülerek cevap verdi:

"Evet, Fransa'da, genellikle Avrupa'da, hatta Beyoğlu'nda; fakat bizde Nihal artık sokağa açık bile çıkamayacak. Değil mi Nihal? Şık bir çarşaf..."

Nihal çarşaf fikrine çıldırdı. Ellerini çırpıyordu, mürebbiyesine koştu:

"Oh! çarşaf, çarşaf!" Sonra bir sevinç arasında birden ağzından bir şey çıktı; Bihter'e, "Babama söylersiniz, değil mi?" dedi.

***

Bihter evin tertibatını değiştirmek istiyordu. Artık Nihal'le hep buna dair görüşüyorlardı. Bütün düşüncelerine Nihal'i katıyor, yapılacak şeyler için Nihal'e, "Değil mi, öyle yaparız, değil mi?" diyordu.

Beraber gezeceklerdi. Bihter Nihal'in elbiseyle alakalı bütün şeylerine nezaret edecekti; bu kış geçtikten sonra, baharda bir gün Kâğıthane'ye yaşmakla gideceklerdi. Bihter hemen hayalinde doğuveren bu yaşmağı Nihal'e anlatıyor; o, bütün kadınlık içinde uyanmaya başlayan hislerinin ilk ferahlığıyla dinliyor; ruhunu yutan bu süslü şeyler, şu küçük muntazam dişleriyle, ince kırmızı dudaklarıyla insanı garip bir sıcaklıkla ısıtan güler yüzüyle, şakıyan sesiyle tasvir eden güzel ağızda bir başkalık alıyordu. Sonra genç kadının çevresinde öyle esiri bir bahar esintisi, şuh bir menekşe havası vardı ki Nihal'in ince varlığı buharlaşmaya hazır bir çiğ damlası gibi erir, onda emilirdi. O zaman çocuk ruhlarını birden bir kanat darbesiyle bir sevinç ufkuna atan süslü düşüncelerinin arasında öpüşürlerdi.

"Beybabanız geliyor!"

Nesrin'in sesiydi, bu haberi alınca birden soğuk bir titreyiş Nihal'i sarsardı, dudaklarını çeker; kendisini sarhoş eden korkulu havadan, yabancı bir ufka düşmüş bir kuş çekingenliğiyle kaçmak ister, sanki bir rüzgârdan kurtulmak için acele ederdi.

***

Eylül sonlarındaydı. Bir gün sofrada Adnan Bey dedi ki:

"Nihal, Matmazel'den haber aldım ki derslerinize çoktan başlamışsınız. Türkçene ne vakit başlayacağız? Hani birçok niyetlerimiz vardı ki unutmuş görünüyorsun."

Nihal'in Türkçesine hemen tamamen Adnan Bey çalışmıştı. Bu sene ona eski yeni, manzum, düzyazıdan seçilmiş parçalar yazdırılacak, seçme yazılardan bir defter meydana getirilecek, bunlar okutturulacak, izah olunacak, bir yandan da Nihal'in mümkün değil düzeltilmeyen imlasına bir çare bulunacaktı. Adnan Bey ta öteden beri okuduklarından parçalar çizmiş,

Nihal'in tasarlanan defterine sermayeler oluşturmuştu.

Nihal günlerce babasının bu sözünü unutmuş göründü. Adnan Bey de unutmuş gibiydi; fakat tekrar babasıyla baş başa saatlerce o küçük çalışma odasında kalmak ihtimali öyle bir şeydi ki Nihal'in o akşamdan sonra fikrini terk etmedi. Nihal, yine kendi tarafından lüzumlu görülen bu babasından uzaklık içinde, uzun bir kışın siyah günlerini kafesinde güneşler düşünerek geçiren bir kanarya gibiydi. Bir gece, yemekten sonra Adnan Bey'le Bihter Nihal'in odaya, o ne kadar zamandan beri uzaklaştığını hissettikleri çalışma odasına girdiğini gördüler. Adnan Bey gülerek: "Ders mi?" dedi. Nihal, "Evet, eğer isterseniz..." cevabını verdi.

Bu gece dersler başladı; fakat baba ile kızın arasında o eski samimiyet, o eski teklifsizlik yoktu; şimdi aralarında bir şey eksilmiş gibiydi; hayır, daha doğrusu fazlaydı. Bir üçüncü vardı.

İlk geceleri o eski samimiyet sıcaklığını bulmak için her ikisinin gayretleriyle dersler gidiyordu. Nihal küçük titrek sesiyle bir küçük manzumeyi okumaya çalıştıkça hatta hep beraber gülüyorlardı. O, mümkün değil şiirin musiki hareketini anlayamıyordu. Adnan Bey diyordu ki:

"Lakin Nihal, şaşıyorum, niçin anlamıyorsun? Fransızca şiirleri pek güzel okuyorsun, fazla olarak musikişinassın, şiirde ölçü kelimelerin yakınlığından doğan musikiden başka bir şey değil."

O zaman efâil ve tefâili[1] izaha başlar, o anlatırken Bihter'le Nihal uzaktan bakışarak gülerlerdi. Nihal'in beceriksizlikleri derslerin can sıkan ciddiyetine böyle ara sıra neşeler serperdi. Sonra, bir gece, Nihal doğal bir yönelişle ölçülü okumaya başlayınca artık gülünecek şey kalmamış oldu. Yavaş yavaş derslerin üstünde esnemek hevesi veren bir hava uçmaya başladı. Buna kim sebepti?

1 Efail ve Tefail: Aruz vezninin ahenk ölçüsü olan kelimeler. (Y.N)

Şimdi ara sıra Bihter'e bakarak bitirmek için acele eden Adnan Bey mi, bazen eline vakit geçirmek için alınan kitabı ağzına tutarak esneyen Bihter mi, hatta bir vakitler ruhunun kutsalı olan bu odada şimdi fazlalığını hissederek ikide birde defterini hemen fırlatıp kaçmak arzularını duyan Nihal mi? Dersler artık topallamaya, hasta bir çocuk mecalsizliğiyle emeklemeye başlıyordu. Bir gece Adnan Bey'in ufak bir baş ağrısı sebep oldu: "Bu gece ders kalsın." denildi, ondan sonra dersler unutulmuş oldu.

***

Genç kız olmak üzere bulunan çocukların istisnai bir devresi vardır ki o esnada bu zayıf, narin yaratıklarda bir kadınlığa hazırlık hayatının belirsiz açılışları görülür. Bu devre ruhsal, bedensel değişikliklerle başlar. Çocukta sebepsiz herkesten bir ürkeklik, bir kaçınmak fark olunur. Onda artık oyun zamanı geçmiş bir kedi yavrusunun vahşetleri uyanır; size eskisi gibi çocukça neşesiyle elini uzatmaz, yanınıza o eski teslimiyetle sokulmaz; babasına dudaklarını uzatışında bile bir soğuk titreyişin akıntısı vardır, sözlerinde biraz daha ihtiyatlıdır, gülerken kızarıverir; teneffüs havasının içinde gariplik, yabancılık veren bir yeni rüzgârın dalgaları vardır; o zaman kaçar, tenha köşeler arar; uzun düşünceleri vardır, kendisinde bir başkalık hisseder; fakat esasını bilmez, yalnız anlar ki artık bir çocuk değildir. Yeni bir varlık mayası zapt olunamayan bir gelişme kuvvetiyle bu çocuk vücudunu parçalayıp taşmak, bir şiddetli feveranla harice çıkmak ve artık tahakküm etmek ister. Bu hadise çocuğun iradesinden, anlayışından, seçiminden hariç bir şeydir ki kendi kendine tabiatın belirlediği inkılap hattını takip eder, çocuk vücudunda garip bir şeyin, içyüzü anlaşılmaz bir hastalığın yürüdüğünü, ilerlediğini, bütün varlığına dolaştığını hisseder; o zaman ona yürüyüşünde, söyleyişinde, gülüşünde, bütün hariçle ilişkilerinde korkaklıklar, beceriksizlikler gelir. Birden tavrında zarafet ve doğallığından bir şey eksilmiş zannolunur. Boyu haddinden fazla uzun, vücudu orandan hariç ince gibidir; yürürken uzun bacaklarının üstünde oransız bir gövdeyle yürüyen bir kuş hali vardır, elini uzatışında, başını tutuşunda, o eski hoş ahenk kaybolmuştur. Kendine özgü vaziyetlerini terk etmiş de henüz yakışacak vaziyetler bulamamış bir vücut hükmündedir. Sözlerinin arasında birden kızarışları vardır, sebebi bilinmez, bu kendiliğinden taşan sıkıntıların üstesinden gelemez, o zaman herkesten uzak kalmak ister; büyüklerin arasında durmaya cesaret edemez, çocukların arasında kalmaktan utanır.

Uykularında kâbuslar, hummalar vardır, geceleri birden uyanışın içinde ölümü düşünür, korkar, yorganının altına sokularak titrer.

Bu öyle bir devredir ki çocukların öğreniminde yeni ufuklar açar. Onlarda kimseye bir şey söylemeksizin, hiçbir yerde bir emare görmüş olmaksızın, birdenbire kendi kendine, o zamana kadar tamamen anlaşılamayan binlerce şeyler bir ifade genişliği kazanır, birçok hakikatleri anlayıvermiş bulunurlar. Bu öğrenim nasıl çıkarımlar sonucuyla böyle birkaç aylık bir devre içinde meydana geliverir? Bunu tarif mümkün değildir. Denilebilir ki bu yeni gelişen varlık, genç kız varlığı, o eski çocuk varlığına yeni yeni bilgiler getirmiş her şey için "İşte bu şudur" diyen sesiyle o vakte kadar bulutlar altında şöyle bir göz gezdirilen sayfaların üzerine sihirli bir ışık dökmüştür.

Nihal hayatının bu devresindeydi. Dersler böyle sekteye uğrayıverince, babasının tekrar başlamak için bir şey söylemediğine kin duymakla beraber, gizli bir memnuniyet hissetti. O artık Bihter'le babasının yanında, bilhassa kendisinden başka kimse yokken, ilk zamanların sıkıntısına benzemeyen bir şey, adeta bir utanma duyuyordu.

Kış, yağmurlarıyla, karlarıyla gelmişti. Bihter'le Nihal bir açık havayı bekliyorlardı. Beyoğlu'na gidilecek, aylardan beri tasarlanan şeyler, bilhassa Nihal'in ilk çarşafı için kumaş alınacaktı. Açık sarı yalıdan artık bir haber gelmesi zamanı yaklaşmıştı. Bihter Nihal'e vaat etmişti ki o haber gelip de Peyker'in minimini bebeğini görmek için oraya gitmek lazım gelince Nihal bir çocuk değil, bir genç kız sıfatıyla gidecekti. Kaç gündür Nihal merak ediyor, böyle her gün yağmur bahanesiyle inilemeyecek olursa çarşafın yetişemeyeceğinden korkuyordu.

Bugün nihayet havada bir müsaade vardı. Artık ineceklerdi. Adnan Bey sabahtan beri gülümseyerek tuhaf bir bakışla "Aman, Nihal Hanım'ın çarşafı unutulmasın" diyor, Behlûl amcasının cümlesine fikirler ilave ediyordu:

"Artık işimiz var. Evin içinde yeni bir hanım peyda olacak: Nihal Hanım! Muameleleri tamamıyla değiştirmeli. Hele ben... Artık kavga edemeyeceğiz, o eski yaramaz çocuğa ikide birde çıkışılamayacak. Şimdi yakınlığı istenecek bir hanıma karşı yapılan yaltaklıklar lazım, değil mi Nihal? Ah! affedersiniz, değil mi küçük Hanımefendi?" Behlûl ayağa kalkıyor, Nihal'in karşısında tuhaf vaziyetlerle eğilerek sahte bir resmiyet sesiyle soruyordu: "Küçük Hanımefendi bugün iyi midirler? Küçük Hanımefendi parmaklarının ucunu öpmek için bana müsaade verirler mi? Küçük Hanımefendi minimini bir tebessümle tuhaflıklarımdan hoşlandıklarını işarete tenezzül buyururlar mı?"

Nihal kızararak gülümsüyordu. Behlûl ilave etti:

"Küçük Hanımefendi yine ara sıra odama gelip bir parça kavga etmek için inayet buyuracaklar mı? Sonra birden Bihter'e döndü: Yenge, çarşafın rengi ne olacak? Bakınız, bana bir fikir geliyor. Bu ilk çarşaf olacak, şu halde göze çarpan bir şey bulmalı, bir renk ki geçenlerin zorla dikkatini çeksin. Mesela sarı ama sapsarı, çiğ, hani gözleri ısıran sarı. İstanbul'a şık kanarya hediye edelim. Matmazel de Courton'un da bu renge bilhassa merakı var, değil mi Nihal? Hani bir yaz sapsarı bir kumaştan gömlek yapmıştı..."

Nihal gözlerinde bir kavga kıvılcımıyla cevap verdi:

"Yok, bu meselede sizin zevkinize müracaat edelim: Kırmızı, kıpkırmızı, gözleri tırmalayan bir kırmızı seçelim. Hani sizin bir vakitler o kadar kabarık kırmızı bir kravatınız vardı ki üzerinde yeşil mineli iğnenizle koca bir domatese benzerdi."

Adnan Bey "Kavga başlıyor!" dedi.

Behlûl duraksamadan karşılık verdi:

"O kravat o kadar hoşunuza gittiyse Matmazel Courton'a hediye edelim. Sarı gömleğinin üstüne takar.

Nihal, "Aman, ne büyük fedakârlık!" dedi; "Yazık olur, o size o kadar yakışıyor ve size yakışan şeyler o kadar az rastlıyor ki..."

Bihter fenalaşmak eğilimi kazanan kavganın arasına girdi:

"Nihal! Hazırlanmayacak olursan vapuru kaçıracağız. Beşir beraber geliyor, değil mi?"

***

Bugün, artık çarşafa girmek fikri zihninde yerleştikten sonra, Nihal kısmen yine kısa koyu lacivert şayaktan elbisesiyle ta dizlerinden aşağıya kadar dökülen paltosuyla, kendisini sokakta çıplak zannediyordu. Birinci defa olarak, hemen Bihter'in boyuna yaklaşan ince boyuyla, sokakta açık bulunmaktan sıkıldı. Bihter'in yanında yürümesini idare edemiyor, kendisini lüzumundan fazla öne geçmiş buluyor, sonra yanından ayrılmaya çalıştıkça onun dengeli yürüyüşünden kendi yürüyüşüne bir sakatlık, usulden[1] düşen bir nağmeye özgü bir ölçüsüzlük bulaşıyordu.

1 Klasik Türk müziğinde tempo. (Y.N.)

Ve vakitsiz genç kız oluvermekten kaynaklanan bu beceriksizlikleri ona vahşi bir güzellik, garip bir hoşluk veriyordu.

Alınacak birçok şeyleri vardı: Nihal eski elbiselerinden hiçbirini alıkoymak istemiyordu, ona her şey yeniden yapılacak, hele geçen senenin birden kısalıveren şeyleri hep Cemile'ye verilecekti. Nihal'de bir kadınlık hevesi uyanıyor, ona o vakte kadar düşünülmemiş şeyler için arzu veriyordu. Utanarak Bihter'den kokular istedi, çamaşırları için sevsen[2] tohumundan yastıklara serpmek hevesini saklayamadı.

Dükkândan dükkâna dolaştıkça yeniden arzular peyda oluyor, Beşir'in ellerinde küçük paketler taşınamayacak bir dereceye geliyordu. Nihal için bu güzel şeyler alındıkça Beşir'de de bir mutluluğun hazzı uyanıyor, gözleriyle Nihal'e fikirler veriyordu. Bir aralık tüllerle, kurdelelerle siyah bir büyük güle benzeyen bir şemsiyeyi gösterdi. Yavaşça, "Şemsiye," dedi, "küçükhanım şemsiye almadınız!"

Sonra çarşaf için kumaşların karşısında düşünülürken o hep, çekingen sesiyle, cesaret edemeyen ellerinin korkak temaslarıyla bu düşüncelere karışıyor, eğilerek, ötede diğer bir peykede başka hanımların karar verdikleri açık lacivert üzerine ince limon küfü çizgilerle bir kumaş göstererek, yavaşça Nihal'e, "Bakınız, ne güzel, ondan alsanız ya..." diyordu.

Birden Nihal sabırsızlandı:

"Aman Beşir! Susacak mısın? Biz çarşaflık düşünüyoruz..."

Beşir çekildi. Onun böyle çekilişinde sokulmaya çalışırken kafasına vurulmuş bir kedi mazlumiyeti vardı ve bu mazlumiyette birden öyle bir acılık buldu ki Nihal, hemen pişman oldu.

Beşir'e bakarak: "O kadar hoşuna gittiyse esvabı ondan yaparız..." dedi.

---

2 Susam.(Y.N.)

O kumaşı Bihter de fena bulmuyordu: "Aferin Beşir!" diyordu. Çarşaftan evvel ona karar verdiler. Sonunda çarşafın da şu küçük parlak benekli siyahtan olmasında birlik oluştu. Beşir paketlerin hepsini yüklenmek istiyordu, onlar razı olmadılar; bir araba getirtildi, daha o kadar yerlere uğranacaktı ki...

Bihter: "Değil mi, Nihal?" diyordu. Terziden sonra büyük salon için Patriano'dan bir fikir alırız."

Son vapura ancak yetişebildiler, Nihal o vakte kadar Beyoğlu'na inmekten bu derecede mutlu olmamıştı. Yanlarında paketler koca bir yığın teşkil ediyordu. Nihal'in hemen bütün istedikleri alınmıştı. Bihter yalnız Peyker'in çocuğuna hediye edilmek üzere Patriano'ya mavi pelüşler içinde zarif bir beşik sipariş etmekle yetinmişti. Bu aralık, kamarada yalnız kaldıkları vakit mutluluğunun taşıveren bir hamlesiyle Nihal Bihter'e sokuldu ve ta dudaklarının yanından çenesinin üstünden öperek, "Sizi bugün her vakitten çok seviyorum!" dedi.

***

Nihal'in genç kız kıyafetine giriş töreni bu yeni hayatın bir açılış töreni gibi icra olundu.

Sonunda açık sarı boyalı yalıdan beklenen haber alınmıştı. Bugün Bihter'le Nihal oraya gideceklerdi. Kasım'ın bahar hatıraları veren günlerinden biriydi. Adnan Bey'le Behlûl aşağıda büyük salonda bekliyorlardı. Bu hazırlık o kadar uzun sürmüştü ki... İkisi de sabırsızlanıyordu. Bir aralık, yukarıdan Bülent'in sesi işitildi. Aşağıdakilere soruyordu: "Hazır mısınız? Biz geliyoruz! Oh! Ablamı görmeyiniz!"

Yukarıda küçük bir telaş, kahkahalar arasında fısıltılar, Nesrin'in: "Ah canım! Meğerse koca kız olmuş!" diyen sesi vardı, sonra Bülent'in koştuğu duyuldu. Bülent bağırıyordu:

"Bırak, Şayeste! Ben onunla bayrak yapacağım, bayraksız alay olur mu?"

Nihayet merdiven gıcırdadı: En önde küçük dimağının içinde doğan bayrakla, heybetli bir sancaktar vaziyetiyle vücudunu büyüte büyüte yürümeye çalışan Bülent, alayı açıyordu. Bu bayrak Nihal'in arkasından çıkarılan kısa elbisesinin Adnan Bey'in bir bastonuna takılmasıyla ortaya çıkmıştı. Bülent onu omzuna almış, dalgalandırarak yürüyordu:

"Kimse kalmasın! Yolu kapamayınız, alay geçecek! Ah, bir trampet olsaydı!"

Nihal'le Bihter arkadan geliyorlardı, daha sonra, kolunda Nihal'in çarşafıyla o iri siyah bir güle benzeyen şemsiyesi, Beşir ve hepsinin yüzünde geniş bir tebessümle Şayeste, Nesrin, Cemile geliyorlardı. Bülent'in gürültüsüyle Şakire Hanım bile bile Hacı Necip'i dönme dolabın önünde bırakarak salonun kapısından bakıyor ve Nihal'i bu heyette, artık bir genç kız kıyafetinde görmekten etkilenerek gözlerinin ucunu siliyordu.

Adnan Bey'le Behlûl ayağa kalkmışlar, gülümseyerek bekliyorlardı. Nihal son basamaktan inip de bir adım daha atmaya cesaret edemiyormuşçasına durunca Behlûl, "Oh!" dedi, "Bu kim? Bu küçük, zarif, ince hanım kim? Sizi temin ederim ki tanımıyorum."

Bihter gülerek, "Size takdim ederim: Nihal Hanım!" dedi.

Bülent şimdi sevincinden çıldırıyordu. Bayrağı bir tarafa, bastonu bir tarafa fırlatıyor, hoplaya hoplaya ablasının etrafında dönerek: "Nihal Hanım! Nihal Hanım!" diye bağırıyor, sonra etrafına bir göz gezdirerek sanki bütün dünyayı haberdar etmek isteyen bir ilan borusu gibi minimini sesinin en tiz perdesiyle ilave ediyordu:

"Artık hep Nihal Hanım denecek, anlıyor musunuz? Kim yalnız Nihal derse defterine beş yüz kere Nihal Hanım yazacak, değil mi Matmazel?"

Matmazel Courton en arkada, henüz merdivende gülümsüyordu. Nihal iki adım attı, şimdi salonun boş yerinde her türlü engelden kurtulmuş, bütün ince ve uzun boyunun zarafetiyle büsbütün meydandaydı. Behlûl onu tanıyamamakta haklıydı: Bihter'in sanat elinden o değişerek çıkmıştı. Ne tam bir genç kız ne de henüz çocuk dedirtmeyecek bir kıyafet bulunmuştu, eteğinde ufak, gayri özgü, inceliğine oranla uzun duran boyunun fazlalığına çocuk hafifliği veren bir kısalık bırakılmıştı. Açık limon gazlar[1] üzerine geçirilmiş dantelalar ta sırtından başlayarak kollarının altından dolaşmış, Nihal'in henüz gelişmemiş gövdesiyle göğsünü bir cepkenin bolluklarında saklamıştı.

Yakasından inerek bu cepkenin arasına sıra sıra helezonlarla dökülen yine açık limon gaz kalabalıkları altında bu henüz çocuk göğsünün farkı saklanmıştı. Bütün bu ipeklerin sanat oyunları belirsiz dolgunluklar farz ettiriyordu. Nihal'in uzun saçları çocukluğundan bir hatıra olarak arkasına salıverilmiş, yalnız altında düz kesilerek, iki taraftan alınan birer demetle tepesinin üstünde bir küçük topuz, ancak peçesiyle çarşafını tutacak kadar bir şey yapılmıştı.

Nihal alnını babasına uzattı, Behlûl'e yalnız elini uzatıyordu, o itiraz etti:

"Yalnız bu kadar mı?" diyordu, "Demek artık küçük hanımefendiyle bayramlarda öpüşülemeyecek."

Nihal dudaklarını burarak, başını biraz eğerek, gözleriyle, "Öyle." dedi.

Bihter çarşaflanmıştı, "Haydi Nihal!" diyordu, çarşafını, asıl çarşafını görsünler..."

---

1 Adını Gazze'de dokunmasından alan, ince ve çok seyrek keten bez. (Y.N.)

Şimdi Beşir koşmuştu. Şayeste, Nesrin, Nihal'in başına üşüştüler, Şakire Hanım bile salona iki adım daha attı, Bülent elinde Nihal'in peçesiyle acele ediyordu.

Bihter yetişti, peçeyi ta alnının üstünde biraz büzerek, kabarıkça iliştirdi; Nesrin bir firketeyle Nihal'in eldivenini ilikliyordu; sonra birden hep çekildiler ve bu defa Nihal çarşafın gözleri aldatan çizgileri altında, henüz bir çocuk sıfatıyla değil, ince bir genç kız endamının leventliğiyle ortada kaldı. O zaman Behlûl koştu. Şimdi eğilerek, kollarının, ayaklarının türlü tuhaf vaziyetleriyle selamlar vererek ona kolunu takdim etmek istiyordu. Bülent sıçrıyor, ablasının boynuna sarılmak, onu bu heyette öpmek için ısrar ediyordu. Nihal eğildi, yeni çarşafının bozulmasına, peçesinin buruşmasına önem vermeyerek Bülent'le dudak dudağa, uzun uzun, birbirini hırpalayarak öpüştüler. Şakire Hanım artık açıkça ağlıyordu.

Behlûl, "Yürüsün de görelim!" diyordu. "Değil mi yenge? Asıl çarşafın içinde yürüyebilmeli, bu öyle bir nazik sanattır ki bir kadının bütün müstesna zarafetini gösteriverir."

Nihal elinde şemsiyesiyle ilerledi. "Ama hep bana bakıyorsunuz." diyordu, "Elbette şaşırırım..."

Behlûl şimdi tek gözlüğünü takmış, eğilerek, geniş, dans ediyor zannolunan adımlarla, Nihal'i süzerek arkasından gidiyordu, "Olmuyor, zavallı Nihal, olmuyor..." diyordu.

Nihal'in yürüyüşünde biraz fazla acele, adımlarının genişliğinde biraz ölçülülüğü bozan bir genişlik vardı; ellerini nereye koyacağını şaşırmış gibiydi. O zaman Behlûl taklidini yaptı; kollarını çekerek, ellerini sarkıtarak, garip, tuhaf bir vaziyette Nihal'in yürüyüşünden bütün beceriksizlikleri eğretileyen bir taklitle yürüyor, "İşte böyle yürüyorsun!" diyordu. Sonra yengesini yürütmek istedi: "Oh! Bakınız!" diyordu, "Bu sanat yengemde son zarafet noktasını bulmuş."

Bihter: "Teşekkür ederim." dedi; "Fakat kendimizi size beğendirmek için vaktimiz yok. Beşir, çantaları aldın mı? Şayeste nerede? Çarşafını giymeye mi gitti?"

Sonra Adnan Bey'le Behlûl'e sordu: "Siz de geliyorsunuz değil mi?"

6

Behlûl ayaklarını uzattı, zorla gülen bir adam vaziyetiyle başını arkasına salıvererek güldü. "Of!" dedi, "Bilir misin azizim? Ağlamamak için gülüyorum. Bu yolda çocukça fikirler bana ağlamak hevesi verir. 'Kadınlar şiirli aşklar hayal ederler ve aşklarında şiirle mutlu olurlar.' İşte güzel bir cümle! Bunun altına imzamı atar, edebiyat dergilerinden birine gönderirsin; senin gibi binlerce saf insanlar vardır ki buna: 'Oh! Ne güzel...' derler. Güzel belki, fakat doğru değil. Kadınlar şiirlerle dolu aşklar hayal ederler, evet, yüzde bilmem ne kadar, herhalde çoğunluğu oluşturacak kadın beyinlerinin içinde böyle açık lacivert bir gökyüzünün üstünde altın gülüşlerle sevda rüyaları vardır; fakat bu rüya işte yalnız oraya, o minimini beyinlerin bulutlarına özgüdür. Hayatta, aşk hayatında, kadınlara şiirden bahsederseniz ne yaparlar, bilir misiniz? Gülerler ve içlerinden, hatta belki açıktan açığa 'ahmak!' derler... Şiir? Ama azizim, bu senin dediğin şey on beş yaşında pek iyidir. O zaman ağaçlarının arkasından parça parça güneşler akan sık ormanlarda gezintiler düşünülür, mehtap gecelerinde sandalın kürekleri bırakılarak denizin ezgileriyle gökyüzünün çiçekleri arasında sonsuzluk kadar uzanacak seraplar hayal olunur; daha, bilir miyim? Ben o devri öyle acele geçtim ki tamamen hatırlayamıyorum. Fakat aşk, asıl aşk, hakiki hayatta aşk, bunların hiçbiri değildir. Bunlar kadınları bir müddet belki aldatır, bir kere, iki kere, sonunda üç kere, bu rüyalarla eğlenirler ama dördüncüsünde asla... Bütün o şiire asılıp kalan kadınlar, sonunda onu bulamayarak, çünkü o mümkün değil bulunamaz, bulamamak hüsranını ve hatta ihtimal bir gün bulmak ümidini saklamakla beraber aşkta asıl bulunan şeyi ararlar: Hakikat... Evet, bütün maddiliğiyle, o şiirlerden, hayallerden, çiçeklerden soyutlanmış hakikat! Biz erkekler de böyle değil miyiz? Hayatımızın bir devresi vardır ki o sırada fikirlerimiz yerkürenin üstünde uçmaya, emelini tatmin edecek hayal heveslerini göklerin esir[1] kaynaklarında aramaya muhtaçtır; yükselir, gözlerini aldatan bu mavilikleri geçmek, daha yukarılarda bir şey, bir başka sevda havası bulmak için yükselir; fakat yükseldikçe daha geçilecek mavilikler bulur, o aldatan ufuklar bitmez tükenmez. Bu göksel seyahatine kadar uzar? Bu mizaca ait bir şeydir, o kadar devam edebilir ki dönmeye imkân kalmaz.

İşte sen oradan hiç dönmeyecek, biraz topraklara hiç düşemeyecek gibisin. Ben? Ben hatta uçmak için heves bile duymadım. Uçup uçup da düşenler, sonunda topraklarda ruhunun gıdasını arayanlar gözlerimin önünde o kadar açık dersler teşkil ettiler ki, ben onların bitirdikleri yerden başlamaya lüzum gördüm. Rica ederim söyleme, sizin, hülyacıların bütün felsefenize vakıfım. İşte ne demek istediğini anlıyorum: Bana o gökler seyahatinin fecirlerinden, Samanyollarından, gökkuşaklarından renkli güneşlerinden, şaşaa tufanlarından, bütün bu güzelliklerin sarhoşluğundan bahsedeceksin.

Bir yığın şiir! Ama asıl şiir kadınlardır, bu çiçeklerden teşkil edilerek odanızın yaldızlı hücrelerinde ince çiçeklerde muattar hatıralarıyla size gülümseyen demetlerdir. Bence işte aşkın felsefesi bundan ibarettir: Bu demetlerden mümkün mertebe çok bağlayabilmek...

1 Atomlar arasındaki boşluğu ve bütün evreni doldurduğu varsayılan, ağırlığı olmayan, ısı ve ışığı ileten cevher. (Y.N.)

Sevda hayatı bir çiçek bahçesidir ki buradan sadece bir seyrederek geçenler de vardır, onlar biraz ilerde bir şey koparabilmek ümidiyle geçerler, sonunda artık koparılacak bir şey kalmaz, geri dönmek de mümkün değildir, bunların mezar taşına 'yaşamadılar' diye kazınabilir. Bunlar öyle bir sınıftır ki beceriksizlerden, mahcuplardan, korkaklardan oluşmuştur. Bu sınıfın biraz üstünde yakalarına yalnız birer gonca takmakla, bu sevda çiçekliğinden bütün paylarını almış olmakla çıkanlar gelir: Kanaatkârlar. Daha sonra henüz çiçekliğin kenarına gelir gelmez eli boş yahut birkaç adım ötede avuçlarında bir demet kurumuş otla 'Oh! Ne güzel!' diyen, hemen oraya, bir ağacın gölgesine düşerek uyuyanlar gelir: Tembellerle yorgunlar... Daha sonra muzafferler, galipler, bu çiçek bahçesinin İskender ve Dara'ları, Cengiz ve Timur'ları, bizler, ben... Evet, ben, kucak kucak, etek etek o çiçeklerden toplayan, toplamak için bitmez, sönmez bir heves duyan ben... Görsen böyle, kâh elimin sert bir hırsıyla koparılmış kâh dişlerimin keskin bir darbesiyle kesilmiş yahut çalıların arasında türlü güçlüklerle toplanabilmiş, dikenlerinde emellerimin kanından fedakâr damlalar bırakılarak ancak yetişebilmiş, ara sıra şurada burada kibarlıkla alınmış çiçeklerden bende güzel demetler var. Bunların içinde şuh kahkahalarıyla güller, baygın sevda bakışlarıyla nergisler, ateşli ve tutkulu sesleriyle karanfiller bin türlü anlamlarıyla nesrinler, şebboylar, laleler, sümbüller, bütün o şairlerin lehçelerini dolduran çiçekler, ötede beride minimini, küçük küçük, çekingen tebessümleriyle serpilmiş yasemenlerle inciçiçekleri hatta anlamsız, ruhsuz zannolunan otlar, o mütevazı aşağı görülen, değersiz edalarıyla zavallı otlar... Bu demetlerden o kadar çoğalacak o kadar çoğalacak ki sonunda odamın hücrelerinde boş yer kalmayacak. Odamda bunlardan o sevda çiçekliğini daima yaşatan bir hatıra çiçekliği meydana gelecek. O zaman, işte yalnız o zaman ta odamın ortasına, bütün o hatıraları saflık şaşaasıyla, bekaretinin beyaz temizliğiyle örtecek bir zambak, tertemiz, lekesiz bir zambak koyacağım. Ötekiler kurudukça bu, tazeliğinin, neşesinin nemli rüzgârını üzerlerine serperek, kendisi yaşamaktan mutlu yükseldikçe, o zavallı solgun hatıralara da bir parça neşe verecek; böyle, gözlerimin önünde hep beraber, esriten ıtırlı bir hava içinde yaşarken ben mest olarak çiçekli rüyalar içinde uyuyacağım; anlıyor musun, azizim? O zaman uyuyacağım..."

Birden Behlûl bastonunu yakaladı:

"Gördün mü, bir kere? Bana bu hissi açtırmaya gelmez, bütün yapılacak işlerimi unutuyordum. Yarın için büyük bir kır gezintisi var. Bana bin türlü şeyler sipariş ettiler. Yetiştirilmezse amcamın ziyafeti mahvoldu."

7

Ne vakitten beri tasarlanıp da yapılamayan ziyafetin sonunda bugün için kararlaştırılmasından sonra Behlûl bir şey keşfetti: "Durunuz bakayım!" dedi, "Geçen sene düğün ağustos sonunda değil miydi? Şu halde bu ziyafet bir yıldönümü ziyafeti olacak. Amcamla yengemin mutlu bir senesini kapayarak onlara yeniden bir mutluluk senesi açacağız."

Bütün ev halkıyla beraber böyle bir kır âlemi yapmak fikri Nihal'i o güne kadar sevincinden çıldırtırken Behlûl'ün bu sözünden sonra onda nahoş bir şeyin acısını uyandırdı. Her vakit yaptıkları gibi Bihter'le sevinerek bir gezinti yapacaktı. Fakat böyle aylardan beri hazırlanan kalabalık bir ziyafet, bu ziyafete takılan unvan, daha sonra artık ikide birde en küçük vesilelerle hayatlarına katılan, Firdevs Hanım'lar, Peyker Hanım'lar, hatta bütün eski sevdikleri, hele babası, o mutlu evlilik senesini kapayarak yeniden mutlu bir evlilik senesi açacak olan adam, evet, bunların hepsi şimdi onu kızdırıyorlar, onda herkes için düşmanlığa benzer bir şey uyandırıyorlardı ama bunlar anlamıyorlar mıydı ki, içlerinde hiçbiri hissetmiyor muydu ki bu yapılan ziyafetlerin, bu eğlencelere sebep olan mutlulukların arasında onun kırılmış kalbinden parçalar, birer şikâyet çığlığıyla işitilmez sesleri titreyen kırılmış hisleri var? Onları duymuyorlar mıydı?

Bu sabah oraya gitmek için onu erken kaldırmaya gelen Matmazel Courton'a metanetine üstün gelen bir sinir humması içinde bir seneden beri söylemediklerini söyledi. Elinin altına geçen şeyleri koparmak, yırtmak, zapt olunmuş elemlerinin intikamını onlardan almak istiyormuşçasına sinirli hareketlerle ayağına takılacak çorapları, sırtına geçirilecek gömleği giyinirken kesik kesik, bazen ara sıra durarak, "Ama siz de bir şey söyleyiniz!" demek isteyen haliyle mürebbiyesinin yüzüne bakarak söylüyordu: "İşte düne kadar oraya gitmek istiyordum;" diyordu; "fakat bugün gitmek istemiyorum. Bilir miyim neden? Bu gece sürekli gitmemek için bir çare düşündüm... Yok, bir çare bulamıyorum ki... Bana hep 'İşte Nihal kıskandı.' diyecekler, gülecekler... Siz bilirsiniz ya, onlarda birbirine bakarak bir tür gülüş var. Annelerinde de, kendilerinde de... Onu en evvel Bihter'de gördüm. Bir gün, neydi yarabbi! Babama bir şey söylüyordum, bilmem nasıl bir şey birden gözlerimi ona yöneltti. O, işte bu gülüşüyle babama bakarak bir fikir vermek istiyordu. Siz o gülüşlerini fark ettiniz, değil mi? Sizinle alay mı ediyorlar, size merhamet mi ediyorlar, anlaşılamayan bir şey... İşte o günden beri hep babamla konuşurken zannediyorum ki o yine öyle, o gülüşüyle gülüyor... Matmazel, sarı potinlerimi giyeyim, değil mi? Oh! Şimdi siz mesela inseniz, deseniz ki: 'Nihal bir parça rahatsız, onun için...' Hemen annesi kızlarına, sonra üçü birden babama bakarak öyle, dudakları titreyerek..." Nihal taklidini yapıyordu: "İşte böyle, gülecekler... Onlar böyle gülerken, ne istiyorum, biliyor musun?"

Matmazel Courton durdurmak isteyerek diyordu ki:

"Saçlarınızı taramayacak mısınız, çocuğum?"

O dinlemeyerek devam ediyordu:

"Saçlarım! Bana başka bir şey söylememek için saçlarımı düşündünüz. Ben biliyorum ki siz, siz hepsini anlıyorsunuz. Evet, onlar bir gün yine öyle gülerken birden ortalarına atılmak ve bağırmak istiyorum: "Ama siz, siz kimsiniz? Nereden geldiniz? Bırakınız bizi, babamla beni..."

Bülent aşağıdan bağırıyordu:

"Abla! Seni bekliyoruz. Matmazel! Ablama söyleyin çabuk olsun."

"Bunlar bütün çocukluk, Nihal. Bu gece fena bir uyku uyumuş olmalısınız, o kadar... Eldivenlerinizi sakın unutmayınız..."

Nihal eldivenlerini giymeye çalışarak omuzlarını silkti:

"Çocukluk! Fena uyku!"

Sonra birden eldivenlerini giymekten vazgeçerek avucunda sıktı:

"Ama ben bir seneden beri fena uyku uyuyorum anlıyor musunuz? İşte bugün de fena uykularımın şenliğini yapmaya gidiyoruz."

Göksu'yu ve tenha bir gün olmak üzere, perşembeyi seçmişlerdi. İki evin halkı hemen hep oradaydılar. Dört sandal olmuşlardı. Bülent Beşir'i kandırarak kürek çekmeye çalışıyordu, onların sandalı en öndeydi. İçinde Matmazel de Courton Nihal'i güldürmek için fazla bir korkuyla Bülent'e, "Ama bu küçük gemici bize Göksu'nun lezzetini tattıracak." diyordu.

Bir aralık sandal "gırrrt" dedi. Bülent küreği elinden bırakarak: "İşte Amerika'yı bulduk!" diyordu, "Kristof Kolomb çıkabilir. Kristof Kolomb! Yaşasın Yeni Dünya!"

Arkada, kikte, Nihat Bey Adnan Bey'e diyordu ki:

"İşte gördünüz mü? Dört kürek çekerseniz, bir sığa tesadüf edersiniz."

O, dereye gireliden beri, Adnan Bey'e Göksu'ya dair birtakım imar tasarılarından bahsediyordu. Bir aralık arkadan Behlûl'ün sesi işitildi. Başlarını çevirdiler. Behlûl, Bihter, Peyker sahildeydiler.

Behlûl, "Biz yürüyerek geliyoruz." diyor, Bihter yürümek istemeyerek sandalda kalan annesine, "Sakın sandaldan kendi kendinize çıkmayınız." ihtarına lüzum görüyor.

Peyker kollarını uzatarak, Katina'nın kucağında etrafına yadırgayarak bakan bebeğine, minimini Feridun'a, sahilden kendisini tanıtmaya çalışıyordu: "Cicim! Gel, bana gel... Hani bunun annesi? Canım bunun annesi nereye gitmiş?"

Sonunda sandal kurtulduktan sonra Nihal: "Artık biz de çıkalım" dedi.

Behlûl, Peyker'le Bihter'in arasında yürüyor, Peyker'e diyordu ki:

"Böyle kırlara çıkınca bende zapt olunmaz bir arzu uyanır: Koşmak. Olur verseniz bugün sizinle ne güzel koşmak oyunları icat ederdik!" Peyker'e biraz daha sokularak bir anlam kaydettiğini anlatır bir sesle ilave ediyordu: "Siz kaçardınız, ben kovalardım, öyle zannediyorum ki sizin kaçmakta maharetiniz var; fakat bende de kovalamak için öyle bitmez tükenmez bir sabır, bir sebat var ki sonunda..."

Peyker gülerek sordu:

"Sonunda?"

"Sonunda sizi tutardım."

Bihter onlardan biraz arayla bir yalnızlık içindeymişçesine, işitmeyerek, işittiklerine katılmayarak yürüyordu. Peyker'in arkasında gayet hafif beyaz ipekten kolsuz bir yeldirme vardı ki yalnız boynundan bir tokayla omuzlarının üstünde uçacak bir hafiflikle durarak, tenhalığın verdiği serbestlikle, gayet ince, göğsünün yarısına kadar teninin pembeliklerini ifşa edecek derecede şeffaf mousseline[1] gömleğini, bol yenlerinin festoneleri[2] arasında saklanamayan bileklerini açık bırakıyor; Behlûl, "Sonunda sizi tutardım." derken o beyaz ince mousselinenin altında, bol yenlerinin saygısız açıklıkları arasında gözleriyle bir cevap arıyordu.

Bir müddetten beri Peyker'i böyle gözleriyle, sözleriyle takip ediyordu. Peyker buna hiddet ediyor görünmüyordu. Onun için bu öyle bir eğlenceydi ki çocukluktan beri mesirelerde başlanmış şakaların doğal bir devamı hükmündeydi. Behlûl'ün takibi bir şaka sıfatından çıkmadıkça buna hiddet etmek fazla bir külfet idi, hatta mensup oldukları sınıfın ahlak felsefesine göre bu kaçınılması gereken bir kabalık sayılabilirdi. Yalnız Behlûl'ün emelinde biraz fazla cüret görüldükçe küçük bir alay, ufak bir kahkaha, tuhaf bir kelimeyle takiplere bir ara verilir, meselenin bir şakanın dışına çıkarılmasında biraz düşünüleceği anlatılırdı.

Behlûl Peyker'i kendisi için vaat olunmuş bir çiçek, o flörtlerinden oluşan demetlere mutlaka ilave olunacak bir süs olarak görüyordu.

Bugün kendi kendisine diyordu ki: "Tamamıyla bana benziyor; Peyker'le başarılı olmak için en muhakkak yol onu bir şiir vadisine yöneltmektir, Peyker öyle kadınlardan ki onlarla ya sonuna kadar böyle şakalar edilir, yahut bir gün büyük bir cüretle galebe çalınır; o halde, evet, o halde cüret etmeli..."

Peyker Behlûl'ün son sözüne bir alayla cevap verdi:

"Ben de bilakis böyle eğlencelere geldikçe kendimde zapt olunamaz bir arzu; fakat sizinkine benzemeyen bir arzu hissederim:

---

1 Muslin. Musul'da dokunduğu için bu ismi alan, sık doğunmuş, parlak, ince, yumuşak bir tür kumaş. (Y.N.)

2 Fisto. Dantele benzer süsleri olan bir tür kumaş. (Y.N.)

Eve dönmek; ne koşmak ne kaçmak ne de kovalamak aklıma gelmez, hele tutulmak hiç tabiatımla uygun düşebilecek bir şey değil. Bakınız size söyleyeyim, dünyada benim kadar kendisini uzun uzun dinlemiş, hislerinin muammasını benim kadar açıklık ile görebilmiş bir kadına nadir rastlayabilirsiniz. Beni mutlu edecek nedir, bilir misiniz? Hani geçen hafta bir gün yine bugünküne benzer şeylerden bahsetmek için bana gelmiştiniz. Hatırınıza geliyor mu bizi nasıl bulmuştunuz? O küçücük bahçenin bir köşesinde, Feridun salıncağının içinde havalanırken, Nihat'ı uzun sandalyesinde yatmış, o bitmez tükenmez gazetelerini okurken görmüştünüz, değil mi? Ben de onların arasında düşünüyordum. Evet, düşünüyordum ki mutluluk işte emellerini böyle bir bahçenin köşesinde bir salıncakla bir yığın gazetenin arasına koyabilmektir. Bu mutluluk köşesinin dinginlik dairesinden sizi dışarı atıyorum, düşüncelerimin arasından o gün sizin mırıldandığınız teraneleri hep çıkarıyorum.

Peyker yavaş, elindeki şemsiyesini otların üstünden sürterek dudaklarında bir tebessümle söylüyor; Behlûl inanılmayacak bir şey dinleyenlere özgü bir şüphe edasıyla gülümsüyordu. Peyker'e, "Acaba?" dedi.

Peyker birden, sesine bütün ifadesinin samimiyetini koyarak cevap verdi:

"O kadar gerçek ki, işte şimdi, daha on dakikalık bir zaman geçmeden, Feridun'u görmek ihtiyacını hissediyorum. İşte şimdi koşmak istiyorum fakat kovalanmak için değil, Feridun'a yetişmek için..."

Uzaktan Nihal'le Matmazel Courton'u gördüler. Daha ileride Bülent'in sandalı diğer bir Amerika'ya daha uğramıştı. Bihter Bülent'e bağırıyordu: "Bülent, yetişir artık, çıkınız bakalım."

Bülent hep Kristof Kolomb oyununu takip ederek Beşir'e

sahildekileri gösteriyor: "İşte," diyordu, "vahşiler! Çıkmaya gelmez, anlıyor musun? Sonra..." Eliyle bir şey anlatmak istiyordu. Sonunda hepsinin ısrarına karşı sandalı yanaştırmaya karar verdi.

Behlûl yavaşça Peyker'e diyordu ki: "İster misiniz, sizi sandalla ta derenin sonuna kadar götüreyim? Öyle baş başa ne güzel olurdu?"

Peyker cevap vermedi. Artık sıkılmaya başlıyordu. Hep beraber yürüdüler.

Bülent en önde yürüyordu. Haber verdi: "Geldik! Geldik! İşte babamla Nihat Bey..."

Hep oradaydılar. Nesrin'le Şayeste kahvecinin hasırlarını seccadelerle örtüyorlar. Firdevs Hanım beraber getirilen açılır kapanır uzun sandalyesini bir ağacın altına yerleştirmeye çalışıyordu. Katina kucağında Feridun'la Peyker'e koştu. Şakire Hanım'la Cemile ötede sepetten tabakları çıkarıyorlardı.

Bugün hiçbir şeyden memnun olmayan Nihal, Matmazel Courton'a diyordu ki:

"İşte geldik. Şimdi, şimdi ne olacak sanki? Akşama kadar böyle oturulacak, değil mi? Bugün yanımdan hiç ayrılmayınız, olmaz mı matmazel?"

Peyker şimdi bir iskemleye oturmuş Feridun'a bir şeyler söylüyordu. Behlûl biraz arkasına oturdu, o kadar yakınındaki genç kadının göğsünden, ensesinden, saçlarından çıkan ılık, ıtırlı havayla ciğerleri şişiyordu. Çocuğa bakıyor görünerek diyordu ki:

"İşte, tamamıyla sizin gözleriniz."

Ötede, derenin kenarında Nihat Bey kolunu uzatarak Adnan Bey'e tasarılarının havada bir haritasını çiziyordu: "Bilmem," diyordu, "dere yapmak istediğim şeylerle gözlerinizin önüne geliyor mu? Denizin sularından istifade etmek için dereye o kadarcık bir derinlik vermek yeterlidir zannediyorum. Sonra bunun içine minimini muşlar[1], zarif gondollar, dünyanın çeşitli memleketlerine özgü bin türlü kayıklardan, sandallardan birer örnek koyunuz, burasını bir küçük gemiler sergisi haline getiriniz. Sahillere de Çin'den, Hint'ten, Acem'den, Japon'dan alınmış köşkler koyunuz, mesela şurada hurma ağaçlarının pagoda[2], bir kenarda eteğine bir gondol yanaşmış bir Venedik Sarayı... Sanki bu dere doğu ve batının, kuzey ve güneyin, güzelliklerinin sergisi olsun, bu çeşitli şeylerin gölgeleriyle renklenerek ederek akıp gitsin. Sahillerinde elektrikle çalışan omnibüsleri koşarken bir taraftan esiri bir balon yükselerek Boğazı, İstanbul'u, Haliç'i, Adalar'ı, Marmara'yı seyretsin. İsterseniz buna sırtında minimini bir köşkle bir fil, çıplak ayaklarıyla Hinduların omuzlarında bir tahtırevan, bir Arap mahmili[3], geyik koşulmuş bir kızak, daha bilir miyim, dünyanın her tarafından bir şey ilave ediniz. İşte o zaman buraya bir mesire diyebilirsiniz ve buraya hanımlarımızı, çocuklarımızı..."

Adnan Bey bu süslü hülyayı dudaklarında sabırlı bir tebessümle dinlerken Göksu sanki hafif bir alay ezgisiyle dalgacıklarının fışırtısını sürükleyerek akıp gidiyordu.

Kirli suları üzerine boşanan ağustos güneşiyle paslanmış bir ayna kıyafetiyle parlayarak, sahilin perişan yeşillik kümelerinden bütün o sinirlere yılanların, kurbağaların karanlık yuvası olmak korkusunu veren ot yığınlarından siyaha benzer bir yeşille boyanıyor, erimiş yeşil bir güneş gibi akıyordu.

Daha sonra bu yaz güneşinin ağır sıcaklığıyla ötede kırların yandığı, ağaçların kavrulduğu, bütün tabiatın bunaltıcı bir hava içinde sanki esnediği hissediliyordu.

1 Altı düz, küçük gezinti vapuru. (Y.N.)

2 Bazı Uzakdoğu ülkelerindeki tapınaklara verilen ad. (Y.N.)

3 Deve üzerine konulan iki kişinin binebileceği sepet. (Y.N.)

Hep yorgun gibiydiler; Firdevs Hanım uzun sandalyesinde gözlerini kapıyordu. Peyker'le Behlûl'e dikkat eden yoktu. Feridun, Katina'nın çehresini yarı yarıya örtüyordu. Behlûl yavaş sesiyle, Peyker'in kulağına, o saçlarının arasından pembe ucunu görebildiği kulağına mırıldanıyordu:

"Evet, sizin gözleriniz... Feridun'un henüz şekillenmemiş simasında bütün sizi görüyorum. Gözleri, dudakları, hatta çehresi... Hele bu çene, o ortasında, ancak belli bir çukurla insana gülümseyen çene! Bilmem onda öpülmek, okşanmak için davet eden öyle bir anlam var ki..."

Peyker, böyle arkasından mırıldanan bu sesi, dinlemiyor görünüyordu; hep Feridun'a bir şeyler söylüyor, onunla meşgul oluyordu. Behlûl'ün bu cümlesine yalnız bir: "Oo!" dedi.

Behlûl devam ediyordu:

"Evet, Feridun sizin bir küçük örneğiniz! Sanki bir sanatkâr sizin bütün güzelliklerinizi toplayarak onlardan minimini güzel bir eser yapmak istemiş."

Behlûl devam edemedi; önünde, dudaklarının kenarında duran bu yarı açık enseden sıcak bir şehvet kokusu onun yüzünü yakıyor, gözlerine bir perde çekiyor, bu yaz gününün ağır havası içinde onu bunaltıyordu. Peyker'in başında ince bir tül vardı ki yalnız saçlarını sararak arkasından bütün ensesinin beyazlıklarını açık bırakıyordu. Behlûl şimdi o kadar yakındı ki bu beyaz cildin sıcaklığına içiyor, bundan mest olarak çıldırıyordu. Peyker'in saçlarından bir tel genç adamın terli alnına dokunuyor, bir saniye yapışıyor, Behlûl'ü titretiyordu. Bu tel saç genç kadınla onun arasına sanki bir öpüşün kavuşmasından bir parça koyuyor gibiydi. Behlûl oradan ayrılmıyor, bu bir tel saçı arıyor, ona sürünmek ve bununla Peyker'den bir şeye sahip olmanın heyecanını duymak istiyordu. Artık kendisinde zapt olunamayacak bir heves vardı. İki elleriyle Peyker'in omuzlarından tutmak ve şimdi dudaklarını yakan bir öpücük ihtiyacını işte şurada, şu ensenin bellisiz küçük kumral tüylerle gölgelenmiş bir dalgacığa benzeyen noktasında tatmin etmek istiyordu. Boğazında bir kuruluk vardı ki artık sözlerini kavuruyordu. Feridun'u tamamıyla unutmuştu. Şimdi yalnız Peyker'den bahsediyordu: "Bilseniz, bilseniz," diyordu; "sizde bir şey var ki insanı çılgınlıklar yapmaya sevk ediyor..."

Devam ediyordu fakat şimdi sesi boğuktu, Peyker anlayamıyordu, onun da kulaklarında bir şey uğulduyor, işitmekten men ediyordu.

Behlûl etrafına baktı; ötede Firdevs Hanım'ın gözleri kapalıydı. Adnan Bey'le Nihat Bey'i derenin kenarında arkadan görüyordu; Nihal'le Matmazel Courton uzakta yavaş yavaş yürüyorlardı. Onlar burada unutulmuş gibiydiler, kimse görmeyecekti, hatta karşılarında Katina bile, Feridun'la çehresi kapanarak bu öpücüğü hissetmeyecekti. Şimdi, her türlü tehlikeyi gözüne kestirerek Peyker'i oradan ensesinin şu gölgeli noktasından öpmek için Behlûl öyle bir ihtiyaç hissediyordu ki buna cesaret edemezse kendisini hemen orada ölüverecek zannediyordu. Peyker arkasından onun yalnız nefesini hissediyordu; fakat birden bu nefeste sanki o öpücüğü yakıcı bir havasını duyarcasına kadınlık hassasiyetinde bir şey, ta ensesinin ta o gölgeli noktasında, bir saniye sonra gelecek olan o öpücüğün bir titremesini uyandırdı; bir neşterin yaklaşan temasından kaçınan sinirli bir ürküntüyle başını çekti; artık zapt olunamayan bir namus coşkunluğuyla elini Behlûl'ün omzuna koyarak: "Yok!" dedi. "Yetişir! Aldanıyorsunuz..."

Yalnız o kadar söyleyebildi, sonra annesine seslendi:

"Anne! Behlûl Bey'i çağırsanıza, size anlatılacak hikâyeleri varmış." Daha sonra kocasına bağırdı: "Bey! Feridun sizi bekliyor."

Behlûl sapsarıydı, birden ayağa kalktı ve dört adım ötede, ta karşısında, sanki birden orada peyda oluvermişçesine yengesini gördü. Bihter'le Behlûl ancak bir saniye süren bir müddet zarfında bakıştılar. Bihter gözlerini çevirdi, Behlûl şimdi gülerek eliyle kendisini çağıran Firdevs Hanım'a giderken Bihter Peyker'e doğru yürüdü. İki kız kardeş birbirlerine baktılar, Peyker bu defa kendini zapta lüzum görmedi, dedi ki:

"Biliyor musun Bihter? Kaynınız mıdır, yeğeniniz midir nedir, tuhaf ve cesur bir çocuk! Eniştenin haklarına ufak bir saldırıya tahammül edemeyeceğimi bilirsin. Ben kocama ihanet etmek fikriyle evlenmedim, beni rahat bırakmayacak olursa evime kabul etmemeye mecbur olacağım."

Bihter kıpkırmızı olmuştu. İzdivacından beri iki kız kardeş arasında düşmanlığı andıran bir vaziyet başlamıştı. Peyker'in bazı cümleleri olurdu ki Bihter'de ihtimal sebepsiz ısırıcı, tırmalayıcı bir etki doğururdu. O "Ben kocama ihanet etmek fikriyle evlenmedim." derken, ihtimal, bu sade sözden başka bir şey olmamak pek mümkün olmamakla beraber Bihter karşılığa lüzum görüyordu; fakat Katina oradaydı, işitebilirdi; şimdi Adnan Bey'le Nihat Bey de onlara katılıyorlardı. Adnan Bey Feridun'un çehresini okşuyor, Nihat Bey Bihter'e: "Akşama kadar böyle mi vakit geçecek? Bir şeyler icat ediniz." diyordu.

Buraya gelmek fikrini hepsi büyük bir sevinçle karşılarken şimdi akşama kadar geçirilecek uzun saatlerin boşluğu hepsini ürkütüyor, eğlenmek kastıyla gelen bu fikirlerde eğlendirecek bir şey doğmuyordu.

Nihat Bey: "Durunuz bakalım, Behlûl Bey nerede? O bir şey icat etsin olmaz mı?" dedi.

Peyker'le Bihter cevap vermediler; Adnan Bey, şimdi Firdevs Hanım'ın uzun sandalyesinin yanında kısa bir iskemleye oturarak, şüphesiz pek haz verici bir hikâye anlatan Behlûl'e seslendi:

"Behlûl! Burada sana ihtiyacımız var. Bize bir oyun, bir eğlence bulacaksın."

Firdevs Hanım itiraz etti: "Yok, Behlûl Bey'i bana bırakınız, bizim birbirimize söyleyecek şeylerimiz var."

Birden Nihat Bey bağırdı: "A! İşte eğlence!"

Ortalarına, ta Peyker'in ayaklarına koca lastik bir top gelip yuvarlanmıştı. Arkasından Bülent, daha sonra Beşir koşarak geliyorlardı. Bülent bağırıyordu:

"Topumu, topumu!"

Adnan Bey, "Bülent," dedi, "biz de beraber oynayacağız..."

Nasıl? Babası da beraber mi oynayacaktı? Bülent çıldırdı. Yerinde zıplıyor, ellerini birbirine vurarak: "Ne güzel, ne güzel!" diyordu. Sonra birden, bu pek çok güzel bulduğu şeye, aklına geliveren birisini de katmak istedi: "Nihal?" dedi, Nihal nerede ?"

Etrafına bakıyor, Nihal'i arıyordu. Bağırdı:

"Abla! Abla" Neredesin? Top oynayacağız, babamla beraber..."

Uzaktan Şakire Hanım'ın sesi haber verdi: "Küçük Hanım matmazelle beraber gezmeye gittiler."

Nihal unutuldu, şimdi Nihat Bey topu atmış, oyun başlamıştı. Adnan Bey Behlûl'ü çağırıyordu:

"Seni bekliyoruz Behlûl!"

Firdevs Hanım diyordu ki:

"Bırakınız, onlar oynasınlar, bırakınız, biz burada ne iyiyiz!"

Firdevs Hanım'ın sürme çemberleri içinde karanlıklara boğulmuş derin bir fikir saklı zannettiren gözlerinin süzgün bir bakışı Behlûl'ü kucaklıyor, burada, şu ağacın altında, böyle iki kişi, gizli bir hasbıhalle geçecek zamanın sanki tatlılıklarını anlatmak istiyordu. Diyordu ki: "Bir gün sizi mecbur edeceğim, bana hepsini nakledeceksiniz. Birer birer, anlıyor musunuz? Bütün ayrıntılarıyla... Kim bilir, sizde böyle ne güzel hikâyeler ne garip aşklar vardır, değil mi? Bana hep anlatacaksınız. Bir gün odamda, siz yine böyle dizlerimin dibine oturarak, anasına kabahatlerini itiraf eden bir çocuk gibi, ben de çocuğunun kabahatlerini dinleyen, dinlemekten lezzet alan bir anne gibi..."

Behlûl gülerek: "Oh! Anne!" diyordu; "Bunu nereden çıkardınız? Size bir şey söyleyeyim mi? Ama hayır söylemeyeyim..."

O ısrar etti, mutlak söyletmek istiyordu, Behlûl ısrarına mağlup olmuş göründü:

"İşte söylüyorum. Öyle zamanlar oluyor ki sizi seyrederken kendi kendime sizin Peyker'le Bihter'in annesi olabileceğinizden şüphe ediyorum. Siz o kadar gençsiniz ki..."

Firdevs Hanım şuh bir kahkaha içinde cevap veriyor ve hep o siyah daireleri içinde gözlerinin derinliklerinden garip bir anlam sızıyordu:

"Biraz daha gayret etseniz bana süslü bir cümleyle ilan-ı aşk edeceksiniz."

Behlûl de gülüyordu, şimdi ikisinin kahkahaları arasında ne dedikleri pek işitilmiyordu. Behlûl'ün dirseği, Firdevs Hanım'ın dirseğine dokunuyor, Firdevs Hanım'ın türlü yüzüklerle donatılmış hâlâ beyaz, hâlâ tombul eli Behlûl'ün elinin üstünde unutuluyordu.

Ötede, sepetlerin yanında, Şakire Hanım'la Nesrin'den ve Şayeste'den oluşan bir kol vardı, Katina ile Cemile artık huysuzlaşmaya başlayan Feridun'u uyutmak için iki ağacın arasına bir salıncak kuruyorlardı, beride top oyunu kızışıyor, şimdi Bihter'le Peyker büyük bir neşeyle eğleniyorlardı. İki kız kardeş arkalarından yeldirmelerini atmışlardı. Nihal ile mürebbiyesi hâlâ görünmemişlerdi.

Şayeste gözünün ucuyla Firdevs Hanım'la Behlûl'ü göstererek Şakire Hanım'a diyordu ki:

"Küçükbey'e âlâ bir eğlence çıktı ki..."

Nesrin, pek açık görüşler ileri sürmeye cesaret edemeyerek kıs kıs gülüyor, gülüşünün açıklığıyla kalfasının cümlesini tamamlıyordu. Son söz Şakire Hanım'a kalıyordu:

"Böyle gittikçe işi azıtırlarsa ben yalıda kalıcılardan değilim. Bizimkinin işi olur olmaz Cemile'yi alınca kaçıyorum. Siz artık küçükbey'in eğlencelerini istediğiniz kadar seyrediniz."

Şakire Hanım'ın tartışma kabul etmeyen şiddetli ahlak duyguları vardı. Bir müddetten beri, Firdevs Hanım'la Peyker'in arasında Behlûl'ü gördükçe kendisini zapt edemiyordu. Şayeste ile Nesrin buna gülünecek bir şey öneminden fazla bir kıymeti gereksiz görürken o, bundan hastalanıyor, ikide birde Behlûl'ü Peyker'in yahut Firdevs Hanım'ın yanında gördükçe baş ağrıları tutarak alnını bir yemeniyle sıkıyordu. Hatta bir gün Şayeste ile Nesrin'e itiraf etmişti ki Süleyman Efendi'nin bir belediye çavuşluğuyla kayırılmasına teşebbüs edilmişti. O zaman karı koca kızlarını alarak artık bu yalıdan kaçacaklardı.

"Yaşarsak, görürüz ya..." diyordu, Bihter'i kastederek, "Bu kadın Bey'in başına ne belalar getirecek..."

Üçünün arasında böyle ilk gününden itibaren gittikçe artan bir düşmanlık yavaş yavaş Bihter'e karşı patlamaya hazır bir isyan kuvvetini alıyor, hemen bütün hizmetçilerin hanımları hakkında mevcut olan kin noktası bu sonradan gelen hanım için büyüyen, sonunda kalplerini büsbütün istila edecek bir düşmanlık derecesini buluyordu. Artık ikide birde evin içinde üçü birleşir, hatta Cemile'den bile çekinilmeyerek yalnız Şakire Hanım'ın ara sıra çocuğa, "Ağzından bir şey kaçırırsan dudaklarını koparırım!" tehdidiyle gizlenilerek Firdevs Hanım'dan, Peyker'den, bilhassa Bihter'den bahsedilir, yarı işitilmiş sözlerden, eksik dinlenilmiş hikâyelerden türlü sonuçlar çıkarılırdı.

Artık top oyunundan hep yorulmuşlardı. Bihter iki ellerini kilitleyerek Adnan Bey'in omzuna asılıyor, "Ne tuhaf, başım dönüyor!" diyordu. Bülent henüz oyuna kanamayarak topu ta öteye, Şakire Hanım'la Şayeste ve Nesrin'in koluna fırlatıyordu.

Sonra, onların yanında ağızları açılmış sepetleri, tabakları görünce birden aklına geldi; "Karnımız aç! Artık acıktık!" diye bağırdı.

Behlûl, "Gerçekten! Yemek ne vakit yenecek, rica ederim?" diyor, Firdevs Hanım uzun sandalyesinde doğrulabilmek için iki ellerini genç adama uzatıyordu. Onun bir müddetten beri dizlerinde birtakım sızılar vardı ki herkesten saklıyor, fakat böyle yerinden kalkmak için yanındakilerin yardımına müracaat ediyordu.

Adnan Bey Beşir'e sordu:

"Nihal'le Matmazel nerede, Beşir? Haydi şunları bul, yemek yiyeceğiz."

İhtiyar mürebbiye ile çocuk onlardan kaçmak için yürümüşler, içeri suya doğru gitmişlerdi. Burada yalnız Bülent'in top sayılarını haber veren ince sesini ara sıra fark edebiliyorlardı. Hava sıcaktı, Nihal bunalıyordu; bir ağaç buldular; ikisi yan yana ağacın cılız dalları altında parça parça dökülen gölgede oturdular. Artık Nihal bir seneden beri saklamak için zavallı kalbine gücü üzerinde yüklediği metanete lüzum görmüyordu. Bu sabah başlayan parlamadan sonra, perişan bir ifadeyle, şimdi babasından bahsederken bir saniye zarfında Bihter'e atlayan bir dille ihtiyar kıza kalbinin bütün gizli dertlerini, bir seneden beri ruhunun yetim matemlerini döktü: Bu sıcak ağustos günü, kırlardan yakıcı bir hava getirerek onu sersemletiyor, sarhoş ediyordu. Gözlerinin içi, dudakları, ciğerleri yanıyordu. Elinde Bülent'in kamçısıyla kavrulmuş otlara vurarak, ara sıra ta uzaktan beyaz bir alev içinde yanan, titreye titreye eriyor görünen dağlara bakarak birer birer bütün elemlerini anlatırken birden en büyük hakikati söyledi: "Ben de öyle zannediyordum." dedi. "Bilir miyim? Onda bir şey vardı ki beni aldatıyordu. Seviyorum, onunla beraber mutlu olacağım, ikimiz bu evin içinde evvelkinden çok eğleneceğiz zannediyordum... Şimdi, oh! Şimdi anlıyorum ki mümkün değil, onunla beraber yaşamaya işte kuvvet bulamıyorum. İnanır mısınız matmazel, öyle zamanlar oluyor ki anneme düşman oluyorum. Niçin ölmeliydi sanki? O ölmeyecek olsaydı bu gelmeyecekti, değil mi? Bilmem, çocukluğumda ne farz edermişim?" İçimde daima bir şey, belirsiz ümit, sanki annemin tekrar dirilerek geleceğini zannettiren garip bir şey vardı. Şimdi kendi kendime, 'Artık bu geldi, anneme yer kalmadı ki...' diyorum; o zaman bu kadın gözümde bir hırsız oluyor. Halbuki ben artık bir çocuk değilim, değil mi matmazel? Bana hep, 'Bir genç kız oldun şimdi...' diyorsunuz, bunları anlamalıyım, evet, anlamalıyım ki ölenler ölmüştür, artık onlardan hiçbir şey beklenemez... Oh! Bu da ne acı, bilseniz. Demek şimdi ben hep böyle annesiz kalacağım, öyle mi? Hep böyle, hep bu kadınla beraber... Ama o yalnız annemin yerini değil, işte babamın sevgisini de, hatta Bülent'i de çalıyor, yarın Beşir de onun olacak, ihtimal Fındık da onun olacak..." Nihal bu ıstırabını söylerken gülüyordu. "Evin içinde simdi hep bana yabancı duruyorsunuz. Şakire Hanım'da bile tutukluk var. Ya siz, siz matmazel, siz ki beni o kadar severdiniz..."

Matmazel Courton gözlerinden iki küçük yaşın aktığını hissetti, gülerek dedi ki:

"Nihal, bak çocuğum, benim zaafımı suiistimal ediyorsunuz. Gördünüz mü bir kere? Az kaldı, bütün bu çocukluklarınızla beni ağlatıyordunuz. Halbuki bunlar gülünecek fikirlerden başka bir şey değil. İşte bana sabahtan beri hiçbir şey söylemediniz ki mantığa uygun olsun, böyle meselelerde insan yüreğine bir parça sakinlik, zihnine bir parça mantık koymak icap eder."

Nihal dudaklarını buruyor, kamçısıyla otlara küçük küçük sinirli darbeler yağdırıyordu:

"Mantık! Mantık! İşte sevilmeyecek şeylerden biri daha..."

İhtiyar mürebbiye cevap veriyordu:

"Evet, belki; fakat faydalı bir şey. Bir parça mantıkla ne belirsiz meseleler halledilir, bilseniz Nihal! Bakınız, mesela bu mesele, bırakınız beni, size bunu kolayca halledivereyim."

Nihal başını sallıyordu:

"Evet, evet, biliyorum, sizin mantığınızla halledeceksiniz; sonunda öyle bir sonuç çıkaracaksınız ki ben dünyanın en mutlu kızı hükmünde olacağım değil mi? Bunu biliyorum. Hiç zahmet etmeyiniz... Ama mademki ben işte bir seneden beri ölmek istiyorum, sizin mantığınızla ispat olunacak mutluluktan ne çıkar? Hem, ben size bir şey söyleyeyim mi matmazel? Bana gücenmeyeceksiniz ya... Siz yalan söylüyorsunuz, matmazel, yalan! Beni yine seviyorsunuz, onun için yalan söylemeye lüzum görüyorsunuz, bütün bu söyledikleriniz, söylemek istedikleriniz yalan... Sizde hakiki, ciddi ne var, biliyor musunuz? Demin gözlerinizden akan o iki damla yaş yok muydu? İşte onlar, yalnız onlar doğruydu..."

Nihal'in sarı çehresinde şimdi dalgalanarak yanan bir pembe tabaka vardı, yüzünü kaldırmıştı, çocukla ihtiyar kız uzun bir bakışla bakıştılar, ikisinin de kirpikleri titredi, Matmazel Courton boğuk bir sesle: "Ağlayınız, çocuğum!" dedi. "Öyle zamanlar olur ki gözyaşları mantıktan çok selamet verir."

Şimdi Nihal hıçkıra hıçkıra ağlıyor, ihtiyar kızın da yanaklarından iki sessiz gözyaşı dereciği süzülüp gidiyordu.

Beşir onları böyle ağlıyor görünce dondu. "Küçükhanım ağlıyor mu? Küçükhanım niçin ağlıyor?" diyordu.

Şimdi, Nihal gözlerinde hâlâ yaşlarla, gülerek: "A deli misin Beşir?" diyordu, "Niçin ağlayayım?"

Onlar döndükleri zaman hepsini yemeğe hazırlanmış gördüler. Peyker'le Bihter, yüzleri kızarmış, yorgunluktan biraz göğüsleri kabarmış, seccadenin birer kenarına ilişerek oturuyorlardı.

Bihter ayaklarını uzatmış, açık iskarpinlerinin üstünde ince ipek çorapları görünüyordu. "Yerimden kımıldanamayacağım." diyordu, "Benim payımı bir tabakla bana verirseniz burada dizlerimin üstünde yerim."

Bu fikir hepsine hoş geliyordu. Uzun iskemlesini oraya kadar çektiren Firdevs Hanım'la seccadenin üstünde biraz kocasına dayanarak oturan Peyker buna katıldılar.

Behlûl, "Amcamla ben de hizmet ederiz!" diyordu.

Nihal'i görünce, hep bağırdılar. Babası diyordu ki:

"Nereye kaçtınız? Bak, güneşlerde gezmişsin, yüzün gözün kıpkırmızı..."

Bülent elinde koca bir tavuk söğüşü parçasıyla: "Abla! Buraya gel!" diyor; bulunduğu yerin yenecek şeylerle pek fazla yakınlığını bir göz kırpmasıyla anlatmak istiyordu. Elindeki bir tabağa soğuk et kızartmasından kesen Behlûl Firdevs Hanım'a soruyordu:

İki tane sardalye, biraz havyar... Havyarı sade mi seversiniz? Dün bu havyarı bulabilmek için tam bir saat kaybettim, tavsiye ederim. Amca, oradan bir çatal veriniz..." Firdevs Hanım'a tabağı uzattıktan sonra Peyker'e döndü. O küçük olaydan sonra birinci defa olarak ona söz söylüyordu: "Size tavuk vereyim mi?"

Peyker, "Hepsinden, hepsinden koyunuz," diyordu, "oyun bana o kadar iştah verdi ki hiç doymayacağım zannediyorum."

Artık barışmıştılar. Behlûl kendi kendisine diyordu ki:

"Yarın sizin kollarınıza atılacak olan kadınlar hep böyle başlamazlar mı? Bugün kocalarından, çocuklarından, vazifelerinden, namuslarından bahsederler, yarın artık sevda hummasına kendilerini tamamıyla teslim ettikten sonra bir aşk sayıklaması içinde bir gün evvelki bağlılıklarını inkâr ederler. Beni kim temin eder ki Peyker yarın aşkı benimle öğrendiğini, o güne kadar benim kollarımın haricinde hissettiklerinin bütün bir yığın yalan olduğunu söylemeyecek? Ne diyordu? Kendisini dinlemiş, incelemiş bir kadın olduğundan bahsediyordu; ne boş söz!"

Evet, artık barışmışlardı. Behlûl birden genç kadının deminki cümlesini düşündü: "İşte biraz ciddi, biraz zeki görünmek isteyen kadınların ağzında tekrarlanan felsefe cümlesi!" diyordu. Kendilerini dinlemek? Ama bu mümkün değil... Kalplerinin o bin türlü kadın sesleri arasında asıl mayalarının hakikatini haber verecek bir ses işitebilirler mi? Hep kendilerini dinlediklerinden bahsederler, hepsi aldanmışlardır. Kadınlar, bizleri, erkekleri aldatırlar; fakat bizden evvel ellerinin altında daha kolay aldatılacak, daha çabuk kandırılacak bir şey vardır: Kendileri; onun için evvela kendilerinden başlarlar. İşte Peyker! Bugün kendisini aldatmaya çalışıyor. Ben pek saf, pek ters gören bir adam olmalıyım ki bunu anlamayayım, görmeyeyim." Sonra içinden bir hitapla ilave ediyordu: "Oh! Civanım! O zaman bunlardan beraber bahsederken nasıl güleceğiz!"

"Behlûl Bey! Rica ederim, üzüm, bana üzüm veriniz."

Behlûl küçük bir tabakla Peyker'e üzümü uzatırken: "Artık barıştık, değil mi?" demek isteyen bir bakışla bakıyor, sonra kendi kendisine ilave ediyordu: "Şüphesiz, barıştık. Ama itiraf etmeli ki ben de bugün komşu kızını takip eden bir mektep çocuğundan daha beceriksizdim. Burada, herkes tarafından görülebilecek bir yerde... Ondan sonra, kadınlar, bu âlemin kadınları adi bir aşüfte gibi alınmak istemezler. Bu öyle bir şey, öyle beklenmemiş, öyle birdenbire zuhur edivermiş bir olay olmalı ki her şeyden çok kazaya benzemeli..." Firdevs Hanım'a soruyordu: "Siz de üzüm istemez misiniz?"

Adnan Bey'le Nihal yan yana rast gelmişlerdi. Bir seneden beri baba kız bu kadar yakın oturmamışlardı. Şimdi ikisinin arasında birbirini pek çok zaman görmemişlere özgü bir şey vardı, sanki böyle yakın bulunmanın hazzını tamamen hissetmek için hep birbirleriyle meşgul oluyorlar, etrafı unutarak, yavaş sesle, kalabalığa içinde yalnız kalıyorlardı. Nihal evvelâ tutuktu; fakat babasının bir sözü, bir bakışı ona bütün kinini unutturmak için yeterdi. Beş dakika zarfında babasıyla bir sene evvele dönmüş oldu.

"Bana üzüm vermez misin, Nihal?"

Nihal gülerek elindeki salkımı gösteriyordu:

"Buradan yiyiniz..."

Adnan Bey'in bu fikir hoşuna gidiyordu, onda da şimdi kızıyla yine evvelkine benzer çocukluklara bir ihtiyaç uyanıvermişti: "Ben senin çocuğun olayım," diyordu; "koskocaman bir bebek! Sen de benim annem, minimini bir anne..."

Sonra bir çocuk çekingenliğiyle elini uzatıyor, Nihal'in salkımından bir tane koparıyor ve bu bir hiçten çıkarılan adi oyun onlara o kadar hoş geliyordu ki ikisi de her defasında gülüyorlardı.

Yemekten sonra Matmazel Courton Nihal'e diyordu ki:

"Sizi tebrik ederim, çocuğum, işte sizi her vakit öyle görmek isterim. Sabahtan beri sinirinizin o coşkunluğuyla beni o kadar korkuttunuz ki."

Nihal güldü:

"Oh! Onlar hep bir şakadan ibaretti. Bülent! Haydi bakalım, bir oyun! Ben sabahtan beri hiç koşmadım..."

Şimdi Firdevs Hanım beraber getirilip sandalda unutulan hamak için Behlûl'e rica ediyordu:

"Sandal orada olmalı."

Hamağın bir ucu şu ağaca, bir ucu buraya bağlanacak. Firdevs Hanım yatacak, Behlûl onu yavaş yavaş sallayacaktı. Behlûl soruyordu:

"Ninni de söyleyecek miyim?"

Firdevs Hanım bu soruya fazla bir anlam verdi, yelpazesiyle Behlûl'ün eline hafif bir darbe indirdi: "Sizinle görüşmek tehlikeli..." "Sonra birden aklına bir fikir geldi: "Kolunuzu bana verseniz, sandala kadar beraber gidelim, biraz yürümüş olayım..."

Şimdi bir genç kız vaziyetiyle, biraz yorgun bir edayla Behlûl'ün koluna asıla asıla yürüyordu. Bihter uzaktan seslendi:

"Anne! Nereye gidiyorsunuz?"

Onlar cevap vermediler. Adnan Bey'le Nihat Bey Nihal'le Bülent'in oyunlarına katılıyorlardı. Matmazel Courton, "Ama bu çılgınlık!" diyordu. "Yemekten sonra, bu sıcakta Nihal, hasta olacaksınız. Bülent sizi koşmaktan men ediyorum!"

Fakat onlar dinlemiyorlardı. Matmazel de Courton'un sözünü Bihter kesti:

"Bırakınız, matmazel! Daha iyi, Nihal biraz oynasın, sabahtan beri büsbütün başka türlüydü."

İhtiyar mürebbiyeye genç kadına anlamlı bir bakışla bakıyordu. İkisi yan yana ayakta duruyorlardı Peyker ötede, Katina'yı serbest bırakmak için Feridun'u seccadenin üzerine yatırmış, kendisi de yanına uzanmıştı. Adnan Bey'le Nihal, Bülent'le Nihat Bey iki rakip takım oluşturmuşlardı. Bülent'in tiz sesi sayıları haber veriyordu: "Dört! Beş!"

Genç kadın birden bir gizli edası kazanan bir sesle ihtiyar kıza sordu:

"Matmazel! Nihal'in nesi vardı, rica ederim? Siz ki her sırrına vâkıfsınız."

Bu sesin edasında saklanamayan bir kavga kokusu vardı ki Matmazel Courton'un hassasiyetinden kaçamazdı. Sakinlikle cevap verdi:

"Nihal kadar bir çocuğun ne sırrı olabilir ki madam... Nihal'in hiç bir sırrı olmadığı için her şeyini bilirim, herkes de benim kadar bilir, zannederim.

Bihter başını kaldırarak, anlamlı bir tebessümle ihtiyar kızın sakin çehresine baktı:

"Benim daha çok merakımı uyandırıyorsunuz matmazel.

Ben Nihal'in hislerini bilmekte, anlaşılan, herkesten sonraya kalıyorum. Bir müddetten beri onda öyle ufak tefek şeyler, hele bu sabahtan beri öyle tuhaf küskünlükler görüyorum ki... İnanır mısınız Matmazel, size bir şey itiraf edeyim; bazı günler öyle zannediyorum ki evin içinde çocuğun zayıf sinirlerinden yararlanmak isteyenler var." Bihter'in tebessümüne daha çok bir kuvvet geliyordu. "Mesela, aleyhimde olmaları şüphesiz bulunan bütün o hizmetçiler... Siz bilirsiniz ki Nihal'i sevmek, kendimi ona sevdirmek için bir kadın için mümkün olabilen şeylerden fazlasını ben yaptım; hâlâ yapıyorum, değil mi matmazel?"

Matmazel Courton'la Bihter arasında böyle bir hasbıhal birinci defa olarak gerçekleşiyordu. Birden ihtiyar kız kendisini bir üvey ana ile kız arasında, müşkül bir vaziyette bulmuş oldu; birden hissetti ki bugün şurada, bu kır âleminde, şu top oyununun karşısında cereyan eden bu konuşmayla artık evin içinde vaziyeti değişmiş ve o zaman artık kendisi için tahammülü mümkün olmayan bir hayat başlamış olacak. Sonunda o korkulan şey, bir seneden beri ertelenen fakat muhakkak gerçekleşmesi engellenemeyecek olan şey sonunda işte başlıyordu. Bihter'le Nihal birbirini tırmalamak ihtiyacıyla kaşınan tırnaklarını çıkarıyorlardı. İhtiyar kız kendi kendisine diyordu ki: "Kabahat kimde? Hiç! Olayın kendisinde... Üvey ana ile kız! Ama bu insanların hayatı tarihiyle beraber başlamış bir komedya yahut bir tragedyadır. Bihter'le Nihal arasında bu oyun nasıl bitecek? Korkarım ki biri için komedya, diğeri için tragedya olmasın."

Bihter'e bir daha bir konuşmaya imkân bırakmayacak bir şekilde cevap vermek istedi:

"Madam, siz vazifenizi o kadar iyi yerine getiriyorsunuz ki Nihal'i sevmekte de, kendinizi ona sevdirmekte de tamamıyla başarılı oluyorsunuz. Zannetmem ki Nihal'in sinirlerinden yararlanmaya kalkışacak olanlar bulunabilsin. Nihal, eğer sizin için endişeye neden olacak ufak tefek şeyler görüyorsa bunları başkalarının etkisine yormaktan çok, o zayıf sinirlerin kendisine yormak daha yerinde olur zannediyorum. Evin içinde öylelerini tanırım ki..." İhtiyar mürebbiye kimden bahsettiğini anlatmak isteyen nazik bir tebessümle maksadını açıklıyordu: "Evet öylelerini tanırım ki vazifelerine sizin kadar bağlıdırlar ve icrasında sizin kadar başarılı oluyorlar.

Bihter ufak bir can sıkıntısını saklayamadı. Şimdi onun ellerinde sinirli hareketler vardı, Nihal'in fırlattığı topu bakışıyla takip ederken elleri başörtüsünün ipek püsküllerini hırpalıyordu. Kuru bir sesle dedi ki:

Matmazel, dolaşık cümlelerden hiç hazzetmem. Kimden bahsediyorsunuz?"

İhtiyar kız derhal cevap verdi:

"Hiç dolaşık değil, pek sade bir cümle. Özetle, kendimden bahsetmek istiyorum.

Şimdiye kadar aralarında zarafete aykırı bir küçük kelime, bir ufak hareket cereyan etmemiş olmakla beraber, ihtiyar kızla genç kadın hiç sevişmemişlerdi.

Matmazel Courton herkesi sevmek zaafıyla beraber, Bihter'le ilişkilerinde kendisini ürküten bir şey hissederdi ki bu kadın kendisini sevmiyor. Nihal üzerinde hükmünü yürütmek için onun varlığını bir engel görüyor. Bu çocuğa, ihtiyar kız kalmış olmak hüsranının tek neşesi, verimsiz ömrünün tek bir çiçeği gözüyle bakmamış olsaydı, o zavallı ruhunun ana olamamak sonsuz yarasına Nihal'in sevgisinden teselli damlaları serpilmiyor olsaydı, ta bu evliliğin tasarlanması başlangıcında hepsini orada kendi hallerine bırakacak, buradan kaçacaktı. Fakat o zaman, yarabbi! Nihal, kimsesiz, bu fırtınanın içinde elleri bir tahta parçası bile bulamayarak, ne yapardı? Nereye asılır, bir şefkatli göğse dökülmek isteyen yaşlarını nereye serperdi?

Konuşma orada kalmış oldu. Bihter bugün, sebebini pek iyi tayin edemeyerek, kendisinde öyle bir taşmak, birisiyle kavga etmek, bir hırçınlık yapmak ihtiyacı keşfediyordu ki ihtiyar mürebbiye bir kelime fazla söyleyecek olursa, kendisini zapt edememekten korkuyordu.

İki kadın öyle, ayakta, dışarıdan bir vesile doğmadıkça birbirinden kaçmış olmak istemeyerek, oyunu seyrediyor gibi durdular. Ötede seccadenin üstünde Peyker uzanmış sonunda getirilip ağaca bağlanan hamakta Firdevs Hanım Behlûl'ün lütfüyle sallanıyordu.

Hava şimdi büsbütün ağırlık kazanmıştı. Kır, nefes alamayan bir göğüs ıstırabıyla, sanki çatlayacak bir gerginlikle, şişkin, duruyordu. İki kadının arasında beş dakikadan beri devam eden sessizlik bu sıcak havanın kasvetine başka bir ağırlık ilave ediyor gibiydi

Bihter bir şey söylemiş olmak için: "Ne sıcak!" dedi. "Bugün geldiğimize pek fena ettik. Şu dakikada kendimi evde uyuyor bulmak istiyorum."

Matmazel Courton cevap verdi:

"Evet, madam! Bunaltıcı bir hava, bugün akşama kadar bilmem, ne yapılacak?"

İkisi de biraz evvel cereyan eden konuşmayı unutmuş oldular.

***

Bugün akşamüzeri dönerken Behlûl bir aralık yalnız yürüyen Peyker'e yaklaşarak dedi ki:

"Sandalda beni yanınıza kabul edecek misiniz? Yoksa yine taciz eden bir kedi gibi kovulacak mıyım?"

Peyker gülerek cevap verdi:

"Kediler insanı eğlendirdikleri müddetçe pek iyidir; fakat

taciz etmeye başlarlarsa..."

"Kovulurlar, değil mi? Ben size söyleyeyim mi, siz beni niçin kovuyorsunuz? Çünkü benden korkuyorsunuz. Demek bana karşı büsbütün kayıtsız değilsiniz. İtiraf ediniz ki bana karşı tamamen kayıtsız değilsiniz...".

Peyker zapt olunmuş bir kahkaha içinde sordu:

"Bunu size öyle farz ettiren nedir? Ben de bunun aksine kendimi size karşı o kadar kayıtsız zannediyordum ki dünyada bir kadın ancak o kadar böyle olabilir.

"Evet, bir kadın! Fakat unutmayınız ki bir kadın kendisine bütün gençliğinin samimiyetiyle kalbini vermek isteyen, ruhunun bütün aşk hummasıyla ayaklarına atılarak sonunda aşkının feryadını saklamamaya müsaade dileyen bir zavallıya karşı hiçbir zaman tamamen kayıtsız kalamaz.

Peyker gülüyordu:

"Tragedya âşıklarına özgü bir dil... "Sonra artık bu şakayı burada bırakmak isteyen bir sesle ilave etti: "Behlûl Bey! Müsaade eder misiniz, size söyleyeyim? Siz fena terbiye almış bir çocuktan başka bir şey değilsiniz..."

Behlûl'ün cevabını işitmemek için kocasına bağırdı:

"Nihat! Sandallar nerede, rica ederim? Yorgunluktan düşeceğim..."

8

Bu akşam sofrada Nihal'le Bülent'in yerleri boş kalmıştı, o kadar yorgundular ki hemen odalarına çekilmelerine müsaade olunmuştu. Behlûl, peşkirini[1] ağzına kapayarak esneyen Bihter'e diyordu ki:

1 Büyük mendil biçiminde pamuk veya keten bez, peçete. (Y.N.)

"Bahsederim ki yenge, sofradan kalkar kalkmaz uyuyacaksınız. İşte kır âlemleri böyledir, insan eğlenmek ümidiyle gider; eğlenmemiş, yorulmuş, kırılmış olarak döner. Bilhassa sizin için... Daima evde, odaların basık havasında yaşayıp da birden güneşin tufanları altında geniş havalara çıkıveren kadınlar bir serbestlik eğilimiyle kafesinden kaçıp da henüz evin çatısından ayrılmadan bayılıveren kanaryalara benzerler.

Bihter: "Oh! Ne uyku! Ne uyku!" diyordu. "Bir hafta hiç yataktan kalkmadan uyuyacağım zannediyorum."

Yemeklere hemen hiç dokunmuyorlardı. Bihter'in ağzında çatalının ucuyla alınmış vişne reçelinden tek bir tane büyüyor, şişiyor, yutulamayacak büyük bir lokma oluyordu. Peşkiriyle dudaklarını silerek "Ben kaçıyorum." dedi. "Müsaade eder misiniz?"

Yalnız kalmaya ihtiyacı vardı. Bu akşam kendisinde bir şey hissediyordu ki yapayalnız, odasının bütün samimi mahremiyeti içine, benliğiyle baş başa kalmak, dinlenmek için ona bir ihtiyaç veriyordu.

Odasına çıktı. Burası karanlıktı. Yavaş yavaş, sanki bu sakinlik hücresinde uyuyan mahremiyeti uyandırmaktan çekinen hafif adımlarla ilerledi. Karşısında, açık, karanlığın içinde, beyaz tüllerinin arasında donuk bir gümüş rengiyle titreyen pencere, ona gecenin serin nefesinden minimini hamlelerle dalgacıklar püskürüyordu. Karanlıkta aynalı dolabın önünden geçerken beyaz bir bulut belirsizliğiyle kendi gölgesini gördü. Ötede karyolanın yükselen cibinlikleri titriyor, lambanın kalpağı büyük bir baş sallantısıyla sanki ona bakıyordu.

Her şeyden evvel pencereyi kapamak, sonra, karanlıkta büsbütün karanlıkta, hemen o haliyle kendisini halının üstüne atarak, bilinemez nasıl bir yorgunluktan dinlenmek istiyordu. İstiyordu ki buraya şu gecenin nefesinden bir parça şey bile girmesin. Orada, bahçede, yalnız yüksek dalı görülen bir erik ağacı vardı ki ona kollarını uzatarak yaklaşıyor gibiydi. Karşısında bu pencereyle, karanlıkların sırlarında gizlenmiş garip, korkunç rüyalara özgü yaratıklardan sanki bir korku nefesi getiren bu gece rüzgârıyla, orada kollarını sallayan, belki bir saniye sonra odaya giriverecek olan bu gölgeyle yalnız kalmış olmayacak zannediyordu. Halbuki o öyle bir yalnızlık istiyordu ki rüyasız bir uykuya benzesin. Kandilini bile yakmayacaktı; küçük bir ışık bu eşyanın ruhunu uyandıracak, o zaman yatak, kanepe, perdeler, şimdi bütün bu uyuyan karanlığın içinde ölmüş, gömülmüş şeyler bir hayat havasıyla incinivererek uyanacaklar, dirilecekler ve onların arasında kendisine gülümseyen bu aynanın, bilhassa o aynanın içinde kendisinin, kendi resminin yanında artık yalnız kalmayacaktı. Yalnız! Yalnız! Hatta işte şimdi kendisinden de korkuyor, kendisini görürse, evet, bu karanlıkta kalmak isteyen kadın Bihter'le karşı karşıya gelirse bir tehlike meydana gelecek, birbirlerine söylenmemesi gereken şeyleri söyleyecekler, o zaman yalnızlıktan, karanlıktan, sanki bütün varlığın yokluğundan aranan şey, o uyku, o derin, boş, ışıksız, rüyasız uyku bir daha dönmemek üzere silinecek zannediyor ve bundan korkuyordu.

Pencereye yaklaştı. Serin, yıldızlarla dolu bir geceydi. Gündüzün sinirlerde takat bırakmayan sıcağından sonra hoş bir rüzgâr nemli nefesleriyle havayı okşuyor, sanki şiddetli bir hummanın ateşlerinden sonra bir cömert eli hastaya güzel kokulu bir suyun damlalarını serpiyordu. Eli pencerenin kenarında, kapamadan evvel biraz durdu, uzun bir susuzluktan sonra serin bir pınara rast gelmiş bir kır yolcusu hırsıyla bu havadan içti, büyük bir ferahlama hazzı duydu.

Hasta mıydı? Ne oluyordu? Ciğerlerinde bu soğuk havanın avutuculuğu beş dakika evvel onu aşağıda uyutmak isteyen yorgunlukla o kadar çelişki oluşturuyordu ki, birden kendisine sordu:

"Evet, ne oluyorum? Hasta mıyım?"

Şimdi başını soğuk bir yere dayamak, bu soğuk havayı böyle içmekte devam etmek, üşümek, evet, bir kış yağmuru altında çıplak kalmış kadar titreye titreye üşümek istiyordu. Ah! Böyle üşüyebilse! Bir serin rüzgârın temasından sonra keşfettiği ateşe, başının, ciğerlerinin, bütün varlığının ateşine bu üşümek, şifa verecek zannediyordu.

Kalplerimizde bazı illetler vardır ki vücudun tamamen dokularına girmedikten sonra keşfolunamayan gizli hastalıklara özgü bir işleyiş ihanetiyle kendisini göstermeden, tahriplerini haber vermeden içsel bir yangın dumansızlığıyla yanar, yanar; bu bir ateştir ki aslını bilmeyiz, varlığından haber almayız, o yavaş yavaş vazifesinden emin, devam eder; sonunda bir gün birdenbire, bir hiç, bir dakikacık bir anlama gösterir ki kalbimizde bir yangın var. Nedir? Nereden doğmuştur? Bu yangın nasıl serseri bir rüzgârın kanatlarıyla düşerek orasını tutuşturmuştur? Bilmeyiz.

Bihter bu serin gecenin karşısında işte böyle bir ateş hissediyor ve üşümek, üşümek istiyordu. Mesela, şimdi, denizde, suyun içinde olsaydı... Rüzgâr hep hamle hamle püskürüyor; yakasından, omuzlarından girerek, göğsünden kayarak onu soğuk dudaklarla öpüyordu. Böyle rüzgârın bu öpücükleriyle kuşatıldıkça, daha çok açılmak, daha çok öpülmek istiyordu. Arkasında ince bir pikeden kolalı erkek gömleği vardı; boyunbağını çekip attı, yakasının, göğsünün düğmelerini çözdü, belinden kemerini çekip fırlattı, sinirli bir elle korsasız, yalnız iç gömleğinin[1] yarı açık bıraktığı göğsüyle rüzgârın şimdi serbest sürünen dudaklarına, sanki gecelerin sırlar getiren ufuklarından, ta göklerin o uzak karanlık göğsünden peyda olmuş öpücükler getiren o dudaklara karşı öyle durdu.

1 Kombinezon. (Y.N.)

Evet denizde, suyun içinde, böyle koyu mavi bir gökyüzünün, ötede beride parlayan o sarı gözlerin altında, karanlıkta, bütün vücudunu serin bir zevk kucağına çeken dalgalar arasında olsaydı. O küçük küçük şamarlarla gerdanına, göğsüne dokunan, sularının ipek temaslarıyla kollarını, bacaklarını okşayan dalgaları zihninde hissediyor, gecenin bu serin havasında yüzüyordu. Daha çok soyunmak, bu havaya, onun öpücüklerine kendini teslim etmek, vücudunu, bütün çıplaklığıyla vermek istiyordu. Etekliğinin kopçalarını çözdü, sıyrıldı çıktı; iskarpinlerini, çoraplarını, hepsini çekiyor, hırpalayarak, buruşturarak atıyordu; artık üstünde yalnız omuzlarından birer kurdeleyle bağlanmış ince ipekten iç gömleği, şimdi rüzgârlarla titreyerek, o da uçup gitmek ve bu taze kadın vücudunu gecelerin hırslı dudaklarına büsbütün çıplak bırakmak isteyerek çırpınıyordu.

"Bihter! Daha yatmadın mı, gülüm?"

Kocasının sesiyle titredi. O şimdi yanındaydı. Ta pencereye kadar gelmişti. Onu, böyle, yalnız gömleğiyle, karanlıkta, çıplaklığının bütün cazibeleriyle görüyor; oradan kovulmamak, bu taze vücudun bayıltan havasında bir parça alıkonulmak lütfünü dilenen gözlerle karısına bakıyordu.

O, "Rica ederim, beni yalnız bırakınız, bu gece öyle yorgun, öyle hastayım ki..." diyordu.

Adnan Bey, "Fakat bu çılgınlık! Çırılçıplak, pencereye karşı..." diyordu. Onun vücuduna dokunuyor, omuzlarından tutarak üşüyüp üşümediğine bakıyordu; sonra birden genç kadının vücudunu ellerinin altında hissedince eğildi; karısını öpmek istedi.

O çırpınıyor, bu gece, böyle karanlıkta, beklenmeden odasına geliveren bir kocadan korkuyordu. O şimdi bir yabancı, hiç görülmemiş bir adam, gece karanlıklarından istifade ederek avını parçalayıp öldüren canavarlardan biri gibiydi; bağıracaktı. Onun ellerinin altında, öpülmemek için yüzünü çekerek, kollarının arasından kayıp akmak isteyerek çırpınıyordu. Boğuk boğuk, "Hayır, beni bırakınız, rica ederim, hayır, bu gece yalnız kalmak istiyorum..." diyordu.

Bu gece, bu dakikada vücudunda bir şey isyan etmiş, bu adamın kollarının arasında kalmamak istemişti. Firketeleri düşmüş, uzun saçlarının gür dalgaları onun hâlâ kaçınmak isteyen dudaklarını hırslı bir öpüşle kilitleyen kocasını örtüyor, sanki bu karanlık bu genç kadınla bu ihtiyar adamın öpüşünü daha karanlık bir gece içinde saklamak istiyordu.

İkisi de, biri direnişinden, biri sataşmasından mahcup, bir söz söylemeyerek bakıştılar. Bu boğuşmaktan sersemleşmiş gibiydiler.

Bihter sitemle dolu bir sesle: "Beni kırdınız! Bilseniz, ne kadar istirahata muhtacım. Artık gidiniz, evet, rica ederim, gidiniz..." diyordu.

O, yine yaklaşmış, karısının ellerini okşayarak soruyordu:

"Beni affettin, değil mi? Söyle bakayım..." Kulağına sokularak, "Bilsen seni ne kadar seviyorum! Sen de beni seviyor olsan, bundan emin olmak mümkün olsa..."

Bihter sinirli bir kahkahayla gülüyor, onu yavaşça iterek çıkarmak, odasından kovmak istiyordu. "Koca bebek," diyordu, "haydi bakalım, artık dışarıya. Pekâlâ biliyor ki karısını çıldırtıyor. Sonra yine şüpheler icat ediyor... Haydi, şimdi uyku, uyku!"

Onu okşaya okşaya, güle güle dışarıya çıkarıyordu. O, birden: "Ama pencere açık," dedi, "onu kendi elimle kapayayım. İhmal edersen hasta olman muhakkaktır."

İtiraz etmedi: Pencereyi kapadıktan sonra odasına geçerken orada, eşikte karı koca kısa bir öpücükle öpüştüler.

Bihter: "Bu gece kapı kapanıyor." dedi.

Genç kadın âdet etmişti, ikide birde aralık kapı kapanıyor, anahtarı çevrilerek kilitleniyordu. Adnan Bey'in cevabını işitmedi. Şimdi artık yalnız, o indirilen pencereden, şu kapanan kapıdan sonra büsbütün karanlık içinde yapayalnızdı. Geniş bir nefes aldı.

Ama bu gece ne oluyordu? Bu mücadeleyle alınan öpücük o boğuşmak suretiyle kadınlığından hemen zorla gasp edilen aşk sadakası, bu koca, evet, onu birden üşütmüştü. İşte şimdi üşüyordu fakat ferahlama veren, onu safalı dalgalarla saran bir üşümek değil, hasta eden, ıstırap veren bir üşümekle üşüyordu.

Bu gece şu dakikada ona adeta bir ıstırap vererek ortaya çıkan bu hakikat ta evliliğinin başlarında başlamıştı. Bu adamın ilk öpücük temasında, bütün gençlik aşkının emellerini almak için hırslı öpücüklerle yüzüne gözüne sürünen dudaklarında varlığının bir isyanıyla titremiş, bir sinir titreyişi içinde bu evliliğin kendisi için hep böyle titretecek dakikaları olacağını hissetmişti.

Bunlar öyle dakikalardı ki her türlü muhakeme sağlamlığına, kalp azmine karşı mağlup eder, gittikçe haşin anlamı doğrulanan titreyişlerle vücudunu sarsardı. Onun kollarının arasında gözlerini kapamak, kendisini ve onu görmemek, bu sevişme saatlerini onunla beraber yaşamamak isterdi. Hayır, istemezdi; bilakis isterdi ki ona vücudunun gençliğiyle beraber kalbinin emellerini de versin. Fakat kendisini bundan men eden bir şey vardı; öyle bir şey ki onun kollarının arasındayken bütün vücudunda bir kaçınmak, bir erimek, hemen orada, o dakika için ölmüş bulunmak ihtiyaçlarını uyandırırdı. Bunun üstesinden gelemiyordu. Bir müddet bu hissi çözümlememek, bu titreyişlerin altında saklanan müthiş hakikati görmemek istedi. Bu sevişmelerden kırılmış, sanki tazeliğinden bir şey eksilmiş, hayır, öyle değil, daha doğrusu kirlenmiş bir çiçek pejmürdeliği duyarak çıktıkça düşünmemek için vücudunu, zihnini susturmaya çalışırdı. Ama onun öpücüklerinden kalan tırmalayıcı eserler, hele dudaklarının yanında bir köşe vardı ki sanki sızlardı. Sonra bu sevişmelerin hummaları arasında verilmiş öpücüklerden kendi dudaklarının aşk sadakasından onda günlerce üşüyen bir şey kalırdı.

Bu sevişme acısını burada, bu odada hissederdi; buradan başka yerlerde alınıp verilen öpücükler onun için bir dostluk samimiyeti anlamından başka bir şey kazanmazdı; ama burada onunla yalnız kalıp da ona sade bir dost değil, hayatının bütün aşk kitabı beraber okunacak bir koca gözüyle bakmak lazım gelince ürkerdi. Onun dostuydu, evet bu adam için kalbinde derin bir hürmet, hatta bir sevgi vardı. Ama onun bütün ruh teslimiyetiyle karısı olamıyordu. Bu odadan başka yerlerde onu seviyordu. Beraber gezerken, aşağıda o küçük odada otururken, hatta onun odasında, evet, şu yanı başlarındaki odada, Bihter'de bir sokulmak, onun mümkün mertebe yakınında bulunmak hevesleri uyanırdı. Arada bir ya başını omzuna kor ya bir çocuk sokulganlığıyla dizine yatardı. Bütün evlilik hayatı böyle geçseydi, onu lekesiz, arızasız bir sevgiyle sevecekti, mutlu olacaktı. Ama ondan fazla bir şey, sevgi değil, aşk isteniyordu ve kendisini tamamen haksız, insafsız bulmakla beraber, bu aşkı veremiyordu. O zaman bu aşk, bu verilmeyen aşk, kendisinden karşı konulamayan bir hakla alındıkça, vücudundan, kalbinden bir şey gasp edilmiş zanneder; ağlamak, feryat etmek, ıstırabından kıvranmak isterdi. Demek kendisi için evlilik buydu, aşk bundan ibaret olacaktı; her zaman, her zaman ondan böyle zorla aşk alınacaktı ve o, ruhunun asıl aşkını vermiş olmayacaktı; asıl ruhuna sahip olacak bir öpücük dudaklarını araştırıp bulmayacaktı; kendisini üşüten bu öpücüklerden başka bir şey görmeyecekti, hep böyle olacaktı, her zaman her zaman...

Artık itiraf etmeliydi. İşte bir seneden beri bu hakikati görmemek için lüzum görülen mücadeleler onu daha çok yormuş, daha çok ezmişti; evet, itiraf etmeliydi, hep böyle olacaktı.

Bu gece, işte aralık kapının anahtarını çevirdikten sonra karanlıkta, hareket etmeden, bu aşk odasını dolduran karanlıklara bakarak, sanki bu siyahlıklarla bütün varlığı dolarak, düşünmeksizin hakikati her vakitten çok açıklıkla söyletti. Bu dakikaya kadar o hakikat, ne söyleyeceği anlaşılan fakat söylemesine müsaade olunmayan bir ses hükmündeydi; bu gece, şu dakikada artık müsaade olundu: Evet, hep, hep böyle olacaktı. İşte bu karanlık sevişme hücresi. Ne bir şeffaf ufuk, ne bir parlak gülüş, ne bir uçan bulut parçası; hiç, hiç hatta hafif bir ışık, donuk bir kandil bile olmayacaktı; siyah, mümkün olabildiği kadar siyah bir gece. O, bu karanlıkların içinde bir korku titreyişiyle titreyerek, okşayıcı temaslarıyla ferahlama veren serinlikler duyarak değil, sanki bu karanlıklardan yağan siyah kar parçalarının tırmalayan temaslarıyla üşüyerek bütün gençliğin aşk açlığını büyük, boş bir siyah uçuruma gömecekti; hep, hep böyle olacaktı.

Demek, bu evlilik, o kadar arzu edilen, gerçekleşmesine o kadar çalışılan bu evlilik işte şu karanlık şeyden ibaretti. Şimdi bu evliliğin meziyetlerini oluşturan şeyler, o genç kızlık yatağının üzerinde bir gökkuşağı açan mücevherler, kumaşlar, süsler hep bir avuç hayal külleri şeklinde odanın karanlıklarına serpiliyor, dağılıyordu.

Hemen oraya yataklığının yanında alçak yer iskemlesine oturmuş, dirseğini dizine dayayarak, başı elinde düşünüyordu. Şimdi bu evliliğin bütün fena yönlerini küçük küçük hiçlerden oluşturarak onu sıkacak bir toplum meydana getiren şeyleri kendi kendisine sayıyor; artık bir kere o hakikati söyledikten, kendisinin bahtı kötü bir kadın olduğuna karar verdikten sonra, ona kuvvet verecek, süsleyecek, daha çok tragedyaya benzetecek sebepler bulmaya çalışıyordu.

Her şeyden evvel bu evi düşünüyordu. Bu ev onundu, bir vakitler önünden geçtikçe pencerelerinden tantanasını hissettiği bu koca yalının işte tek hâkimiydi. Evet, fakat buraya sahipliğinde bir noksan hissediyordu, açıkça belirlenemeyen ama her zaman duyulan bir noksan vardı ki evi ona ait bir şey olmaktan men ediyordu. Anlıyordu ki henüz görülmemiş köşelerinden yerleri değiştirilmemiş eşyaya kadar, yüzlerini görmeksizin kendisini sevmediklerini anladığı uşaklardan bütün harem halkına kadar bu evde ona karşı bir yabancılık, hatta bir düşmanlık ima eden anlamlar vardı. Evin ruhu ondan kaçıyor gibiydi. Kendisini kocasına bütün benliğiyle vermekten men eden şeye benzer bir anlam vardı ki bu evle kalbinin arasına sahte bir öpüşün soğukluklarını koyuyordu.

Yavaş yavaş eve sahiplik hakkını teyit etmişti. Şimdi bütün kantarlar elindeydi. Yatak takımlarına, kilere, bir evde bütün sakınarak tutulan şeylere doğrudan doğruya nezaret ediyordu; onlarla başka bir vasıtanın müdahalesine müsaade etmeyecek kıskançça ilişkileri vardı; ama belinde ince bir zincirle şakırdayarak sallanan bu anahtarların arasında asıl evin ruhunun anahtarı eksikti.

Artık üvey analık sıfatından da sıkılıyordu. İşte bir seneden beri Nihal'le sevişmek için sürekli bir mücadele içinde yaşamıştı. O Nihal'i seviyordu fakat bu kızın kendisini hiçbir vakit tamamıyla sevemeyeceğinden emindi. Biliyordu ki Nihal yalnız bir defa hissiyatını çözümleyerek kendisine kalbinde ayırdığı sevginin zorla kurulmuş bir sevgi olduğuna, şu sevdiği kadının sevilmemesi lazım gelen bir üvey anadan başka bir şey olmadığını anlar anlamaz, o zamana kadar türlü uğraşmalarla kurulabilen samimiyet binası birden yıkılacak ve onun yerine artık bir daha dolmaz bir uçurumun boşlukları açılacak; evet, yalnız bir dakikalık bir olay sebep olarak ikisinin arasında bir şey kırılacaktı. Vaziyet icabıyla bu iki kalp birbirine düşman olmaya mahkûmdular. Henüz olmamışlardı, ihtimal daha olmayacaklardı fakat bir gün bunun olması muhakkaktı.

Bir müddetten beri Nihal'de artık dostluğa son vermek için

bir acele, şüphesiz kendisini sıkan bu barış halinden çıkarak açık bir kavgaya meydan verecek bir sebep bulmaya yeterli bir arzu keşfediyordu. Bugün belki dostluklarının son günü olacağından korkmuştu. Sabahtan akşama kadar Nihal kendiliğinden ona bir kelime bile söylememişti. Eğer evde bir dakika soğukkanlılığına kaybetse, demek yarından itibaren artık bir cehennem hayatı başlayacak, bu çocukla kavga etmek lazım gelecekti. Buna imkân bırakmamak için, kendini zapt; bu gizli savaşın bütün üzüntülerini hazma mahkûmdu. Onun fedakârlıkları anlaşılamayacaktı, hatta etrafında bunu takdir edecek kimse bulunmayacaktı, aksine Nihal'in en haksız hırçınlıklarından, en sebepsiz ağlamalarından o sorumlu olacak, herkes dudaklarını bükerek ona düşmanlıkla bakacak, Şakire Hanım'ın yine baş ağrıları tutacaktı.

Şimdi Şakire Hanım'ı alnını sıkan bir yemeniyle karşısında kınama simgesi somurtkanlığıyla görüyordu; daha sonra Şayeste, Nesrin, hanımsız evde hep itiraf olunamayan bir ümitle yaşayarak ikinci hanıma son bulmaz bir düşmanlık besleyen bu kızlar, hatta evin içinde onlardan hep korkulacak bir yaratık gibi kaçınan Cemile bir düşmandan başka bir şey değildi; bunlar yalnız yarım bırakılan cümleleriyle, gözlerinin kinli bakışlarıyla, suskunluklarıyla, her şeyleriyle Nihal'in etrafında bir soğuk daire çeviriyorlar ve o, işte bir senelik uğraşmalar neticesinde bu daireyi geçerek Nihal'i tamamen alamıyordu.

Yalnız Bülent'le dosttular. Onların ikisini birleştiren dost eden bir şey vardı: Gülmek... Bu noktada birleşmişlerdi ve onunla her zaman dost olacaklardı. Ama bu dostluk Bülent için bir kabahat olacaktı; çocuk evin içinde kimseye, hele ablasına itiraf edemeyecekti ki onu bir anne kadar değilse bile, herhalde bir üvey anadan pek fazla seviyor. Sonra, birden, Bülent'in arkasında, onun kahkahalı şen cehresinin üzerinde başka bir hayal resimleşti: Behlûl!

Düşünmedi, düşünmemek istedi. Evet, niçin düşünecekti? O evin içinde yabancıdan başka bir şey miydi?[1] Behlûl hatırına geldikten sonra zihninde başka bir hatıra uyandı: Peyker'in arkasında dudakları tutkulu bir öpüşle titreyerek hemen eğiliyor, yakıcı, ısırıcı bir öpücükle Peyker'in ensesinden öpmek için orada can veriyor gördü; daha sonra çapkın bakışlarıyla hamakta Firdevs Hanım'ı sallarken gördü.

Düşüncelerine ufak bir duraklama geldi. Düşüncelerinin akışı titriyor, başka bir mecrayı takip için tereddüt ediyor gibiydi. Bu noktada durmamak ve bu yeni mecrayı takip etmemek için bu hayali bir kelimeyle tespit etmek istedi. Hemen açıktan: "Çapkın!" dedi.

Evet, bu, kelimenin bütün anlamıyla çapkınlıktan başka bir şey değildi. Kendi kendisine şimdi kızıyordu. "İcap ederse söylerim; bu yapılır bir şey değil. Peyker'in hakkı var..." Evet, fakat Firdevs Hanım'ın?"

Birden Peyker'in bir sözünü hatırladı. Ne diyordu? O kocasına ihanet etmek maksadıyla evlenmemişti. Bunu söylerken gözlerinde ne açık ve ne hain bir anlam vardı. Ne demek istiyordu? Başkaları, kendisi, Bihter, kocasına ihanet etmek maksadıyla evlenmişti, öyle mi? Bunu yapmayacaktı, bir Firdevs Hanım'a benzemeyecekti. Bu anne hayatının sürekli bir utancıydı. İşte bugün o Behlûl'le şakalaşırken, Bihter üzerine atılmak, "Ama artık utanınız, siz bir ihtiyar karısınız, ihtiyar, ihtiyar, anlıyor musunuz?" demek istemişti. Evet, asla Firdevs Hanım'a benzemeyecekti, işte yemin ediyordu.

Kendi kendisine, içinden, annesine benzememek için yemin ederken aklına başka bir şey geliyordu. Ta küçüklüklerinden beri Peyker'e, babasına benzer, Bihter için annesine çekmiş derlerdi.

---

1 Bu cümle 1945 baskısında yoktur. (Y.N.)

Mademki bunu söylemekte herkes birleşiyordu, demek hakikatte o annesine benziyordu. Bu benzerlikten korkardı. Kalbinde bir şey vardı ki bu maddi benzerliğin hayatlarını da benzeteceğini zannettirir ve onu titretirdi.

O da babasına benzemeliydi: Peyker gibi... Biraz kumral, biraz daha geniş omuzlarla dolgunca bir vücut, kısa ve kılsız kaşlar, beyazdan çok saza yakın bir renk; işte Peyker... Şüphesiz Bihter daha güzeldi; fakat babasına benzemiş olmak için daha az güzel olmaya yürekten bir rıza gösteriyordu. O tanınmamış baba için derin bir sevgisi vardı, annesine verilemeyen kalbini tamamen bir ölünün hatırasına veriyordu. Ve bu hatırayı süslerdi: Tesadüfen işitilmiş şeylerden, parça parça elde edilmiş ayrıntılarda babasına bir hayat hikâyesi icat ediyor, sonra onu Firdevs Hanım'ın elinde işkenceler içinde yaşatıyor, her şeyden habersiz namuslu bir koca mazlumluğuyla babasının evlilik hayatına bir tragedya rengi veriyor, sonunda onu müthiş bir darbeyle, kahrolmuş öldürüyordu. Babasını ne kadar seviyordu! Peyker'i babasına benzemiş olmaktan adeta kıskanıyordu.

Zannediyordu ki Peyker babasına benzediği için hayatında mesut olacak ve o, Bihter, bu bir hata sonucuyla meydana gelen evlilikte bedbaht olacaktı. Peyker elbette mutluydu, kocasını seviyordu, aralarında minimini bir Feridun vardı.

İşte dingin bir aile hayatı! Onun, onun nesi vardı?

Bu soruyu kendi kendisine sorarken karanlıkta ellerini kavuşturarak siyahlıklara gömülen bu odanın isfendan takımlarından, atlas perdelerinden, bütün bu tantanalı eşyadan bir cevap bekleyerek duruyordu. Sevmek, sevmek istiyordu. Hayatında yalnız bu eksikti; fakat hayatta her şey bundan ibaretti: Sevmek, evet, bütün mutluluk yalnız bununla sağlanabilirdi. Küçük, sefil, çıplak bir oda, demir bir yatak, beyaz perdeler, iki hasır iskemle, işte yalnız bu kadarcıkla fakir bir sevişme hücresi; fakat sevmek yarabbi, sevmek istiyordu, hummalar içinde mecnunca bir aşkla sevecek ve mutlu olacaktı. İşte şimdi bu tantanalı odanın servetleri içinde siyah mermerlerle örülmüş mezarda diri diri gömülmüş gibiydi. Nefes alamıyor, boğuluyordu; bu mezardan çıkmak, yaşamak, sevmek istiyordu.

Yerinden fırladı. Artık bu karanlıklardan kurtulmak istiyordu. İşitilmemek için yavaşça, iskemlenin üstüne çıkarak tavanda kandile, o eski tapınaklara özgü bir fenere benzeyen kandile uzandı, yaktı. Kandil evvela yanmıyor gibiydi, sonra birden ufak bir çıtırtıyla bir küçük ışık dalgası titredi. Ve odanın karanlıklarında sarı bir duman şeklinde kayarak serpildi. Fenerin koyu sarı, yeşil, mavi, kırmızı camları vardı; bu hafif ışık o koyu renklerin arasından donuklaşarak, siyahlaşarak odayı yeşil denizlerin altında renkli gecelere boğulmuş bir mağaraya benziyordu. Bu ışığın altında eşya bir sessiz durgunlukla duruyor; yalnız ince, şeffaf tüller, birbirini yok ve var eden yeşiller, maviler, sarılar, kırmızılar gölgelerin üstünden kayıp akıyorlardı. Eşyanın, duvarların, ta ötede gayet uzak bir resim şeklinde Bihter'i gösteren aynanın üstünden sessiz birer şelale akıyordu.

Bihter karanlık bir rüyadan renkli bir rüyaya çıkmış gibiydi. Bu, perilere özgü bir âlemi hatırlatan odasının belirsiz ışıkları arasında ta ötede, uzakta, sanki tabaka tabaka derinleşen bir yeşil mağaranın kaybolmuş ufuklarında, kendisine titrek bir hayal şekliyle yakınlaşıyor görünen Bihter'i, o aynanın Bihter'ini gördü; donuk bir gümüş levhaya yalnız beyazla resmedilmiş bir kadın ki ince ipek gömleğinin içinden sıyrılarak uçacak, bir bulut olacak zannedilirdi. Bilinmez nasıl bir hisle, karşısında bu ince gömleğinin içinde titriyor görünen vücudu çıplak, tamamen çıplak görmek istedi; omuzlarından kurdeleleri çözdü, gömlek kayarak, göğsünün üstünde, belinde ufak bir tereddütten sonra ayaklarının dibine düştü. Uzun siyah saçlarını ellerinin sinirli darbeleriyle tuttu, kıvırdı, bunların tam çıplaklığına eksiklik vermesini istemeyerek kaldırdı, ta başının üstüne, perişan bir küme şeklinde tutturdu. Böyle, büsbütün çıplak, kendisine baktı.

Uzun bir seyirle bu levhaya bakıyordu. Hemen kendisini bu haliyle hiç görmemişti, bu yeni bir şey, başka bir vücut gibiydi. Demek Bihter işte buydu.

Yaklaşmaktan korkuyordu, o kadar açıklıkla görmek istemiyordu; biraz daha yaklaşırsa kendisiyle bu hayalin ikizliği doğrulanacaktı; uzak, uzak kalmak ve bu güzel vücudu böyle uzaktan, bir rüya arasından sevmek istiyordu.

Evet, bu vücudu seviyordu. Şimdi kalbinde bu vücut için bir sevgi, bir tutkunluk vardı. Bu vücut kendisinindi, ona hafif bir tebessümle bakıyordu. Aynanın içinde bu beyaz resim ince, gayet bellisiz, havaya benzer bir mavi çizgiyle zemininden ayrılmış gibiydi ve böyle etrafında açılan ince mavi halenin arasında kabarıyor, bir maddilik kazanıyor, levhasından ayrılarak Bihter'e, diğer Bihter'e yaklaşıyor; orada iki Bihter, bütün zapt olunmuş aşkları, geliştirecek ciğerleri yakan bir öpüşün titreyişleri içinde, mahv ve harap eden bir kucaklaşmayla biri birinin kollarına atılmaya hazır iki vücut peyda oluyordu. Şimdi bu aynanın donuklukları içinde derin bir mağaranın yeşil ufuklarından şeffaf tirşe[1] gölgelere boyanarak gelen bu sevda hayaline bir erkekçe sahiplik emeliyle bakıyordu.

Henüz dolgunlukları tamamlanmamış göğsünden çizgilerin hafif bir bükülmesiyle daralarak inen yuvarlaklığından sonra gözleri titriyor, artık uzak beyaz bulutlardan dökülmüş gölgelerle örtülü görünen bu beyazlıkları daha çok soymaktan sinirli bir ürküntü hissediyordu.

1 Yeşil ile mavi arası renk. (Y.N.)

Omuzlarının genişliğinden sonra biraz uzunca gövdesini lüzumundan fazla incelte incelte sonunda belinden isabetsiz bir darlık yapmış olmaktan korkan yaradılış, oraya kadar bu tıraşlanmış eseri darlaştıran çizgilerin cimriliğini affettirecek bir cömertlik göstermek istemiş, kısmen genç kız kalmaya mahkûm bir vücut resmetmeye başlamışken, kısmen tazeliğinin bütün açılmış servetiyle bir kadın vücuda getirmişti.

Bihter şimdi kendisinden başka bir vücut gibi seyrettiği bu hayali ufak bir hareketiyle kaçırmaktan çekinerek hareket etmeden duruyor, onu tutmak, ona sarılmak için ellerini, dudaklarını uzatacak olursa, ikisi birden orada ölüverecekler, delice bir öpüşün hummaları arasında can verecekler zannediyordu. Ama onun böyle, ruhu sarsan bir kavuşma humması içinde ölmeye, can vermeye ihtiyacı vardı. İşte bu ihtiyaç şimdi bir şikâyet inlemesiyle bütün kimliğinde feryat ediyor, bedeninde ıstırap veren bir ateş oluyordu. Evet, şu dakikada bir vücut, sanki bir kaza anı içinde gasp olunan bekâretinin, küçük bir teselli lütfü, hafif bir neşe kalıntısız bırakmaksızın verilmeyerek alınan öpücüklerin, sinirlerini isyan ettirerek derin bir ıstırapla sızlanan sarılmaların, evet, bütün evlilik hayatına ait o çirkin, sefil sevişme hatıralarının ıstıraplarını duyuyor bunlar kendisinden alındıktan sonra o asıl ruhunun, sevda ruhunun bekâretini, o asıl dudaklarının, kadınlığına ait dudaklarının öpücüğünü verememekten inliyordu. Öyle bir sarılma düşünüyordu ki onu ta kimliğinin derinliklerine kadar titretsin, hırpalasın, ezsin; öyle bir aşk istiyordu ki onun ruhunda mest eden baygınlıklar bıraksın... Şimdi bu hayalin, o kendi hayalinin karşısında ıstırabından kıvranmamak için kendini zor zapt ediyordu. Kendisini hiç bu haliyle görmemişti. Bu hayalin kendisinden başka bir şey olmadığından şüphe edecekti. Onu güzel, pek güzel buluyor ve bu güzelliğe ağlamak istiyordu.

Biraz genişçe alnının fazlalığını kabarıkça duran kıvırcık, gür saçlarının siyah dalgaları öyle muhteşem bir vakarla süslüyordu ki bu baş biraz daha küçük, bu alın biraz daha dar olsa bütün bu levent kadın boyu küçülmüş, bütünlüğünden bir şey eksilmiş zannettirecekti. Uzun kaşları ta şakaklarında ufak bir tereddütten sonra biraz daha devam ediyor ve büsbütün incelmeye vakit bulamamaksızın birdenbire kalıveriyordu. Bu kaşların şu düz resmedilişinde öyle bir yükseliş hali vardı ki yüzünün ifadesine, bilhassa gözlerinin anlamına yukarılara doğru bir uçmak meyli, sanki bütün vücudunu daha çok yükselten, daha çok uzun gösteren bir vakar havası bahşediyordu. Gözlerinin içinde siyah bir alev orada bir gizli tebessümün neşelerini kaynaştırırdı. Bu kadın gözlerinin derinliklerinde bir çift şuh çocuk gözü kimsenin haberi olmaksızın size neşesinin anlamıyla bakıyor zannolunurdu. Bu gizli gülüşten, başının vakar ihtişamıyla garip bir zıtlık oluşturan bir neşe fışkırarak simasının ifadesine içsel bir eğlenceyle eğleniyor farz ettiren bir çocukluk kor, ona henüz çocukken başı bir saltanat tacıyla taçlandırılmış bir melikenin şuh vakarını verirdi. Bellisiz bir çukurun yalnız gölgesiyle yuvarlak bir çene, küçük dişlerini ince bir beyaz hat şeklinde biraz açık bırakan etlice, fakat solgun dudaklar bakışının çocukça neşesini tamamlardı. Ta sağ kaşının altından başlayarak dudağına kadar inen bir çizgi sanki bir tel saç üstünde yatmış olmaktan kaynaklanan bir ince hat vardı ki bitiş noktasında, sağ dudağının ta köşesinde küçük bir girdap teşkil ettikten sonra artık taşardı.

Şimdi, hep öyle hareketsiz, dalgın bir bakışla kendisine bakarken yine gözlerinden bir tebessüm o bellisiz çizgiyi takip ediyor, dudağının üstünde o minimini çukur titrek bir gölge gibi duruyor, dudağının yalnız dişlerinden birinin ucunu gösteren bir tarafı hafifçe kalkıyordu. Kendisine, kendi güzelliğine gülüyor ve böyle, yararlanılamamaya mahkûm bu güzelliğe gülerken ağlamak istiyordu. Demek, bundan sonra, evet, bu gece, sonunda bir senelik hücumdan sonra artık önüne geçilemeyen vücudunun gençlik isyanı her vakit böyle karşısına çıkacak, sevmek, kucaklayışlar içinde mest olmak isteyen acılı ruhu onu böyle hırpalayacak, ezecek ve bu güzellikler boş emeller içinde çırpına çırpına mahvolacaktı...

Kendi kendisine böyle hüküm veriyor, o hafif tebessümüyle gülerken ağlamak isteyen gözleri bu güzel fakat güzelliği boşuna çürümeye mahkûm hayali derin bir merhamet hissiyle kuşatarak faydasız, ümitsiz emeller içinde soluyor görüyordu.

Birden bu yarı karanlık odanın içinde, evin uyuyan sessizliğinin arasında; başının üstlünden fenerin renkli camlarından; renk renk gölgeler yağarak bütün etrafında eşyayı sanki hissedilmez bir rüzgârla canlandırırken kendisini böyle çıplak bulmaktan titredi, bu yalnızlıktan korktu. Hayır, bu öyle bir histi ki korkudan çok utanmaya yakındı. Utandı, büyük bir ayıp yapmış, namusuna karşı düşünmeksizin bir günah işlemiş olmaktan utanıyordu; odasının mahremiyetine gizlice sızmış meçhul bir sevdalının kolları arasına düşüvermiş, karşı konulamayan bir sinir titreyişi içinde ilk aşk günahı meydana gelmiş duygusuyla bir tutuyordu.

Bütün perdelerin şişiyor zannolunan gölgelerinin altında kapıların üstünden dökülen tüllerin, atlasların arkasında birçok gözler kendisine bakıyor; o ilk aşk günahından sonra bu kadın vücudunu seyretmek için gecelerin karanlıkları içinde peyda olmuş eller panjurları açıyorlar; bu eşya birden esiveren bir hayat havasıyla uyanıyor, heybetli bir baş sallantısıyla bakıyor zannolunan lambanın kalpağı yaklaşıyor gibiydi; buradan kaçmak istedi.

Artık yatağındaydı. Yatağına o haliyle atılmıştı. Ellerini yastığının altına sokmuş, başını oraya koyuvermiş, yatıyordu. Karşısında biraz daha uzak, biraz daha belirsiz, artık gölgelerle boğulmuş, artık başka bir vücut olmuş o hayali yine görüyor, şimdi daha çekici görünen bu vücudu yalvaran bir tebessümle çağırıyordu.

Genç kızlık hayatında hiç böyle bir şey hissetmemiş, aşk hummasının bedenini sızlatacak bir ıstırabını duymamıştı. Hatta genç kızlık hayatında bütün sevda rüyaları belirsiz hatlarla çizilmiş bulutlardan ibaretti; fakat evlilik hiçbirini tatmin etmeksizin o vakte kadar gizli kalan emelleri uyandırmış, hiçbirine çare getirmiş olmaksızın ruhunun sevda ihtiyaçlarını tutuşturmuştu. Demek, evlilik bunlardı ve onun evliliği bunlardan biri değildi.

Oh! Ne yanılmıştı! Ona sevmek, sevmek lazımdı, sevmeyecek olursa ölecekti. Fakat nasıl sevecek? Sevmek. Bu artık kendisi için yasak, olmayacak bir şey değil miydi?

Kocasına ihanet etmek için mi evlenmişti? Bu soru müthiş bir alayla kulaklarında titriyordu. Ve beynini uyuşturan, kulaklarını dolduran bir uğultu arasında hep o davet eden tebessümüyle karşısında, uzak, belirsiz, gölgelere boğulmuş hayali çağırıyor, bütün varlığını ona vermek istiyordu.

Asla, evet, asla ihanet etmeyecekti, edemezdi, hem niçin ihanet edecek? Bugün bir evlilikte bulunamayan şey bir ihanette mi bulunacak? Annesini, daha sonra kardeşini düşünüyordu. Artık düşünceleri karışıyor, gözleri bulutlanıyordu. Şimdi tavanda fener parçalanıyor, yeşil, sarı, mavi, kırmızı dalgalarla akıyor, kanepeler, dolaplar, perdeler, duvarlar, bütün sel taşkınından sonra alçalarak, yükselerek yüzüyor; renkler, gölgeler birbirine karışarak büyük bir altüst oluş içinde her şey akıyor, ta uzaktan güneşlerin altında bir siyah dere koyu sularını sürükleyerek ilerliyor, kenarından beyaz bir etek savrulan bir hamak yavaş yavaş sallanıyor, havada bir top garip daireler çizerek bir yandan bir yana inip çıkıyor, kollarını kaldırarak bir çocuk koşuyor, ötede belirsiz bir çehre dudaklarında hırslı bir öpücükle eğiliyor, bunu eliyle itmek istiyor, eli kalkmıyor, başını çekiyor zannediyor fakat çekemiyor, o hırslı öpücük orada, işte geliyor ve bütün hayal kalabalığı içinde sonunda karşıdan aynanın içinden, Bihter, o diğer Bihter dudaklarını, kollarını uzatıyor, bu Bihter'i, karşı konulamayan bir cazibeyle çekiyor, çekiyor, dudakları, kolları kilitleniyor, takatini kıran, ciğerlerini söken bir kucaklayış içinde ikisi beraber tavanda fenerden akan yeşil, sarı, mavi kırmızı dalgalarla, bütün eşyasıyla oda, bütün ağaçlarıyla Göksu, hep beraber, büyük bir kıyamet tufanı içinde bitmez tükenmez bir boşluğa yuvarlanıyorlardı...

9

Nihal piyanosunda bir sürat alıştırmanın velvelesi arasında başını çevirmeden mürebbiyesine sordu :

"Matmazel! Bülent bugün kaçta gelecek?"

Bir haftadan beri Bülent mektepteydi. Çocuğun mektebe verilmesinden o kadar bahsedilmiş, Bülent Behlûl'den teneffüs zamanlarının eğlencelerine, avluların güneşleri, tozları içinde bir alay çılgınla beraber bitmez tükenmez oyunlara dair tuhaf hatıralar dinleye dinleye bu mektebe verilmek fikrini o kadar sevinçle karşılamıştı ki sonunda bir gün çocuk artık bir hafta sonra yalnız bir gece için dönüş etmek üzere yalıdan ayrılırken Nihal'le güle güle öpüşmüşlerdi. Bülent'i o kadar sevindiren şey Nihal için de sevinmeye bir vesile olmuştu. Ama o gün Bülent yalının kapısından çıktıktan sonra Nihal pencereye koşmuş, arkasından bakmıştı. Bülent, önünde bugünden itibaren açılacak olan o Behlûl'den dinlenilmiş eğlencelerden oluşan yeni ufka bir an evvel vasıl olmak için rıhtımın taşları üzerinden koşarak gidiyordu, başını çevirip arkasından bakan ablasına son bir selam göndermek aklına bile gelmemişti. O zaman Nihal'in ruhunda derin bir şey sızladı. Bülent artık rıhtımın köşesinden dönüp kaybolduktan sonra Nihal hâlâ bakıyordu.

Akşam sofrada yerini, gece odalarında yatağını boş görünce, ağlamak hevesini duymuştu. Demek, bu gülünecek bir şakadan başka bir şeydi? Demek, artık bu iki arkadaşın arasında bir deniz, uzun bir mesafe, yüksek duvarlar, yabancı bir hayat peyda olmuştu. Onun başka dostları, başka sevdikleri olacak; ona ablasından başka adamlar karışacak, gece ablasından başka çocuklarla yatacak, her şey, her şey başkalaşacaktı. O zaman, bu küçük olayın esasını çözümleyememekle beraber, ruhu bütün hükmünü hissetti. Onlar yalnız ayrılmış değil, ruhları da birbirinden uzaklaşmış olacaktı; kalplerinin bütün tellerinde mevcut bağlar birer birer çözülecek, hayır, bunlar Nihal'de kırılacak, parçalanacaktı.

O gece, artık odasında yalnız, yatağının içinde uyuyamayarak bunları düşünürken, kendisini dünyada yapayalnız kalıvermiş sayıyor, bu yalnızlığın bütün acılığını duyuyordu; ama Bülent'i ona bırakamazlar mıydı? Bu mektep meselesi niçin icat edilmişti? Çocukları böyle evlerinden, onları kucaklamakla mutlu olan kollardan ayırıp mekteplere mi atmak lazımdı?

Hayat bu muydu? İki kalbi kendi hallerine bırakmamak bu hayatın zalim bir kanunu muydu?

Bülent'in mektep meselesi icat olunduktan sonra, babasından hep böyle, hayata dair nutuklar işitmişti. Hayat... Hayat... Bu ne demekti? Bu o kadar fena bir şey miydi? Minimini muhakemesinde hayat bir şekil ve suret alıyor; uzun yırtıcı tırnaklarıyla, korkunç, yakıcı gözlerle heybetli bir canavar oluyor; sonra insanlar, şaşırmış, çıldırmış, bunun tırnaklarının kancalarından kurtulamıyorlar, gözlerinin ateşlerinden kaçamıyorlar.

İşte annesini bu hayat almıştı, yine bu hayat babasını değiştirmişti; sonra yine o, hep o, Bülent'i tırnağına takmış, ta uzaklara atmıştı. Muhakemesinin bütün bu hükümleri bir aralık bir noktaya saplanıp kalıyor ve kendi kendisine "Eğer o gelmeseydi hayat bizi rahat bırakacaktı..." diyordu.

Evet, bunların bütün mesuliyetini, hatta annesizliğini, her şey; her şeyi ona atfediyor, "Oh! Bu kadın" diyordu. Artık düşünceleri bulanıyor, uyuyordu; birden odasının kapısında çekingen bir elin tahtayı tırmaladığını hissetti. Silkinerek sordu: "Kim o? Sen misin Fındık?"

Fındık cevap veriyordu. Bu gece Fındık ona yalnızlığını unutturmak için arkadaşlığa geliyordu. Bu gece Fındık'a, şu arkadaşlığı için ne kadar, ne kadar müteşekkir olmuştu.

Ertesi gün sabahleyin erkenden Nihal babasının çalışma odasından takvimi almış, Behlûl'ün odasına giderek onunla beraber mektebin bütün tatil günlerini kırmızı kurşunkalemiyle işaret etmişti.

Bugün ancak akşamüzeri geleceğini bilmekle beraber, sabahtan beri onu bekliyordu. Mürebbiyesi cevap verdikten sonra kendi kendisine: "Daha beklemeli!" dedi. Matmazel Courton ötede, kendisine yünden yarım bir eldiven örüyordu. Uzun bir müddet sürat alıştırmanın velvelesinden başka sofada bir şey işitilmedi, yalnız Fındık mürebbiyenin dizinden kayıp yuvarlanan yün yumağını pençesinin bir şamarıyla oradan oraya fırlatıyor, kuyruğunu dikerek arkasından atılıyordu.

Birden, Nihal iskemlesinin üzerinde döndü: "Matmazel!" dedi, "Bakınız, aklıma ne geldi? İtiraz etmeyeceksiniz, değil mi? Siz ilk önce itiraz etseniz bile sonra yine olur dersiniz. Bugün doğrudan doğruya olur deyiniz, olmaz mı? Bahsederim ki aklıma gelen şeyi anladınız."

Matmazel Courton dedi ki:

"Çocuğum, aklınıza çoğunluk üzere o kadar garip şeyler gelir ki, siz söylemeden keşfetmek mümkün değildir."

Şimdi Nihal iskemlesinden kalkmış, mürebbiyesini daha kolay kandırmak için yanına yaklaşmıştı:

"Anladınız, işte gülüyorsunuz... Ne olur sanki? Daha onların mektepten çıkmasına iki saatten çok var. Sizinle buradan vapura binerdik, doğru Beyoğlu'na... Düşünün bir kere, Bülent mektepten çıkar çıkmaz bizi karşısında görünce... İşte, işte, itiraz edemiyorsunuz, olur dediniz... Ben beş dakikada hazırım, matmazel!"

Bir söz söylemesine meydan bırakmadan Nihal ihtiyar kızın boynuna sarıldı ve iki yanaklarından öptü. Sonra koşarak merdivenlerden aşağı bağırdı:

"Beşir, haydi, Bülent'i almaya gidiyoruz..."

***

Nihal istiyordu ki Bülent mektep hayatını en küçük şeylerine kadar anlatsın. Soruların arkası alınmıyordu: Mektep nasıldı, neler yiyorlardı, gece nasıl uyuyorlardı, öğretmenlerinin isimleri, şekilleri neydi? Hemen dostlar bulmuş muydu? Komşuları kimlerdi? Bu isimleri hep zapt etmek, Bülent'in mektep hayatına uzaktan katılabilmek için en küçük ayrıntısına kadar tekrar izahat almak istiyordu.

Bülent, mektebe yeni girmiş bütün çocuklara özgü sahtekârlıkla, bütün ayrıntıları süsleyerek, mektebe ait tasvirlerini abartmalara boğarak, küçük küçük yalanlarla muhatapta bir gıpta uyandıracak renkler vererek anlatıyordu. Mektep büyük, ucu bucağı bulunamayan bir bina oluyor, teneffüs avluları her biri Bebek bahçesini dört kere içine alacak kadar büyüklük kazanıyor, öğretmenler, mubassırlar[1] hep koca koca, iri iri adamlar oluyorlardı.

1 Okullarda öğrencilerle ilgilenen ve düzeni sağlamakla görevli kimse. (Y.N.)

Ondan sonra çocuklar... Kim bilir onlardan ne kadar vardı? Sayılabilecek kadar değildi ki... Dört bin tane mi? Hem hepsi tuhaf, güzel, naziktiler. Şimdiden hemen yarısıyla dost olmuştu. İsimlerini haber veriyor, Namık Bey'in bir hikâyesinden, Raşit Bey'in bir vakasından bahsediyordu. Hele yemekler... Her akşam tatlı vardı. Dün akşam revaniye benzer bir şey yemişlerdi, ömründe böyle güzel tatlı yememişti. Artık Hacı Necip'in tatlılarından yiyemeyecekti.

Nihal: "Ya beni, beni hiç aramadın mı?" diyordu.

Oh! Nasıl aramamıştı? İlk gece bütün yatağında yavaş yavaş komşular duyup da eğlenmesinler diye hiç sesini çıkarmayarak ağlamıştı. Bülent bunu söylerken ablasına sokuluyor, iki kardeş o gece hep birbirini düşünmüş olmaktan incelik duyarak öpüşüyorlardı.

Nihal: "Bana mektepten mektup yazsan olmaz mı?" diyordu. Her gün küçük bir kâğıt, iki üç satır..."

Bu fikir Bülent'in hoşuna gitti: "Ne iyi olur. Sen de bana yazarsın, değil mi abla?" diyordu. Sonra bu haberleşmenin zorluklarını düşündü: "Ama bu mektupları kim getirip götürecek?"

Nihal ona da çare buluyordu: "Saklarsın, gelirken beraber getirirsin." diyordu.

Bu haberleşme tarzını yeni icat etmiş olmaktan ikisi de o kadar iftihar ediyorlardı ki o gün evin içinde Adnan Bey'den başlayarak herkese haber verdiler.

***

O günden sonra Nihal'in eğlencelerinden biri her sabah Bülent'e küçük bir mektup yazmak oldu. Behlûl'den yalvararak bir kutu mektupluk kâğıtla zarf almıştı; yatağından atladıktan sonra bunlardan birine üç satırlık, sonunda bir sayfalık yazacak sermaye bulur, zarfına kor, üstüne: "Ablasından Bülent'e der, yazıhanesinin üstüne dizerdi. İkinci hafta sonunda cumartesi günü sabahleyin yazılan mektup şuydu:

"Bugün Şakire Hanım'ın mutfağına gireceğim. Geçenlerde ev idaresi kitabında matmazelle beraber bir İngiliz tatlısının tarifini okumuştuk. Senin için ondan yapacağım. Bakalım, mektebin revanisinden daha güzel olmayacak mı?"

Bugün Matmazel Courton mümkün değil Nihal'i bu fikrinden döndüremedi. Mutlak, mutlak Bülent'e öyle bir tatlı yapacaktı ki mektebin revanisinden daha güzel olsun.

İhtiyar mürebbiye, "Ama çocuğum," diyordu; "bu tarifler okunurken pek âlâdır, yapmaya kalkışınca pek fena olur."

Nihal Şakire Hanım'ı fikrine ortak etmek için aşağıya indi. Onun odasına doğru gidiyordu. Karşısında Cemile'yi gördü. Çocuk Nihal'i görür görmez bir şey söylemeyerek geri döndü ve koşarak odalarına girdi. Nihal orada bir telaş olduğunu işitti, sonra, o henüz odaya girmek üzereyken kapıyı içeriden kapadılar ve kilitlediler.

Bu o kadar garip bir suretle olmuştu ki, Cemile'nin bir oyunu olmak üzere karşılanması mümkün değildi.

"Cemile! Cemile!"

Cemile cevap vermiyordu. İçeride fısıltılar, telaşlar vardı. Ne oluyordu? Niçin Cemile ondan kaçmış, bu odayı, bu odadakileri ondan gizlemek istemişti? Nihal birden sabırsızlandı. Mutlak, mutlak görmek, anlamak istiyordu. "Cemile!" dedi, "Niçin kapıyı kilitledin sanki? Seni oraya girerken görmedim mi zannediyorsun?"

Kapı açılmamakta devam ettikçe, onun içinde bir şey eziliyor gibiydi. Nihal'de böyle birden taşan meraklar vardı ki derhal tatmin edilmezse onu ağlamaya, tepinmeye sevk ederdi. Eliyle kapının topuzunu kavrayarak sarsıyordu. Ve artık darılarak bağırıyordu:

"Cemile! Cemile! Aç, niçin açmıyorsun?"

Şimdi içeride birçok fısıltılarla istişare ediyorlar gibiydi. Bir şeyin kapandığı işitildi. Sonra birden Nihal kapıya bir elin temasını hissetti, anahtar kilidin içinde yavaşça döndü ve kapı açıldı.

Hep oradaydılar: Şakire Hanım'la Nesrin, Şayeste ile Beşir, Cemile... Büyük bir kabahat esnasında yakalanmış gibi perişan bir halle ona bakıyorlardı. Nihal ilk önce anlamadı. Sonra odanın indirilmiş perdelerini, yerden çıkarılarak toplanmış keçesini, sökülmüş karyolayı, ortada yığılmış bohçaları, yerlerinden çekilmiş sandıkları görünce kendisinden saklanan bir şeyin hazırlanmak üzere olduğunu anladı. Dudaklarında çıkmaktan kaçınan bir soru titreyerek, Nihal hepsine ayrı ayrı bakıyor, sanki onun sormasına hacet bırakmadan birisinin izah etmesini bekliyordu.

Nesrin duramadı, artık şimdiye kadar durdukları, bu çocuğu bütün o gizli konuşmaların haricinde tuttukları yetişmiyor muydu? Şakire Hanım'a bakarak dedi ki:

"Söylemeyeceksiniz de ne olacak sanki? Biraz sonra bizi burada görmeyince hepsini anlamayacak mı? Söyleyiverin de bitsin..." Bir kere başladıktan sonra artık duramadı ve söylemek vazifesini başkalarına bırakmayarak Nihal'e döndü: "Gidiyorlar, artık bu evde oturamayacaklar. Sade onlar değil, bu evde hiçbir kimse oturamayacak. Biz şimdi hepimiz göze batıyoruz. Anlıyorsunuz ya, kimin gözüne batıyoruz... Birer birer hep kolumuzdan tutularak sokağa atılacağız. Bizden kurtulduktan sonra artık rahat etsinler..."

Nihal ayakta duramamıştı. Ortadaki sandıklardan birinin üstüne oturdu. Ezilmiş gibiydi. Hiç beklenmeyen bu olay onun gözünde büyük, müthiş bir musibetin önemini alıvermiş, onu şaşırtmıştı.

Demek gidiyorlardı. Hep böyle gideceklerdi. İşte Bülent de gitmemiş miydi? Bütün bu etrafındakiler gidecekler ve yalnız o mu kalacaktı? Bir kişi, dostsuz, arkadaşsız, koruyucusuz, yapayalnız... Ama bu kadın, Yarabbi! Ne yapıyordu ki onun, Nihal'in sevdikleri hep böyle kollarından tutulup sokağa atılıyordu?

Artık hep söylüyorlardı. Şakire Hanım oraya, Nihal'in karşısına çömelmiş, hıçkıra hıçkıra ağlıyordu. Karışık bir dille, biri tarafından başlanıp diğeri tarafından tamamlanan cümlelerle o güne kadar Nihal'den sıkı bir ihtiyatla saklanan küçük küçük şeyler, bütün hizmetçiler için hanımlardan şikâyete vesile olan bin türlü hiçler, Bey'den işitilen bir azarla hanımın bir gün tesadüfle fark olunmuş bir fısıltısı arasında kurulan ilişkiler, sade bir bakıştan çıkarılan fazla anlamlar, daha sonra bir göğüs geçirmesiyle izahından vazgeçiliyor zannettirilen sanki daha mühim olaylar, bütün bu bir yığın şikâyet Nihal'in önüne dökülüyor, "İşte görüyor musunuz? Bunlarla bizi kaçırıyorlar, öldürüyorlar. Hem bunlar sizin gözleriniz önünde cereyan ediyor da siz bizi himaye etmiyorsunuz." demek isteniyordu.

Ona böyle dinletilen hiçler aşırı bir etki kazanıyordu. Bu nakledilen şeyler hep insanı kaçırmak, öldürmek için yeterli bulunuyordu.

Lâkin o böyle durup aczinden ellerini kilitleyerek yalnız dinlenmekle mi kanaat edecekti? Bir şeyler yapmayacak mıydı ki bunları, kaçmaktan, ölmekten men etsin? Öyle bir şeyler bulup yapmak istiyordu ki her iş birden değişiversin, yine eski hayat, o eğlenceleriyle, neşeleriyle, Bülent'in kahkahalarıyla, yine o eski hayat başlasın. Fakat ne, evet, ne yapmak lazım geliyordu?

Şakire Hanım'a dedi ki:

"Hayır, gitmeyeceksin, anlıyor musun? Siz giderseniz ben ne yaparım?"

Bunu söylerken Cemile'ye bakıyordu. Cemile de ağlamamak için gözlerini indiriyordu. Süleyman Efendi bir iş bulmuştu. Eyüp'te bir ev tutmuşlardı, hatta eşyayı almak için rıhtımda bir pazar kayığı bile bekliyordu.

Şayeste, Nesrin, Şakire Hanım'ın gitmesini uygun buluyorlardı. Yalnız Beşir ara sıra bir söylemek hevesiyle Nihal'e bakıyor, sonra cesaret edemeyerek yine susmaya karar veriyordu.

Onlar artık kalmak mümkün olmadığını izah ettikten sonra, Nihal sustu, dalgın bir bakışla Şakire Hanım'a, Cemile'ye, bütün toplanan eşyaya baktı ve birden ayağa kalkarak: "Oh! Siz beni sevmiyorsunuz," dedi, "sevseniz böyle gitmek istemezsiniz..."

Başka bir kelime ilave etmeyerek, artık hiçbirinin yüzüne bakmayarak çıktı. Şimdi hepsine birden küsmüştü. Onu böyle bırakıp gitmek isteyişlerini affetmiyordu. Odadan çıktıktan sonra, Bülent için yapılacak tatlı aklına geldi. Artık bu mutfak eğlenceleri de bitmiş olacaktı. Oraya Şakire Hanım'ın mutfağı denilmeyecekti; ihtimal orasının da anahtarı alınacak ve diğer anahtarların yanına, o Bihter'in belinde sallanan zincire takılacaktı.

Babasının odasının önünden geçerken birden durdu. Oraya girse ve söylese? Ama ne söyleyecekti? Söyleyecek bir şey, yüreğinin acısını ifade edebilecek bir kelime bulamıyordu. Kapı açıktı, başını uzatarak baktı. İşte odada yalnız, o, yalnız babası vardı; oraya girer ve onun kollarına atılarak: "Hayır! Ben istemiyorum, gitmesinler!" diyebilirdi.

Girmedi...

"Nihal, niçin gelmiyorsun?"

Cevap veremedi. Kaçmak istedi, kaçamadı, bir ihtiyaç onu babasına sevk ediyordu, odanın ortasına kadar ilerledi, sonra daha çok gidemeyerek durdu. Adnan Bey birden alışılmışın dışında bir olay olduğunu anlamıştı. Baba kız birbirine baktılar. Nihal yavaş ve heyecandan örtülü bir sesle: "Baba, dedi, Şakire

Hanım'la Süleyman Efendi gidiyorlarmış..."

"Evet, kızım."

"Niçin gidiyorlar, babacığım? Hep böyle gidecekler mi? Geçen hafta Bülent gitti, bu hafta onlar, gelecek hafta kim bilir kimler... Ben, ben ne yapacağım, baba? Ben yapayalnız mı kalacağım?"

Sakin, mazlum bir sesle söylüyordu. Adnan Bey bu suretle başlayan konuşmanın tehlikelerini anladı. Konuşmayı devam wttirmekten sakınmak istedi. Biraz sert, biraz ciddi cevap vermiş olmak için:

"Sen hiç yalnız kalmıyorsun. Şimdi senin o bütün çocukluk arkadaşlarına tercih olunmak icap eden bir dostun, bir arkadaşın var. Hem, kızım rica ederim, bu gibi şeylerde biraz muhakemeye lüzum görmelisin. Süleyman Efendi ölünceye kadar bir uşak sıfatıyla kalamazdı, değil mi? Onu bir ev sahibi olmaktan, bir iş bulmaktan men edebilir miydim?"

Nihal şimdi oraya, bir tabureye oturmuş, babasına bakıyordu. Adnan Bey hafif bir tebessümle bu soruların cevabını beklerken o hissiyatını ifade edecek kelime bulamıyordu. Demin önüne dökülen şikâyetleri o da burada babasının önüne dökmek, "İşte görüyor musunuz? Onlar dediğiniz şeyler için değil, bunlar için kaçıyorlar" demek istiyordu fakat şimdi dimağının bütün faaliyeti donmuş gibiydi. Başının içinde bir buz tabakası vardı ki tersine çevriliyordu, iskemlesinin üzerinden kayıyor, vücudunu zapt edemeyerek derin bir yere düşüyor zannetti.

Birden, orada daha çok kalırsa bayılmaktan korktu. Ayağa kalktı, bir kelime söylemeyerek çıktı.

Matmazel Courton'un odası kapalıydı. Ona haber vermeyerek uzaklaşmayı daha uygun buldu, yavaşça geçti, odasına girdi. Sallanıyor gibiydi. Ne oluyordu? İki ellerini başıyla tuttu. Şimdi ta kulaklarının arkasında, iki tarafında birer nokta vardı ki ta çocukluğundan beri etki zamanlarından sonra ensesinden beynini çekiyor zannolunan ağrılar başlamıştı, başı bir burguyla deliniyor gibiydi. Soyunmadan yatağının üzerine, arkası üstü yattı.

***

Öğle oluyordu. Matmazel Courton Nihal'in tatlısından bir haber almak üzere aşağıya inmek için hikâyesinden başlanmış bir bölümü bitirmeye çalışıyordu, birden odasının yanında birisinin geniş bir nefes aldığını işitti:

"Nihal, sen misin çocuğum?"

Kimse cevap vermiyordu. Yanılmış olduğuna hükmetti. Gözleri hikâyesinin satırlarını takip ederken kulakları hep öyle birisinin geniş, uzun uzun nefesler aldığını zannediyordu. Kitabını elinden bırakarak kalktı, aralık kapıyı açtı. Nihal yatağında uyuyordu.

İhtiyar kız şaşırdı. Çocuk ne vakit gelmiş, ne vakit yatağa yatmış, bilhassa niçin uyumuştu?

"Nihal? Çocuğum, niçin uyuyorsun?"

Yatağın yanındaydı, eğilmiş bakıyordu; o zaman birden bu vakitsiz uykunun karşısında titredi. Nihal'in yumrukları sıkılmış, iki kollan dik ve düz uzanmış, dudakları bir öksürüğü zapt etmek ister gibi çenesinde bir çekiklik kısılmıştı. Birden Nihal'in eski hastalıkları aklına geldi, o ufak tefek üzüntülerinin hasta sinirlerinde aşırılık kazanarak bu zayıf vücudu aylarca devam etmiş bir hastalık kadar ezen buhranları hatırladı. Bunlardan bir tanesini, henüz Nihal sekiz yaşındayken şimdi artık hatırlanmayacak kadar adi bir sebeple başlayıp çocuğu bütün bir sene nekahete girmiş bir hasta halinde bırakan bir buhranı düşünüyordu. O vakit de böyle bir uykuyla başlamıştı. İhtiyar kız, yüreğinde bir azap düğümüyle yatağa eğiliyor, Nihal'in zayıf göğsünden sanki iç dalgalarla yuvarlanıp gelen ve ta boğazında, iki tarafından gerdanının cılız kaslarını sıkarak, tıkanan nefeslere bakıyordu. Nihal, böyle, yaşsız, sessiz, içinden ağlıyor gibiydi.

"Nihal! Nihal!

Şimdi kolonya şişesini almış, çocuğun bileklerini, ensesini ovuşturuyordu. Nihal gözlerini açtı; donuk, hâlâ uykuda bir bakışla ihtiyar kıza baktı, ihtiyar kız diyordu ki:

"Ne oluyorsun, çocuğum? Niçin böyle uyuyordun? Bana cevap veremez misin? Bahse girerim ki başına kömür vurdu. Ah, benim küçük Nihal'im, senin öyle fikirlerin vardır ki..."

Nihal hep bakıyor, hatırlayamayarak duruyor, bileklerini kendine sahip olmayan bir vücut teslimiyetiyle bırakıyordu. Sonra birden hatırladı, elinde olmayarak ellerini çekti, gözlerinde bir titreme dolaştı ve ihtiyar kız iki damla yaşın, çocuğun solgun yanakları üzerinde yavaş yavaş, bir mecra belirleyemeyerek tereddütle akıp gittiğini gördü. Sonra bu yaşlardan birbirini kovalayarak ayrı ayrı damlalar birbirini izledi ve yanaklarından kayarak, sanki gizli bir derdin gizli gözyaşları kalmak hevesiyle, iki tarafında saçlarının arasında saklanacak yer arıyorlardı.

Matmazel Courton bir kelime söylemeyerek, bir hareket etmeyerek onun serbest serbest ağlamasına müsaade ediyordu. Bu gözyaşları ona bir sağlık müjdesi getiriyor gibiydi. Nihal, böyle, ta o Şakire Hanım'ın odasında hırsından, hiddetinden çıkmaya vakit bulamayarak biriken yaşlarla uzun uzun ağladıktan sonra yatağında doğruldu. Hemen silinmekte acele eden bir tebessümle mürebbiyesine baktı: "Kim bilir beni ne kadar çocuk buluyorsunuz..." dedi, sonra birer birer, Şakire Hanım'ın Cemile beraber gittiğini, ona dinlettikleri şeyleri büyük birer uğursuz olay önemiyle anlattı.

Babasını kastetmek isteyerek ilave etti:

"Oh! Artık beni sevmiyor, hep onu seviyor, o kadını... Bilir misiniz? Şimdi ben de onu sevmiyorum. Onu bugüne kadar niçin sevmişim sanki?"Artık buradan ben de kaçmak istiyorum. Mesela Şakire Hanım'la beraber gitmek... Onlar Eyüp'e gidiyorlarmış. Orası neresidir? Uzak, pek uzak bir yer değil mi? Ben de öyle uzak bir yer istiyorum ki... Sizinle bir kere oraya gitmemiş miydik? Niçin o vakitten sonra tekrar gitmedik? Oraya yine gitsek, buradan uzak bulunsak... Gidelim, olmaz mı, siz ve ben?"

Sonra, birden yatağından indi. Bacaklarının üzerinde kendisini o kadar zayıf bulmasına şaşırdı. Uzun bir hastalıktan kalkmış gibiydi. Bu zaafı tuhaf buluyordu. Gülerek dedi ki:

"Yürümekte zorluk çekeceğimi zannediyorum, matmazel. Sizinle beraber sofaya çıkalım mı? Pencereden vapurlara bakardık. Bülent artık gelir değil mi? Beraber sofaya çıkarken yavaş sesle sordu: "Babama bir şey söylemeyeceğinizi vaat ediyor musunuz?"

Bu akşam Bülent koca bir defterle geldi. Vaadini tutmuştu. Ablasına birçok mektuplar yazmıştı.

Defterinin üzerinde bir güvercin, güvercinin gagasında bir zarf vardı. Bunun üzerine de Bülent ince bir yazı ile bir satır koymuştu: "Nihal Hanım'a mahsustur."

Bunları hep kendisi okumak istedi. Nihal hafif bir tebessümle sessiz dinliyordu. Sonra birden onu durdurarak haber verdi: "Bülent! Biliyor musun? Evin içinde yeni bir olay var:

Şakire Hanım'la Cemile gittiler.

Bülent omuzlarını kaldırarak, "Biliyorum! dedi. Beşir'den haber aldım. O da annemle uğraşmasaydı..."

Nihal, isteği dışında bir hareketle Bülent'in defterini itti, bugünün en büyük yarasını Bülent'in bu sözü açmış oldu. Nasıl? Demek o kadını haklı buluyordu, öyle mi? Annesi! Ama onu büyüten, ona bakan, ta doğduğu günden beri annelik eden Şakire Hanım'dı. Bunun mükâfatı işte bu sözdü, öyle mi? Annesi! O kadın..."

Bir kelime söylemeyerek çocuğun yüzüne bakıyordu. Tekrar defteri itti:

"Artık istemem, yoruldum."

Bülent anlamayarak soruyordu:

"Sen, sen bana mektup yazmadın mı abla?"

Nihal yalan söyledi, "Hayır, yazmadım. Bu o kadar gülünç bir şey ki!" dedi.

Kalbinde bir damar kopmuş zannediyordu. Bülent'i şu dakikada daha çok görmek istemedi. "Bülent," dedi; "babanın yanına gitmez misin?"

10

Aralık... Yarım saatten beri iri bir kar bulutu parçalanmış, havanın baygın esmerlikleri içine iri iri parçalarla, lapa lapa dökülüyordu. Bihter yavaşça Behlûl'ün kapısını açarak, içeri girmeye cesaret edemeyerek başını uzattı. Yalnız ötede henüz tutuşturulmamış sobanın kapağından kayan kırmızı alevlerle karanlıktan titreyen odada Behlûl'ü aradı.

"Behlûl Bey! Benim şekerlerimi yine unuttunuz mu?"

Behlûl, büyük odanın ta diğer ucunda, pencerenin önündeydi:

"Siz misiniz, yenge?" Şekerleriniz mi?" Hayır, hiç unutur muyum?"

Bihter odaya girdi. Behlûl ona doğru geliyordu. Bu yarı karanlık odanın içinde, titreyerek halının bir kısmını, biraz ötede kanepenin kenarını, küçük bir masanın ayaklarını kırmızı dilleriyle yalayan, alevlerin parıltısı arasında birbirini gölge şeklinde görüyorlardı.

Behlûl: "Şekerleriniz, şekerleriniz... Durunuz bakayım, onları nereye koydum? Ah! İşte burada, masanın üstünde..."

Küçük mukavva kutuyu alırken masanın üzerinden bir şey

kaydı ve birbiri ardından halının kırmızı alevlerle yaldızlanan parçalarına döküldü.

Bihter: "Oo! Bunlar ne? Bir alay kadın resmi. Sizde başka ne resim bulunabilir? Veriniz bakayım..."

Behlûl, "Gördünüz mü bir kere?" diyordu, bütün kabahatlerim ayaklarınızın altına serildi. Şimdi kim bilir hakkımda neler düşüneceksiniz, ne olmayacak şüphelere sahip olacaksınız?" Halbuki bilseniz bu resimler nasıl saf bir emelle, bir sanat hevesiyle alınmıştır. İşte gülüyorsunuz? Niçin oturmuyorsunuz yenge?"

Bihter hemen oraya, sobanın yanında kanepeye oturdu. Şimdi Behlûl de halının üstüne, ta genç kadının ayaklarının altına oturmuş, resimleri topluyordu. Bihter eğilmiş, bir tanesini almıştı, görebilmek için alevlere tutarak bakıyordu.

Behlûl diyordu ki:

"Bilseniz, tiyatro kıyafetlerine ne kadar merakım vardır. Bunlar bu yaz size o kadar bahsettiğim İtalyan Operet kumpanyasının kadınları... Sırf elbiselerin tuhaflığı için alınmış şeyler."

Bihter gülüyordu: "Elbiseler mi? Ama bunlarda elbiseden başka her şey var. Veriniz bakayım, onların hepsini veriniz..."

Eğilerek Behlûl'ün elinden bütün resimleri alıyor, Behlûl beraber bakmak için kanepeye yaslanıyordu.

Bihter yüzünü buruşturarak hepsine: "Of! Yarabbi... Ne çirkin şeyler! Bütün yaz bunları görmek için mi kalırdınız?" diyordu.

O kadar yakındılar ki Bihter'in kolu Behlûl'ün yanağına sürünüyordu. Şimdi sobada odunların alevleri yavaş yavaş sönüyor, sanki bu köşeyi karanlıkların tamamen mahremiyet alanında yalnız bırakmak arzusuyla, çekingen, çekiliyordu..

Behlûl'ün eli, sanki tesadüfle, Bihter'in dizine düşmüştü. Karşılarında donuk camların arkasında çılgın bir dansla karlar oynaşırken yanlarında sobadan hoş bir sıcaklık onlara mest eden bir rehavet veriyordu. Artık karanlıktı, Bihter bir söz söylemeyerek şimdi fark edilemeyen resimler hâlâ elinde, bilinemez nasıl bir korkuyla bir hareket etmeye cesaret edemeyerek, duruyordu. Yalnız sobanın kapağında iki kırmızı göz sönük, hemen büsbütün örtülecek bir bakışla onlara bakarak gülümsüyor gibiydi. Birden ikisi de titrediler; şurada, bu karanlık odanın gizli havasında, ikisi de aynı saniyede öyle bir şey hissettiler ki onları bir kelime söylemekten, bir hareket etmekten ürkütüyordu. Tehlikeyle dolu bir rüya içinde gibiydiler; bir küçük şey bilinemez nasıl bir tehlikeye sebep olacak zannediyorlardı.

Bu dakikaya kadar bu hissi bu derece açıklıkla duymamışlardı. Behlûl Bihter'de kendisinden kaçıyor zannolunabilen bir hal fark etmişti. Hemen hiç böyle karanlık bir mahremiyetin yalnızlığı içinde bulunmamışlardı, öyle zamanlar vardı ki Behlûl kendi kendisine sigarasının dumanları içinde düşüncelerini takip ederken bu dumanlı hayal ufkunda Bihter'in çehresini görür: "Oh! Ne olmayacak şey! Bu yolda fikirler bana özgüdür." derdi.

Sonra Bihter de gittikçe açıklık kazanan kaçışlar için bir hüküm vermekten kendini men edememiş, aşk teorilerinden birini uygulamıştı: "Bir kadın ki sizden çekiniyor, sizden korkuyor demektir; daha doğrusu, size karşı kendisinden korkuyor demektir."

Peyker hakkında takipleri hep öyle, en cesaret verecek bir yola giriyor görünürken birden en umulmaz bir inada rastlayarak sonuç vermeden kalıveriyordu. Kendi kendisine, "Ahmak bu kadın! Aptalca bir iffet..." diyor, sonra Nihat Bey'e karşı bu namus sebatını o kadar yersiz buluyordu ki bundan Peyker için bir aşağılamak, kocası için de bir düşmanlık hissi çıkarıyordu.

Hâlâ eli Bihter'in dizindeydi, hâlâ onun kolu yanağına sürünüyordu, işte saatler kadar uzun görünen dakikalar geçmişti ki ne bir söz söylüyorlardı, ne resimlere bakıyorlardı. Bu dakikalar uzadıkça ikisinin de kalbine bir korku titreyişi veren tehlike anlamı daha çok açıklık kazanıyor gibiydi. Artık şurada geçirilen masum birkaç dakika aralarında bir kabahat ağırlığıyla kalacaktı. Birden bu vaziyetten çıkmak için kuvvet buldu:

"Şekerler! Şekerler! Onlar nerede?" dedi. Bunu söylemek için öyle bir hareket yapmıştı ki artık Behlûl'den uzak ve ayağa kalkmaya hazırdı.

Demin yanı başında onun taze sıcaklığını, bütün vücudundan esen ve mest eden menekşe kokusunu duyarak kaçınılamaz bir korku hissederken, Behlûl şu dakikada onu artık gidiyor, ihtimal bir daha böyle bir mahremiyet ve emniyet içinde yapayalnız kalmamak üzere kaçıyor görünce, birden vahşi bir arzuyla onu alıkoymak için çıldırmışa döndü:

"Yenge!" dedi, "Nereye gidiyorsunuz?" Sonra bu "yenge" hitabı vücudunu soğuk bir ürpermeyle sararak onları üşütmeyecek, hatta birbirine yaklaştıracak bir hitapla tekrar sordu: "Bihter! Niçin gideceksiniz? Oh! Beş dakika daha... Bakınız, böyle karanlıkta..."

Bihter bu hitabın, bu sesin yalvaran anlamını anlamamak isteyerek: "Çıldırdınız mı?" diyordu,"Böyle, karanlıkta niçin oturmalı?"

Artık ayağa kalkmıştı. Behlûl de elinde şekerleme kutusuyla ayakta ona bakıyordu. Karanlıkta birbirlerini tamamen göremiyorlardı. Yalnız geniş geniş soluduklarını hissediyorlardı. Bugün şurada en umulmaz bir suretle o zamana kadar birbirine karşı açıklık kazanamayan vaziyet birdenbire açıklık kazanmıştı. Bir saniye içinde Behlûl o kadar ileri gitmişti ki artık geri dönmek mümkün değildi. Yine bir saniye içinde uzun bir muhakeme silsilesine vakit buldu: "Niçin ricat etmeli?" diyordu; bütün hayat benim için Bihter'in ayaklarına dökülen o resimlerle, satın alınan bu ilişkilerle mi geçecek? İşte bir kadın ki seni seviyor, henüz sevmiyorsa bile, yarın sevecek; evet, bir kadın ki mutlak beni yahut bir başkasını sevecek... Şu halde niçin beni sevmeyip de başka birini sevmesine müsaade etmeli?

Şimdiden onun başka birini sevebilmesi ihtimalini düşünerek müthiş bir kıskançlık duyuyordu. Bu akşam onları tamamen bağlayacak bir olay olmaksızın, Bihter'i salıverecek olursa, artık onun kendisi için ulaşılmaz, yakalanamaz bir ufukta uçan bir hayalden ibaret kalacağına ve işte o zaman, ıstırabından öleceğine kanaat etti.

Şimdi Bihter'e yaklaşmıştı. Dudaklarıyla saçlarına sürünerek bu karanlığın içinde daha çok samimiyet, daha fazla mahremiyet barındıran, ricayla dolu sesi titreyerek: "Gitmeyiniz, hayır gitmeyiniz..." diyordu. Sizin yanınızda o kadar mutlu oluyorum ki; fakat böyle, yanınızda yalnız ben, anlıyor musunuz, yalnız ben varken... Sizinle bir arada nasıl mutlu olurduk..."

Bihter işitmiyordu. Kulaklarında bir uğultu onu işitmekten, beyninin içinde bir donukluk onu anlamaktan men ediyordu.

Odaya girerken hiç böyle bir tehlike düşünmemişti. Şimdi kendisini azarlıyordu. Buraya niçin gelmişti? Ta o günden beri, o Göksu âleminden beri bu adamdan kaçmak lazım geleceğine hükmetmişken, evet, buraya niçin gelmişti ve bilhassa hâlâ niçin buradan kaçıp gitmiyordu?

Başını çekerek boğuk bir sesle, "Ama Behlûl Bey!" dedi, "Siz çılgınsınız; bırakınız, rica ederim." Sonra birden Behlûl'ü o gün Göksu'da Peyker'in arkasında, dudakları hırslı bir sevda öpüşüyle titreyerek eğiliyor gördü: "Peyker'den sonra ben mi?"

Bu ağzından öyle istemeyerek çıkmıştı ki derhal pişman oldu. Fakat şimdi Behlûl onun iki elini yakalamıştı ve küçük küçük öpücüklerle bu elleri öperek: "Hayır, hayır," diyordu. "Peyker'den sonra değil, her şeyden evvel siz, yalnız siz, anlıyor musunuz? Hayatımda yalnız siz olacaksınız... Düşününüz bir kere! Niçin birbirimizi sevmeyelim, evet, niçin?"

Elinde olmayan bir korkuyla o çekiliyor, Behlûl ona uyarak arkasından sürükleniyordu. İkisi de pencerenin önünde bulunmuş oldular. Bihter bir şey söylemiyordu, Behlûl de pencerenin yarı aydınlığı içinde birden hakikate dönerek sanki korkunç bir rüyanın heyecanıyla göğsü şişkin, duruyordu.

İkisi de pencereden bakıyorlardı: Bütün sis... Yalnız küçük küçük beyaz karlar sürekli bir düşüşle karşı sahilin artık hep gölgelerden ibaret manzaralarını titretiyordu. Karşıda büyük bir dumanla resmedilmiş bir levha parça parça koparak denize dökülüyor gibiydi. Bihter, dalgın bakıyordu fakat düşünemiyordu. Onun da zihninde şimdi böyle dumanlarla resmolunmuş bir şey vardı, onun da zihninde bütün muhakemeleri böyle sislerle bunalarak parça parça bir denize dökülüyor gibiydi. Şimdi, şu dakikada o Göksu âlemini takip eden gecenin kâbusuna benzeyen bir şey onu derin bir uçurumun içine yuvarlıyor zannediyordu.

Ötede sobanın kırmızı gözleri, büsbütün kirpiklerini indiriyor, dışarıda küçük küçük beyaz karlar sürekli bir düşüşle bütün ufku beyaz dumanlara boğuyordu.

11

Bu bir rüya gibi olmuştu. Odasında yalnız kalınca inanamadı, gerçek, bir iki dakika evvel burada bir kadın vardı, bu kadın Bihter'di öyle mi? Karanlıkta, bir şeye çarpmamak için halının üzerine ayaklarını sürterek, geziniyor, sanki Bihter'in biraz evvel orada vücudundan kalmış bir eser, o rüyadan bir kalıntı arıyordu. Düşüncelerine bir intizam veremiyordu. Sonra birden aklına düşünebilmek için bir şeyin noksan olduğu geldi: Işık... Evet, bu karanlık onu düşünmekten men ediyor, dimağını bulutlara gömüyordu. Kibrit kutusunu bulmak için elini geriduna sürüyordu, parmaklarına bir şey ilişiyordu. İlk önce anlayamadı. Sonra "Ah! Şekerler! dedi. Karanlıkta kendi kendine tebessüm ediyordu. İşte bu, Bihter'le rüyasından bir kalıntı değil miydi? Kutuyu açtı, parmaklarını uzatarak fondanlardan bir tane aldı. Şeker dilinin üzerinde erir erimez pek taze bir hatırayla ruhunun tanıdığı olan bir koku duydu. Bir parça menekşeliydi; Bihter'in kokusu, Bihter'in nefesi, Bihter'in ruhu... Bir his kuruntusu içinde Bihter'i henüz orada, kollarının arasında zannetti. Şimdi bu koku onu mest ediyor, bütün varlığı ağzında ezilen şekerle beraber bayıltıcı bir menekşe tadının içinde uyuşarak eriyordu.

Gerçek, gerçek, Bihter artık kendisinin olmuştu, öyle mi? Bu o kadar emellerinin üzerinde bir şey, hatta arzu edilmeye cesaret olunamamış bir şeydi ki hiç beklenilmeyen bir vesileyle gerçekleşmesinden sonra onu uyuşturmuş, sersemletmişti. Kalbinde bir heyecan, sinirlerinde bir sıcaklık, dimağında bir buhran bile yoktu; hiçbir şey hissetmemişti. Kendisini bu şaşılacak şeyden bu derece kayıtsız, soğuk buldukça Behlûl şaşıyordu.

Tekrar kibrit kutusunu aradı. Kendisini odasının eşyası arasında, o düşüncelerinin sürekli arkadaşları olan ufak tefeklerin karşısında görürse şimdi bunalmış, uyuşmuş kalan duygularının tutuşacağını farz ediyordu. Kibriti çaktı, yazıhanesine doğru yürüdü, minimini bir İspanyol tefinin arkasında saklı duran mumu yaktı. Elini yazıhanenin üstündeki sigara kutusuna uzatarak bir Havana aldı.

Şimdi artık çehrelerinde bir tebessümün titreyişi dalgalanan ufak tefeklere bakarak sigaranın dumanları içinde uzun uzun düşünebilirdi. Sevda hayatında bu akşamdan başlamış bir bambaşka dönem açılıyordu. Birden kendisini yükselmiş, sıradan sevişmelerin, sefil ilişkilerin üzerine çıkmış buluyordu. Artık hayatının küçük küçük aşk hikâyeleri kapanmış, şimdi her türlü ihtiraslarıyla, emelleriyle, hummalarıyla, mutluluklarıyla uzun bir sevda hikâyesi başlamıştı. Bütün o eski hatıraları hor, aşağı buluyordu. Onlar çocuklukta karalanıp da artık vücutların utanılan, yırtılıp atılmak, yakılıp kül edilmek istenen müsveddeler değersizliğine inmişti. Şimdi aşk hayatının bir güzel eserini yazacaktı ve artık bu eserinden sonra sevda hayatını kapayabilirdi.

O eski hatıraların hemen hepsinden bu odada birer iz vardı. Mumun titrek ışığının altında sallanıyor zannolunan duvarlarda gözleri öteye beriye ilişiyor, hepsinde birer hikâye canlanıyor; sonra bunları, aşk hatıralarının bu kıymetli yadigârlarını insafsız bir alay darbesiyle kırarak artık atılacak oyuncak enkazı haline getiriyordu. Evet, artık bunlar, Bihter'den sonra, atılacak çocukluk oyuncaklarından başka ne olabilirdi? Bunlara vaktiyle o kadar önem verdiğine şaşıyordu. İşte şurada kurşunkalemiyle yapılmış belirsiz bir genç kadın çehresi vardı ki Behlûl'ü en çok meşgul eden aşklardan biriydi. Bütün bir yaz onu görebilmek için Emirgân rıhtımında dolaşmıştı. Yalnız gözlerle bir sevişme... Sonunda ondan çeşitli renklerde dört karanfile bağlanmış pembe bir kurdele almıştı. Zavallı çiçekler, zavallı atlas parçası! Bunlar o çeşitli renkleriyle kim bilir ona ne demek istemişlerdi? Bütün bu maceradan işte bir kâğıt parçasına kurşunkalemiyle çizilmiş belirsiz bir hayal, etrafında o solgun pembe kurdeleden yapılmış bir çerçeve bir köşesinde artık kurumuş karanfiller kalmıştı. Daha ötede bir hücrenin altında balo defterlerinden bir demet sallanıyordu; işte zengin bir hatıra mecmuası. Bilhassa bir tanesini hatırlıyordu, Operaia İtaliana'nın bir müsameresinde tanınmış Alman Yahudilerinden bir kız ki Behlûl'ün şık bir yere başkonsolos olacağına dair o aralık ortalıkta dolaşan bir şayia üzerine kendisini bir Türk memurunun karısı görmek hayaliyle çıldırmıştı. Ona o geceden itibaren her görüşünde evlilikten bahsederdi. Bu hikâye, kızını Behlûl'e eş olarak veremeyen annesinin kendisini vermesiyle sonuç bulmuştu. Sonra Behlûl'ün gözleri hücrenin üstünde bir Vişnu[1] heykelinin kafasına takılmış al atlastan zarif bir peçeye ilişiyordu. Kendi kendisine: "Ah! Şarlot" diyordu, "Çapkın kız... O gece beni ne üzmüştü!" Sonunda Gambrinus'ün[2] üstünde peçesini çıkarıncaya kadar tanımak mümkün olmamıştı. Kim düşünebilirdi ki bir İngiliz İncil'i yayımcısı kadar vakur görünen bu ciddi mürebbiyeye bir karnaval gecesi Odeon'da rastlamak mümkün olmasın?

Bir aralık Japon saksısının içinde kurumuş bir demet eğrelti otlarına bakarak gülümsedi. Bunları Alemdağı'nda ormanda bir gezinti esnasında toplamıştı. Kendi kendisine, "Zavallı iİbal!" diyordu. Mutlaka benimle beraber bir orman âlemi yapmak istiyordu. Bir hikâyede mi okumuştu, bir şiirde mi görmüştü? Bilmem... Bunun için bütün tehlikeleri göze alıyordu. Bu, onun için öyle bir cesaretti ki bana sevgisini her türlü yeminlerden çok ispat etmiş olacaktı. İşte hemen kadınların hepsinde mevcut bir illet: Fedakâr görünmek...

Böyle odasının ötesine berisine izleri serpilen bütün aşk hatıralarını aşağılıyordu. Bunları şimdi insafsız ellerle çekip koparacak, o takım resimleri, yazıhanesinin gözünde deste deste mektupları yırtıp atacak, artık hayatında yalnız o, yalnız Bihter kalacaktı.

Birden aklına Peyker geldi. Dudaklarının arasından "Ahmak!" diyordu. Olur dememişti. Bir buçuk seneden beri yerinden oynamayan bir ahmaklığa tesadüf ediyordu. Bir kadın tarafından ona direnilmiş olmasına felsefesince yalnız bir sebep buluyordu: Ahmaklık! Bihter'e sahip olmakla Peyker'den ne güzel intikam almış oluyordu. Şimdi ona gitmek, kulaklarına bağırmak istiyordu: "Ama sizin haberiniz yok...

1 Hinduizm'de dünyanın koruyucusu olduğuna inanılan Tanrı. (Y.N.)
2 İstiklal Caddesi'nde bir birahane

Bihter, anlıyor musunuz? O nefis kadın bu akşam kollarımın arasındaydı. Siz, siz bana parmaklarınızın ucunu vermek istemediniz..."

Ama bu zaferi yalnız Peyker'e söylemek yeterli olmayacaktı, bütün dünyaya haber vermek istiyordu ki o bugün İstanbul'un en güzel, en güzide kadınına sahiptir. Kendi kendisine: "Ne kadar yazık!" diyordu. "Bunu yalnız ben bileceğim..."

Onda en çok kuvvetle hüküm süren bir âdet vardı: Anlatmak... Aşk ilişkilerini başkalarına dinletmek hevesiyle kurardı. Duyulmamış bir zafer yarı yarıya gerçekleşmemiş hükmündeydi. Bütün ilişkilerini, olaylarını isimlerini saklayarak, hatta iftihar olunacak isimlerin keşfedilmesine müsaade ederek, türlü ilavelerle, süslerle anlatır ve en büyük lezzeti asıl anlatırken hissederdi.

Uzun bir nefesle sigaranın dumanını çekti; hâlâ bir menekşe kokusu ciğerlerine nüfuz ediyor, ona bir kavuşma rüyasının esintilerini getiriyordu. Birden şiddetli bir arzunun mengenesinde kalbinin sıkıldığını hissetti. Bihter'i arzu ediyordu. Şu dakikada yine onun yanında, dudakları onun saçlarından bu menekşe kokusunu içerek onun kollarının arasında bulunmak istedi. Bu, ıstırap veren bir arzuydu. Şimdiye kadar Bihter için hiç bu şiddetle arzu hissetmemişti, hatta demin o buradayken bu kadının yanında herhangi bir kadın için duyulan şeyden başka bir şey duymamıştı; fakat şimdi, şu dakikada öyle bir kuvvetin hükmü altındaydı ki her türlü çılgınlık yapabilirdi.

Bu aşk, hayatının bütün o eski aşklarından hiçbirine benzemeyecekti. Her zaman aşklarından galip çıkarken, bu aşkında mağlup olabileceğini hissetti. Bu defa her zamankinden başka bir fark vardı: O gidip Bihter'i almamış, Bihter gelip kendisini almıştı. Bu fark sevişmesinin bütün cereyan tarzına etki edebilirdi. Sahiplik hükmü bu defa onun elinde değildi.

O zaman bu sevişmenin bütün tehlikeleri gözlerinin önüne dikildi. Şimdi sigarası elinde onu rahatsız ediyordu, yatacak yer aramak için etrafına bakıyordu, Beşir'in sesini işitti:

"Küçük Bey! Sizi yemeğe bekliyorlar."

Düşünmeden ret cevabı verdi. Bu akşam sofraya gitmeyecekti. Gidemeyecekti. Birden kendi kendisine sordu: "Ama niçin? Karnım aç olmakla beraber gitmek istemiyorum, niçin?"

Birisinden kaçıyordu. Hissetti ki ancak birisinden, Adnan Bey'den kaçtığı için düşünmeden, yalnız sinirlerinin bir iradesiz kaçınışıyla düşünmeksizin ağzından ret cevabı çıkarıvermişti.

Bu cevabı verdikten sonra pişman oldu. Böyle bir sebebe mağlubiyetini utanılacak bir zaaf olarak görüyordu; çocukça, ahmakça bir zaaf... Şüphesiz Adnan Bey'i severdi, onunla hatta bir parça arkadaş gibiydiler, elbette aşklarını odasının mahremiyetinden başka yerlerde aramak kendisince bir vazifeydi. Vicdanına karşı bunu itiraf ediyordu; ama sonra bir dizi mazeret buluyor, bu ihaneti vicdanı için bir azap olmaktan çıkarmaya çalışıyordu. Bu evlilik dünyanın en çılgın bir şeyiydi. Elbette böyle bir kadın böyle bir kocaya sadık kalamazdı. Şu halde onun ne kabahati olabilirdi? Kabahat asıl evliliğindi. Bilhassa mademki o, bu ihanetin vukuu bulma sebeplerinin meydana çıkması için bir şey yapmamıştı.

Sigarasını atmak için açtığı sobanın önünde çömelmiş, durumu değerlendiriyordu. Birden kendisini bu vaziyette, böyle muhakemeyle meşgul fark edince güldü. Felsefesinin çözmekte zorluklara uğrayan meseleler hep böyle bir kahkahayla biterdi. "Tamam..." dedi. "Şimdi de vicdan azabı!" Bir bu eksikti. Ama azizim Behlûl, sen felsefende geriliyor musun yoksa? Mademki Adnan Bey en mutlu bir kocadır ve şüphe yok ki bu mutluluğa zerre kadar zarar verecek bir şeyi öğrenemeyecektir; şu halde olay gerçekleşmemiş demektir. Vicdanında uyanan kınama çığlığını felsefesinin bu sade kuralıyla susturmuştu. Ondan sonra kendisinde uçmak, oynamak hevesi veren bir hafiflik duydu. Bu sevişme bütün tehlikeleri ve zorluklarıyla onun için daha cazibeli, daha ihtiraslı bir şey olacaktı. Kendisini bir hikâyenin kahramanı olarak görüyordu. Eski aşklarının hepsini yadsıyor, hiçbirinde asıl aşktan beklenen şeyleri o ruhu titretip mahveden heyecanları, cinnetleri, hatta gözyaşlarını, ıstırapları duymadığına, görmediğine hüküm veriyordu; fakat Bihter bunları hep verecekti, asıl onu sevecekti, hayatının hemen tek aşkı bu olacaktı. Ötekiler hep bir yığın oyuncaktan ibaret kalacaktı.

Şimdi odasının içinde geziniyordu. Kendisini meşgul etmek için yavaş yavaş, kesik kesik ıslıkla uydurma bir hava çalıyordu. Bir düşünme ihtiyacı onu penceresinin yanına götürdü. Dışarıda karlar küçük parçalarla gecelerin siyahlıklarına beyaza yakın bir esmerlik vererek sürekli bir sessizlikle düşüyordu. Hiçbir şey görünmüyordu; ne karşıdan küçük bir ışık, ne denizde ufak bir köşe... Yalnız siyah bir uçurumun içinde bu beyaz şeyler kaynaşarak dökülüyordu.

Artık oradan ayrılamadı. Bu siyah manzarasının karşısında donuk bir beyinle bu geceden başlayacak ihtiras hayatını düşünüyordu. Herkesin gözleri önünde kimseye hissettirmeksizin sevişmek... Oh! Bu gizli şeyle öyle küçük mutluluklar olacaktı ki onları o zamana kadar duyulmamış bir mutluluk içinde yaşatacaktı. Herkesin içinde Bihter'e yabancı dururken onun bir bakışı olacaktı ki kendisine: "Ben seninim, yalnız seninim!" diyecekti. Bir hafta birbirlerine bir kelime söylemeyeceklerdi, aynı evde yaşarken bir hafta ayrılık işkenceleri içinde ezileceklerdi, sonra herkesin merak gözünden çalınabilen on dakika içinde bütün o işkencelerin mükâfatını göreceklerdi.

Bu zorlukların her biri onların aşklarını tazeleyecek, ölmekten men edecekti; ve onlar her vakit taze bir aşkla sevişeceklerdi.

12

Bu ilk aşk günahından sonra Bihter hastalanmış gibiydi. Behlûl'ün odasından çıkınca hiçbir şey duymamıştı. Bütün hissini uyuşturan bir uyku içindeydi. Bir şey düşünmeyerek hep susmak istiyordu. Yatağına girince hemen uyumuştu; fakat sabahleyin gözlerini açar açmaz, henüz yatağından kalkmadan, bütün o çirkin hakikati kendisiyle beraber uyanmış buldu. Demek bu sabah Bihter her sabahkinden başka bir Bihter'di. Artık bedbaht, bedbahtlığına acınacak bir kadın değil, bir daha silinmeyecek, bir lekeyle kirlenmiş, sefil, murdar bir yaratıktı. Sonunda işte şimdi büsbütün Firdevs Hanım'ın kızı olmuştu. Bunu kendi kendisine söylüyor ve kendisinden iğrenilecek bir vücuttan kaçarcasına kaçmak istiyordu. Ama niçin böyle olmuştu? Bu günahı affettirecek bir sebep de bulamıyordu. Behlûl'ü sevmiyordu, hayır, bundan emindi, çapkın bir çocuktan başka bir şey olmayan bu adam hakkında aşka benzer hiçbir şey duymamıştı. Şu halde oradan kaçmak, onun kim bilir kimlere karşı binlerce defa tekrar olunmuş, sözlerini dinlememek, hatta onun odasına girmemek o kadar mümkün iken, niçin, evet niçin gidip bayağı bir sokak kadını zayıflığıyla bu adamın kollarına atılmıştı? Bu düşkünlüğü affettirecek hiç, hiçbir şey bulamıyordu. Hatta bundan bir küçük mutluluk bile bekleyemezdi. Kocasına karşı, vazifesine karşı, bundan sonra artık herkese, kendisine hürmet edecek olanların tamamına karşı ihanet ederek, hatta kendi kendine karşı bir mazeret vesilesi bulamayarak kendi kendisini sefil bir yaratık yaptıktan sonra mı, bu suretle mi mutlu olacaktı? Şimdi kendinden iğreniyordu; hayattan, her şeyden iğreniyordu.

Sonunda Firdevs Hanım'ın kızı olmuştu; evet, yalnız onun için gitmiş, bu adamın kollarında kirli bir kadın olmuştu. Başka bir sebep bulamıyordu. Demek onun kanında, kanının zerrelerinde bir şey vardı ki onu böyle sürüklemiş, sebepsiz, özürsüz Firdevs Hanım'ın kızı yapmıştı. Bütün bu günahın, bu kirin mesuliyetini annesine yüklüyordu. Bu kadına bir düşmandı, ondan nefret ediyordu, kendisini bu kadının kızı yapan kadere küsüyordu.

Şimdi ne yapacaktı? Bundan sonra artık bir heves oyuncağı hükmünde Behlûl'ün sahipliği altına geçmiş demekti. Buna boyun eğecekti; bir kere düşmüş olmak, artık büsbütün uçurumlara yuvarlanmak için bir sebep, bir hak oluşturmuş olacaktı, öyle mi? Ondan sonra herkese yalan söyleyecekti, kocasına yalan söyleyen gözlerle bakacaktı, Peyker'e "Ben de kocamı seviyorum, ben de kocama ihanet etmedim ve etmeyeceğim." demek isteyen bir gururla görünmeye çalışacaktı; hayatı artık baştan başa bir yalan, iğrenç bir yalan olacaktı. Ama buna nasıl tahammül edecekti? Herkes ona, "Yalan söylüyorsun!" demeyecek miydi? Filanın kocasına ihanetinden bahsedilirken o kızarıp gözlerini indirmeyecek miydi? Ya Behlûl'le, o cinayet ortağıyla, bu evin içinde, hep beraber, hep aynı havayı teneffüs ederek nasıl yaşayacaktı?

Hayır, bunların hiçbirine tahammül etmeyecek, hiç olmazsa sürekli yalanlardan oluşan bir hayata katlanmayacaktı. Gidip şimdi kocasına diyecekti ki: "Biliyor musunuz? Ben size layık değilim, ben sefil bir yaratığın, Firdevs Hanım'ın kızıyım. Bırakınız beni, gideyim. Annemin yanına, ben yalnız oraya layığım. Ama siz de düşünmeli değil miydiniz? Niçin gidip bir Firdevs Hanım'ın kızını almak istediniz?"

Oh! Bunu söylemeye kuvvet bulsaydı, kendi cinayetinin intikamını yine kendi alsaydı, o lekeden kendini temizlemiş olacaktı. Fakat buna değil, hiçbir şeye kuvvet bulamadı. Bu düşüş onda bütün savunma kabiliyetlerini mahvetmişti; böyle, sabahleyin, o düşüşün heyecanı ertesinde kendi kendisinden iğrenirken varlığının gizli derinliklerinde bir farkındalık alevi hissediyordu ki artık bu başlayan düşüşü izlememek, yine o odaya, yine onun kollarına dönmemek mümkün değildir. Behlûl'ün hatırasında tesadüfle sahip olunmuş bir sokak kadını hükmünde kalamazdı, artık onun hayatına sahip olmalıydı, onu sevmeliydi, sevmeye çalışmalıydı; bu aşk günahına öyle bir gelecek mecrası tayin etmeliydi ki onu alçaltmasın, yükseltsin. Evet, bunu yalnız aşk temizleyebilirdi.

Bu sabah Adnan Bey onun odasına gelip de "Gülüm, beni bu sabah öpmüyor musun?" çekinme bile duymayarak kocasını öpmüş ve sonra bu kadar kayıtsız kalışına şaşırmıştı. Demek kalbinde hiçbir şey titremeden vücudunu başka birisine verdikten sonra dudaklarını kocasına uzatabilmişti; demek bu kadar hissiz, bu kadar kayıtsızdı? Kendi kendisine şaşıyordu. Onda bir şey bu düşüşe karşı isyan ederken, diğer bir şey onu kabul ediyor, tabii buluyordu.

Bir hafta bir ikinci düşüşün gerçekleşmesi ihtimalini hazırlayabilecek vesilelerden kaçındı. Behlûl'le ilişkilerinde, o eski kayıtsız, endişesiz ilişkilerde, hiçbir değişiklik olmamış gibiydi; sanki o akşamın hatırası karanlıkları içinde bir rüya hükmünde kalmıştı. Bihter onunla yalnız kalmıyordu, ona ayrıca bakmıyordu, hatta o evde yokken bile odasına girmiyordu. Bu odadan kaçıyor, orada uyuyan bir hatıranın havasını teneffüs ederse, boğulacağından korkuyordu. Bu bir hafta içinde o düşüşten o kadar uzaklaşmıştı ki, hatta şüphe etti. Yoksa hiçbir şey olmamış mıydı? Yoksa bu yalnız bir rüyadan mı ibaretti? Bazı dakikalar olurdu ki bir şimşek süratiyle zihninden böyle bir şüphe geçer ve o sırada herkese bağırmak isterdi: "Ama yalan, yalan! Aldanıyorsunuz..."

O olayı herkes biliyor da kendisine merhamet ederek bir şey söylenmiyor gibi bir şey hissediyordu. O günden beri herkesin gözünde sanki bir şey değişmişti, hatta eşyada, bütün evin içinde yüzüne bir farkındalık bakışıyla bakan bir hal buluyordu.

Behlûl hep o her vakit gülünecek bir hikâye söyleyen, Nihal'i kızdıracak bir konu bulan, en sessiz zamanlarda bir kahkahanın hayatını uyandıran Behlûl'dü. Onda o akşamı hatırlatacak ne bir kelime, ne bir bakış vardı.

Bihter'e yine hep eski doğal sesiyle öyle fütursuz hitap edişleri vardı ki genç kadını şaşırttı. Behlûl kendi kendisine diyordu ki: "Dikkat! İkinci düşüş, hemen daima birinci düşüşten daha zor, daha naziktir. Birinci düşüşten sonra buhranlar, ıstıraplar bütün bir kadını sizden kaçıran o şeyler vardır. Kadınlar çoğunlukla o ikinci düşüşe engel olmakla ilk düşüşün günahını affettirmiş olacaklarına inanırlar. Bu devre esnasında onlara ya tekrar tesadüfle sahip olmak, yahut onlara karşı kayıtsız olmak icap eder. Kadınlar takip edildikçe rahattırlar. Sizin hâlâ onlarla meşgul olmanız, hâlâ onların arkasında koşmanız çoğunlukla kalplerinin ihtiyacını tatmine yeterli olur; fakat kayıtsız kalmanızı asla affedemezler ve o zaman o ilk düşüşten sonra onlar sizi takip ederler.

***

Bir gün Behlûl İstanbul'a inmek üzere odasından çıkarken yukarı kattan Bihter'le Nihal'in çarşaflanmış olarak indiklerini gördü:

"Nereye gidiyorsunuz?"

"Anneme."

Birden, Behlûl Bihter'i çarşafının içinde o levent boyuyla görür görmez, ona bu haliyle eşlik etmek için karşı konulamaz bir arzu duydu: "Oh!" dedi, "Ne güzel fikir! Bahse girerim ki sandalla gidiyorsunuz. Yazdan bir gün... Beni de beraber alıyorsunuz, değil mi? Durunuz, bakayım, annenizi görmeyeli kaç gün oldu?"

Bihter gülerek karşı çıkıyordu:

"Siz bizi sıkacaksınız. Biz kadınca görüşmek istiyorduk, değil mi Nihal?"

Behlûl'e ziyaretin sebebini izah ettiler: Aileye ait bir düğün vardı, oraya hep davet edilmiştiler, Nihal için Bihter de gidecekti. Bugün yapılacak elbiseler için görüşülecekti.

Behlûl: "Beni beraber almak için bundan iyi bir sebep daha olamaz," diyordu; "size ne güzel fikirler vereceğim göreceksiniz. Şemsiyelerinizle çantalarınızı bana veriniz."

Behlûl şemsiyelerle çantaları ellerinden alıyor ve bir uşak vaziyetiyle önlerine geçiyordu. Sandalda Nihal'le Bihter'in ortasındaydı. Neredeyse bütünüyle Nihal'le konuşuyordu. Bugün en iyi günlerinden biriydi. Diyordu ki:

"Ben bugün minimini Nihal'ime bir giysi icat edeyim ki bütün düğün halkının içinde Nihal'den başka kimse görünmesin. Ama, Nihal, bilir misin? Sen şık, hoş bir kız oluyorsun.

Gözlerini bana kaldır, bakayım..."

Nihal gözlerini kaldırarak soruyordu:

"Beyefendi Nihal'in gözlerinden memnun oldular mı? Biraz da güleyim mi? Dişlerimi görmek ister misiniz?"

Nihal ince dudaklarını kısarak, dişlerini göstererek Behlûl'e eğiliyordu. Behlûl hüküm verdi:

Değil mi? Nihal hoş, şık bir kız... Güzel değil, sen de bilirsin ya Nihal, hani güzel dedikleri bir şey değilsin; fakat güzelden başka her şey: Zarif, nazik, nasıl tabir etmeli, ince evet ince bir kız... Hani Japonya'dan, ta o Doğu'nun garip memleketinden gelmiş belirsiz üç dört çizgiden ibaret resimler var ki insandan çok bir çiçeğe, letafetine, hoşluğuna doyulamayan, dokunulursa kırılacak zannolunan bir çiçeğe benzer; işte Nihal, sende bir hal var ki, bana onları hatırlatıyor. İnce bir şiir, sanki yalnız gözler için yapılmış yasemenden bir kız..."

Nihal Behlûl'e cevap vermeyerek Bihter'e soruyordu: "Zannederim ki övülüyorum. Buna nasıl karşılık vermeli, rica ederim? "Sonra Behlûl'e dönerek, gayet resmi, başıyla selam vererek, "Aman efendim," diyordu; "minimini Nihal ne güzel bir kız ne de ince bir çiçek, yanılıyorsunuz; Nihal elinde küçük bir yelpaze, saçlarında uzun iğnelerle bir Japonyalıdan başka bir şey değil..."

Birden Behlûl'ün aklına bir fikir geldi:

"Nihal! Niçin sanki o düğüne bir Japonyalı kıyafetiyle gitmeyeceksin?"

Nihal derhal bu fikre tutuldu: "A" dedi; "bakınız bu değerlendirilecek bir fikir..."

Bihter itiraz ediyordu. Hiç böyle bir şey görülmemiş, yapılmamıştı. İstanbul'un içinde herkes buna gülecekti. Behlûl fikrini savundu:

"Gülmek! Ama o bizde kaidedir, biz her şeye gülerek başlarız. Fakat bu, bizi gizli gizli, ta içimizden, hatta çoğunluk üzere kendimize karşı bile saklayarak yapanları kıskanmaktan, yapılan şeyleri beğenmekten men etmez. Güleriz, gülmekle yapamamak hüsranının intikamını alırız; sonra yavaş yavaş biz de yaparız, artık gülünüp eğlenmekten usanıldıktan sonra, yapmakta bir sakınca görmeyiz; fakat vakit geçmiş, o şey adileşmiş, bayağılaşmıştır.

Behlûl iddiasını ispat için örnekler getiriyordu. Bihter yavaş yavaş onaylıyor gibiydi.

Düğün özel bir müsamereden ibaret kalacaktı. Firdevs Hanım'ın teyzelerinden birinin kızı gelin oluyordu. Nihal'in öyle bir kıyafetle gitmesi pek yapılamayacak bir şey değildi.

Behlûl Nihal'e, "Bana söz ver bakayım," diyordu; "beni o

kıyafetinle yelpazeleyeceksin, değil mi Nihal? Ondan sonra..." Nihal'in ince kaşının ucunu göstererek; "Ondan sonra şuradan bir öpücük..."

***

Firdevs Hanım'ı uzun iskemlesinde uzanmış buldular. Bu kış başlangıcından beri bir türlü itiraf etmek istemediği sızılar onu artık iskemlesine mahkûm eder olmuştu. Bihter annesini öperek: "Yine rahatsız mısınız, anne?" dedi.

Firdevs Hanım: "Hayır, o kadar değil." dedi. Sonra Nihal'i başını çekerek alnından öptü.

Behlûl kulağına eğilerek diyordu ki: "Beni öpmez misiniz?"

Firdevs Hanım iki parmağıyla Behlûl'ün dudaklarını koparmak isteyen bir işaretle, "Koca bebek!" diyordu.

Nihal'le Bihter yeni icat olunan fikri Peyker'e anlatıyorlardı Firdevs Hanım Behlûl'e yanını göstererek: "Oturunuz bakayım oraya." diyordu. Behlûl bir yer iskemlesi çekerek ta yanına oturdu.

"Bana ne vakitten beri gelmiyorsunuz, bilir misiniz? Bugünle tam on sekiz gün oluyor. Görüyor musunuz? Artık bana günleri saydırıyorsunuz. Bu o sekiz günü nasıl geçirdiniz?"

Behlûl gülerek cevap verdi:

"Sizi gelip görmek arzusuyla..."

"İşte koca bir yalan! Kim bilir bu on sekiz gün içinde ne kadar anlatılacak, yok, hayır, saklanacak şeyleriniz vardır?"

Kendisini Behlûl'den uzak buluyor, iskemlesinde daha çok doğrulmak istiyordu:

"Yastıkları biraz düzeltir misiniz, Behlûl Bey?"

Behlûl ayağa kalkıyor; onu biraz omzundan çekerek, arkasındaki yastıkları düzeltiyordu. Avucunun içinde bu kadının yumuşamış vücudunu, bir teslimiyet arzusuyla eriyor hissediyordu. Kendi kendisine, "Ne kadar yazık ki tam on sene geç kalmış oluyorum..." diyordu.

Yastıkları düzelttikten sonra Firdevs Hanım geniş bir nefesle ona baktı, sonra ağır bir süzgünlükle gözlerini kapayarak elini uzattı ve Behlûl'ün elini tutarak, öyle, gözleri kapalı, sanki gözlerinin içinde hayaline sahip olarak sıktı...

Behlûl kendi kendisine: "Ooo..." diyordu, mesele ciddiyet kazanıyor. Sonunda aşk ilan olunacak. Annelerden sonra kızlar; evet, fakat bilmem ki sevda felsefesinde bu kuralın ters bir sureti var mıdır?"

Behlûl hiçbir zaman Firdevs Hanım'la şakalaşmaktan başka bir ilişki tarzı kurmayı düşünmemişti. Firdevs Hanım'a bir kadın değil, bir özel türün incelenecek örneği gözüyle bakardı. Bu dakikada elini bu kadının elinde sıkılıyor hissetmekten garip bir acı duydu. Kendinde henüz öyle bir şey kalmıştı ki bu kadınla gülüşmekten başka bir şeyi andıracak ilişkilerden kaçınıyordu. Yavaşça, Firdevs Hanım'ın uzak bir rüya içinde uyumaya çalışan kapalı gözlerine bakarak elini çekti.

Firdevs Hanım bir kelime söylemeden gözlerini açtı ve o derinlerden geliyor zannolunan bakışın bir sitem anlamıyla baktı. Behlûl şimdi ayağa kalkmıştı. Ötede kanepenin üstüne, geriduna yere serilen moda gazetelerinin karşısında tartışan Peyker'le Bihter ve Nihal'den oluşan zümreye sesleniyordu:

"Eminim ki bensiz karar veremiyorsunuz. Nihal için düşündüğümüz şeye Peyker Hanım ne diyor?"

Gazeteleri demet demet Firdevs Hanım'ın yanına taşıdılar, artık hep birlemiştiler, Bihter kendisi için düşündüğü şeyi gösteriyordu. Bihter karşı çıktıkça Behlûl'ün fikrini kabulde ısrar eden Nihal, Bihter artık itiraz etmemeye başladıktan sonra, Japonyalı kıyafetinden uzaklaşıyor gibiydi.

Behlûl Peyker'e, "Ya siz, ya siz?" diyordu; "Bilir misiniz, ben sizin yerinizde olsam nasıl bir şey yapardım?"

O zaman giyinmek hakkında bir teoriler dizisine başlayarak bunları Peyker'in güzellik tarzına uyguluyor, "Siz, asıl sert, çiğ renklerden kaçmalısınız" diyordu. Sizin sarıya benzeyen gözleriniz, kumral zannolunan saçlarınız, hafif saz renginiz, bütün o belirsiz renkleriniz donuk, solgun şeyler ister. Sizin güzelliğinizi ben güneş çekildikten sonra renkleri silinmeye, tatlılaşmaya başlayan bir akşam güzelliğine benzetirim. Buna öyle bir çerçeve lazımdır ki renklerin o çekingen belirişine kuvvetten çok, zaaf versin. Daha solgun, daha belirsiz, nasıl tabir etmeli, daha akşam güzelliğiyle güzel olasınız..

Behlûl Peyker'le fazla ilgileniyor ve onunla ilgilendikçe, hâlâ bu kadın için kalbinde sönmez bir arzunun vücudunu bulmaktan şaşıyordu. Peyker eliyle onu durdurarak, "Yeterli, yeterli!" diyordu, "Bütün bu kurallarınızla bizi büsbütün şaşırtacaksınız."

Bihter susuyordu. Behlûl Firdevs Hanım'la, Peyker'le hatta Nihal'le ilgilenirken, kendisinde tahmin edilemez bir eda hissediyor; hepsini orada bırakıp yalnız başına bunların yanından kaçmak hevesi veren bir şey duyuyordu. Sinirli ellerle gazeteleri karıştırıyor, Behlûl'e ters bir şey söylemek için bir fırsat bekliyordu. Annesine sordu:

"Siz anne, sonunda karar verebildiniz mi?"

Firdevs Hanım'ın zihninde bir fikir yuvarlanıyordu. Alla karıştırılmış düz siyah bir şey yapacaktı ki göğsü pek aşağıya inmeksizin omuzlarına kadar yayılarak açık olacak, kolları pazılarına kadar yalnız bir düğmeyle tutturulacak, sonra ince ince kıvrımlarla aşağıya kadar bir cepken tarzında dökülecekti.

Behlûl, "Evet, evet, anlıyorum..." diyordu; "Bütün yaşlarının ilerlediğinden korkan kadınlara göstereceksiniz ki bir kadın seneleri yalan çıkararak genç kalabilir ve her zaman gösterilecek bir göğüsle kollara sahip olabilir."

Bihter geri dönmek için acele ediyordu. Bugün Behlûl onun üzerinde iğrenç bir adam etkisi uyandırıyordu ve bu adam tarafından elde edilmiş olmak onu kendisinden de nefret ettiriyordu. Birden burada karar verdi: Bir şey icat edecekti, kocasına söylenecek öyle şeyler bulacaktı ki bu adamdan onu kurtarsın.

Dönerken, sandalda bir kelime bile konuşmadılar; fakat Bihterde Behlûl'e bir şey söylemek, onu aşağılamak bir kelimeyle aralarında artık unutulmayacak bir düşmanlık koymak ihtiyacı vardı. Sebebini pek iyi bilmiyordu fakat bu adamı tokatlamak istiyordu.

Yalıda Nihal önden koşa koşa çıkıyordu, onlar merdiveni yan yana çıktılar. Behlûl'de ufak bir heyecan vardı. Bihter'de taşan hiddeti uzaktan hissediyordu ama bunu kendi istemişti, kendi hazırlamıştı; onu bir haftadır devam eden kayıtsızlıktan çıkarmak için her şeyi yapacaktı; fakat şimdi onun yanında bir kelime söyleyemiyordu. Ayrılacakları sırada sofada durdular ve birbiri baktılar.

Behlûl dedi ki:

"Size bir şey söylememe müsaade etmez misiniz?"

Bihter: "Söyleyiniz!" dedi.

Behlûl eliyle odasını göstererek, "Orada." diyordu. "Burada nasıl olur? Düşününüz bir kere, bizi işitebilirler..." Bihter'e daha çok sokulmuş, fısıldayarak söylüyordu.1

Bihter başını sallayarak, "Sizin odanız mı? Asla" diyordu.

Sesinde bir alayla Behlûl sordu:

"Niçin? Benden korkuyor musunuz?"

Bihter cevap vermeyerek dönmüştü, gitmeye hazırlanıyordu

Behlûl elinden tuttu, eğilerek kulağına diyordu ki:

"Ama neden? Beni dinlemeden gidemezsiniz! İşitiyor musun Bihter? Gidemezsin."

Ve yavaş yavaş onu odasına çekiyordu. Bihter elini kurtarmaya çalışıyordu. Fakat artık odadaydılar.

İkisini de bir heyecan söz söylemekten men ediyordu. Tekrar uzun bir bakışla, düşmanca bakıştılar; birden Bihter hemen oraya, bir iskemleye düştü ve hırsından iki eliyle yüzünü kapayarak ağladı.

Behlûl şimdi dizlerinin dibine oturmuş, onun serbest serbest ağlamasına müsaade ediyordu, bu buhran çok sürmedi. Bihter artık yalvarıcı bir sesle diyordu ki:

Rica ederim, beni bırakınız, bırakınız... Nedir bilmiyorum, fakat bu beni öldürecek. Sizin ne iyi bir dostunuzdum, şimdi size düşman oluyorum, sizden nefret ediyorum, sizinle beraber kendimden nefret ediyorum. Yine sizinle eskisi gibi yalnızca bir dost olurduk; birbirimizi lekesiz, azapsız bir sevgiyle severdik.

Behlûl kendisini sevdirmek isteyen bir çocuk sokulganlığıyla onun dizlerine dayanıyor, başını koluna koyuyordu: "Ama" dedi, "sizi böyle sevememek kadar azap olur mu? Bilseniz, bir haftadan beri ne kadar mustarip oldum. Bir daha seninle böyle yapayalnız kalamayacağım, bir daha sizi böyle dizlerinizin dibinde dinleyemeyeceğim zannediyordum. Nasıl mümkün olur, Bihter? Sizi sevmemeye mahkûm olduktan sonra ben nasıl yaşarım? Fakat sizi böyle sevmek, ayaklarınız altında mutluluktan ölerek, ölmekten mutlu olarak sevmek... Ah! Sizi sevemediğim, size bunları söyleyemediğim dakikalar, işte onlar birer azaptı, birer işkenceydi. Siz de beni seviyordunuz, uzaktan uzağa bunu hissediyordum. Şu halde mutlu olmak için ne engel vardı? Bugün mutlu olduktan sonra sevişmeye, bu mutluluğu kendi ellerimizle öldürmeye sebebiyet verecek ne olabilir?"

Bihter şimdi daha çok söyletmemek, bu muhakeme zemini üzerinde onu daha çok dinlememek için elinin tersiyle Behlûl'ün ağzını kapıyordu. Behlûl bu eli öpüyordu. Burada, bu kadının yanında, onun şu bayıltan havasında Behlûl kendisini değişmiş buluyordu. Artık söylediklerini hissediyordu, artık bir oyun icra eden sahte sıfatından çıkıyor, söylediklerinin gerçekliğine kendini teslim ediyordu, Yavaşça Bihter'in yanına oturmuştu, onu yavaşça kendisine çekerek hafif bir sevda ezgisine benzeyen, özel bir sesle:

"Oh! Bilseniz, sizi sevmekle neler kazanıyorum; hayatımı, kendimi, varlığımı, işte siz bana bunları kazandırıyorsunuz. Sizi sevmeden evvel hissiz, ruhsuz bir şeydim; bütün o koştuklarım, o uğraştıklarım yapılmak için yapılmış şeyler, boş geçirilmek istenilmeyen bir gençliği doldurmuş olmak için icat olunan yalanlardı. Anlıyor musunuz? Bütün o hayat baştan başa bir yalandı. O yalanların içinde ruhumun bozulduğunu, artık onda saf ve ulvi bir sevgiyle titremek yeteneğinin mahvolduğunu hissediyordum. Siz bunların hepsini değiştirdiniz, o ölmüş zannolunan ruhun bütün saf ve temiz emellerini uyandırmış oldunuz. Artık sevmeye gücü kalmadığı düşünülen kalbin o vakte kadar hiç sevmediğini, bundan sonra, yalnız bundan sonra ve yalnız sizi seveceğini siz gösterdiniz. Bilsen Bihter, seni nasıl seviyorum? Seni ölünceye kadar, öldükten sonra bile, nasıl seveceğimi bilsen... Sen de beni seviyorsun, değil mi Bihter? Benim olacaksın yalnız benim, değil mi?"

Dudaklarıyla genç kadının dudaklarını araştırıyor, beklenen cevabı oradan dudaklarıyla toplamak istiyordu. Uzun ve bu defa ruhlarının bütün ateşleriyle ciğerlerini söken bir öpücük içinde dudakları birleşti. Birden Bihter silkindi, "Ama bu çılgınlık!" dedi. "Bir saatten beri buradayım..."

Ayağa kalkmıştı, gitmek istiyordu. Behlûl de şimdi ayaktaydı, onu ellerinden tutarak salıvermemek istiyordu. Birbirine bakıyorlardı. Tekrar öpüştüler ve genç kadın ellerini kurtararak kaçtı.

Bu ikinci buluşmadan sonra Bihter'in bütün azapları dinmiş oldu. Artık kendi kendisine itiraf ediyordu ki Behlûl'ü seviyor. Yavaş yavaş son endişeler sevdasının ufkundan siliniyor, orada gittikçe parlaklık kazanan bir aydınlık sabah doğuyordu. Bu aşk günahının bütün yasak lezzetleri onun aşk ateşini öyle mest ederek teskin ediyordu ki artık bu sevdanın dışında kalan hayatı siliniyordu. Bu sevişmeye bütün varlığıyla kendini teslim ediyor ve şimdi bundan ne bir azap ne küçük bir endişe hissediyordu. Kendisini mutlu, tamamen mutlu buluyordu; yalnız, dakikadan dakikaya, kalbinde birdenbire doğan bir korku, ancak bir saniye yanıp sönen bir his, onun mutluluğunun içinde titretirdi.

Bu aşk onlar için asıl tehlikeleriyle, zorluklarıyla cazip oluyordu. Herkesin gözü önünde herkesten saklanan yalnız ikisine ait gizli bir hayat vardı ki bütün gizlilikleriyle onları daha çok birbirine yakınlaştırıyor, ilişkilerine fazla bir samimiyet veriyordu.

Dakikalardan ibaret fırsatlar oluyordu ki onlara birbirinin elini sıkmak, küçük bir öpücük alıp vermek, iki kelime ile bir buluşma vaadi almak için ancak müsaade ediyordu. Buluşmaları pek nadirdi, yalnız kalmak için fırsat bulamayan nişanlılara özgü sürekli bir özlem içindeydiler.

İkisinde de her vakit tatmin olunamayan hevesler kalıyor, aşklarının bu nadir ve kısa zamanlarında teskin edilememiş emellerle birbirlerini özlüyorlardı. Bütün etraftan korkuyorlardı, ilişkilerinden evvel pek tabii görülecek şeyler şimdi fark edilivecek olursa bütün sırları meydana çıkarmak için yeterli bir sebep hükmünü alıyordu. Bir gün karşı karşıya, yalnız gözleriyle birbirine gülümserken, birden Adnan Bey'in gözlerini onlara bakıyor görmüşler ve her ikisi birden sapsarı olmuşlardı. Böyle bakışırken fark edilmiş olmak Bihter için o kadar önem kazandı ki, o gün saatlerce kocasının birden üzerine yürüyerek ve ellerini kavrayarak: "Bana ihanet ediyorsun, bunu senin gözlerinde gördüm!" demesinden titredi. Bütün ev halkını biliyorlar da susuyorlar zannettiren bir şüpheden kendisini kurtaramıyor, onların yanında adeta yavaş yavaş söylemeye, Nesrin'le Şayeste'nin mümkün mertebe uzaklarında kalmaya lüzum görüyordu.. O vakte kadar bu hizmetçilerde varlığı dikkatinden kaçamayan isyanı ezmek için bir fırsat kaçırmazken, şimdi halinde onlarla artık uğraşmaktan vazgeçmişe benzeyen bir şey vardı.

Bihter, Nihal'le birbirinden uzak gibiydiler. Şakire Hanım'ın ayrılışından sonra aralarına artık saklanmak mümkün olamayan bir kin girmişti. Nihal hep ondan kaçıyordu. Şimdi o babasından da kaçıyordu, evin içinde hemen herkese karşı süzgün çehresinde dargınlıklar hissediliyordu.

Ara sıra Bihter'de Nihal'e sokulmak, bu çocukla tekrar sevgi hissi kurmak için çare bulmak ihtiyacı uyanırdı. Onu beraber almak için sokağa çıkmaya lüzumlar icat ederdi. Nihal onunla beraber bulundukça başkalaşır; fakat eve dönüş edince yine ondan kaçan, mürebbiyesiyle köşelere çekilen bir çocuk olurdu.

Şimdi Bihter, bu evin içinde bulunmakla beraber, bu çocuktan öyle ayrı kalışına memnun oluyordu. Ondan korkuyor denebilirdi. Hissediyordu ki Nihal kendisinden kaçmasa o ondan kaçmaya mecbur olacaktı.

Bir gün bunu Behlûl'e itiraf etmişti:

"Bilsen," demişti, "en çok Nihal'den korkuyorum."

Behlûl bunun anlamını anlamayarak sormuştu:

"Nihal'den mi? Sebep? Kıskanıyor musun civanım?" Nihal'i, bu çocuğu kıskanmak mümkün müydü? Niçin kıskanacaktı?

Behlûl'e yalnız, "O! Ne garip bir soru!" demişti, aralarında buna dair başka bir şey konuşulmadı.

Bir gün Behlûl ondan büyük bir şey istedi, ilk önce söylemeye cesaret edemiyordu. Bu ricası o kadar icrası mümkün değil gibi görünecekti ki Bihter onu dinlemeden reddedecekti. Söylemeden evvel ondan olur sözü almaya çalışıyor, ne olduğunu haber vermeden onun icrasındaki kolaylıktan bahsediyordu. Bihter anlamadan evvel söz vermek istemiyordu. Sonunda o söyleyince hayretinden bir küçük çığlığı zapt edemedi:

"Benim odamda? Bütün bir gece! Siz çıldırmışsınız..."

Daha fazla dinlemek istemiyordu. Mümkün değil, buna olur diyemeyecekti. Bütün akla gelen tehlikeler mümkün olmasa bile, kocasına ait olan bu mahremiyet köşesini kirletmeyecekti. O zaman artık kendisine o kadar alçak bir kadın gözüyle bakacaktı ki, yaşamaya kuvvet bulamayacaktı. Elleriyle bu fikri itmek isteyerek: "Mümkün değil!" diyordu.

Sonra birden aklına başka bir fikir geldi. Bir geceyi tamamen Behlûl'le geçirmek sevda mutluluğunu tamamlayacak, bütün eksik kalan emellerin mükâfatını verecek bir şey hükmündeydi. Bu öyle bir şeydi ki onu tamamen âşığının edecekti.

Behlûl'e "Hayır, öyle değil;" dedi, "fakat bir gece sizin odanızda..."

Bu fikir ikisini de heyecan içinde bıraktı. Bir geceyi beraber geçirmekle birbirinin sahibi oldukları kesinleşecek, artık aralarında hiçbir yabancılık kalmayacaktı; asıl o gece birbirinin olacaklardı.

Fakat nasıl?

Bihter: "Bana bırakınız." diyordu, "Bir gece, yalnız bir gece, değil mi?"

Behlûl'ün yazı odasından bir kapıyla geçilir küçük bir yatak odası vardı ki Bihter burasını yalnız eşiğinden bakmış olmakla tanırdı, bu da onun için Behlûl'ün bir sır kutusuydu. Evet, burada bir gece geçirecek ve bu suretle Behlûl'ün bütün ruhuna sahip olmuş olacaktı.

Bu fikir, onlarda doğduktan sonra, ilişkilerinde bir heyecan devresi başladı. Bihter buna cesaret etmekle her şeyi tehlikeye koymuş oluyordu. Odasında yokluğu hissolunabilir yahut gecenin vakitsiz bir zamanında bir tesadüfle her şey meydana çıkmış olurdu. Bihter bu tehlikeyi düşünüyor ve bu tehlikelerin verdiği korkularla o tasarı başka bir kıymet kazanıyordu. Aşkta sinirlerini uyutacak bir sakinlik değil, böyle korkular, heyecanlar, titreyişler istiyordu. Buna bir de fedakârlık lezzeti ekleniyordu. Böyle tehlikelere atılmakla: "Görüyor musun? İşte bunlar bütün senin için!" demiş olacaktı.

Bir gece, herkes uyuduktan sonra o, yatağından süzülerek inecek, çıplak ayaklarına terliklerini takacak, omuzlarına bir şey atacak, nefes almaktan korkarak kapısını açacak... Ah! O heyecan dakikası! Kalbinin çarpıntısı ona ayak sesleri gibi gelecek, bir demirden el bileklerini sıkıyor, bir boğuk ses kulaklarına, "Nereye gidiyorsun?" diyor zannedecek. O zaman hepsini itiraf ederek: "Oraya! Ötekinin odasına!" diyecek; kalbinin taze emellerine bir teselli damlası serpilemeyen bu gerdek odasından kaçarak, ötekinin, o günahının ihtiras yuvasına koştuğunu söyleyecek; bunu söyledikten sonra orada, bilinemez nasıl bir intikam darbesiyle yıkılacak, önünde korkunç bir gelecek girdabı bırakarak bütün hayatı mahvolacak; fakat yine o mutlu, böyle her şeyi kaybetmekten, hatta ölmekten mutlu, yine aşkına koşacak...

Kaç kereler böyle yatağında karanlıklarda bir cinayet fikrinin hummasıyla hareket edenlere özgü ateşlerle kavrularak inmiş, odasının kapısına kadar gitmişti; fakat orada bekliyor, gözleri karanlıkta bir noktaya dikilerek uzun bir bekleyiş içinde, hareket edemeden kalıyordu, böyle ne beklerdi? Karanlıkların bir ilham lütfunu bekler gibi dururdu.

Hissederdi ki o dakikada, onun gibi nefes almaya cesaret edemeyerek birisi kendisini bekliyor, heyecanından bayılarak her dakika odasının kapısında bir hareket umuyordu. Onun da böyle bekleyişini düşündükçe garip bir gönül ferahlığı duyar ve artık daha çok cesaret etmekten vazgeçerdi.

Behlûl gözleriyle: "Yine gelmediniz!" derdi. O, bir dakika, fırsat bekleyerek Bihter'e bakar, yalnız kalmak için, yalnız bir kelime söyleyecek kadar onu yalnız görebilmek için gözleriyle rica ederdi. Bihter bir gecesini ona vermeden evvel onun hiçbir şey söyleyebilmesine imkân bırakmıyordu.

Behlûl şimdi her gece evdeydi. Haftasının hemen yarısını dışarıda geçirmek alışkanlığındayken, işte bir aydan beri bir gece bile gayret etmiyordu. Adnan Bey ikide birde onunla şaka ediyor, "Behlûl dünyadan elini eteğini çekti!" diyor, sonra buna birtakım sebepler icat ederek, Behlûl'ü böyle inzivaya mecbur eden bir umutsuz aşkın varlığına inanıyordu. "Behlûl bütün başarılarını anlatır, mümkün olsa da mahrumiyetlerini de anlattırabilsek!" diyordu.

Bihter bu şakalar esnasında gözlerini çevirir, ikisine de bakmazdı; mümkün olsa da herkese bağırsaydı: "Ama anlamıyor musunuz? Behlûl benim için, yalnız benim için her şeyi terk etti."

Evet, yalnız onun için her şeyi terk etmişti de o bir gece bulup ona veremiyor, "İşte ben de bütün hayatımı senin için tehlikeye atıyorum." diyemiyordu.

Sonunda bu geceyi bulabildi.

Düğüne artık karar verilmişti. Düğün yalnız aileye mensup olanlarla pek sıkı dostlara özgü olarak bir müsamereyle başlayacaktı. Firdevs Hanım kızlarıyla, Nihal'le bu müsamereye davet edilmiştiler; çarşamba günü gidecekler, perşembe günü akşamüzeri döneceklerdi.

Çarşamba günü yalıda büyük bir telaş vardı. Henüz sabahleyin Firdevs Hanım'la Peyker elbise kutularıyla gelmişlerdi. Burada hazırlanılacak ve özel olarak tutulan bir istimbotla düğün evine gidilecekti. Beraber götürülecek şeyler o kadar çoktu ki başka bir çare bulunamamıştı: Gecelik elbiselerinden, tuvalet takımlarından, perşembe günü giyilecek elbise kutularından oluşan bir alay eşya vardı. Herkes bu gürültüde şaşırıyor, Firdevs Hanım kendisine bir yardımcı bulamayarak bağırıyor, Nesrin'le Şayeste bu özel günde herkesten çok kendileriyle meşgul olmayı daha uygun bularak odalarından çıkmıyorlar, Bihter dolabının bulunamayan anahtarı için kıyametleri koparıyor, Peyker korsesinin şeridini çekerken koparan kocasıyla kavga ederken Firdevs Hanım'a yardım etmek için Katina'nın yalnız bıraktığı Feridun ağlıyordu. Karısına yardım etmek için odasından çıkmayan Adnan Bey'e Bihter, "Beni yalnız bıraksanız daha rahat giyineceğim." diyor, sonra kocasının eline pudra tüyünü tutuşturarak omuzlarını gösteriyordu. "Mademki gitmek istemiyorsunuz, bari iş görünüz." Uzaktan Firdevs Hanım'ın sesi işitiliyordu: "Bihter! Bana maşalarını göndersene!" Nihal'in potinlerini iliklerken düğmesini koparan Beşir iğne iplik istemek için Şayeste ile Nesrin'in kapandıkları odaya vuruyor, aşağıdan sonunda iğne iplik bulan Matmazel Courton Türkçesine özgü telaffuzla bağırıyordu: "Beşiğ! Beşiğ! Buğaya gel. Buğda vağ!" Behlûl oda kapılarına uğrayarak soruyordu: "Yardımcıya ihtiyacınız yok mu? Evin içinde boş adam var."

Bihter hepsinden evvel hazırlanmıştı, yalnız belinin kurdelesini iğnelemekte Adnan Bey umulmaz bir beceriksizlik gösteriyordu. Behlûl'e bağırdı:

"Behlûl! Buraya gel. Burada iş var."

Bihter gülerek sıkılıyor, bunu Behlûl'e bırakılamayacak kadar gizli bir iş buluyordu. Behlûl diz çökmüş, amcasının elinden iğneyi alıyor, "Sonunda," diyordu, "sabahtan beri boş yere hizmet teklif etmekten usandım."

Behlûl bitirerek ayağa kalktı, Adnan Bey galiba uzaktan kahkahası işitilen Nihal'e bakmak üzere aralık kapıdan geçmişti, Bihter'le Behlûl yalnızdılar, birbirine baktılar.

Behlûl sokuldu ve yavaş bir sesle: "Ne güzelsiniz!" dedi, sizi böyle gördükçe ağlamak istiyorum.

Bihter bütün gençliğinin parlaklık ve süsüyle, gerdanını, kollarını açık bırakarak iki taraftan göğsünü sardıktan sonra dökülen ve uzun eteğiyle billurdan bir bahar heykelinin dalgalanan devamını oluşturan ipeklerin beyazlıkları içinde ince ve uzun boyuyla güzelliğin bir zafer timsali gibiydi.

Behlûl'e bakarak belirsiz bir tebessümle gülüyordu. Birden o güne kadar söylenmemiş bir şeyi ona söylemek, bu haliyle kendisini bir kelime içinde ona vermek için bir ihtiyaç duydu: "Niçin? Mademki seni seviyorum."

Behlûl, ellerini tutmak ve öpmek istiyordu. Bihter etrafına bakarak ve Behlûl'ü iterek mırıldandı:

Bırakınız, çıldırdınız mı? Yarın gece..."

Yarın gece... Bunu düşünmeden söylemişti. Nasıl? Yarın gece mümkün olabilecek miydi? Bilmiyordu. Fakat Behlûl'ün ona bakışında öyle derin bir tutkunluk, demin dudaklarından çıkan birkaç kelimede öyle samimi bir istirham vardı ki mümkün olsun olmasın artık yarın gece ona gidecekti.

Behlûl bir şey söylemeye vakit bulamadı. Adnan Bey, "Size şık birini getiriyorum!" diyen sesiyle oradaydı.

Nihal'i getiriyordu. Nihal, sonunda herkesin gülünç bulduğu Japonyalı kıyafetinden vazgeçmişti. Ona simasının bütün ince zarafetini ortaya çıkaracak bir şey bulmuşlardı. Solgun bir sarı ile beyazdan hasır şeklinde dokunmuş bir şeydi. Corsage[1] gövdesinin yarısından başlıyordu. Boğazından oraya kadar beyaz boncuklarla işlenmiş bir göğüslük takılmış, yenler ince kollarını yarı çıplak bırakan ince gazlardan yapılmıştı.

Yalnız o kadar; ne saçlarında bir çiçek, ne üzerinde bir mücevher parçası; sade, zarif bir elbise. Fakat Nihal bu elbisesinin içinde öyle ince, öyle havai bir güzellikle güzeldi ki Bihter bir hayret çığlığını zapt edemedi:

"Oh! Benim minimini Nihal'im!"

Koştu, Nihal'in iki ellerinden çekerek onu öptü, ellerinden bırakmayarak; çekiliyor, ona bakıyordu; sonra Adnan Bey'e bakarak: "Ne güzel kızımız var!" diyordu.

Behlûl diyordu ki:

"Bilir misin Nihal? Ne giysen sende yine bir Japonyalı kız görüyorum. Bilmem bu fikir bana nereden geldi? Fakat öyle zannediyorum ki sen güzel, insanın parmakları arasında kırılacak kadar zarif, ince bir Japonyalıdan başka bir şey değilsin." Sonra kulağına eğilerek soruyordu: "Hani Nihal, sen bana şuradan, kaşının ucundan, o Japon yelpazelerinin üzerindeki çizgilere benzeyen kaşından öptürecektin..."

Nihal gülerek, eliyle kaşını saklayarak çekiliyor: "Beni hâlâ çocuk zannediyorsunuz!" diyor, sonra babasına bakarak soruyordu: "Değil mi baba, artık Behlûl beni öpemez, değil mi?"

Bihter ötede aynasının önünde mücevher takımlarını çıkarıyordu.

1 (Fr.) Korse. (Y.N.)

Ona Adnan Bey tarafından evliliğin ardından nefis bir zümrüt takımı hediye edilmişti ki şimdiye kadar takılmak için fırsat bulunamamıştı. Nihal bunu görmemiş, yalnız kızlardan işitmişti. Ne kadar demişlerdi? Hizmetçilerin ağzında abartılan bir fiyat karşılığında alınmıştı. Nihal'in yalnız kulaklarında etrafı minimini incilerle ortasında tek birer küçük taştan ibaret bir küpesi vardı. Kaç kere onları görmek için Bihter'den rica etmeye niyet etmişti. Her defasında da kıskanıyor görünmek korkusu engel olurdu.

Şüphesiz kıskanıyordu; yalnız bunları değil, en küçük şeyleri kıskanıyordu ve bu zavallı ruhunu sürekli işkenceler içinde ezerdi. Nihal bu hissini pek iyi anlamıştı. O şeylerin kendilerini değil, onların işaret ettiği anlamı, evet, babasının kendisini unutarak hep bu kadını düşünmesini kıskanıyordu.

Bugün hayatında birinci defa olarak bir düğüne gitmek sevinciyle mutluyken, orada, Bihter'in bir kanepe üstüne henüz kapağını açmaksızın bıraktığı al kadife kutuyu görmekle kalbinde bir şey burkuldu.

Şimdi kutuyu Adnan Bey açıyor, hem tarak hem iğne olarak kullanılabilen bir parçayı göstererek Bihter'e soruyordu:

"Saçlarına mı takacaksın, gülüm?"

Nihal kaçtı. Sofrada Peyker hazırlanmış, içeride Katina'yı salıvermemek isteyen annesine sesleniyordu. Şayeste, Nesrin sonunda inmişlerdi. Beşir siyah setresini giymiş, al kravatını takmıştı. Nihal kravatın bağlanışına itiraz ediyor, parmaklarının bir iki darbesiyle düzeltiyor: "Aman Peyker Hanım! Bakınız benim Beşir'ime, ne güzel değil mi? Hepimizden güzel, değil mi, rica ederim?" diyordu.

Sonunda hep hazır oldular. Hep sofada Firdevs Hanım'ı bekliyorlardı. Nihal çekingen bir bakışla Bihter'e bakmış, tarağı, küpeyi parmağındaki yüzüğü görmüştü. Nesrin'le Şayeste perşembe gününe özgü elbise kutularını, gecelik çantalarını istimbota koymak üzere indiriyorlar, Matmazel Courton Nihal'e çarşafını giydiriyordu. Uzun eteğiyle çarşaflanamayan Bihter'le Peyker mantolarını giyeceklerdi. Hâlâ odasından çıkmayan Firdevs Hanım'a sabırsızlanarak hep bağırıyorlar, Feridun'u susturmak vazifesine memur edilen Nihat Bey "Bari Katina'yı salıverin, çocuk üzüldü, şikâyetiyle odanın kapısını vuruyordu.

Birden Behlûl bağırdı:

"Dikkat! Kapı açılıyor..."

Sonunda kapı açılmıştı, Katina yol vererek duruyordu. Hepsi gülümseyerek bekliyorlardı. Bir hışırtı başlangıcı Firdevs Hanım'ın ilerlediğini haber verdi. Onu eşikte görünce hep birden bir hayret çığlığını zapt edemediler. Bir müddetten beri artık daha çok ihtiyarlayan, daha çok çöken bu kadın bugün, sanki tamamen sönmeden evvel güzelliğinin son bir parıltı halesi içinde görünmek isteyerek büsbütün değişmiş, on sene evvele dönmüştü.

Onu az kaldı tanıyamayacaklardı.

Küçük Feridun haber verdi: "Anne!"

Firdevs Hanım'ın sıfatı, o büyükanneliğin müthiş sıfatı bile çocuğun ağzından düzgünlenerek, boyalanarak, gençleşerek çıkıyordu. O, şimdi etrafında uyanan bu hayreti fark etmemişçesine, daha düne kadar onu uzun iskemlesinde esir eden sızıları, sanki onları sanatının sihriyle örterek, elli yaşının içinde genç ve güzel kalmış olmak zarafetiyle ilerliyordu. Üzerinde o tasarlanan elbise vardı: Siyah bir eteklik, alla siyahın uyumla karşıtlığı içinde göğsünün ve kollarının beyazlıklarına, bir fazla tazelik veren Corsage ve göğsünün ta ayrılık noktasında iri bir kırmızı gül...

Firdevs Hanım etrafa: "Sizi beklettim." dedi ve gözlerinin

derinliklerinden kopup gelen bir süzgün ve sitemli bakışla Behlûl'e bakarak, "Görüyorsun ya, hâlâ güzelim." demek istedi.

Bihter şimdi telaşla bağırıyor, herkese söylenecek bir söz, sorulacak bir şey buluyordu:

"Nesrin! Annemin çarşafını... Peyker! Feridun Nihal'in odasında yatacak değil mi? Matmazel, rica ederim. Gece çocuğu ara sıra yoklayınız..." Sonra birden unutulmuş bir şey hatırladı: "A, çanta, çanta nerede, benim küçük el çantası?" Etrafa cevap bekleyerek bakıyor. Herkes meşguldü. Çarşaflar giyiliyor, peçeler iliştirilmek için Nihal'le Firdevs Hanım aynayı paylaşamıyorlar, yeldirme giyen Peyker ince tül örtünün saçlarını bozmasından korkuyor, Nesrin'le Şayeste bellerinden sarkan çarşaflarını başlarına iliştirmek için hanımlardan uzak bir köşeye sokuluyorlar O zaman Bihter Behlûl'e baktı: "Rica ederim," dedi, "odama bakar mısınız? Zannederim ki orada kaldı..."

Behlûl koşarak gidiyordu, o dehlizde kaybolunca Bihter başka bir şey daha hatırladı, kendi kendisine soruyordu:

"Ya eldivenler? Onları çantaya koymuş muydum?"

Şimdi herkes merdivenlerden iniyor, Nihal Matmazel Courton'la öpüşerek veda ediyor, Adnan Bey Nihat Bey'le rıhtımda istimbota binişlerini görmek için pencereden sarkıyorlardı. Bihter eldivenleri için koştu. Behlûl odada, etrafa dağılan, kanepelerin, sandalyelerin üzerine serilen elbiseler, çamaşırlar arasında çantayı arıyordu.

Bihter: Bulamadınız mı?" dedi, sonra birden çantayı yere, halının üstüne düşmüş gördü. "İşte burada..."

Behlûl çantayı aldı fakat vermeyerek Bihter'e bakıyordu: "Yarın gece!" dedi.

"Evet, yarın gece! Çantayı veriniz, rica ederim, herkes indi, yalnız kalışımıza bir anlam verirler."

Behlûl çantayı verirken birden bu yalnız kalmış olmak sözüyle tutuşan bir heves onu Bihter'in ellerinden tutmaya yöneltti. Dudakları birbirine kilitlendi; uzun bir öpüşle, birbirini hırpalayarak öpüştüler, ikisinin de başları dönüyordu; ihtimal şu sırada, her türlü tehlike içinde, birbirinin kollarına düşeceklerdi. Birden bir gıcırtı, bir kapı sesi işittiler; titreyerek birbirini ittiler. Bihter dehlize atıldı; Behlûl kendisini toplayarak takip ediyordu. Bihter, önünden geçerken Matmazel Courton'un kapısı sallanıyor göründü. Şüphesiz hiçbir şey değildi, ihtiyar mürebbiye odasına girmiş olacaktı.

***

Sonunda o kadar heyecanlar içinde beklenen bu gece gelmişti. Evin içinde herkes uyuyordu. Bihter kocasıyla kısa bir öpücük alışverişinden sonra aralık kapısını kapayalı belki saatler olmuştu.

Düğün evinde hemen uykusuz, çılgınca bir eğlence içinde geçirilen bir geceden, perşembe gününün izdihamından, gürültüsünden sonra sersemleşmiş bir haldeydi. Odasında çini sobaya ayaklarını uzatarak ısınıyordu. Birden kalbinde bir şey oraya gitmek için en güvenli dakikanın geldiğini haber verdi. Gecelik haliyle, omuzlarına yalnız bir atkı alarak, kapısına gitti; bu gece kapısının topuzunu çevirirken ne vücudunda bir korku titreyişi, ne kalbinde bir heyecan vardı; sanki gayet tabii bir şey yapıyordu. Odasının anahtarını beraber almıştı, kapıyı dışarıdan kilitledi; işitilmediğinden emindi. Dehlizi geçtikten sonra artık hiçbir korkuya mahal yoktu; sofada, merdivenlerde, aşağı katta ne görülmek, ne işitilmek mümkündü. Dehlizde bir rastlantı ihtimaline karşı bir cevap hazırlamıştı. Uykusunun kaçtığından, kocasının kütüphanesinden bir kitap almak için indiğinden bahsedecekti. Merdivenlerden, sofadan geçerken kendini düşünmekten men ediyordu. Düşünürse, tereddüt ederse, belki geri dönecekti ve geri dönmek istemiyordu, mutlak oraya gidecekti. Bir uyurgezer gibi oraya sürükleniyordu. Behlûl'ün aralık kapısını itti. O kendisini bekliyordu. Bir kelime söylemeden, onu dinlemeden elini tuttu; buradan, bu kapıdan uzaklaşmak o gidilecek yere, sırlarla dolu aşk odasına bir an evvel girerek artık geri dönmek ihtimalini mahvetmek için kendisi onu sürükledi.

Ve sonunda Behlûl'ün menekşe sularıyla kokulandırdığı bu odanın havasında, kendisini gece vakti evin yalnızlıklarında iradesizce dolaştıran bir müthiş uykudan uyanırcasına silkindi ve birden kırmızı kalpaklı lambanın pembe ışığıyla etrafı, Behlûl'ün serseri hevesleriyle bir yatak odasına yığılan bin türlü ufak tefeği, bilhassa orada, köşede perdeleri çekilerek sanki saklanan yatağı görünce, bunları, şu ayıbı canlandıran bütün bu ışığı görmemek isteyerek iki elleriyle yüzünü kapadı.

Behlûl onu çekiyor: “”Çocuk!” diyor, sonra ona teşekkür etmek için kelimeler buluyor. “Beni seviyorsun Bihter! Oh! Bundan eminim, bu gece gelmiş olmak için mutlaka beni seviyorsun...” diyordu.

Sonra Bihter vicdanının azabından, ihanetinin bu bayağılığından bahsetmek istedi; bunlardan bahsederse, bir cinayet itirafında duyulan hafifliği bulacağı kanısındaydı.

Fakat sesinde bir şey fark ediyordu ki bu kendi kulaklarında bile yanlış bir nağmenin etkisini uyandırıyordu. Yoksa bu söyledikleri hep yalan mıydı? Hiçbir vicdan azabı duymuyor, bu ihanetin bayağılığını ruhunun samimiyetiyle hissetmiyor muydu?

Behlûl, “Niçin böyle fikirler icat ediyorsunuz?” diyordu; bu gecenin mutluluğunu hissetmiyor musunuz? Bırakınız bu mutluluk, lekesiz, endişesiz kalsın."

Bihter onu haklı buluyordu, sustu; sonra birden başını Behlûl'ün omzuna koydu: "Evet, mademki seni seviyorum!" dedi.

Bu uzun geceyi beraber nasıl geçireceklerdi? İkisinin arasında hâlâ soğuk bir hava, bir yabancılık, ilişkilerinin soğuk bir nefesi vardı ki onları tamamen sevişmekten men ediyor gibiydi. Bihter odanın bütün eşyasını görmek istiyor, uzun uzun duraksamalarla en olmayacak şeylerin karşısında odayı dolaşıyordu. Duvarda kadın resimlerine bakarken güldü: "Bütün elbise merakıyla alınmış şeyler..." diyordu.

Birden aklına bir fikir geldi. Behlûl ona bütün aşklarını birer birer, bütün ayrıntılarıyla onları anlatsa ne olurdu? Sevinerek, bir çocuk haliyle bu fikre ellerini çırpıyordu. Behlûl nazlanıyordu. Onun hayatında hiç aşk yoktu. En büyük günahı bir serçenin yüreğini bile dolduramazdı. Kendisi dünyada bütün erkeklerin en safı olmakla beraber, en fena tanınmışıydı.

Behlûl söylerken gülüyordu. Bihter ısrar ediyordu, hayır, mutlak bu gece onun hayatını, geçmişini öğrenmeliydi. O zaman Behlûl hikâyeler icat etti, gülünç sevişmeler anlattı; bu günahlar o kadar tuhaf şeylerdi ki Bihter hep affediyordu.

"Ama hiç, hiç kimseyi sevmediniz mi?" diyor ve bu soruyla kaşları derin bir endişe ifade ederek yükseliyordu. Bu tuhaf hikâyeleri dinledikçe gülerken onda gizli bir elem uyanıyordu. Bu adamın hayatında bu gece de böyle gülünecek ve güldürmek için başka bir kadına anlatılacak bir tuhaflık olabilirdi.

Behlûl bu endişeyi anlayarak onun ellerini alıyor, göğsüne çekerek, "Seni, yalnız seni..." diyordu ve sesinde öyle bir samimiyet vardı ki genç kadın bu vicdan sesini ta kaynağından içmek için dudaklarını uzatıyordu.

Oh! Ne kadar mutluydular. Böyle, sürekli bir aşkla sevişeceklerdi Bihter bir aralık bir cümleye başlamak istedi: "Ama..." dedi.

Behlûl soruyordu: "Ama?"

"Ya bir gün, mesela burada, böyle mutluluktan, sarhoşken öyle bir şey olsa ki o..."

Kocasının ismini söyleyemiyordu. Behlûl ona hemen güvence verdi, "Ne iyi olurdu!" dedi. "O zaman sizinle birlikte buradan giderdik. O zaman büsbütün mutlu olurduk."

Bihter anlamıyormuşçasına yüzüne bakıyordu. Buradan nereye gideceklerdi? Demek o kendisiyle beraber yaşamak için her şeyi terk edebilecekti? Gerçek, gerçek, buradan beraber, yalnız iki kişi, artık bir daha dönmemek üzere uzak, uzak bir yere gidebileceklerdi, öyle mi? Bu fikir onu mutlu ediyordu, kalbinde adeta hemen şu dakikada görülmek, anlaşılmak için bir emeli bile uyanıyordu. İki ellerini Behlûl'ün omuzlarına koyarak, gözlerini gözlerine dikerek soruyordu:

"Demek o zaman buradan giderdik..." Ama nereye? Nasıl?"

Behlûl: "Bilir miyim?" diyordu, "Uzak, her şeyden uzak bir yere." O zaman genç kadına bir sevda kasidesinin rüyalar içinde uyutan şiir ufuklarını açıyordu; ummanları geçeceklerdi, aşklarına bir nazla, neşeyle örülmüş yuva öyle bambaşka bir köşe bulacaklardı ki sonsuz bir baharın tazeliklerine yuva olsun. Ağaçlarının arasında kaybolunacak korular, saf dalgaları kenarında kendinden geçerek uyuyacak şelaleler sevdalarının sürekli bir bahar sahnesi olacaktı. Onları minimini bir selamla alkışlayan kuşlar, saf tebessümleriyle tebrik eden çiçekler arasında kol kola, baş başa gezeceklerdi. Sonra ovalarına, gece ayın, işitilmez hüzünlü bir musikinin mezamirine[1] benzeyen ışıkları altında içsel sevda nağmeleri dinleyerek döneceklerdi.

1 (Fr.) Korse. (Y.N.)

Küçük, zarif yuvalarında, yeşillikler içinde boğulmuş yeşil bir kafese benzeyen o kutunun içinde sevişecekler, hep sevişeceklerdi; o kadar sevişeceklerdi ki senelerin geçtiğinden habersiz daima genç, daima mutlu, artık ölmemek isteyeceklerdi; belki bu sevda, köşesi o kadar cennetten bir parçaya benzeyecekti ki ölüm bile onları unutacaktı.

Behlûl yavaş yavaş, bu sevda şiirinin kendisini de hoş bir sıcaklığı içinde saran etkisiyle mest olarak söylüyordu. Bu hayali tablo Bihter'i uzaklara götürüyor, meçhul bir âlemin şiirle, aşkla örülmüş ufuklarına atıyordu. Bir kelime ilave ederse bu kasidenin mutluluk rüyasını bozacağından korkarak susuyordu. Yalnız bir şey düşünüyordu: Behlûl kendisiyle beraber gidebilecekti, her şeyi onun için terk edecekti. Şimdi onun boynuna atılmak, teşekkür etmek: "Bilsen beni ne kadar mutlu ediyorsun!" demek istiyordu.

Evet, artık mutluydu; artık günahının işte mükâfatını topluyordu.

Bu gece dönmek zamanının geldiğine hükmedince Bihter birden bir korku duydu. Gelirken hiç dönüşü düşünmemişti. Neden korktuğunu bilemiyordu. Geldiği gibi gidecekti. Giderken akla gelen tehlike aynen gelirken de mevcuttu. Odasından hiçbir heyecan duymaksızın çıkmışken, şimdi tekrar oraya dönmek için korku duymasına bir anlam veremiyordu.

Karanlıktan, gecenin nefesinden, uzun sofalardan, duvarlardan, her şeyden korkacağına, birtakım eller uzanarak kendisini tutacağına, bir korku çığlığıyla karanlıkların içinde düşüp bayılacağına hükmediyordu; fakat gitmek lazımdı, daha çok duramazdı, sabaha karşı evin içinde uyananlar olabilirdi.

Behlûl kapısını yarı açık bırakacaktı. Bihter omuz atkısını kaparak bir cesaret hamlesiyle atıldı. Sofada karanlıktan geçerken koşuyordu. Merdivenlerin bir basamağında tahta gıcırdadı, bir adım daha atamayarak durdu, sonra durmaktan korktu. Kapısının önüne kadar nasıl geldiğine bilmiyordu. Orada anahtarı hatırladı. Anahtarı nereye koymuştu? Bunu düşünmeden evvel anahtarı bulamamak ihtimalinin sonuçlarını düşündü. Mümkün değil anahtarın nerede olabileceğini hatırlamıyordu. Sonsuzluk kadar uzun bir dakika geçti; artık takatini kıran bir mücadelede son kuvvetini sarf etmişçesine oraya düşüverecekti. Birden hatırladı. Anahtar, atkının kurdelesine bağlanmış, göğsünde sallanıyordu. Nasıl olmuştu da bunu görmemişti?

Kapıyı açarken titriyordu. Gürültü olup olmadığını anlayamadı, odasına girip kapısını kapadıktan sonra bir müddet durdu, etrafı dinliyordu. Hiçbir ses yoktu. Bu büyük ev derin bir uyku içinde, her şeyden habersiz geniş geniş nefeslerle uyuyordu.

Demek gecelerin kara gözlerinden başka hiçbir göz onu görmemişti, demek bu kadın bu geceyi başka bir odada geçirmişti de bunu kimse anlamamıştı.

Bihter bunun bu derece kolay olabildiğine şaşıyordu. Şu halde isterse yarın gece, isterse her gece oraya gidebilecekti.

Sonunda belki bir defa görülebilirdi fakat bundan artık korkuya sebep yoktu; mademki onunla beraber gideceklerdi, ta ummanların öbür tarafına... Bihter kendisini Behlûl'ün kolunda, yeşil ormanlar içinde, mavi şelaleler arasında aşka boğulmuş olarak yavaş yavaş yürüyor görüyordu.

13

Nihal için bu düğün o vakte kadar açıklıkla anlaşılamamış, yalnız hissedilerek belirsiz kalmış bir çok hakikatlerin birden ortaya çıkması hükmünde olmuştu. Hep gördükleri, tanıdıkları hayatın uzaktan görülmüş sınırlı köşeleriydi. İnsanları, bilhassa kadınları, kendi âleminin kadınlarını bu derece yakından görmemişti.

Düğünde hiç eğlenmemişti, daha çok, o zamana kadar uzaktan görülerek tamamen ayırt edilemeyen birçok hakikatlerin sert bir darbesiyle ona çarpmasından yaralanmış gibiydi. Düğünden dönüşünden sonra bu iki gün içinde görülen çehreler, işitilmiş cümleler, bir düğün evinin olaylarını oluşturan bütün o küçük küçük levhalar, gürültüler, çalgılar, karmakarışık, hep birden bir âlemin patlayarak bulutlar içinde dolaşan bir perişan enkazı şeklinde, beyninin içinde çalkalanıyordu.

Neler görmüştü? Neler işitmişti? Bunlara bir düzen veremiyordu; düğünü sırayla birisine anlatmak lazım gelse kaybedecek, olayları birbirine karıştıracaktı.

İlk gece özel bir eğlenceden ibaretti; buna yalnız akrabadan olanlarla pek iyi görüşülen birkaç aile davetliydi. Bu gece herkes eğlendiğine inanıyordu. Nihal eğlenip eğlenmediğini pek bilmiyordu. Göğsü korsesinden taşan şişman bir genç kadın vardı ki, Kadıköy sahnelerinde dinlenen şarkıcıların taklidini yapmak için saatlerce boğazını yırtmış, sonunda Peyker'i piyanoya geçirerek bu taklit ziyafetine bir çoban dansıyla son vermişti. Bu o derece seyretmeye değer bir şey sayılıyordu ki hizmetçiler bile gülmekten kırılarak sofanın kapılarına yığılıyorlardı. İskemlede oturamayarak kendisine yere bir minder kurdurtan bir ihtiyar hanım vardı ki şişman genç oynarken ikide birde vecde gelerek: "Oh! Ömrüne bereket!" diyor, sonra eliyle gelin olacak kıza bir şey işaret ederek sesleniyordu: "Elmas kızım! Senin elinden istedi gönül! Bu yok olası ihtiyarlık! Beni yerimden kaldırmıyor ki!"

Gelinin annesi Firdevs Hanım'ı ara sıra kaldırıyor, ikisi beraber çıkarak kapısının bir kanadı kapalı duran bir odaya giriyorlar ve iki dakikalık bir yokluktan sonra gülerek, birbirinin kulaklarına bir şey fısıldayarak dönüyorlardı.

Bir aralık saz takımı düzenlenmişti. Peyker piyanoda kaldı, Bihter için bir ut buldular, şişman genç "Daireyi[1] kimseye vermem!" diyordu, minderde oturan ihtiyar hanım "Firdevs'ime de bir daire bulunuz.

O karışmazsa dinleyemem." diye bağırıyor, sonra takıma seslenerek "Hiç seni sevmeyeni sevmede lezzet mi olur"[2] şarkısının unutulmamasını tembih ediyordu. Annelerden biri kızının unutulmasına tahammül edemeyerek ev sahibine, "Kız kardeş! Kanun yok mu? Naciye de takıma girsin." diyordu.

Sonunda Naciye Hanım'a bir kanun bulundu. Kara kaşlı, kara gözlü tombalak bir kız, teklif olunmadan kalkıyor, sazendelerin yanına gidiyor ve uzaktan Nihal'e soruyordu:

"Siz okumaz mısınız?"

Nihal cevap veremiyordu.

Utla taksim olunurken minderde oturan ihtiyar hanım gözlerini kapamış, iki tarafına sallanarak, dudaklarının arasından anlaşılmaz şeyler mırıldanıyordu.

Suzinak faslı yapılıyordu. Ev sahibesiyle Firdevs Hanım yan yana, zapt olunmuş kahkahalarla gülüşüyor, gelin Nihal'in yanın oturarak kulağına "Başka odaya gidelim mi? Sıkıldınız galiba!" diyordu. Gelinle Nihal'in arasında böyle yavaş sesle bir konuşma başlamıştı. Gelin birer kelimeyle orada bulunanları anlatıyordu:

O şişman hanım bir subayı severek iki çocuğuyla kocasından ayrılmıştı, şimdi subay da onu almıyordu. Şarkı okuyan tombalak kızın gelecek hafta nikâhı vardı. Çamlıca'da yanlarındaki köşkün beyiyle... Nişanlısı daha on sekiz yaşında, henüz mektepten çıkmamıştı, onun için nikâhtan sonra bir sene bekleyeceklerdi.

1 Saz takımında usul vurmaya yarayan tef. (Y.N.)

2 Bestesi CivanAğa'ya ait olan nihavent şarkı. (Y.N.)

Nihal şaşkın, anlamayarak, cevap vermeyerek dinliyordu. Öteden Bihter'in sesi hepsinin üzerinde uçarak "Çekme elem-ü derdini bu dehri fenanın" şarkısına(1) başlanıyordu. Gelin şu on dakikalık tanışıklılıktan doğan teklifsizlikle Nihal'e, "Kız kardeş!" diyordu; "Size görücüler geliyor mu?"

Nihal kızarıyor ve "Bilmem!" diyordu. "Her ne var ise halet-i mestanede vardır" mısrası okunurken ev sahibesi yine Firdevs Hanım'ı yerinden kaldırıyor, minderde oturan hanım gözlerini açarak bulanmış bakışıyla gelini arıyor: "Besimeciğim! Neredesin bakayım? Beni yine unuttun!" diyor. Gelin aldırmayarak Nihal'i, "Başka odaya gidelim. Burada görüşemiyoruz ki..." şikâyetiyle yerinden kaldırıyordu.

Kapısının bir kanadı kapalı duran odanın önünden geçerken gelin içeri baktı, sonra Nihal'i eliyle çağırdı. Firdevs Hanım, kanepeye yaslanmış, gelinin annesini bir koluyla boynundan sararak omzuna çekmiş, ikisinin de gözleri kapalı, hâlâ o şarkıyı mırıldanıyorlardı: Her ne var ise halet-i mestanede vardır"[1]

Gelin gülerek Nihal'e, "İkisi de olmuşlar." diyordu Nihal tamamen anlamıyor ve ahmak görünmemek için sormuyordu.

Başka bir odaya çekildikten sonra gelin ona kendi düğününün tarihini anlatmıştı. Bu düğün içeride minderde oturan ihtiyar hanımın bir eseriydi. Bu Hanım'ı Nihal'in bilmemesine şaşırıyordu. İstanbul'da onu tanımayan hemen kimse bulunamazdı.

Bütün gelin olacak kızlarla evlendirilecek gençlerin bir hayır işleri perisi olan bu kadına daima koynunda birkaç resimle birkaç pusulayla tesadüf olunurdu. Anneler onu tenha odalara çekerler, uzun uzun konuşurlar, genç kızlar elini öperlerdi. Her kıza koca bulan bu kadın yalnız kendisine bir tane bulamamıştı.

---

1 Besteci Hacı Arif Bey'e ait olan suzinak şarkı . (Y.N.)

Kaynağına hatıraların erişemediği bir zamandan beri duldu, ihtimal dul olarak doğmuştu. Başkalarının evliliğiyle o kadar meşguldü ki, kendisini ihmal edebilirdi. Bir gün genç kızı olmayacak bir sebeple bu kadının eşliğinde Kalpakçılarbaşı'na göndermişlerdi. Orada hiçbir şey almayarak dükkân dükkân gezilmişti; fakat her dükkâna uğrandıkça onlarla beraber bir müşteri daha oraya uğruyor, o da dükkânın başka bir köşesinde, hep onlara, hayır yalnız ona bakarak, bir pazarlığa tutuşuyordu. Genç kız bu Kalpakçılarbaşı seferinin hikmetini derhal anlamıştı. Ondan sonra bir gün annesi ona yakasında kurmay nişanesiyle bir subay resmi gösterince artık hiç şüpheye imkân kalmamıştı. Daha sonra...

Genç kız biraz tereddütten sonra Nihal'e itiraf etmişti ki, hep o hanımın vasıtasıyla nişanlısıyla mektuplar alıp vermişlerdi, onun mektuplarını anlatıyordu. Sonunda...

"Sonunda, diyordu, yarın koltukta[1] göreceksiniz ya, ancak yirmi beş yaşında..."

İçeriden ihtiyar hanımın sesi işitiliyordu:

"Besime Hanım! Besimeciğim! Neredesin elmas kızım?"

Gelin sonunda Nihal'i sorgulamaya başlamıştı. Beybabasına dair ayrıntılar almak istiyor, evlenmesiyle ilgili sorular soruyordu. Sonra Nihal'in belirsiz bir cevabı arasında sözünü keserek birden samimiyet barındıran sesiyle, "Gücenmeyiniz ama beybabanız Bihter Hanım için pek ihtiyar değil mi? Firdevs Hanım olaydı..." diyor, bu son cümleyi bir kahkaha içinde bitiriyordu.

Nihal babasının ihtiyarlığından bahseden bir kıza karşı gizli bir infial hissetmekle beraber, pek iyi belirleyememeksizin bir de memnuniyete benzer bir şey duyuyordu.

1 Koltuk merasimi. Düğünlerde gelinle damadı, ziyaretçilerin önünden geçerek, kol kola zifaf odasına girmeleri. (Y.N.)

O ihtiyarlık bu evlilikte bir noksan oluşturarak sanki Nihal'in intikamını alıyordu. Doğal bir akışla sohbet Firdevs Hanım'a gelmişti. Gelin Firdevs Hanım'la ilgili bildiklerini anlatıyordu.

"Uzaktan akrabalık olmakla beraber," diyordu, "siz de yabancı değilsiniz ya! Siz benden çok bilirsiniz."

Hayır, Nihal hiçbir şey bilmiyordu; Nesrin'le Şayeste'nin gevezelikleri bir belirli bir haddi geçemezdi.

Şimdi bu yanında bir küçük musluk şırıltısıyla durmadan söyleyen genç kızı dinledikçe gözlerinin önünden birer birer perdeler düşüyordu. Demek Bihter'in annesi bir... Nihal tabir bulamıyor ve zihninde başlanmış cümlesini yarım bırakıyordu.

Artık hepsini anlıyordu, birdenbire artık o kadar çok şey anlıyordu ki daha çok dinlemek istemiyordu. Bir aralık gelin Behlûl'den bahsetmişti: Behlûl kimdi? Genç miydi? Güzel miydi?

Onu niçin soruyorlardı? Sonra doğrudan doğruya Nihal'den bahsolunmuştu. Hiç gelin olmayı düşünmüyor muydu? Kimin karısı olmayı isterdi?

"İşte, işte kızarıyorsunuz..." deniyordu.

Nihal kızardığının farkında değildi; fakat artık bu baş başa konuşmaktan sıkılıyordu. Şimdi içeride saz bir oyun havası yapıyordu. Tazelerden oynayanlar oluyordu. İhtiyar hanımın sesi yine yükseliyordu:

"A, gelin nerede çocuklar? Gelini bulunuz."

Nihal ayağa kalkmıştı. İçeriye girdiler. Siyah kaşlı, kara gözlü tombalak kız Nihal'e sırnaşıyor, onu oynatmak istiyordu. Nihal başını silkerek, "Ama bilmem!" diyor, sonra tombalak kız kanun çalan Naciye Hanım'a eğilerek işittirecek bir sesle fısıldıyordu:

"Ne soğuk şey! Ne şarkı söylüyor ne oyun oynuyor..."

Nihal bu gece minimini yüreğinin üstünde bir ıstırap ukdesiyle uyumuştu. Bütün işittikleri, gördükleri onu incitmişti. Perşembe günü sabahleyin kalkar kalkmaz Bihter'e sordu:

"Ne vakit gideceğiz?"

Bihter de itiraf ediyordu, o da sıkılmıştı; fakat gidilemezdi, asıl bugün için gelinmişti. Şimdi gelini giydireceklerdi, kendileri hazırlanacaklardı, koltuk olacaktı, yemek yenecekti, sonunda...

Nihal o günün olaylarını karıştırıyordu. Zayıf sinirleri hiçbir zaman bu kadar kalabalığa, bu kadar şamataya maruz olmamıştı Şimdi gözlerini kapayınca bir bulut içinde, bir kanepe üstüne oturtulmuş gelini görüyordu. O gece durmadan söyleyen genç kız bugün gelinliğin içinde, kulağına şüphesiz tuhaf şeyler fısıldayan arkadaşlarına bile bir tebessümü esirgeyecek kadar nazlanıyordu. Bugün herkeste bir resmiyet vardı, gündüz için davetlileri ciddiyetle karşılayan şişman taze dulun gece Kadıköy sahneleri şarkıcılarını taklit eden zevzek kadın olduğuna ihtimal verilemezdi. Bu düğün evi bir zıtlıklar toplamıydı. Nihal birbirine benzemeyen çehrelerin, kıyafetlerin böyle garip bir karışımına hiç rastlamamıştı. En güzide, en şık tuvaletlerin yanında en garip kıyafetler görülüyordu. Bir yaşlı hanım vardı ki şal örneği entarisinin üstünde mor kadife kaplı elma kürkünün[1] büyüklüğüyle yanında sarı krepten[2] hotozuyla gözlerini kaldırmaya cesaret edemeyen bir tazeyi kaşıyla gözüyle azarlıyordu. Nihal bunların bir kaynanayla işkence altında yaşatılan, "Biz zamanımızda böyle gördük!" hükmüyle başına sarı krepten hotoz giydirilen bir gelin olduğunu haber almıştı.

Düğün evinin kalabalık sofasında aşağıdan yukarıya uzun eteklerini sürükleyerek kol kola dolaşan iyi giyinmiş kadınlar vardı ki şüphesiz bu gezintiyi zarafetin son derecesi olarak görüyorlar, kalabalığın içinde herkesin ayaklarına dolaşan uzun eteklerinden pek mağrur görünüyorlardı.

1 Tilki postunun yanak tarafından yapılan kürk. (Y.N.)
2 Çok bükümlü iplikle dokunmuş bir çeşit ince kumaş. (Y.N.)

Saz takımı için bir köşede yapılan özel bölümün etrafında çömelmiş kadınlar, dadıların kucaklarında huysuzlanan çocuklar, Şam fıstığı yiyerek kabuklarını halının üstüne atan hanım kızlar vardı.

Daha sonra arkalarından çarşaflarını, başlarından örtülerini çıkarmayarak bilinemez ne bekleyen seyirciler vardı ki bunların içinde Nihal, hizmetçiler arasına karışmış özenli hanımlar fark ediyordu. Bunlar gelini görmeye gelmişlerdi, hep gelin odasına hücum ediyorlar, perdelere, ayna ile konsola, kanepelere, koltuklara bir fiyat biçen gözlerle baktıktan sonra gelinin elbisesini inceliyorlar, sonunda buradan yeterli bir fikir almış olmakla kendilerini tatmin edince kapının önüne bir parmaklık konan yatak odasına uzaktan bir göz atarak gelinin çeyizine bakıyorlardı.

Merdivende itişenler, kakışanlar, omuzlarıyla yol açanlar vardı. Ve bütün bu halkın üzerinde, elindeki kahve tepsisiyle geçemeyerek bağıran bir hizmetçinin, annesiyle beraber gelini seyretmeye gelerek kalabalığın içinde sıkıntısından uluyan bir çocuğun, ayağına basıldığı için öfkesini etrafındakilere beddua etmekle çıkaran bir zenci karının, yüzüne düzgün sürdüğü için bir hanım nineden çimdik yiyerek "Kör olasıca" diye haykıran yıpranmış bir halayığın, ta uzakta yemek odasından gelen tabak şakırtısının, yukarıda fark edilmez bir teraneyle devam eden incesazın birbirine karışmış feryat ve şamataları büyük bir velveleyle uçuyordu.

Sonunda o kadar beklenilen koltuk töreni yapılmıştı. Nihal bunu ancak görebilmişti. Bu iş için özel başörtüsü getirmiş hatunlar vardı. İhtiyatla davranmamış olanlar saçlarının ancak topuzunu örten ipek mendillerle saklanıyorlardı. Bu seyre değer şeyi görmek için iskemlelere biniliyordu.

Nihal, sonunda etraftan kopan büyük bir beğeni çığlığı için

bir kırmızı fes, yakası işlenmiş bir siyah elbise, yanında beyaz bir tül altında elmasları parlayan bir baş görmüştü. Ufak bir ara, derin bir gürültü, daha sonra... Nihal anlayamıyordu, havadan beyaz paralar düşmüş ve birden, kabarıp kabarıp sonra etrafa dağılıveren büyük bir dalga şeklinde, bir bekleyiş nefesiyle şişkin duran bu halk o havadan dökülen şeyleri toplamak için yerlere dökülmüştü.

Bu para yağmurları iki tarafa avuç avuç serpiliyor ve bu dalga oradan oraya parçalanarak, çırpınarak üzerine dökülüyordu. Bu beyaz şeyleri kapışıyorlar, kapışıyorlardı. Artık ne koltuk töreni kalmış ne görülecek güvey kalmıştı, artık gidilebilirdi; fakat hayır, hiç kimse gitmiyordu, gitmeyeceklerdi; burada, birbirine bakarak bu gürültüyle eğlenecek, öylece oturacaklardı.

Nihal, sonunda kendisini odasının mutlu sakinliğinde yalnız bularak ta uzaklardan bırakılan bu düğün evini, orada işitilen, görülen şeyleri düşündükçe karar veriyordu. "Gelin olmak? Asla!" diyordu.

Onu ne görücüler göreceklerdi ne de ihtiyar bir kadınla Kalpakçılarbaşı'na göndereceklerdi. O, böyle evde, kendi evinde, kendi odasında, yalnız kendi kendisine, dünyada tek başına oturacaktı.

Sonra babasını düşünüyordu. Babası da beraber olsaydı, yine eskisi gibi, aralarında başka hiçbir kimse olmaksızın...

Onda babasına tekrar bir yakınlaşma arzusu uyanıyordu. Ertesi gün sabahleyin uyanır uyanmaz babasını görmek için yenilemeyecek bir ihtiyaç hissetti.

Böyle sabahleyin babasının odasına gitmek alışkanlığı ruhunun o kadar uzaklarda kalmış bir hatırasıydı ki aşağıda, o bir vakitler onunla baş başa seneler geçirilen minimini çalışma odasına girerken kendisini pek alışılmışın dışında bir şey yapıyormuş zannediyordu.

Adnan Bey pencerenin yanında masasının üzerine eğilmiş, yine bir şey oymakla meşguldü. Başını kaldırarak, biraz şaşırmış, Nihal'e baktı. Nihal babasının karşısında, dudaklarında bir tebessümle bekliyordu. Adnan Bey sordu:

"Küçük Hanım, nasıl oldu da babasını görmeye geldi?"

Nihal gülerek omuzlarını silkti. "Bilir miyim?" demek istiyordu. Evet, bilir miydi? Öyle, nasılsa, sebepsiz, dünden beri babasını düşünmüş, sonra bu sabah iradesi dışında esası meçhul bir güdüye uyarak işte onun odasına gelmişti. Onun hissiyatında böyle birdenbire en büyük değişikliklerin meydana gelmesi için bir kelime bir bakış, bir hiç yeterdi. Kalbinde ufak bir ses vardı ve ses ona babasından bu kadar uzak bulunmakta biraz da kendisinin sebep olduğunu söylüyordu. Onu artık affetmeli değil miydi?

Küçük yer iskemlesini çekerek, bir kelime söylemeksizin, babasının ta karşısına oturdu, sağ dirseğini dizine dayadı, minimini çenesini avucunun içine aldı ve gözlerinde derin bir tebessümle, artık işini bırakarak kendisini seyreden babasına baktı. Sanki onu inceliyordu.

Babası, demek, ihtiyardı. Bu fikir ona nereden gelmişti? Hâlâ kulaklarında bu ihtiyarlıktan bahseden alaycı bir sesin insafsız bir kahkahaya benzeyen titreyişi vardı. Babasını şimdi gerçekten ihtiyar buluyordu; hatta biraz zayıflamış, biraz yanakları çekilmiş, biraz sararmış, kendi bildiğinden daha çok ihtiyarlamış... Birçok zaman babasını görmemiş gibi onu birden başkalaşmış olarak buluyordu.

"Nihal! Niçin bana öyle bakıyorsun?"

Cevap vermedi. Dudaklarında bir şey titredi, tebessüme benzer bir şey; sonra bu gölge silindi, gözlerinden o gülüş rengi uçtu, bir çocuk alnının üstüne karanlık bir endişe sisi düştü. Belki babasının da bahtı fenaydı; belki onun da kalbinde bir keder, kim bilir nasıl bir keder vardı ki ağlıyordu, belki o da Nihal'le bu uzaklıktan mustaripti. Şimdi babasından uzak kalmış olmak affolunamayacak bir töhmet kuvvetiyle kalbini burkuyordu. Öyle bir şey söylemek istiyordu ki babasıyla arasında açılan mesafeyi bir saniye içinde silsin, yine onları eskisi kadar dost yapsın. Bir şey bulamıyordu. Ne söylemeliydi ki bu uzun, sessiz kırgınlığı artık bir öpücük içinde unuttursun?

Elini uzatarak babasının bıraktığı tahta parçasını aldı:

"Ne yapıyorsunuz, babacığım?"

Bu daha hiçbir şey değildi. Adnan Bey henüz ne yapacağına karar vermemişti. Hatırına bir fikir geliyordu; fakat...

"Beni yoracak bir fikir." diyordu, "Bir asma yaprağının üzerine konmuş bir salkım üzüm, üzüm tanelerini oyuk yapmalı, içlerini pamukla doldurup üzerlerine bu renge uyacak küçük kadife parçaları çekmeli... Anlıyor musun, Nihal? Zarif bir iğne yastığı..."

Nihal bu fikri pek beğeniyordu: "Ne güzel!" diyordu; "Onu bana verirsiniz, değil mi?"

Sonra birdenbire başka bir şey hatırladı, işte bu, yine baba ile kızı birbirlerine yakınlaştıracaktı. "Hani," dedi, "siz bir kere benim resmimi oymaya başlamıştınız da yarım kalmıştı. Nerede o parça? Kim bilir, nerelere atıldı?"

Ayağa kalkmış, babasının köşede iş masasını dolduran tahta parçalarını, aletleri, o bir yığın kalabalığı karıştırıyor, o mutlu hayat devresinin yarım kalarak bir unutuluş köşesine atılan hatırasını arıyordu.

Adnan Bey onu durdurdu:

"Boşuna arıyorsun Nihal. Onu bitirmek mümkün değil. O zaman sen bir çocuktun, şimdi..." Nihal'i kolundan çekerek pencerenin yanına, vereceği hükmü vermek için onu daha iyi görmek üzere ışığa götürüyor ve kızının artık bir çocuktan çok bir genç kız çehresine benzeyen sivrice simasına, alnını taçlandıran yumuşak saçlara, ince ve uzun boyuna bakarak cümlesini tamamlıyordu.: "Şimdi artık bir genç kızsın."

İnce bir sevgi havası içinde ruhu babasının bu bakışıyla kucaklanırken, Nihal'in kalbinde bir şey büyük bir mutluluk hazzıyla eriyor gibiydi. Babasının kollarına atılacak ve tekrar beş dakika içinde babasını bulmuş olmak mutluluğuyla ağlayacaktı; bunu yapabilmek için kuvvet bulamadı. Adnan Bey hâlâ ona bakıyordu.

Nihal bir şey söylemiş olmak için; "Genç kız!" dedi, "Baba, bir çocuk genç kız olunca sonunda gelin olur, değil mi? Sizin haberiniz var mı? Ben karar verdim, bir daha değiştirilemeyecek bir karar: Küçük Nihal gelin olmayacak. Hani bana küçükken sorardınız: 'Nihal kime varacaksın?' derdiniz. Ben, şüphesiz, ciddi bir kanaatle, 'size' derdim... Telaş etmeyiniz, şimdi o fikirde değilim fakat sizin yanınızda kalacağım, anlıyor musunuz, baba? Her zaman sizinle beraber..."

Adnan Bey sesinde derin bir incelik titreyişiyle: "Ama kızım" dedi; "sonunda gelin olmaya karar vermek lazım gelecek. Bir gün olabilir ki baban seni yalnız bırakmaya mecbur olur."

Nihal evvela anlamadı, sonra babasının titreyen gözlerinden anladı, yalnız ta ruhunun derinliklerinden kopan acı bir iniltiyle: "Oo" dedi.

Bu mümkün müydü? Böyle şey olabilir miydi? Annesinden sonra bu da, babası da... Zihninde o kelimeyi söyleyemeyerek kendi kendisine, "Mümkün değil" diyordu. Sonra babasına sokuldu: "Söyleyin bakayım," dedi "bana söyleyin ki bu dediğiniz şey mümkün değil."

Adnan Bey gülüyordu, ona sordu:

"Bu kararı nereden çıkardın Nihal?"

Babasına hakikati söyledi. Bu kararı işte dün gördükleri

düğünden çıkarmıştı. Nihal şimdi çocukluğuna özgü neşesini bularak bütün ayrıntıları maskaralaştıran bu tarzla ellerinin, çehresinin bin türlü tuhaflıklarıyla düğünde gördüklerini, taklitlerle karıştırarak anlatıyordu.

Bu düğün hikâyesi Nihal'de yaşayan bir komedya kuvvet ve hareketini kazanıyor, Adnan Bey'in gözlerinin önünden bütün bir düğün evi gariplikleriyle, tuhaflıklarıyla parça parça tablolarını sürükleyerek akıyordu. Nihal, iki kurşunkalemi darbesiyle bir hayat uyandıran bir ressam yaratıcılığıyla düğünün hayali bir manzarasını çizdikten sonra, babasının karşısına geçiyor, ciddi görünmek için somurtkan gelini taklit ediyordu.

"Düşününüz bir kere," diyordu; "işte böyle, hep böyle, saatler geçecek, siz hep böyle somurtacaksınız. Sanki gelin olduğunuza pişmansınız, bütün bu görmeye gelenlere dargınsınız... Sizi ondan sonra, yok önden evvel..." O zaman Nihal parmağını kaldırarak ciddi bir vaiz tavrıyla: "Başka bir şey daha var, bu ne kadar gülünçse o kadar iğrenç bir şey daha var..." diyordu. O zaman o minderde oturan hanımı anlatmak için halının üstüne oturuyor, gözlerini kapayarak sızan bayıltan nağmeleriyle başını ağır ağır iki tarafına sallıyor, ortaya boğuk bir sesle: "Oh! Ömrüne bereket!" duasını atıyordu.

Bu kadın onu alacak, Kalpakçılarbaşı'na götürecek, beğendirilecek bir mal aşağılamasıyla o güne kadar görülmemiş, tanınmamış bir adama satacaktı.

Nihal tekrar ayağa kalkarak: "Anlıyor musunuz, baba? Asla!" diyordu. Bunu söylerken ince sesinde demirden bir sağlamlık vardı.

Adnan Bey gülüyordu; "Ama kızım," diyordu; "bütün kızlar Kalpakçılarbaşı'nda gelin olmaz."

Birden Nihal'in ağzından bir soru fırlayacaktı: "Başka nerede gelin olurlar?"

Kalenderde, Kâğıthane'de, Göksu'da... Ağzından çıkmamakla beraber, bu soru onu o kadar korkuttu ki sapsarı oldu; fakat ta deminden beri bu düğünden bahsederken bir fırsat bulmak, biraz da Firdevs Hanım'dan, onlardan bahsetmek istiyordu. Ama o zaman babası kaşlarını çatacak, en sert sesiyle ona "Nihal! Beni yalnız bırakır mısın?" diyecekti! Onlardan bahsetmemek için başka bir şey buldu.

"Bakınız, itiraf edeyim." dedi, gelin olmak için bence bir sebep olabilir: Mücevher! Bilmezsiniz babacığım, o gün ben gözyaşlarımla sarhoş oluyordum. Sanki bütün o elmaslar, zümrütler, yakutlar damarlarıma giriyor, başımı döndürüyordu. Onlardan herkeste vardı... Şimdi biraz kızararak, bu itirafının utancını örtmek için tatlı bir tebessümle gözlerini babasının gözlerine sokarak ilave ediyordu: "Bilhassa, birinde, bilirsiniz a kimde, bir zümrüt takımı vardı ki..."

Bir şey onu boğuyor gibiydi, boğazında tamamlamaktan men den bir tıkanıklık vardı, sustu. Adnan Bey onun saçlarını parmaklarıyla tarayarak gülüyor ve ince bir sesle: "Evet" diyordu; "fakat bunun için gelin olmak icap eder. Ne zaman kararını değiştirirsen bana haber verirsin, o zaman küçük Nihal için de bir zümrüt takımı gelir."

Nihal bir kahkaha içinde cevap verdi:

"Zavallı zümrüt takımı! Küçük Nihal'e gelmek için ne kadar, ne kadar bekleyecek."

Bunun böyle bir koşula ertelenmesine darılmıyordu, bugün, babasıyla barışmış olmaktan o kadar mutluydu ki bunun için değil, hiçbir şey için darılmayacaktı. Şimdi onda her şeyle, herkesle bütün hayatıyla bağrışmaya bir ihtiyaç vardı, ruhunun sevgi kabiliyetleri bilinemez nasıl bir rüzgâr esintisiyle serpilip ışık, sıcaklık arayan bir yonca açılışıyla açılıveriyordu. Hatta piyanosuyla bile barıştı. Bugün evin içi saatlerle Strauss'un valslerini, Metra'nın kadrillerini dinledi. Behlûl'den gidip kitap istedi. Matmazel Courton evvela kendisine gösterilmek şartıyla ona bazı hikâyelerin okunmasına izin vermeye başlamıştı. Kitap bahanesiyle Behlûl'ün odasında yarım saat gecikti. Bugün iki iyi dost gibi gevezelik ettiler. Babasıyla barışmanın sanki şenliğini yapıyordu.

Bu aşırılıkla taşan sevincinin içinde ara sıra kendi kendisine gülerek soruyordu: Mademki barışmak ancak onun elindeydi, neden şimdiye kadar beklemişti? Matmazel Courton'u taklit ederek kendi kendisine parmağını kaldırıyor ve "Artık, bundan sonra uslu çocuk olacaksın, değil mi küçük Nihal?" diyordu.

***

Fakat böyle uslu çocuk olmakta devam edemedi. Sonunda bir gün en umulmaz bir vesileyle o zamana kadar aralarında bir sert kelime bile geçmeyen Bihter'le Nihal'in arasında, birdenbire düşmanlık başlamış oldu. Nihal haksızdı, bunu kendi kendisine de, Bihter için düşmanlığa benzer bir his duydukça hep itiraf ederdi; bu kadına, babasının karısı olmaktan başka hiçbir düşmanlık sebebi bulamıyordu. Fakat bu haksızlık onun için öyle bir ihtiyaçtı ki mutlak buna boyun eğecekti; bu kadınla mümkün değil dost olamamıştı, onunla düşman olacaktı.

Bir gün sabahleyin Nihal babasının çalışma odasına gülerek, elinde bir kâğıt parçası, yarım saklayarak girdi. Bihter elinde küçük bir tüy süpürgeyle duvardaki tabloların tozunu alıyordu. Nihal babasının yanına kadar sokuldu, hep gülüyordu, kâğıdı uzaktan göstererek, sanki kapılmasından korkarak çekti.

"Nedir o Nihal?"

Nihal kollarını açarak: "Müthiş bir hesap!" dedi.

Şimdi Adnan Bey de gülüyordu, Nihal para istemeye geliyordu. Babasına anlattı: Bunu Matmazelle beraber yapmışlardı, birçok neler, neler neler... Küçük Nihal'in o kadar eksikleri vardı ki kâğıda bakarak saydıkça babasına tuttuğu elinin parmaklarını kapayarak birer birer veriyordu: Evvela ayakkabı alacaklardı, bir; eldivenleri patlamıştı, bunları alacaklardı, iki... Alınacak şeyler çoğalıyordu. Nihal, istedikleri reddolunmamaya alışmış çocuklara özgü bir şımarıklıkla: "Gördünüz mü?" diyordu; "Cüzdanınızdan bir beşlik kâğıt aşırmak için yetecek kadar şeyler var..."

Adnan Bey Bihter'e sordu:

"Bugün Beyoğlu'na ineceğinizden haberim yoktu."

Ta yüksekte bir levhaya yetişmek için kanepenin üstüne çıkan Bihter başını çevirmeden cevap verdi:

"Ben de bilmiyordum."

Nihal aldırmayarak cevap verdi:

"Biz Matmazelle ineceğiz; öyle kararlaştırmıştık baba! Bize bu vapuru kaçırtırsanız geç kalacağız..."

"Kızım, niçin annenin ineceği bir günü beklemiyorsun?"

Nihal'in birden çehresi değişti. Cevap vermemek istediğini anlatan bir sesle dudaklarını şişirerek, "Çünkü" dedi, sonra ilave etti: "bugün de Matmazelle bir kaçamak yapmak istedik. Zannederim ki bir genç kız mürebbiyesiyle beraber sokağa çıkabilir."

Nihal'e bir kelime daha söylemek hiç yoktan bir kavga zemini yaratmak demekti. Adnan Bey parayı vermeyi tercih etti, Nihal çıktıktan sonra Bihter'e sordu:

"Nihal'le neyiniz var, Bihter?"

Bihter işitmemiş gibiydi, fark etmemişçesine cevap verdi:

"Nihal'le? Hiç!"

Bugün Nihal Beyoğlu'ndan döndükten sonra odasına girince birden burada bir değişiklik gördü. Odasında bir başkalık vardı, burasını boşaltıveren bir değişiklik olmuş gibiydi. Çarşafını çıkarmadan, ayakta ne olduğunu anlayamayan gözlerle bakıyordu. Sonra birden anladı: Bülent'in yataklığı eksikti.

Bu o kadar beklenmeyen bir şeydi ki gözlerine inanamıyordu; belinden çarşafı sarkarak odasından çıktı, merdiven başına kadar koştu:

"Şayeste! Nesrin! Bülent'in yataklığını niçin kaldırdınız?"

Kulağını dikerek cevap bekliyordu. Merdivenleri indi ve o zaman karşısında Bihter'i gördü.

"Ne koşuyorsun, Nihal?"

Bihter kaçınılmaz bir çatışmaya cesaretle karşı koymak için karar vermiş gibiydi.

Nihal, "Bülent'in yataklığını kaldırmışlar!" dedi.

Bihter metin bir sesle cevap verdi:

"Evet, ben kaldırttım, Bülent artık ayrı bir odada yatacak, geçen hafta kendisiyle öyle karar verdik."

Nihal dondu. Nasıl, sonunda Bülent'i büsbütün ondan alıyorlardı, haftada bir gece bile onu ablasına bırakmak istemiyorlardı ve bu haksızlık Bülent'le birleşerek yapılıyordu da ona haber bile vermeye lüzum görülmüyordu, bilhassa onun evde bulunmadığından istifade edilerek... "Oh!"

Ağzından bir kelime çıkamıyordu, gözlerinde hırsının ateşinden kurumuş bir kin bakışıyla Bihter'e bakıyordu, birden isyan etti:

"Ama siz, siz ne karışıyorsunuz, rica ederim? Şüphesiz Bülent'i aldatmış olacaksınız, o sizin yalan tebessümlerinizle... İşte yine gülüyorsunuz fakat ben artık biliyorum, anlıyor musunuz; bu tebessümlerinizi biliyorum, onlarda zehirleyen bir şey var. İşte etrafımızdakiler, hep sizden zehirleniyorlar. Bülent sizin için mektebe gönderildi, şu kadar çocuk sizin için oraya atıldı, şimdi ablasının odasından da atılıyor. Onu nereye atıyorsunuz? Selamlığa mı atılıyor?"

Bihter acı bir tebessümle dinliyordu, yavaş bir sesle cevap verdi:

"Haksızlık ediyorsun Nihal! Niçin beş dakika sonra seni pişman etti recek bir tarzda söz söylüyorsun? Düşünsene, Nihal; Bülent artık senin odanda yatamazdı, bu, kurala aykırı bir şey olurdu.

Nihal atıldı; "Hayır," diyordu; "yalan, yalan söylüyorsunuz! Narin, hasta vücudu zapt olunamayan bir titreyişle titriyordu; dudakları bembeyaz olmuştu, sesinde bir kısıklık, tırmalayıcı, ıslık çalıcı bir şey vardı: "Bunlar hiçbir şey için yapılmıyor, yalnız beni, anlıyor musunuz, bu evin içinde artık fazla gelen kızı kahretmek için yapılıyor. İtiraz etsenize, niçin saklıyorsunuz sanki? Siz beni herkesten uzaklaştırmak, yapayalnız bırakmak istiyorsunuz, işte geldiğinizden beri buna çalışıyorsunuz."

Bihter sapsarı, dudaklarını ısırarak dinliyordu. Nihal'i bu haliyle hiç görmemişti, şimdi o hırçın bir kız olmuştu, hep o hiddetinden kısılan sesiyle, hiçbir şey düşünmeyerek, hiçbir şey dinlemek istemeyerek söylüyordu.

Birden Bihter'e daha çok yaklaştı: "Demin ne diyordunuz?" dedi,[1] "Beş dakika sonra pişman olacağımdan bahsediyordunuz değil mi? Aldanıyorsunuz, ben asıl şimdiye kadar size söylenememiş şeylerden pişmanım. Ben sizi hiçbir vakit sevmedim, sevemedim, sizden nefret ediyorum, işitiyor musunuz? Sadece nefret!"

1 Bu cümle 1945 baskısında yoktur. (Y.N.)

Bihter'in kulakları uğulduyor, yukarıda tahtalar gıcırdıyor, dehlizde bir kapı yavaşça açılıyor, bütün evin halkı, Matmazel Courton, Şayeste ile Nesrin, Beşir, dudaklarında bir haz tebessümüyle onun aşağılandığını dinliyorlar zannediyordu.

Nihal'in son sözü çehresine birden bir al dalga fışkırtan bir kamçı oldu: "Nihal!" dedi, "Mürebbiyenizin yanına çıkar mısınız? Size daha verilecek terbiye dersleri olmalı."

Nihal'in cevabını işitmemek için Bihter döndü, Nihal cevap vermemek hırsından titriyordu, Adnan Bey'in kapısı açıldı ve karşısında babasını gördü. Baba kız, dik, titremeyen, düşmanlığı andıran bir bakışla bakıştılar. Adnan Bey sordu:

"Ne oluyor, Nihal?"

Nihal cevap vermedi, boğuluyor gibiydi, artık hiddeti son kuvvet hamlesini sarf etmişti; şimdi sinirlerinde bir gevşeklik, hemen oraya atılıvererek, ağlamak isteyen bir bitkinlik vardı.

Adnan Bey şimdi gözlerinde hiddetten çok merhamete benzeyen bir bakışla ona yaklaşmıştı: "Kızım," dedi, "biraz benim odama gelir misin?"

Birden, kendisini babasının odasında, onunla karşı karşıya, onu biraz dargın, biraz azarlar haliyle, vakur, ciddi bir sesle kim bilir neler söylerken, kim bilir kalbini nasıl ezecek nasihatler verirken, kendisini, aşağılanmış, aciz, utancından ağlayamayarak, bitkinliğinden söz söylemeye kuvvet bulamayarak hemen orada bu zavallı kalbin umutsuzluklarını anlamamak isteyen babasının ayakları altında can çekişirken gördü ve birden hayalinde hayat bulan bu manzaradan o kadar korktu ki babasının uzanan elinden elini çekti, döndü, hiçbir cevap vermeyerek kaçtı.

Beş dakika sonra Nihal odasında yalnız, Bülent'in boş kalan yerine bakarak, kendisini o kadar haksız buluyordu ki, pişman oldu. Şimdi aşağıya inmek, bu kadının tekrar yüzüne bakmak için nasıl kuvvet bulacaktı? Şimdi bu hiddet taşkınlığını affettirecek, kendi kendine karşı haklı gösterecek bir sebep bulamıyordu. Kendi kendisinden o kadar utanıyordu ki ondan izahat talebiyle kapısına vuran Matmazel Courton'a odasını açmaktan kaçındı.

Bu olayı herkes, sanki bir oybirliğiyle unutmuş göründü. Bihter, Nihal'le aralarında hiçbir şey cereyan etmemiş gibiydi. Fakat pişmanlığı tekrar bir düşmanlık vesilesi bulmak ihtiyacı takip ediyordu; artık onda bir şey vardı ki sebep olmadan taşıyor, ancak Bihter'e soğuk birkaç kelime içinde yükünün fazlasını boşalttıktan sonra sakinlik buluyordu. Artık küçük küçük çekişmeleri birbirini takip ediyordu.

Bihter'in masum bir kelimesi fena yorumlanıyor, pek dostça bir sohbet arasında bir fikrine isyan ettirecek bir itiraz yapılıyor, kocasına söylenen bir sözün arasına tırmalayıcı bir kelimeyle müdahale ediliyordu. Nihal artık tahammül edilmez hırçın bir kız oluyordu. Bihter'le küskünlükleri vardı ki günlerce sürerdi, bir kere Bihter'in bir sözünde vehmedilmiş bir anlam bahanesiyle peşkirini sofranın üzerine fırlatarak yemekten kalkmıştı; beraber yapılmak üzere kararlaştırılan gezintiler oluyordu ki Nihal'in birdenbire ortaya çıkan rahatsızlıklarıyla erteleniyordu. En olmayacak şeylerde Nihal bir karşı tavır alıyor, Bihter'i bir alay kahkahasıyla haksız çıkarmak, utandırmak için her dakika bir fırsat bekliyordu ve Bihter'in, sakin bir tebessümle, ılımlı bir kelimeyle karşılık ettiği bu mücadelelerden kendisini mağlup olmuş gördükçe Nihal büsbütün hırçın oluyor, büsbütün haksızlaşıyordu.

Bihter bir buhran devresinin başladığına hükmetmişti. Onda heyecanlara üstün gelen bir kendini tutma vardı ki Nihal'e karşı yalnız bir savunma vaziyeti almasına müsaade ediyordu. Kendisini hasta bir kızını hırpalamayarak eğiten bir anne rolünü uygun görmüştü. Bir gün kocasına rica etti:

"Sizin küçük bir müdahaleniz bu buhranın pek çok sürmesinden başka bir şeye hizmet edemez. Bana söz veriniz bakayım, hiç karışmayacağınıza söz veriniz..."

Adnan Bey etrafında olup biten bu şeylerden bilerek sanki habersiz kalıyordu; yanında olmuş bir çekişmeye bile müdahale etmemek için dudaklarını ısırır, eline bir gazete alırdı.

Bihter için bu bir cehennem hayatı oldu; en sakin, en emin zannolunan dakikalarda Nihal'le kavga etmek lazım geliyordu. Bütün sözlerinin, bütün hareketlerinin derhal bir çekişme vesilesi olarak yakalanmak üzere bu kızın teftiş bakışı altında tutulmasından doğan sürekli bir acı içindeydi; fakat bu buhran devresi başladıktan sonra en çok mustarip olan Nihal'di. Bu hırçınlıklar, zavallı hasta ruhunu yakıp kavuran müthiş bir hummanın önüne geçilemez nöbetleri hükmündeydi. Devamı esnasında, onu düşünemeyen bir çılgın yapar, vahşi bir sarhoşluk lezzetiyle mest bırakır, sonra zedelenmiş sinirleriyle, titreyen renksiz dudaklarıyla, boğazına tıkanan bir azap ukdesiyle ve hep o ensesinden başlayarak şakaklarını geren ağrılarla bu mücadelenin içinden kafesinin tellerine çarpa çarpa hırpalanmış mecnun bir kuş haraplığıyla çıkınca kendisini bütün çılgınlıkları, bütün buhranları, daha çok kuvvetle, daha çok açıklıkla hatırlanan bir hezeyan nöbetinden uyanıvermiş bulur; bu hatıraların utancından, herkesin o haksızlıkları kınayacak zannettiği bakışından kaçmak için odasına koşar, kapısını kilitler, orada yalnızlığın içinde irileşmiş gözleriyle, kasılmış parmaklarıyla kendi kendisini parçalamak, yemek isterdi. Haksızlığını tamamıyla biliyordu, işte onu herkesin gözlerinde de okuyordu; "Ama kızım, düşününüz, rica ederim..." diye başlayan Matmazel Courton'dan onu bir tebessümle, yanından geçerken mırıldanılmış bir kelimeyle onaylayan Şayeste ile Nesrin'e kadar herkes onun haksızlıklarına birer şahitti; kızların onu tutmalarıyla haksızlıkları daha çirkin bir anlam kazanmış buluyor, kendisini onların derecesine inmiş, onlarla ortak olmuş görmekten iğreniyordu. Ama niçin, niçin böyle oluyordu? Matmazel Courton'un dediği kadar düşünmeyi neden başaramıyordu? O zaman bu haksızlıkları kendi kendini herkese affettirmek için fazla gösterişler lüzum görürdü. Babasıyla yine çocuklaşmak ister, Behlûl'e sokulur, Bülent'i hediyelere boğar, sonunda Bihter'le, hiçbir şey olmamışçasına, sokulgan bir arkadaş olurdu; fakat bu gösterişlerin arasında hissederdi ki bütün etrafındakiler, hatta Bülent, ta gözlerinin içinde ona karşı bir gizli kınama bakışı saklıyorlar. Bihter'in kısılmış dudaklarında zapt olunan kelimelerin bir titreyişini fark ederdi ve artık daha çok kendini zapt etmeyerek, sonunda herkesi kendi tarafına çekecek, artık bu defa kendisini haklı gösterecek bir vesile ortaya çıktığına ikna olarak, geçmiş haksızlıklarının tamirini yeni bir haksızlıkta arardı. Ama her defasında aldanırdı, bu mücadelelerin hiçbirinde ona hak verecek bir bakışı rastlamamıştı. İstiyordu ki kendi kendisini haksız bulmakla beraber herkes ona hak versin, ona acısın. Evet, kendisine acınılmasını istiyordu, onun merhamete ihtiyacı vardı. Ta kalbinde bir şey ona kendisini çekerek saçlarını gözyaşlarıyla ıslatacak şefkatli bir kalp aratıyordu. O şefkat kalbi, o cömertlik göğsü kimin olabilirdi? Bunu belirleyemiyordu; fakat biliyordu ki o gözyaşları o derin bir bağışlama kaynağından saçlarına akacak sıcak yaşlar, kalbinin, zavallı yaralı kalbinin yaralarını yıkayacak, zehirlerini temizleyecek ve yalnız o vakit işte kendisini mahveden bu müthiş, bu ciğerlerini kavuran hummadan şifa bulacaktı.

Bu kalp kimin kalbi olabilirdi? Bütün etrafındakilerin kalpleri ondan uzaklaşmıştı; hiç, hiçbir müşfik kalp görmüyordu ki o şifa verecek gözyaşlarını serpmeye gücü olabilsin. Şimdi artık hepsiyle yabancılaşmıştı, hepsiyle...

Zihninde acı bir hüsran çığlığı şeklinde bu kelimeyi tekrar

ederken, öksüzlüğünün bütün üzüntüsüyle bu feryadı yalnızlığının matemine bir ıstırap iniltisi hükmünde atarken kendisini o kadar terk edilmiş, o kadar yalnız görürdü ki, hemen ölmüş bulunmak isterdi.

Sonra dışarıda kışın siyah günleri penceresinden ona dalga dalga ölüm karanlıkları dökerken birden titrerdi, üşürdü. Ölmek! Kim bilir, bu ne güzel bir şeydi! Fakat ne korkunç bir şey... Asıl korkunçluğunda bir güzellik buluyordu. Siyah bir çukur, o büsbütün beyazlaşmış çehresiyle sarı saçlarının arasında, beyaz, kar kadar beyaz kefenler içinde yatıyor; ve ta yukarıda, o siyah toprakların üstüne siyah bir gökyüzünden yavaşı yavaş, bu genç kız mezarını okşar gibi yağmurlar dökülüyor; işte o şifa veren gözyaşları! Mademki bu hayatta sarı saçlarını onlarla ıslatacak cömert bir kalp yoktu, bu gözyaşlarını mezarında bulacaktı; gökyüzü, kızına ağlayan bir anne matemiyle ağır ağır, yavaş yavaş, gözyaşlarını serperken o, mezarında, ruhuyla bunları içecekti, bu ölmüş genç kızın renksiz dudakları mutlu bir tebessümle tazelik bulacaktı; sonra, kim bilir, belki mezarların karanlık yollarından, o toprakların altında saklı siyah dehlizlerden bir ölü, annesi, beyaz kefenleriyle sürüklene sürüklene, tırnaklarıyla toprakları deşe deşe yol açacak, geceleri kızını yalnız bırakmamak için onun yanına gelecek, dudaklarıyla saçlarının arasında kulağını arayacak ve başkalarına, hayattakilere işittirmek için yavaş bir sesle: "Nihal'im! Benim minimini Nihal'im!" diyecek, "Ben, yalnız ben sana hak veriyorum." Evet, minimini Nihal'e yalnız o hak verecekti.

Böyle, odasında yapayalnız, ölümü düşünürken hayalinde bir genç kızın taze mezarını görür; elini çenesine dayayarak, gözleri kaybolmuş sanki o mezarın başında matem tutardı.

Böyle ikiye bölünmek mümkün olsaydı! Ölmüş, mezarının

içinde annesiyle öpüşen bir Nihal ve o mezarın başında, böyle eli çenesine dayanmış, sarı saçları perişan, gözleri insanların göremedikleri bir ufka açık, kımıldanmayarak, yaşamıyormuşçasına yaşayarak, yalnız ağlamak için oraya dikilmiş bir heykel, fakat canlı, matem heykeli şeklinde bir başka Nihal...

Bu mateminin arasında onunla beraber ağlayacak birisine ihtiyaç duyar ve o zaman musikinin teselli eden gözyaşlarına koşardı. Bu elim saatlerde parmakları piyanosunu inletecek şeyler bulurdu. Ya Chopin'den bir leyle, ya Schumann'dan bir neşide, yahut Mendelsohn'dan bir hazin lahin içinde bu aletin ruhuyla onun hasta ruhu varlıklarını eritip mahveden bir kucaklayışın vecde giren can çekişmeleriyle çırpınırlar; sonra birbirlerini kırarak, birbirini öldürerek son bir ıstırap nefesiyle, hayata derin bir matem ezgisi bırakarak, bitap, kırılmış, yaralı sürüklene sürüklene sanki bir kenara düşerlerdi. İnleyen bir şeyler zavallı insan hayatının o ifade edilmez ıstıraplarından dizilmiş bir dil olan bu musiki kasideleri Nihal'in sinirlerinden geçtikçe, onun acılarıyla zehirlendikçe daha hastalanarak başka bir anlam, geceleri göklerin hüzünlü gülüşlerinden mezarlara damlayan acıma damlalarına benzer ince bir elem ifadesi kazanırdı. Nihal kendisini unuturdu, kısık dudaklarla, kuru gözlerle, bir bulut arasından gördüğü o siyah işaretlere dalgın, onların sessiz dilinden canlanarak uçan şikâyetlerle kavrulmuş denebilecek gözünde hiçbir fikrin hayat alevi parlamaksızın, sanki hissiz, hayatsız, kendinden geçiren bir ölümün rüya dalgalarında dingin bir akışla yüzerdi.

Chopin'in prelütlerinden biri vardı ki onu çalardı ve bunu ezberden, gözlerini kapayarak çalarken ta ruhunun içinde beyaz bir gece, son bir hayat gecesinin kefenli ufuklarını görürdü. Bu şarkının, bilinemez neden, onda böyle bir ilham kuvveti vardı; ne vakit onu çalsa gözlerinin içine bütün kâinatı kefenlere saran bir beyaz gece karanlıkla aydınlıktan, bulutlarla güneşlerden oluşan bir gece fakat ölmüş bir cihanın ölmüş bir gecesi doğardı.

Beyaz! Beyaz! Beyaz! Bu gecenin büyük, yüksek ağaçları vardı ki beyaz başlarını, beyaz kollarını kaldırarak silkiniyorlardı; beyaz bulut kümelerinden yığıla yığıla göğüslerini germiş dağların arasında beyaz saçlarının beyaz köpüklerini savurarak yükselen dalgalarıyla bir deniz kabarıyordu; ta yukarıda, bir sessizlik duraklaması içinde kalıvermiş kar tufanlarının arkasında beyaz bir ay... Sonra bütün bu beyazlıkların üzerinden koşan, alay alay gölgeler, bu beyaz cihanı siyah bir ölüm nefesi içinde saran bulutlar ve her tarafta büyük bir sessizlik; ne bulutlarda küçük bir ezgi, ne dalgalarda hafif bir hışırtı; hiç bir şey yok; yalnız bu ölmüş gecenin üstüne ta uzaklardan kim bilir nerelerden, belki mevcut cihanın ötesinden kâinatın hayatına mersiye okuyan bir ses; sonunda kefenlerinin altında dinlenen bu ıstırap mahşerinin üstüne bir rahmet kevseri hükmünde dökülen son inilti...

Ve bu son kâinat gecesinin tek seyircisi olarak bütün o karlarının altında donmuş manzaraların kenarında kendisini görüyordu; bir kişi, bu ölmüş kâinatın içinde yapayalnız... Şimdi de böyle değil miydi? Yapayalnız... O zaman rüyasıyla hakikatin bu benzerliğinden titrer ve musikinin şifa verirken öldüren bu avutmalarından silkinerek çıkmak isterdi.

Artık uyuşan, can çekişen sinirleri tekrar hayat bulmak için sarsılmak, hırpalanmak ihtiyacını duyardı; birden, demin inleyen alet çıldırır, kudururdu; demin havanın içine serpilen son elem çığlıkları henüz son nefesini vermeden bir sürat alıştırma kasırgaları patlar, çılgın dolanmaları içinde bütün hüzün şarkılarının inleyen kalıntılarını müthiş gümbürtüleriyle boğardı.

Nihal bu velvelenin içinde sersemleşmek, düşünmemek için düşünememek isterdi; sonra yorgun, göğsü şişkin, sapsarı, bu mücadelenin içinden çıkarak başını çevirince mutlu mürebbiyesinin endişeli bir bakışla kendisine bakan gözlerini görürdü. O, bu musiki hummalarının hemen hepsinde bir gölge çekingenliğiyle gelmiş, biraz uzakça oturmuş bulunurdu.

Onun uzaktan Nihal'e öyle bir bakışı vardı ki "Zavallı çocuk, kendisini öldürüyor." demek isteyen derin bir merhamet anlamıyla doluydu. Evet, bu musiki hummaları, insafsız bir hastalığın birbirini izleyen ateş nöbetleri kahrıyla bu zayıf çocuğu kırılmış bir halde bırakırdı. Bu musikinin avutuculuğunda mest eden bir zehirli içki ihaneti vardı.

O zaman Nihal'i almak, ona neşe verecek şeyler okumak isterdi; fakat Nihal bunlardan sıkılıyordu, mürebbiyesinden öyle kitaplar istiyordu ki ona ölümü düşündürsün. Mürebbiyesine itiraf ediyordu: "Ölüm! Ölüm! Şimdi hep bunu istiyorum." derdi.

14

Bir gün Şayeste Nihal'e, inanılmayacak bir haber verdi. Firdevs Hanım'ın uzun bir misafirlik için yalıya geleceğini işitmişti. Şayeste ayrıntı veriyordu. Hekimler, dizlerinin sızıları için onların yalısının rutubetinden bahsetmişlermiş, sonunda birçok düşüncelerden sonra buraya gelmeye karar verilmiş...

Şayeste bitmez tükenmez ayrıntılarla bu haberi verirken Nihal hareket etmeden, bir kelime söylemeyerek, inanılmayacak bir şey dinleyenlere özgü sabit, şaşkın bir bakışla duruyordu. Şayeste bitirince cevap vermedi.

Bu mümkün müydü? Bu karar kendisine karşı bilerek düzenlenmiş bir şey anlamını kazanıyordu. Demek Nihal bundan sonra Firdevs Hanım'la beraber, bir evde, yan yana yaşamaya mahkûm olacaktı. Ama bu kadından o nefret ediyordu, hele o düğünden beri ona başka türlü yaratılmış öteki kadınların hiçbirine benzemez bir yaratık gözüyle bakıyordu. Mümkün değil, buna müsaade etmeyecekti.

Birden karar verdi, artık babasına karşı da isyan edecek, bütün kuvvetiyle kavga edecekti.

Nihal aklına gelen bir şeyi hemen yapmalı, ortaya çıkan bir kavga vesilesini derhal kullanmalıydı. Şayeste'yi orada bırakarak yerinden kalktı, aşağıya indi; fakat sofada beklemeye mecbur oldu.

Bugün bir cumartesiydi. Bülent henüz gelmemişti, sofada onunla Behlûl'e rastladı. Bülent'le öpüştüler. Nihal sapsarıydı, dudaklarında ufak bir titreyiş vardı. Bihter'e koşmak, artık bu defa müthiş bir çarpışmayla her şeyi kırmak istiyordu.

Behlûl sordu:

"Ne oluyorsun, Nihal? Sende yine bir şey var."

Nihal durdu. Birden kararını değiştirdi. Bu şaşılacak haberi onlara söylemekle kendisinin tarafına geçecekler bulacağına hüküm verdi. Behlûl'e dedi ki:

"Elbette haberiniz vardır. Bize yeni bir misafir geliyormuş."

Behlûl cevap verdi:

"Firdevs Hanım'dan bahsediyorsun zannederim. Ama yanılıyorsun, Nihal, o bir misafir değil, senin annen demek olan bir kadının annesi."

Nihal birden taşan hiddetiyle cevap verdi:

"Evet fakat o kadın buraya gelemez."

Behlûl Nihal'e yaklaştı ve bir büyük kardeş yumuşaklığıyla, "Nihal," dedi, "eminim ki sen şimdi Bihter'e gidiyordun, ona şimdi bana söylediğini söyleyecektin, öyle değil mi? Beni biraz dinler misin Nihal? Fakat kavga ederek, hiddetlenerek değil, sakin sinirlerle, dudaklarında bir tebessümle... Bilirsin ki bütün kavgalarımızla beraber, biz yine dostuz, biz bir tür kardeş, birbirini tırmalayıp da sevişen kardeşlerden... İşte bak gülüyorsun, mağlup oldun, hiddet bitti artık beni dinleyeceksin."

Behlûl Nihal'i elinden çekerek odasına götürüyordu, Bülent onları takip ediyordu. Nihal'i bir koltuğa oturttuktan sonra Behlûl bir yer iskemlesini çekti ve karşısına oturdu, Bülent yerde, ikisinin arasındaydı.

Nihal yumuşamış, iradesini başkalarına teslim etmiş bir vücut hükmündeydi, ufak bir tebessüm ince dudaklarını hafifçe açıyordu. Biraz evvelki Nihal'den o kadar başka bir şeydi ki şimdi Bihter'in yanında olsaydı, beş dakika evvel söyleyebileceği şeyleri söyleyemeyecekti.

Behlûl hep o yumuşak, o bir kardeş sesiyle sordu:

"Değil mi Nihal? Bihter'e de o kadın buraya gelemez, diyecektin."

Nihal başıyla, gözüyle inkâr ediyordu; Behlûl diyordu ki:

"Yok, şimdi utanıyorsun da onun için itiraf etmiyorsun; ya bunu söyleyecektin yahut buna benzer bir şey... Bak, beş dakika yetti, yapmak istediğin şeyden utanıyorsun. İşte bütün bu kış yaptığın şeyler için beşer dakika bekleseydin, onların hiçbiri olmayacaktı..."

Nihal hep o tebessümüyle susuyordu. O zaman Behlûl anlattı. Firdevs Hanım'ın bu misafirliğinden hiç kimse memnun değildi, hatta herkesten çok Bihter.

Nihal gözlerini açtı, nasıl, o da annesinin geleceğinden memnun değil miydi?

Behlûl, "Seni temin ederim ki değil" diyordu. "Sana bunu izah etmek pek uzun fakat ne kadar memnun olunmayacak olursa olsun, başkaları kendisine karşı memnuniyetsizlik gösteremez; bilhassa sen Nihal, buna dair bir küçük işarette bile bulunamazsın. Bu şimdiye kadar aranızda geçen kavgaların hiçbirine benzemezdi. Ondan sonra, Nihal müsaade eder misin? Sana ne vakitten beri söylenmek istenip de söylenemeyen bir şey söyleyeyim?"

Nihal biraz doğrularak o zamana kadar söylenemeyen bu mühim şeyi bekledi. Behlûl ciddi bir sesle söyledi:

"Nihal, sen bilmeksizin babanı üzüyorsun."

"Nasıl? Ben, ben mi babamı üzüyorum?"

Bu soru ağzından bir feryat feveranıyla çıktı. Behlûl o sakin sesiyle devam etti:

"Evet, sen, mini mini Nihal, sen... Bilmeyerek, düşünmeyerek, biraz çocukluktan, biraz hırçınlıktan fakat asıl kıskançlıktan... Senin bütün o Bihter'e yaptığın şeyler, o haksızlıklar, evet itiraf edersin değil mi? Onlar hep birer haksızlıktan başka bir şey değildir. İşte bütün o kendini zapt edemeyerek yaptığın kavga onu zedeleyecek birer sebep oluyor."

Behlûl bu muhakeme silsilesini takip ediyordu fakat artık Nihal anlayamıyor, açıklıkla dinleyemiyordu. Bülent'in onaylayan çehresine bakarken gözlerinde bir sis, Behlûl'ün sesini işitirken kulaklarında bir uğultu vardı. Kendisine birinci defa olarak söylenen bu şey o kadar beklenmeyen, o kadar umulmayan bir şeydi ki onu sersemletmişti. Kalbinde bir damar kopuyor gibiydi. Demek o babasını üzüyordu. Evet, bu doğru olmalıydı. Nasıl olmuştu da bunu kendisi düşünmemiş ve şimdiye kadar hiç kimse ona bu hakikati söylememişti? Birden kendini büyük bir cinayet işlemiş olmak töhmetiyle gördü. Babasını üzmüş olmak... Evet, evet, bu böyleydi, böyle olmalıydı. Şimdi ne yapacaktı? Ne yapacaktı ki her şeyi unuttursun? Her şeyi affettirsin? Şüphesiz artık Firdevs Hanım'ın gelmesine ses çıkarmayacaktı, artık Bihter'le uğraşmayacaktı fakat evvelkiler nasıl unutturulacaktı?

Behlûl söylerken, o dinlemeyerek, Bihter'le geçen şeyleri birer birer hatırlıyordu. Kendini ne kadar haksız, ne kadar haksız buluyordu. Nasıl kuvvet bulmuştu da bunları yapmıştı?

Nihal Behlûl'ün odasından başkalaşmış bir Nihal olarak çıktı; Behlûl ona diyordu ki:

"Gördün mü, Nihal? Ne zaman kendinde hiddete benzer bir şey hissedersen, biraz kavga arzularına meydan vermek için seninle küçük küçük mücadeleler de yaparız; fakat başkasıyla değil..."

***

Bugün Nihal'in en sakin bir günü oldu. Saatlerle mürebbiyesinin ona okuduğu bir kitabı dinledi. Bugün Nihal için başka bir devrenin başlangıcı olacaktı.

Bundan sonra artık hiç sesini çıkarmayarak, bütün o çılgınlıklara sevk eden insan hissiyatını ezmek için zayıf kalbinde kuvvet bulmaya çalışarak, kahrolmuşluğunun sessizliği içinde kapanacak, babasını üzmemek için susacak, hep dudaklarını kısarak susacaktı.

O okurken Nihal hep bunu düşünüyordu. Bugün ihtiyar kızın da okurken dalgınlıkları vardı; elindeki kitabı yavaşça indirerek sanki bir gözyaşı bulutuyla örtülü gözlerini Nihal'e dikiyor, dalgın, uzun bir bakışla ona bakıyordu. Böyle, ikisinin arasında uzun bir dakika geçiyor, bir şey söylemeyerek gözlerini zorla birbirinden ayırıyorlardı. İki defa Nihal sordu:

"Ne düşünüyorsunuz, rica ederim?

İhtiyar mürebbiyenin bir şey söylemek için kuvvet bulmaya çalışıyormuşçasına dudakları kıpırdıyor, sonra, "Hiç!" diyordu.

Nihal onun bu tereddüdüne o gün fazla bir önem vermemişti, şüphesiz ihtiyar kızın kendisine söylenecek bir şeyi yoktu, fakat ertesi sabah anlamsız şeyden müthiş bir hakikat çıktı.

Nihal'i, sabahleyin kapısının arasından seslenen Matmazel Courton uyandırdı:

Bonjur Nihal! Yatağında mısın çocuğum? Ben gidiyorum, vapura ancak yetişebileceğim.

Bu pazar ihtiyar kız sabah duasında bulunmak için erkenden Beyoğlu'na ineceğini bir gün evvel Nihal'e haber vermişti. Nihal yorganının altından başını çıkararak mürebbiyesine bağırdı:

"Rica ederim, çabuk dönünüz, bugün hava güzel görünüyor, sizinle bir küçük gezinti yaparız.

Bugün kışın son günlerinden biriydi; soğuk fakat güzel bir gün... Nihal yatağından güneşin donuk, bir buz nefesiyle buğulanmış denebilen ışığının penceresinden kayarak perdenin bir kenarını yaladığını görüyordu; çerçevenin dışarısında, beyaz bir süngere benzer, eriye eriye delik deşik olmuş, yumruk kadar bir kar parçası vardı ki uzun uzun aralarla birer damla salıveriyor, ve bu damlalar camın donuklukları arasında açılmış minimini bir dereyi takip ederek, uzanarak, kıvrılarak, sonunda dağılarak kayboluyordu.

Nihal uzun uzun perdesini yalayan bu ışığa, damla damla eriyen bu kar parçasına, minimini dereye baktı. Yatağının içinde bu güneşli günün hoş sıcaklığını düşünerek üşüyordu. Onun da beyninin üstüne bu güneşin ışıklarını süsleyen buzlu nefese benzer bir tabaka çekilmiş gibiydi. Bütün vücudundan küçük küçük titremeler akıyordu, ayaklarını çekerek yatağında büzüldü, yorganını çenesinin altına kıstırdı, hep o güneşe, kar parçasına, minimini dereye bakıyordu; bugün mümkün değil yatağından çıkıp bu soğuk odada yıkanmaya, giyinmeye kuvvet bulamayacaktı; hayalinde suyun soğukluğunu hissediyor, omuzlarından birer buz mecrası açılıyor, titreyerek yatağının içinde çok büzülüyordu. Bugün tembellik edecek, saatlerle yatağından çıkmayacaktı. Yatağından çıkmamak için bir sebep daha buluyordu: Mademki Matmazel Courton da bugün evde değildi...

Gözleri süzülüyordu, hep böyle, pencereden bakarken yavaş yavaş kirpikleri indi, ince mavi damarları görünen göz kapakları titredi, tekrar uyudu. Bir müddet uyudu; sonra birden gözlerini açtı, ona odasını sallamışlar gibi gelmişti, ilk önce anlayamadı, bir dakika kadar sonra tekrar aşağıdan yukarıya uçan koca bir kar parçası gelip penceresinin üstüne ezilerek yapışınca anladı. Aşağıda şüphesiz Bülent ablasının penceresini kartopuna tutuyordu.

Birden yatağından atlayarak penceresine koştu, tam o sırada bir top daha, bu defa çerçevenin kenarına gelerek dağıldı. Nihal bahçeye baktı. Hep oradaydılar. Adnan Bey, Behlûl, Bülent, kürklü geniş yakasını kaldırmış Bihter, henüz erimemiş karlardan toplamak için çömelen Beşir...

Başlarını kaldırarak ona bakıyorlardı, Bülent bir iki top daha hazırlıyordu, Nihal eliyle işaret ederek "Geliyorum!" dedi.

Beş dakika sonra bahçedeydi. Havada hoş bir sıcaklık vardı, güneş bu sabah vaktinden evvel uyanmış bir bahar getiriyordu. Nihal bu havayı teneffüs eder etmez varlığının derinliklerine kadar ısındığını hissetti. Bahçenin yollarında karlar yumuşamış, gevşemişti, beyaz donuk bir cam tabakasıyla örtülü zannolunan dallardan birbiri ardınca damlalar düşüyordu. Bunlardan bir tanesi geçerken Nihal'in boynuna düştü. Bir çığlıkla boynunu kıstı. Hep ellerinde birer topla onun yaklaşmasını bekliyorlardı; tam o dakikada Bülent emir verdi:

"Ateş!"

Toplar Nihal'in üzerine döküldü, o, kolunu kaldırarak yüzünü saklıyordu; bir tanesi ta kulağının üstünde, saçlarının arasında dağıldı; Nihal parmaklarıyla saçlarını silkerek, "Şimdi nöbet bana geldi!" diyordu. Sekerek yoldan atladı, orada bir ağacın dibinde bir küme kar vardı; fakat öte tarafta Bülent de durmuyordu, o zaman ikisinin arasında insafsız bir savaş başladı. Evvela muntazam bir savaş şeklinde başlayan bu oyun yavaş yavaş, aralarında mesafe eksile eksile, toplar sonunda düşmandan evvel yetiştirilebilmek için telaşla alınan birer avuç kardan ibaret kalarak, bir boğuşma haline gelmişti. Etraftan hep gülüyorlar, Adnan Bey: "Artık yetişir!" diye bağırıyordu. İkisi de bu savaştan yorgun, karlara bulanmış, göğüsleri şişkin, çıktılar. Nihal kesik kesik soruyordu:

"Baba, Bülent yenildi, değil mi?"

Bülent yenildiğine inanmıyordu. "Kim yenildi?" diyordu, "İstersen yeniden başlayalım."

Buna hep engel oldular. Adnan Bey ilerleyerek Nihal'i kolundan çekti, artık savaş bitmişti. Şimdi Bülent önlerinden koşarak sıçrıyor, yolun üzerine uzanmış bir dalı çekerek tam onlar geçerken silkiyordu. Babası ile Nihal, böyle, adımdan adıma bir kar tufanına tutuluyorlardı.

Bir aralık Adnan Bey Nihal'e, yavaş bir sesle, söyleyeceğinden korkarak sordu:

"Nihal, Matmazel Courton sana bir şey söyledi mi?"

Nihal, şaşkın fakat birden babasının bu sorusuyla ihtiyar mürebbiyenin bir gün evvel kendisine bir şey söylemek için gözlerinde fark olunan tereddüt arasında bir ilişki bularak, durdu ve babasına bakarak: "Hayır." dedi.

Şimdi ikisi de durmuşlardı, bir adım ötede, elinde yakalanarak hazırlanmış bir dalın ucuyla Bülent de bekliyordu. Adnan Bey dedi ki:

"Senden izin isteyecekti."

"Ama o bu sabah erkenden gitti bile..."

Adnan Bey: "Hayır, öyle değil, Nihal!" dedi, "Yalnız bugün

değil, o artık yorulduğundan bahsediyor. Biraz da memleketinde, kendi akrabasının yanında... Anlıyor musun, Nihal?"

Nihal pek iyi anlıyordu. Cevap vermeyerek, kalbinde derin bir acıyla, gözlerini yere indirdi.

Öteden Bülent soruyordu:

"Nasıl, baba? Kim, kim? Matmazel Courton, öyle mi? Ah, şu, ihtiyar papağan! Sonunda memleketine bir seyahat mi düşünüyor?"

Nihal, gözlerinde birer damla yaş kuruyarak: "Bülent" dedi, "Bize annelikten başka bir şey yapmayan bir kadın için böyle söz söylemekten seni men ederim."

Bülent bir kahkaha içinde cevap verdi:

"Oh, evet; fakat onu ihtiyar bir papağan olmaktan men edemezsin." Sonra elinden dalı bırakıp karları silkerek başını çevirdi ve yolun ötesinde uzaklaşan, artık memleketine giden o ihtiyar papağanın hayaline seslenerek elini salladı: "Uğurlar olsun, matmazel! Sizin hısımlara benden çok çok selamlar!"

Nihal'in vereceği cevabı işitmemek için Bülent koştu fakat Nihal cevap verecek bir halde değildi. Babasına da bir şey söyleyemiyordu, arkasında Behlûl ile Bihter'in ayaklarını işitiyordu, başını çevirmeksizin, gözlerini kaldırmaksızın yürüdü; Adnan Bey de beraber yürüyordu.

Nihal kendi kendisine, "Zavallı ihtiyar kız..." diyordu ve bir nakarat hükmünde içinden tekrar eden bu cümlenin arasında düşünüyordu. Düşünüyordu ki onun artık yorulduğundan bahsederek memleketine gitmek istemesi bir efsaneden başka bir şey olamazdı. Bihter'in ona karşı hiçbir vakit tamamen saklanamayan bir düşmanlığı vardı. Nihal'in bütün huysuzluklarına o bir kışkırtıcı olarak görülüyordu. Kaç kereler Bihter bunu ihtiyar kıza ima etmişti: Onun evde varlığı Bihter'i rahatsız ediyordu.

Şüphesiz bu onun tarafından düzenlenmişti. Sonunda bir gün kocasına: "Bu kadından beni kurtarın." demiş olacaktı.

O zaman o zavallı kızın bütün o senelerce bir dakika araya uğramayan fedakârlıkları unutularak kendisine anlatılmış olacaktı ki bu evin huzuru onun artık Nihal'i yalnız bırakmasıyla mümkün olabilecek. Bu kendisine örtülü bir dille anlatıldıktan sonra nankör bir hizmetçi aşağılanmasıyla kovulmuş olmamak avuntusunu bırakmak için belki onun müsaade talep etmesine imkân vermişlerdi.

Ya bu adam, Yarabbi! Ya bu baba nasıl görmüyor, hissetmiyordu ki kızının elinden bütün sevdikleri böyle birer birer alındıktan sonra o yaşamayacak, evet, böyle yapayalnız yaşayabilmek için artık kuvvet bulamayacak!

Nihal tekrar üşüyordu. Demin kendisini ısıtan bu güneşin sıcaklığını artık hissetmiyor, yalnız bahçeye henüz indiği vakit boyuna damlayan kar damlasını duyuyordu; bu damla orada büyüyor bütün vücudunu titreten bir buzlu su oluyordu.

Sonra da ona diyorlardı ki: "Sen babanı üzüyorsun." Ama onu, işte onu da üzüyorlardı. Kim? Nasıl? Niçin? Bilmiyordu fakat işte üzgündü. Bugün her zamankinden çok... Demek şimdi ondan, onun zayıf kalbinden bu müthiş fedakârlığı da bekliyorlardı? Demek o bunun için ağlayacak olsa, isyan etse karşısına çıkacaklar ve "Nihal! Sen babanı üzüyorsun" diyeceklerdi. Ama kimdi asıl böyle olan? Bir aralık ayağının ucuyla henüz yolun üzerinde erimeyerek minimini adacıklar şeklinde kalan kar parçalarına dokunarak, gözlerini kaldırmaksızın, sessiz, ağır ağır adımlarla babasının yanında yürürken, bütün metanetini toplayarak, yavaş yavaş, ılımlılıkla, adeta yalvararak, Mile Courton için izin talep etmek istedi: "Evet artık onu bırakınız." diyecekti; "Düşününüz, o giderse hayatımda ne büyük bir boşluk açılacak. Bakınız, şimdi etrafımda beni sevecek kimse yok, hep birer birer gidiyorlar. Evvela siz, baba, siz sanki benden uzak bir yerdesiniz artık beni duymuyorsunuz. Sonra onlar, Şakire Hanım'la Cemile, onlar da birer yabancı oldular; daha sonra Bülent, onun yalnız kendisini değil, benden kalbini de çaldılar; artık beni sevmiyor, hep beni sevmeyenlerle beraber düşünüyor... Şimdi, şimdi de Matmazel Courton, ama baba, bana hastalıklarımda kim bakacak, yalnızlıklarımda kim eşlik edecek? İşte bakınız, yalnız bunun kuruntusuyla üşüyorum. Bundan sonra bu evde hep üşüyeceğim.

Gidenlerle beraber sanki evimiz de, o eski evimiz de parça parça koparak gidiyor. Siz bunu duymuyorsunuz fakat ben hissediyorum, işte bütün bu ev değişmiş odalarıyla, sofalarıyla bir başka şey oluyor, damla damla ölerek yerine bir başka evin çehresi çıkıyor..."

Bunu düşünürken Firdevs Hanım'ın çehresini, bütün boyalarıyla sahte gençlikleriyle, gizlenen yıpranmışlıklarıyla o çehresini görüyordu; bu çehre o eski evin ölmüş ruhu üstünde yükselen yeni ev; yabancı evdi.

Bunları değil, babasına hiçbir şey söylemedi; artık kendisini müdafaadan üşenen bir bitkinlikle, güçten düşmüş birinin gevşekliğiyle söz söylemeye hacet görmüyordu. Hem buna ne lüzum vardı? O ne yapsa, ne söylese dinlenilmeyecekti. Hep o kadına itaat olunacaktı. Bunu şimdi tamamen hissediyordu. Babası onun elinde bir oyuncaktan başka bir şey değildi; fakat bu oyuncak ona karşı müthiş bir silah olarak kullanılıyordu. Halbuki babası fena bir adam değildi, bundan emindi; o kızını yine seviyordu, evet, severek öldürüyordu.

Niçin bu böyleydi? Onu bilmiyor, bilmeye de lüzum görmüyordu; mademki ondan fedakârlık bekliyorlardı, işte o da her şeyi, kendisini de feda edecekti. Şimdi onlar bahçenin köşesini dolaşmışlar yalıya götüren diğer bir yolu takip ediyorlardı. Nihal uzaktan yalının kapısında Behlûl'le Bihter'i görüyordu. Onlara yaklaşmadan evvel bakışında bitkin bir teslimiyetle gözlerini babasına kaldırdı.

"Baba..." dedi, "Ne vakit gidecek? Bugün dönmeyecek mi? Bu akşam beraber gezmeye gidecektik."

Acı çeken ruhunun bütün sitemleri bu cümlenin içindeydi.

Adnan Bey cevap verdi:

"Bu akşam gelecek, kızım. Sen ne vakit izin verirsen o vakit gidecek..."

Nihal tekrar gözlerini indirmişti. Adnan Bey bir saniyelik bir duraksamadan sonra ilave etti:

"Senin için başka bir mürebbiye arattırayım mı Nihal?"

Nihal birden başını kaldırdı: "Ooh! Hiç lüzum yok, mademki Firdevs Hanım bize gelecekmiş!"

Babasının yanında daha çok duramadı, ağzından istemeksizin taşan bu cümleden sonra birden koştu, Behlûl'le Bihter yalının kapısında onları bekliyorlardı.

Nihal Bihter'e bakarak Behlûl'e dedi ki:

"Behlûl haberin var mı? Matmazel Courton'u kovuyoruz."

Sonra elini uzatarak Behlûl'ü elinden tuttu ve beraber gelmeye mecbur ederek sürükledi; yalının uzun merdivenlerini beraber, Behlûl'ün eli hâlâ Nihal'in elinde çıktılar. En yukarıda, sofada, Nihal soluyarak durdu ve Behlûl'ün elini bırakarak bütün olayı, fedakârlığını bu sessiz tragedyayı ayrıntılarıyla anlatan bir kelime olmak üzere: "İşte!" dedi.

Sonra eliyle tokatlarcasına piyanosunun iskemlesini döndürdü ve yüzü Behlûl'e karşı oturarak, ellerini dizinin üstünde kilitledi, kelimelerin seri bir akışıyla devam etti:

"Evet, işte, şimdi artık benden memnun olabilirsiniz. Bir

küçük itiraz bile etmedim. Bakınız, gözlerime, bir ufak damla bile yok. Halbuki bilirsiniz ya, bu defa hepsinden mühim, hepsinden acı... Buna hiç ihtimal vermezdim, bu o kadar düşünülemeyecek bir şeydi ki beni en çok öldürecek bir çare bulmak vazifesini bana verselerdi, ben bile bunu düşünemezdim, o kadar mümkün olmayan bir şey görünüyordu. Onlar bulmuşlar, bugün bana sadece kararı tebliğ ettiler. Gidecek, dediler. Peki, gitsin, anlıyor musunuz, gitsin, işte o kadar! Başka, benden başka bir şey daha istiyorlar mı?"

Kuru gözlerle Behlûl'e bakıyordu. Behlûl bütün felsefesinin metanetiyle beraber bu ıstırabın feci etkisinden şaşkın idi. Bu kız için büyük bir incelik duyuyordu.

"Benim minimini Nihal'im! dedi, "Bilir misin? Sana acıyorum."

Kesik, kuru bir kahkahayla gülerek Nihal cevap verdi:

"Gerçekten? Acıyor musunuz? Ama niçin? Bunlar bütün birer çocukluktan başka bir şey mi?" "Sonra bu alayı bırakarak bir sesle ilave etti: "Size bir hakikat söyleyeyim mi? Şimdi ben bu şeylerden lezzet alıyorum. Bilmezsiniz, bugün bu acı fedakârlığı yaptıktan sonra içimde öyle bir lezzet var ki..."

Behlûl etkisine karşı konulamayan bir incelik içindeydi. Titrek bir sesle dedi ki: "Nihal, ister misin? Bundan sonra seninle dost olalım, her zaman için..."

Nihal elini uzattı, sonra: "Durunuz," dedi, "mademki öyle, size çoktandır yapmadığım bir şeyi yapayım." Eliyle ince kaşının ucunu gösteriyordu: "Buradan öpmek istiyordunuz değil mi? Mademki artık benim için bir iyi dost, bir büyük kardeş, ağabey olacaksınız. Şimdi, şuraya yanıma oturunuz. Size piyano çalacağım, evet, saatlerle bütün sevdiğiniz, istediğiniz parçaları."

Sinirli ellerle piyanosunun üstünü, yanında ayaklı hücreyi

dolduran parçaları, defterleri Behlûl'ün önüne yığıyor ve "Herkes bilsin ki" diyordu; Nihal'i öldürüyorlar da o yine..."

Cümlesini hareketiyle tamamlıyor, piyanosunun kapağını şiddetli bir darbeyle arkasına atarak meşhur "Gece ve Gündüz Opereti'nden[1] çıkarılmış gürültülü bir galopun[2] şen kahkahalarını evin içine serpmeye başlıyordu.

Behlûl'ün, bu Tepebaşı gezinti ve eğlence yerinin sadık müdaviminin, kendisine özgü, en neşeli, en oynak parçalardan oluşan bir seçmeler silsilesi vardı ki bunları hemen ezbere bilirdi. Önünde yığılan kümeden birer birer çekerek Nihal'in önüne bırakıyordu: "La Gran Via"lar, "Mascotte"lar, "Les Cloches de Cornevüle'ler", le Petit Duc"ler, "Granatieriler bütün o çılgın musiki kahkahaları birbirini kovalayarak evi büyük bir sevinç gümbürtüsünün taşkınlıkları içinde boğuyordu ve Behlûl, arada bir ıslıkla eşlik ederek, hatırında kalan bir nakaratı söyleyerek, Nihal'in yanında, gözleri yandan görünen ince soluk çehresini gördükçe gecikerek, Beyoğlu'nun hummalı eğlencelerini hatırlatan bu şeyleri dinlerken, düşünüyordu.

15

Düşünüyordu ki işte bütün bir kış bunlardan uzak kalmıştı. Nihal'i dinlerken hayalinin içinde üzerine ışık tufanları, renk şelaleleri dökülmüş köşeler açılıyor, Odeon sahnesinin bir tarafını Concordia'nın delice bir âlemini görüyor, sonra çıplak omuzlar, kollar, minimini zarif beyaz satenden iskarpinler hızla gözlerinin içinden uçuyordu. O zaman kalbinde derin bir özlem hissediyordu, onun hayatı işte o âlemin heyecanları içinde yuvarlanmalıydı.

1 19. yüzyılın başlarında İstanbul'da da oynanmış bir opera. (Y.N.)
2 Hareketli bir dans. (Y.N.)

Nasıl olmuştu da koca bir mevsimin o bitmez tükenmez gecelerini bu hüzünlü köhne yalının koltukları içinde, artık ihtiyarlayarak, ölümün soğukluğundan mangal altlarına kaçan hasta kediler uyuşukluğuyla geçirmişti?

Şüphesiz Bihter'i seviyordu, hayatında hiç böyle derin ve uzun bir sevdası olmamıştı. Bu, elbette onun ilk ve son aşkıydı: Ama bu hep böyle aynı buluşmalar, aynı saatlerde söylenen aynı sözler, aynı vefa yeminleriyle alınıp verilen aynı öpücükler, izdivaca özgü bir tarzda ve bir anlamda ezgilerle sürüp gidecek miydi?

Yavaş yavaş bu aşkın hep bir çeşit lezzetleri arasında yenilikler, başkalıklar ister olmuştu. İlk haftalarda onları titreten, korkutan şeyler oluyordu, birbirlerine tamamen sahip oluncaya kadar, aşklarında daha kat olunacak mesafeler, daha göze alınacak tehlikeler kaldıkça, tatmin olunacak emellerin heyecanlı sıcaklığını hissederlerdi; fakat sonra, artık bu aşkın devamından başka beklenecek bir şey kalmayınca sakin saatler, o, dinginliği bir can çekişme azabına benzeyen tekdüze saatler başlamıştı; o farz ettikleri ihtiraslardan, taşkınlıklardın, cinnetlerden, gözyaşlarından, birbirini daha çok sevmek için hırpalaşmaktan, velhasıl o bir aşkın hayatını daima tazeleyen buhranlardan hiçbir şey yoktu; hatta birbirini kıskanmıyorlardı bile...

Behlûl, zannının tamamen aksine olarak, Bihter'de yumuşak, gevşek bir kadın buluyordu; bir kurala uyarcasına odasına gelişleri vardı ki Behlûl'de fena bir etki bile uyandırıyordu; bu aşkta birbirini arzu etmeye vakit bulamıyorlardı. Behlûl'ü, pek açık olmamakla beraber, bu kadının elinde kendisinin bir kadın hükmünde kalmaya başladığını fark eder oluyordu. Odasında gelinip aranılan, her arzu olundukça alınıp tasarruf edilen kendisiydi. Pek iyi çözümlemeksizin, bu sevişme tarzından kendisine bir aşağılama çıkarıyor ve kalbinin ta derin, kendi kendine karşı bile gizli tutulan bir noktasında Bihter'e bir düşmanlık hissediyordu.

Kendi tabirince bu nefis kadında sevdanın bir zevk tadı eksikti; sevişmelerinde Bihter o kadar maddileşiyor, Behlûl'ün hırslı arzularına öyle mağlubiyetle uyuyordu ki belki bir fedakârlık olan bu şeyler, aleyhine çevrilerek onu bayağılaştıracak, saygınlıktan düşürecek aşağılamalar hükmüne geçmiş oluyordu. Behlûl'e hiçbir şey reddedilmiyordu, onun hiçbir arzusu fazla bulunmuyordu; halbuki o reddedilmeye, yalvarmaya, istenen şeyin zor elde edilmiş olmasından lezzet almaya muhtaçtı.

Bir gece mutlak reddedilecek bir şey olmak üzere Bihter'i sarhoş etmek istemişti; Bihter isyan edecek, bayağı bir sokak kadını zaafıyla onun bu hevesine boyun eğmeyecek ümidindeydi; o zaman Behlûl için bu kadının aşktan bir sarhoşluğunu aramak, ona ulaşabilmek büyük bir mutluluk olacaktı; bilakis Bihter bunu yapınca onu sarhoş etmek Behlûl'e iğrenç bir şey göründü. Bu, aralarında sonuçlandırılmamış bir şaka hükmünde kalmıştı; fakat Behlûl'ün kalbinde hiç olmazsa, bunu reddetmemiş olmasından doğan, ona karşı bir kin vardı.

Bu kin hakikatte Bihter'e hürmet edememekten doğuyordu. Erkekler bir kadını sevebilmek için ona hürmet edebilmelidirler. Namuslarından düşen kadınlar için, en şiddetli aşklar arasında bile, onlara bir aşağılık payı ayırmaktan geri kalmazlar; hislerini açıklıkla çözümlemekten çekinmekle beraber, Behlûl sonunda Bihter'de evliliğin gerdek odasından kaçarak başka birinin yatağına giren bir kadın görmeye başlamıştı ve gece, odasında, sobanın yanında koltuğun içine gömülerek Paul Bourget'nin, o insafsız kadın yazarının birkaç sayfasını süzerken Bihter'in hem gelmesini ister, hem gelmesinden korkardı.

Bihter ona küsseydi, birkaç hafta, evet, yalnız birkaç hafta dargın olsalardı, Behlûl, onu beş dakika yalnız görüp sonunda affettirmeyi başarmak için günlerce fırsat bekleseydi; sonra gözyaşları içinde tekrar birbirinin kollarına atılsalardı, öyle zannediyordu ki o zaman şimdi istemeksizin düşündüklerini düşünemeyecekti.

Bu bir mevsimlik aşkın son günleri Behlûl için öyle bir devrenin başlangıç zamanı olmuştu ki o devre esnasında istemeden, henüz aşk bıkkınlığının başladığına ilişkin bir farkındalık ortaya çıkacak kadar hisleri açıklık kazanmaksızın sevilen kadına atfolunacak kusurlar bulunur, onu aşkın baharında süsleyen bütün hayal çiçekleri artık solgun görünür, bir vakitler sevmemek için birer sebep kuvvetini alır. Behlûl'ün gözünde Bihter, hep o nefis ve müstesna kadındı; hep onun giyinişinde, söyleyişinde, oturuşunda, o yelpazesini açarken, peçesini iliştirirken, parmaklarının bir iki mahir darbeciğiyle saçlarına bütün simasının ifadesini değiştiriveren bir başka hal verirken, dudağının köşesinde o minimini çukuru dalgalandıran tebessümüyle kaşlarını kaldırarak en basit bir kelimeye en güzel bir şiir güzelliğini verirken, bütün o hiçlerden oluşan bin türlü şeylerde hâlâ en evvel, ilk gördüğünde alınan etki devam ediyordu. Bu kadını hiçbir zaman arzu etmekten geri kalmayacağını biliyordu fakat bu aşkın doğması ve devamındaki kolaylığı, bu tehlikesiz, olaysız, gürültüsüz sevişmenin sakinliği onun mutluluğu içinde öyle uzun, boş saatler bırakıyordu ki düşünmeye vakit buluyordu.

Kendi kendisini böyle düşünürken fark ettikçe silkinir, düşünmemek isterdi. Aşkta kalp susmaya başlayıp da zihin melekelerini kullanmaya başlarsa o aşk öyle bir hasta çocuğa benzer ki damarlarında taze bir kan yerine zehirli ilaçlar dolaşır. O, bu kıymettar çocuğun damarlarına zehirli ilaçlardan koymamak için kendisini düşünmekten men ederdi.

Kaç kereler böyle düşünürken Bihter'e bu aşkın doğmasındaki ve yarınındaki kolaylıklardan bir töhmet payı çıkarmıştı. O düşüşü, her akşam odasında en beklenmeyen bir dakikada, birinci defa olarak cesaret edilip söylenmiş iki kelimeyle oluşan o mağlubiyeti, affedilmez bir kabahat olmak üzere görüyordu.

Bihter Behlûl'e ustalığını kullanmak için vakit bile bırakmamıştı. Kendisini, hüner sahnesinde hiçbir sanat eseri göstermeye henüz zaman bulmadan alkışlanan bir sanatkâr kadar alıklaşmış olarak, kollarında Bihter'i buluvermişti. O kadar kolay düşen bu kadın bütün aşkını vermekte yine o kolaylıkla devam ediyordu. İlk sessizliği takip eden o kısa vicdan azabı devresi bile Behlûl'ün gözünde birden perdesi düşüveren yarım kalmış, fena düzenlenmiş bir komedya hükmündeydi; o zamandan beri Bihter bu aşkın aşağılığını, ayıbını hiç hissetmiyor gibiydi. Ama o aşağılığı, o ayıbı şimdi Behlûl duyuyordu. Kaç kereler o, kollarının arasında iken birden silkinmek, "Ama hissetmiyor musunuz ki bu aşk kirli bir şeydir!" demek arzularını hissetmişti. Kendisini affediyordu ve kendisini affetmek için bulunan sebepler Bihter için hep fazla bir töhmet vesilesi oluyordu. Onu gelip alan kadın hâlâ gelip almakta devam ediyordu, onun ellerinde kendisini günahsız bir cinayet aleti masumiyetiyle görüyordu.

Böyle, bu yasak aşkın mesuliyetini araştırmakla zihnini meşgul görürken birden kendisini muhakemeyi takipten men eder ve düşüncelerine karşı aşkını müdafaa edecek bir cümle bulurdu: İşte erkekler!" derdi, asla memnun değildirler, artık sevmemek isterlerse bütün düşüşün, bıkkınlığın kabahatlerini kadınlara yükletmek için çare bulduktan sonra, sevememek kabahatini de onlara bırakmak için zavallıları aşağılayacak şeyler ararlar.

Halbuki Bihter'i sevememek onun için telafi edilemeyecek bir zarar hükmündeydi; bu kadını kendi kendisine öyle leziz bir sevda kevserine benzetiyordu ki doyduktan sonra yine, hep içilmekte devam olunsun. Onu kaybettiği dakikadan itibaren tekrar şiddetle isteyeceğinden emindi. Behlûl bu aşkta, kendi nabzı parmakları arasında, hasta bir tabip gibiydi. Ama hastalık derin bir yanardağ akıntısının gizli ihanetiyle kaynamakta devam ediyordu.

Bihter için Firdevs Hanım'dan bile bir aşağılama vesilesi çıkarıyordu: Bir vakitler İstanbul'un güzide zevk hayatında en parlak bir çehre olan bu kadın şimdi taze kalmak için gülünç çılgınlıklarıyla Behlûl'e o kadar tuhaf fakat iğrenç bir tuhaflıkla tuhaf görünüyordu ki, Melih Bey takımının bütün parlaklığına bu neticenin güneş tutulmasından sanki tabaka tabaka bulutlar dökülüyor ve ta uzak, belirsiz bir ufukta Bihter'in çehresi bu bulutların gölgeleriyle örtülüyordu. Bu anne, bu kızın bir gelecek sayfası gibiydi. Onu da uzun sandalyesinde sızılı dizlerini dinlendirirken henüz bıyıklanmış bir çocuğun elini çekerek sıktığını uzaklaştırılamaz bir hayal içinde görüyordu. Firdevs Hanım'ın en seçkin bir zevk nefisliğinden sonra yavaş yavaş hastalaşan fikrinden çıkmış o garip çehreler, o gülünç elbiseler, iflas etmiş bir gençliğin öyle tuhaf acılıklarıydı ki bir komedya olarak seyredilirken ağlanmak istenirdi.

Behlûl hâlâ gözlerinin içinde şüphesiz dizlerinin sızılarından bağırmamak için dişlerini sıkan bu kadının, yastıklarla beslenerek yükseltilmiş açık sarı boyalı saçlarla o siyahla aldan karıştırılmış garip elbisesinin pörsümüş kollarını açık bırakan cepkenleriyle cama bakan gözlerini görüyor ve bu gözlerle Bihter'in gözü arasında öyle bir benzerlik buluyordu ki o hayalin arkasında ellisini geçmiş bir Bihter'in öyle bir hasta, zevkle boyanmış çehresini görmekten kendini men edemiyordu.

Kendisine kabahat buluşları da olurdu. O, bu aşkta ilk sevda tecrübesini geçirmeye çalışan bir çocuk beceriksizliğiyle davranıyordu. Bu aşkı sakin akışından çıkarmak, o aranılan ihtirasları, heyecanları hiç olmazsa icat etmek için o da bir şey yapmamıştı. Sonunda yorulmuş, evliliğin yumuşak yastıkları arasına hasta başını koyarak dinlenen bir sevda tutkunu usluluğuyla işte uzun bir kış mevsimini bu sakin aşkın uykularında geçirmişti.

Nihal arasız, parçalar bittikçe kapayıp halının üstüne atarak, hoşuna gitmeyen bir şeyi bırakıp diğer birine başlayarak devam ediyordu. Önünde çalınacak şey kalmadıkça başını çevirmeden Behlûl'e soruyordu:

"Başka, başka?"

Evet, bütün bir mevsimi uykuda geçirmişti. Nihal'in çehresini yandan görüyordu, düşünürken gözleri bulanıyor ve Nihal'in ince siması sanki titrek sislerin arasında titreyerek yükseliyordu. Nihal'e böyle bakarken onun çaldığı bir şeyi ıslıkla o da çalıyordu, birden merak etti. Bu neydi?

"O nedir çaldığın Nihal?"

"Bilir miyim? Şimdi siz verdiniz... "

Ve Nihal sağ eliyle devam ederek sol eliyle parçanın kapağını gösterdi. Behlûl eğilerek bakıyordu:

"A, gerçek!" dedi.

Bu, bir sene evvel bütün Beyoğlu'nun ağzında dolaşan bir havaydı ki birinci defa olarak Concordia sahnesinde bir Hollandalı kızdan işitilmişti. O vakit Behlûl bu parçayı özel olarak getirtmişti. Nihal şimdi onu çalarken, Behlûl kendisini Concordia'da çılgın arkadaşlarının arasında görüyordu. Sahnede Kette, o çapkın kız, bütün küçük beyaz dişlerini gösteren bir gülüş içinde, beyaza benzeyen sarı saçlarıyla kendisine zarif bir kedi başı yaparak, en kirli anlamlar ima eden bu parçanın açık saçık mısralarını, küçük sarı gözlerinin ilaveleriyle daha çok teyit ederek, birer birer, onun gençliğinden, güzelliğinden yağmalanacak paralara aç, hırslı, bekleyen halka birer sadaka gibi atıyor ve bu halk, o genç ve güzel kızın çapkınlıklarıyla tutuşmuş, doymayan heveslerin ateşiyle kuruyan ağızlarını açarak bütün göğüslerini şişiren arzuları boşaltacak bir uluyuşla nakaratı, onunla beraber tekrar ediyordu. Sanki bu nakaratın arasında o sahnede zarif kedi başıyla etrafı taarruza davet eden bu yaz, sonunda hırsından çıldırarak cinnetinden böğürerek atılan halkı, vahşi bir kucaklayış içinde, kollarıyla sıkıyor, kemiklerini kırıyor gibiydi.

Halbuki herkes bu kızın namusundan bahsediyordu, ona ancak on altı yaştan çok verilmiyordu, garip bir macera uyduruluyordu; babası Avustralya açıklarında gemisiyle beraber kaybolmuş bir gemici deniyordu; annesi, namusuyla yaşayan bir dul, kızını büyük şehirlerin küçük sahnelerinde dolaştırıyordu. Kette için bu sahnelerin çirkefi üstünde batmaksızın yüzen bir yasemen kalmak, şöhreti, bu çevrelerde bütün heveslerini kolay elde etmekten usananlar için çıldırtan, kudurtucu bir emel uyandırıyordu. Concordia'yı aşağı bularak küçümseyenler bile o kış buraya tatmin edile edile yorulmuş heveslerinin arasında taşan açlıklarını getirmiştiler. Ama bütün vaatler, fedakârlıklar hep sahneden ileriye geçemiyor, bu halk bir kayadan seddin engeliyle düşüp bayılan dalgalar acziyle bu sahnenin ayaklarında yıkılıp kalıyordu. Yalnız birkaç kere kendisinin yemeğe davet edilmesine izin vermişti fakat hep zayıf omuzları köhne matem elbisesinin altında sefil bir hayatın ıstıraplarını gösteren annesiyle beraber...

Ve bu on altı yaşında kızın, bu küçük sahnelere özgü edebiyatın en çapkınına, en çapkın anlamlara tercüman olan bu kızın annesinin eşliğinde sade bir akşam yemeğinden başka bir şey kabul etmemesinden bütün Beyoğlu'na bir çılgınlık gelmişti; herkes kendine âşıktı, herkes Concordia'daydı, herkes o nakaratı tekrar ediyordu.

Sonra birden, kış sonunda Kette unutuldu, üzerinden bir yaz geçti. Bu şöhretler öyle narin çiçeklere benzer ki üzerinden bir mevsim geçmek onları öldürmek için yeter. Bu kış Kette yine Concordia'daydı, yine annesiyle beraber bir yemekten başka bir şey kabul etmiyordu; fakat artık kimse yoktu.

Asıl Beyoğlu'nun hayatını düzenleyenlerde bu kız için ilk cinnet devresi geçmişti, şüphesiz başka cinnet sebepleri bulunmuştu. Bu değişiklik neden doğmuştu? Bilinmez... Kette hakkında türlü hikâyeler anlatılmıştı. Hele bir tanesinin doğruluğuna kanaat ediliyordu: La Haye'nin polisçe bilinen bir evinden, annesinden başka her şeyi olan o ihtiyar karı tarafından alınarak zengin bir evlilik avına çıktığından bahsedilen bu kızın bütün yazı bir berber kalfasının evinde geçirdiğine yemin ediliyordu. Şimdi Kette kabul olunan yemeklerden annesinin bulunmamasına izin verdi deniyordu ve bir kış evvel Concordia'ya hayatını adayanlar bu hikâyeye o kadar inanıyorlardı ki tecrübeye lüzum görmüyorlardı.

Kette için herkesle beraber çıldıran Behlûl yine herkesle beraber bu hikâyeye inanmıştı, hatta onu tamamen unutmuştu. Bugün düşüncesinin arasında, Nihal o parçayı çalarken uzun bir senenin unutuluşu içine gömülen Kette'nin çehresi uyanıvermişti ve birden onu tekrar görmek için önüne geçilmez bir arzu duydu.

Acaba hâlâ Concordia'da mıydı?

Bu soruyu kendi kendisine sorarken gülüyordu. O hayatın bu derece cahili kalacak kadar uzaklarında yaşayabildiğine şaşıyordu. Bu akşam gidecekti, hemen bu akşam Kette'ye bir yemek verecekti. Bir saniye içinde karar vermişti, sonra Bihter'i düşündü. Bu ona karşı bir ihanet değil miydi? Bihter için bir merhamet duyuyordu, kendi kendisine "zavallı kadın!" diyordu.

Behlûl'ün bir aralık bunu düşündüğünü bilse kim bilir, ne kadar ağlayacaktı. Hayır, hayır, bu alçaklığını asla kabul etmeyecekti. Sonra birdenbire kendi kendisine, "Ama ahmak," dedi "sen bunu asıl Bihter için yapacaksın, onu daha çok sevmek için...

Hayır, hayır, gitmeliydi, Bihter'le aşkının devamı için buna ihtiyaç vardı. Nihal'den rica etti:

"Tekrar eder misin, Nihal?"

O parçayı bir daha işitmek istiyordu. Kette artık kalbinde tamamen taze bir hayat bulmuştu, evet gidecekti. Birden aklına bir şey geldi, bu defa maddi bir engel vardı. Ona da bir çare buldu, tekrar ettirdiği parçada Nihal'i durdurarak, "Nihal," dedi, "ben sana ne borçluyum?"

Behlûl Nihal'e daima borçluydu, ikisinin arasında daima Behlûl'ü borçlu bırakan cari bir hesap vardı. Nihal cevap vermeyerek dudaklarını kıvırdı.

"Baksana Nihal, bugün seninle büsbütün dost oluyorum ama bilirsin ya, ücretsiz iş yapmak pek de mizacıma uygun bir şey değil. Para çantan nerede Nihal?"

Nihal Behlûl'ün bu teklifsizliklerine o kadar alışıktı ki başıyla ceketinin sol cebini gösterdi. Behlûl çantayı avucuna boşalttı.Hepsini alıyordu. Nihal de o kadar zengin değildi; fakat ikisi de yarı zengin kalmaktansa iki sermayeyi bir yere getirerek yalnız birinin zenginleşmesi daha uygundu. Hem haftaya babasından para bekliyordu, birinci defa olarak bu sefer Nihal'e o borç verecekti:

"Değil mi Nihal?"

Nihal pek iyi anlamayarak, dinlemeyerek başıyla, "Evet." dedi.

"Ben gidiyorum Nihal, sana İstanbul'dan bir şey getireyim mi?"

Nihal piyanoyu bırakarak çevrildi:

"İstanbul'a mı gidiyorsunuz? Hemen şimdi?"

Evet, hemen gidecekti fakat kabahat Nihal'indi, bu piyanosuyla ona bu geceyi Beyoğlu'nda geçirmek hevesini vermişti. Nihal güldü ve cevap vermeyerek tekrar piyanosuna döndü.

***

Bihter, Behlûl'e sofada eldivenlerini takarken rastladı: "Bir yere mi çıkıyorsunuz?" dedi.

Behlûl onun gözlerinden kaçınarak ve eldiveninin iliklenmekte güçlük gösteren bir düğmesiyle meşgul olarak: "Evet!" dedi, "İstanbul'a kadar yalnız, inip çıkmak, ancak iki saatlik bir yokluk..." Birden yalan söylediğine pişman oldu. Bu pişmanlığında hiddete benzer bir şey bile vardı, kendisini saatlere kadar hesap göstermeye mecbur eden bu aşk artık isyan ettirecek bir yük oluyordu, ilave etti: "İhtimal bu gece dönmem."

Bu son sözünün etkisini anlamak için gözlerini kaldırmıştı, Bihter'i sapsarı gördü. Genç kadın ufak bir tereddütten sonra, "Ama" dedi, "bu geceyi bana vaat etmiştiniz."

Behlûl o vaadini unutmuştu. Kendisini birden kaba, sert bir adam olmaya yönelten bir taşkınlığı zor zapt etti. Sonunda bu kadın en küçük özgürlüklerine müdahale eden sevdasıyla can sıkacak bir şey oluyordu. Sert bir cevap vermemiş olmak için, "Dönmemek muhakkak bir şey değil." dedi. "Bunu her ihtimale karşı söylüyorum. Böyle havalarda, böyle bir güneşle damarlarımda bir şey tutuşuyor, beni evin dar havasından kaçmaya, gezmeye, geniş, serbest ufuklara bütün ciğerlerimi açmaya yöneltiyor."

Bihter'e, gülümseyen, bir çocuk aldatan gözlerle bakarak söylüyordu; birden durmaya mecbur oldu. Kendi sesinin, bu yalanın soğukluğundan üşüyerek sustu. Bihter'in şimdi o dudağının köşesinde, bir tebessümün gölgesiyle titreyen o bellisiz çukurda, acı, elim, aldatılan bir kadının, ilk düş kırıklığını hisseden bir kalbin ıstırap gülüşü belirmişti. Bihter bu karşısında gülümseyen adamın, bu kendisine özür bulmaya çalışan sesin bir yalan olduğunu, kadın hissiyle, aldatılmaya başlanan, artık sevilmeyen bir kadın hissiyle anlamıştı. Bu nasıl bir yalandı? Niçin yalan söyleniyordu? Bilmiyordu fakat yalandan emindi, bunu Behlûl'ün gözlerinde açıklıkla görmüştü.

Varlığının derinliklerinde bir şey öldürülüyormuşçasına bir azap duydu, bir kelime daha ilave etmeyi yahut bir kelime daha söylettirmeyi fazla buldu, cevap vermedi fakat bakışında öyle bir şey vardı ki Behlûl'e: "Yalan söylüyorsun!" diyordu.

Behlûl bu bakışın açık anlamını anladı ve yalanının içinden başka bir yalanla çıkmak isteyerek, "Doğrusunu söyleyeyim mi, Bihter?" dedi. Nihal'den kaçıyorum, evet, asıl ondan... Düşün bir kere, birazdan o mürebbiyesi gelince kıyamet kopacak. Ben Nihal'i biliyorum, bütün taşkınlığını sonraya saklıyor. Ondan başka, mademki hepsini söylemek lazım geliyor, biraz da Nihal'e acıyorum. Böyle meselelerde o kadar zayıf adam olurum ki, anlıyor musun? En iyisi bu gürültünün içinde bulunmamaktır..." Bihter, sessiz sapsarı dinliyordu; Behlûl başlandığı gibi bitmemek yeteneğini gösteren bu nutkun içinden çıkmak istedi: "Ondan sonra" dedi, "kim bilir, belki gece kimsenin haberi olmadan..."

Cümlesini bitirmedi, uzakta kavgaları işitilen Nesrin'le Şayeste'nin bir gürültüsünden ikisi de titrediler. Sofada, böyle yavaş sesle bu konuşma affedilmez bir ihtiyatsızlıktı. Behlûl yüksek sesle: "Kızlara söyler misiniz, yenge?" dedi, "Benim odamın ateşini yakmadan yatmasınlar. Belki gece dönecek olursam..."

Yukarıda Nihal'in piyanosu devam ediyordu. Bihter başına bir şey düşmüşçesine sersem, bir dakika içinde onu en dingin zannolunan bir sorumluluktan en müthiş bir azaba atan bu olayın niteliğini düşünmeyerek, başının üstünde parçalanmış bir dünyanın patlayış velvelesine benzer bir gürültüyle yuvarlanan bu piyanoyu dinleyerek bekliyordu. Kendi kendisine, beyninin bulutları arasında yalnız bir şey soruyordu: "Demek, demek artık yalan başlamıştı?" Bu kısa konuşmanın bütün ayrıntılarını şu dakikada unutmuştu, hatırlamak için kendini zorlasa bile başarılı olamayacaktı; yalnız o yalan, Behlûl'ün gözlerinde açıklıkla okunan o yalan yaşıyordu. Sonra yavaş yavaş, başının üstünde hep o velveleli musikinin fırtınaları, büyük kasırgalarının içinde parçalanmış bulutlar, parça parça hatıra kırıntıları bırakarak dökülmeye başladı. Burada, ayakta, iki dakika içinde bu kısa konuşmanın bütün azaplı anlarını birer birer yaşadı, Behlûl'ün o yalan söyleyen sesini hep o yalan kelimelerle birer birer işitti. Demek Nihal'e acıyordu, bunu söylemek onu kınamak demekti. Sonra o bulutlar daha uzak hatıra ufuklarını açarak, bütün unutulmuş, olduğunda önem verilmeyerek kayda değer bulunmamış şeyleri, şu son haftaların son buluşmalarına ait küçük küçük kelimeleri, yalnız şimdi birer anlam kazanan, birer kuvvet olan hiçleri gösterdi; iki dakika içinde genç kadın aşk binasının yanında o vakte kadar görülmemiş, varlığına imkân verilmemiş bir uçurumun müthiş karanlık ağzını açarak, soğuk, dönmüş nefesiyle yüzüne soluduğunu hissetmişti. Yukarıya çıkıp Nihal'in yanından geçmek için kuvvet bulamadı, kocanın çalışma odasına atıldı.

Ve yukarıda minimini Nihal, o mutluluğunun müthiş mateminin son darbesiyle bir daha sarsılan hasta, zavallı vücudunu yerlere atarak, ıstırabından, ıstırabının öfkesinden, kahrolmuşluğunun güçsüz taşkınlığından boğazlanmış bir güvercin yeisiyle çırpınmamak, kıvranmamak için, önüne geçen, hatırına gelen bütün çılgın parçalarla piyanosunda kıyametler koparırken hep o ensesinden beynini çekerek koparıyor zannolunan ağrılar dakikadan dakikaya şiddetini arttıran pençeleriyle başını deliyor, çengelleriyle damarlarını söküyor gibiydi. Birden çocuk kolları gerilmiş, elleri piyanosunun üstünde donmuş, ensesine sanki saplanan bir çiviyle başını oynatamayarak, boğuk bir ıstırap çığlığıyla durdu. O zaman birinin koştuğunu, onu sallanırken kollarının arasında tuttuğunu, hafifçe kucaklayarak biraz evvel Behlûl'ün oturduğu koltuğa koyduğunu hissetti. Bütün bu baygınlık yalnız bir dakika sürmüştü; bu, patlamadan geçen bir fırtına gibiydi; Nihal bu baygınlığın içinden gülümseyen gözlerle çıktı. O zaman dizlerinin dibinde, birer buz parçası kadar soğumuş ellerini avuçlarının içinde sıkarak, bembeyaz, bütün o ince Habeş çehresi donuk bir beyazlıkla beyaz, Beşir'i gördü.

"Beşir, sen misin?" dedi.

Evet, oydu. Bugün de bahçeden sonra, onu esir bir gölge sadakatiyle takip etmiş, orada merdiven başında, cam kapının yanında beklemişti. Behlûl'ü, Nihal'in kaşının ucundan öperken görmüştü; sonra, o gidince, yavaşça daha çok yaklaşarak, bilinemez zavallı mahrum insanlığının nasıl bir ihtiyacıyla, nasıl umutsuz bir bağlılıkla ayaklarının altında ölmek istediği Nihal'in bütün ıstıraplarını hissederek, o ıstıraplarla kendi ruhunun da eridiğini, ezildiğini duyarak sessiz, hareketsiz beklemişti.

Gözlerinde bir mutluluk kıvılcımıyla Nihal'e bakıyordu, Nihal hep o tebessümüyle onu daha çok inandırmak istedi:

"Küçük bir baygınlık! Yorgunluktan..." Sonra buyurganlığını takınarak metin bir sesle ilave etti: "Kimseye söylemeyeceksin, Beşir, anlıyor musun? Öyle istiyorum."

O zaman Beşir'in gözlerinde bir saniye evvel tutuşan mutluluk kıvılcımı birden bir bulutla, bir gözyaşı bulutuyla örtüldü ve ruhunun ıstırabını daha çok saklamaya kuvvet bulamayarak, ince, ince, o işlenmiş zarif bir oyuncağa benzeyen çehresini Nihal'in dizlerine kapadı; ağladı, ağladı...

Nihal onu bırakıyordu; başını koltuğun arkasına yaslayarak, gözlerinde derin bir ferahlatıcı gülüşüyle sanki bu dizlerine dökülen yaşların temizliğinden büyük bir teselli duyarak duruyordu. Sonunda onun anlatılamayan ıstıraplarına işte açıktan açığa saklanmaya lüzum görülmeden dökülecek gözyaşları bulunmuştu ve bu gözyaşları Beşir'in saf ruhundan, onun da kim bilir nasıl inleyen, damla damla zehirlerle kanayan acılı ruhundan çıkıyordu.

Bugün Adnan Bey Nihal'e bu müthiş darbeyi vurduktan sonra kalbinde, işte ne kadar zamandan beri örtülü, sanki ölmüş kalan, derin bir damarın, babalık damarının sızladığını hissetmişti. Evliliğinden beri Nihal'in ruhunu hırpalayan işkence devrelerinin en küçük belirtilerini bile kaçırmamıştı, bunlar onun gözünde öyle kaçınılmaz olaylardı ki meydana gelmesini evliliğinden evvel beklemeye başlamış ve sonra, Nihal'in ıstırapları karşısında onları zararsız, sonunda tehlikesiz geçecek fakat son bulması zamana bağlı bir hastalığın nöbetleri olarak görmek alışkanlığıyla kendisini bir müsebbip sorumluluğundan sıyırır olmuştu. Hatta o işkence devrelerini şiddetlendirecek ve yenileyecek şeylere, o şimdiye kadar Nihal'e vurulan darbelere biraz ağır fakat sonuç itibarıyla şifa veren birer tedavi çaresi gözüyle bakmıştı. En evvel Nihal'i Bihter'e yakınlaştırmak için kendisinin ondan uzaklaşması lüzumuna karar vermiş, kızından uzak kalmıştı; sonra onun zaafından istifade ederek evde barış kurulmasına engel çıkarmak yeteneğinde bulunanların uzaklaştırılmasına karar vermiş, Şakire Hanım'la kocasını ve kızını çıkarmıştı. Şimdi artık Bihter'e bir düşman sıfatıyla tanılan, karanlıklarda aile huzurunu bozacak entrikalar üreten zararlı bir misafir hükmünde görülen o ihtiyar kızın uzaklaştırılması mutlak lazım bir tedbir önemiyle karar altına alınmıştı.

Adnan Bey, bir vakitler çocuklarına bir ikinci anne olarak görülen Matmazel Courton hakkında bu yeni fikrin ortaya çıkışı sebeplerini tayin edemezdi. Bihter'in masum zannolunabilecek birkaç kelimesi, Nihal'in bir hırçınlığına karşı mürebbiyeye bakılarak sonra anlamlı bir tebessümle kocasına dikilen bir bakışı, o hiçbir şey söylemeksizin ifade edilen anlamlar yavaş yavaş, bir iğnenin ucundan bir ipek kumaşa düşmüş bir yağ damlası nüfuz ve sirayetiyle, beyninin içinde büyüye büyüye sonunda onu istila etmişti. Ama Nihal bu sabah darbeyi vurduktan sonra, şimdiye kadar Nihal'e vurulan darbelerin şifa verecek etkisinden şüphe veren bir korku, bugüne kadar aldanmış olmak, hayır, aldatılmış olmak korkusu, müthiş, elemli bir korku, onun kalbini delmiş ve ateşten iğnesinin ucuyla o kalbin unutulmuş bir köşesinde, bir ölü hissizliğiyle susan damarı, babalık damarını bularak, yakmış, sızlatmıştı.

Yoksa kızını öldürüyor muydu?

Nihal bahçede yanından kaçar kaçmaz bu soru, karşısında, korkunç bir suçlama heyulası dehşetiyle titremişti. Bu soruyu zihninden kovmak istedi; buna cevap vermek için daha salim bir bakışla meseleyi çözümlemekte öyle büyük bir sorumluluk, öyle acı bir umutsuzluk keşfedilebilirdi ki ondan kendisini korumak için düşünmemeye çabaladı.

Biraz işle meşgul olmak için odasına çıktı. Kaç günden beri bir güzel ceviz köküne Bihter'in çehresini oymak için çalışıyordu.

Onu eline alırken, nasıl oldu bilinemez, belki garip bir içgüdüyle, gözleri çoktan beri unutulmuş, eksik çizgileriyle kırık tahta parçalarının arasına atılıvermiş bir başka çehreyi, Nihal'in o yarım kalmış çehresini araştırdı. Sonra, elinde Bihter'in başlanmış o çehresiyle, duramayarak, süzgün, kendi ihtiyacından çok kalbinin belirsiz bir ihtiyacına boyun eğen iradesiz gözlerle odasının ta karanlık bir köşesinde, ne tamamen kaldırılmaya ne tamamıyla gözler önüne serilmeye cesaret edilemeyerek bir yığın ufak tefek arasında boğulmuş bir resme, ilk eşinin eskilikten silinmişe benzeyen resmine baktı ve zannetti ki bu resim, birdenbire, ne vakitten beri kendisini ihmal eden bu gözlerin ruhundan bu defa canlanarak, bir cisim kazanarak, o karanlık köşede titreye titreye bakıyor, ona yaklaşıyor; kinden, hırstan ateş saçan gözlerle gözlerine sokularak, ciğerleri sökülen bir ana acısıyla ona haykırıyor: "Kızımı öldürüyor musun?"

Şu iki senelik evlilik ömrü bir sorumluluk hayatı korkunçluğuyla gözlerinin önüne geliyor, küçük küçük, şimşek gibi bir cereyanla tutuşup sönen, görünüp silinen tablolar şeklinde hep Bihter'le Nihal'i görüyordu; zihninde karısı ile kızı birbirini örtmek isteyerek kovalaşıyorlardı. İskemlesinde bir elinde hâlâ o kök parçasıyla kalbinde derin bir ıstırap yarasıyla düşündü. Bu yaranın açılmasına beş on dakika yetmişti. Bir zaman oldu ki bu baba kızına dönmüş oldu; Nihal için derin bir ağlamak arzusu hissediyor ve bu arzuya kendini teslim etmek istiyordu. Sonra kendisini mağlup eden bu merhametin sonuçlarından, bilhassa artık itiraf edilmek lazım gelen bir hatadan o kadar korktu ki aranlıkta bizi yakın bir tehlikenin darbesinden koruyan sinirsel kaçınma türünden istemsiz bir hareketle, muhakemesi bu karışık izleri takip etmekten geri çekildi. Fakat kalbinde Nihal için açılan bu yaranın ıstırabını uyutacak bir avuç tuz serperken, diğer bir yaranın sızılarına engel olamıyordu ve bu ikinci yara artık uyutulamıyor, ne vakitten beri ıstırabını dindirmek için üzerine serpilen tuzların altından hep umulmayan açılımlarla, biraz daha yırtılarak, biraz daha derinleşerek, ateşli ve zehirli, tekrar uyanıyordu.

Bu yara evliliğinin yarısıydı. Başlangıçta küçük, belirsiz bir leke gibiydi. Bihter'le mutlu olmak ümidi onu öyle mest bırakıyordu ki mutluluğunun arasında ufak bir iğne temasıyla sızlayan bu noktayı dinlememeye başarılı oluyordu; fakat yavaş yavaş o iğne daha çok batmış, o nokta elim bir yara olmuş ve artık dinlememek, işitmemek mümkün olamamıştı. Bütün evlilik hayatı bununla zehirleniyordu, mutlu görünmeye çalışırken kendisini süslü görünüşler altında müthiş bir hastalık saklayanlar kadar sahte buluyordu. Evvelce mutluluğunun taze neşesi o ıstıraplarını örterken şimdi onlar mutluluğunu eziyor, boğuyordu. Kendi kendisine öyle sessiz buhranları vardı ki bedbaht olduğuna karar verdi. Bu evlilik bir müthiş hataydı; bunu sonunda, Bihter'i kollarının arasında donmuş bir cisim ruhsuzluğuyla ölmüş bir kadın hissizliğiyle, o kucaklayışların heyecanlarından pay alamayarak, gözlerini başka bir sevda hayali ararcasına onun gözlerinden ayırarak, vücudunu verip de asıl kadınlığının sıcaklığını vermeyerek, hissettikçe anlamıştı. Bihter onun olurken kendisini başkasına veriyor gibiydi. En har, en hırslı öpücüklerin altında dudaklarını buz gibi bir nefesle donmuş bulur ve o saniyede aşkının en coşkulu ateşlerinin üzerinden bir kar rüzgârı geçerdi. Bihter'in gevşek kollarla ona sarılışları vardı ki itiyor, reddediyor zannettirirdi; dudaktan öyle öpücüklerle uzanırdı ki ateşsiz, ruhsuz temaslarıyla rüyalarda alınan ölü, kuru öpücüklere benzerdi; bütün aşklarında Bihter kendisini onun olmaksızın veriyordu.

Böyle nereden geldiği hissolunamayan bir soğuk rüzgârla, mutlu gerdek odalarının duvarlarından sanki buzlar aktığını ve ta ruhunun derinliklerine kadar üşüdüğünü hissettikçe gözlerinde bir sitemle karısına bakardı. Bu bakışında ıstırabından sızlayan bir erkeklik gururunun kınamaları öyle açık bir ifade kazanırdı ki, birden Bihter onu teselliye, hayır, onu daha çok mutlu edememekten af talebine lüzum görür ve başını omzuna koyarak, sakalının altına, bir vakitler Nihal'in yeri olan o kılsız noktaya dudaklarını kor, küçük küçük temaslarla orasını öperdi.

Bu öpüşlerde böyle bir yalan soğuklukları vardı ki Bihter'i omzundan silkmek, bileklerinden tutmak, sarsmak, vahşi bir kıskançlıkla büsbütün kendisinin olamayan bu kadını hırpalamak arzularını duyardı. Onu kıskanıyordu; fakat kimseden değil, kendisinden, kendisinin ihtiyarlığından, onun güzelliğinden ve gençliğinden, sonunda ona tamamen sahip olamamaktan müthiş bir kıskançlık hissediyordu.

Arada bir isyan etmek isterdi, acı bir kelimeyle onu aşağılayarak intikamını almaya lüzum görürdü. Kaç kereler ağlatmıştı; sonra o ağlarken kendisini bencil bularak kınar, bütün kıskançlıkların utanılacak bir küçüklük olmak üzere unutmak ve unutturmak isterdi. Bihter onu okşayarak, öperek odasından çıkarmak isterken o bütün yorgunluk, rahatsızlık bahanelerini haklı bulmak için kendisini oyalamaya çalışırdı; fakat o aralık kapısının anahtarı kilidin içinde tırmalayan bir gıcırtıyla dönerken kalbinde bir şey yırtılırdı.

Kendi kendisine: "Kesinlikle beni sevmiyor!" diyordu. Kaç kereler, o buhranlar arasında bir söz dudaklarının ucuna kadar gelmişti, ona: "Beni sevmiyorsun!" diyecekti; sonra bu soruya karşı verilecek teminatta sevilmediğinin daha açık bir kanıtını görmek korkusundan öyle titrerdi ki cesaret edemezdi.

Odasında şüphe işkenceleri içinde saatlerce uyuyamazdı. Bihter'in evliliğinden evvel birisini sevmiş olabilmesine ihtimal vererek bu var sayılan aşkın var sayılan hatırasını kıskanırdı. Belki bu aşk hâlâ onun kalbinden silinmemişti, belki bu kadını tamamen kendisinin olmaktan men eden onun hâlâ yaşayan hatırasıydı. Kaç kereler bir belirti bulabilmek, genç kadının geçmiş hayatında şüphe verecek bir nokta keşfetmek için onu ustaca sorgulamalar içinde söyletmişti.

Bir gün kalbine, o vakte kadar hiç düşünülmemiş bir şüphe düştü: Behlûl. Bu şüphe hiçbir olaydan doğmuyordu; onları bir gece yan yana, bir resimli kitapçığa bakarken görerek, kendi kendisine bu genç adamın bir tehlike olabileceğini itiraf etmişti. Fakat Behlûl Bihter'den o kadar uzak görünüyor, Bihter Behlûl hakkında her zaman öyle ilgisiz bir dil kullanıyordu ki ikisi arasında bir tehlike ihtimalinden korkmak Adnan Bey'e, çirkin, utanmaksızın itirafı mümkün olmayan, kaba bir kıskançlıktan doğan aşağı bir his göründü. Kendi kendisine bir daha bunu düşünmemek için söz vermişti. Fakat o sırada fark ederdi ki ihtiyarının haricinde bir his onu Bihter'le Behlûl'ü merak etmeye yöneltiyor. O zaman kendini bir ayıp işlemekle itham ederek başka bir şey düşünmek isterdi.

Bir defa yine onları düşünürken kendi kendisine: "Mümkün değil!" demiş ve hayalinde onlara karşı işlenmiş bir kabahati affettirmiş olmak için, "Behlûl! Hanım'a söylesene! Bize biraz ut çalsın..." demişti.

Bir gün, Matmazel Courton'a izin verilmek için aralarında karar verildikten sonra, Behlûl öyle bir şey bulmuştu ki Adnan Bey'in, iradesi dışında zihnini tırmalayan şüpheleri, birden silmişti. Behlûl amcasıyla yalnız bulundukları bir dakikayı seçerek ona sokmuş ve ciddiyetle;"Görüyorsunuz ya" demişti, "ötekiler hep birer birer gidiyorlar. Bihter Hanım'da Matmazel Courton'dan sonra beni göndermek arzusu uyanacak zannediyorum. Rica ederim, gülmeyiniz, bunu farz etmek için bende pek kuvvetli sebepler var. Görünüşe bakmayınız, onun beni hiç sevmediğinden eminim. Demek istiyorum ki onda böyle bir arzu görünür görünmez, bana gözünüzle bir işaret yeterlidir. Size hakikati söyleyeyim mi? Bu yalı hayatından bıktım, Pera Palace'ta şık, zarif bir oda, ondan sonra..."

Behlûl, Bihter'in sesini işiterek susmuştu. Adnan Bey'in şüpheleri Behlûl'le Bihter'in arasında yalnız bir fazla yakınlaşma eğiliminin doğması ihtimalinden ibaret kalır ve karısının geçmişine kadar zihnini çelen hayalinde, utanılmaksızın kıskançlığa hak verecek kadar ilişkilerinin hususiyet kazanacağını farza kuvvet bulunmazdı. Yalnız kalbinde Behlûl'e karşı derin bir kin vardı. Onun kadar şen, onun kadar genç ve artık onun kadar güzel olamamaktan doğan bir kin ki ne zaman onu Bihter'in yanında görse, onun orada bulunmasını arzu ettirirdi. Özel hayatlarında bu genç adamın varlığı Bihter'e kocasının ihtiyarlığından bahseden cisimleşmiş bir dil gibiydi.

Adnan Bey Behlûl hakkındaki bu hissini bir gün onun elçiliklerden birinde görev alma hevesini gösterdiği zaman anlamıştı. O zamana kadar Behlûl'ün buna benzer fikirlerine itiraz ederken bu defa birden onaylamış, sonra kendi kendisine bu çelişkiyi fark ederek asıl sebebini bulmakta zorluk çekmemişti; evet, artık itiraf etmeliydi ki, bu genç adam onların özel hayatlarında fazla geliyordu.

Behlûl'ün Matmazel Courton vesilesiyle söylediğinden Bihter'e bahsetmemişti, bugün bahçeden dönüşten sonra odasında otururken düşüncelerinin arasında bunu hatırladı. Behlûl gittikten sonra Bihter odasına girince sordu:

"Behlûl gitti, değil mi?"

Bihter yüzüne bakmaksızın cevap verdi:

"Evet, galiba gece de gelmeyecek..."

Adnan Bey güldü: "Bütün kışı o kadar uslu geçirdi ki kendisine bir gece izin verebiliriz..."

Bihter ötede kanepenin üstüne oturmuş, eline işini almıştı, gözlerini kaldırmıyordu. Adnan Bey ilave etti, hep gülerek söylüyordu:

"Geçenlerde Behlûl bana ne dedi, biliyor musun? Matmazel Courton'dan sonra nöbet kendisine geleceğinden korkuyor."

Bihter gözlerini kaldırarak bu sözün izahını bekleyen bir bakışla baktı:

"Anlamıyor gibisin, Bihter... Bütün gidenler senden biliniyor ya, Behlûl de zannediyor ki artık o da evde fazla görünecek."

Adnan Bey yerinden kalkarak Bihter'in yanına oturdu, yüzünü yüzüne sokarak hep o tebessümüyle sordu:

"Behlûl'ün galiba Beyoğlu'nda bir yer tutmak için hevesi var, şimdiden bir sebep icat etmek istiyor. Eğer böyle bir fikri varsa, itiraz edecek ben değilim."

Bihter cevap vermiyordu, yüzüne bir kan tabakasının fışkırdığını hissederek kayıtsız görünememekten korkuyordu. Kalbinde küçük bir şüphe de doğmuştu, tebessüm ederek söylenen bu sözler müthiş bir fırtına saklayan ustaca bir sorgulama da olabilirdi; boğularak: "Şüphesiz!" dedi. Sonra bu kelimeden pişman olarak ilave etti: "Yani bence önemsiz bir mesele demek isterim; yalnız rica ederim, eğer Behlûl Bey gidecekse beni karıştırmasın, artık her giden için sorumlu olmaktan usandım..."

Bihter hiddetle söylüyordu, Adnan Bey daha çok güldü, daha çok sokuldu.

"Yok, itiraf et, Bihter" dedi, Behlûl giderse memnun olmayacaksın zannediyorum.

Başını sallayarak, "Belki..." dedi.

Şakakları vuruyordu. Şimdi bu konuşmadan yalnız bir şey zihnini işgal ediyordu. Demek Behlûl gidecekti; yalnız bu gece değil, her gün, her gece kim bilir kimlerle nerelerde kalacaktı. Ya o, bütün ruhuyla kendisini ona veren bu kadın ne olacaktı? Birden Behlûl hakkında öyle taşmak isteyen bir düşmanlık duydu ki hemen şu dakikada hepsini, evet ondan intikam almak için bütün o kirli ihanetlerini kocasına itiraf etmek istedi. Bir saniye içinde hayatı gözlerinin önünde yıkılıyor gibiydi. Sonra birden kendi kendisini aldatacak bir şey buldu: "Ama bunlar hep yalan olabilir. Bu gece ihtimal gelecek, belki gündüz, belki şimdi, bir iki saat sonra dönecek...

Yalnız kalmak için büyük bir ihtiyaç duydu, kocasıyla biraz daha beraber bulunursa, kayıtsız kalamamaktan, kendisini idare edememekten korktu. Yemeğe davet etmek için kapıyı açan Şayeste onu kurtarmış oldu.

***

Bugün akşamüzeri, dönen Matmazel Courton'la beraber Nihal, biraz sonra Adnan Bey çıkmışlardı; Bihter yalıda yalnız kalmıştı. Bugünü hep düşünmekle geçirmişti, kendisini isteği dışında sürükleyen bir dalga üzerinde gibiydi. Onlar gittikten sonra Behlûl'ün odasına girmiş, orada, bu güzel kış gününün incitmeyen serin havasını solumaktan bir bahar hazzı alarak, açık pencerenin yanında, Behlûl'ün koltuğunda, sonunda saatlerce düşünmüştü.

Güneşin son ışıkları baygın öpücüklerle Kanlıca tepelerini yalıyor, ta ötede Beykoz'dan yavaş bir akışla gelen beyaz bir bulut parçasının bir kenarı donuk şişe beyazlığıyla parlarken altında geniş bir hat gittikçe koyulaşan bir gölge şeklinde duruyordu. Bu hoş kış gününden istifade ederek Boğazın sakin sularını okşayan sandallar, kayıklar geçiyordu; karşıda Şirket'in[1] bir vapuru siyah dumanlarını serperek yer yer yalıları gizlerken iri bir İngiliz şilebi, güvertesinde öteye beriye koşan dört beş başla, sessiz, tenha, sanki yapayalnız Karadeniz'e doğru ilerliyordu.

1 Şirket-i Hayriye. İstanbul'da deniz ulaşımı için 1849'da kurulan kurum. (Y.N.)

Her gün bu şeylere kayıtsız bakan Bihter bugün, burada düşünürken uzun uzun bakışlarla dalıyordu. Düşüncelerine yalnız bir sonuç verebilmişti: Behlûl'ü beklemek. Bu gece gelmeyecek olursa artık her şeyin bitmiş olduğuna hüküm verecekti. O zaman artık sefil, bedbaht bir kadın olacaktı.

Eğer o gelmeyecek olursa bu geceyi nasıl geçirecekti? Aman Yarabbi! Demek mutluluğu bu kadar küçük bir şeye bağlıydı. Kendi kendisine, "Ama mümkün değil!" diyordu; onu aldatmak için icat olunmuş bir yalan! "Bunu keşfedememek için ne kadar ahmak olmalıdır."

Sonra kocasından işittiğiyle Behlûl'ün sözlerini birleştiriyor, ikisinin arasında ilişkiler buluyordu. O zaman büyük bir bitkinlik içinde, "Hayır, gelmeyecek..." diyordu; "Artık bitti, hepsi, hepsi bitti."

Böyle kendi kendisine her şeyin bittiğinden bahsederken, hafif bir mırıltıyla rıhtımın kenarında çırpınan sulara bakıyordu. Bunlar, bu Boğazın, ta minimini bebekliğinden beri ona ninni söyleyen suları, eski ve kalbinin sırlarını bilen birer dost samimiyetiyle tekrar ediyorlar gibiydi: "Evet, hepsi, hepsi..."

Bütün hayatı bu denizin kenarında, bezginlik getirmeyen ve son bulmayan bir akışla sahilleri yalayarak kim bilir ne kadar düşünceler, ne samimi sohbetler toplaya toplaya geçen bu suların ezgilerini dinleyerek geçmişken, onları hiçbir zaman böyle vicdanına ortak, hislerine arkadaş bulmamıştı. Onu kendi kendisiyle daha yalnız bırakmak arzusuyla manzarayı hafif hafif silmeye başlayan bir karanlık başlangıcı yarı şeffaf tülden eteklerini salıvererek karşı sahili şişliyordu. Tepede gurubun son bir aleviyle kırmızı birer göz şeklinde parıldayan bir çift pencere vardı ki, yakuttan bakışını çoktan kapamıştı. Kanlıca eteğinde parlayıp hemen sönüyor zannolunan birçok gözler açılıp kapanıyordu.

Yavaş yavaş göklerden ruhu uyuşturan bir sessizlik yağıyordu. Tabiata sakin bir ninni söyleniyor gibiydi. Birden, bu sessizliği yırtan bir ses, bir düdük sesi Bihter'i titretti; belki bununla geliyordu. Kalbinde bir şey onun herhalde geleceğini temin ederken, diğer bir şey ona "Aldanıyorsun, gelmeyecek, artık hepsi bitti, hepsi, hepsi..." diyor; sonra gözlerinin altında gizli kahkahalarla sular tekrar ediyordu: "Hepsi, hepsi..."

İstemeksizin gözleri, bir köşesi görünen rıhtıma dikiliyor, oradan bir gölgenin belirmesini bekliyordu; bir aralık başını uzattı; arkalarından takip eden Beşir'le Nihal ve ihtiyar mürebbiye geliyordu, onlara görünmemek isteyerek çekildi. Şimdi akışındaki bir bükülmeyle düşüncelerine başka bir mecra çizilmişti. Bu kız ona uzun bir işkence hayatını hatırlatan bir hayal etkisi göstermişti. Bir kaç belirsiz çizgiyle evliliğinin bir tarihini yaptı. Onu acı, boş, beyhude ıstıraplarla, umulup da bulunmayan şeylere bedel sürekli kavgalarla zehirlenmiş buluyordu. Bu evlilikten ne beklemişti ve hâla ne bekliyordu? İşte tamamen sahip olacağına inanmaksızın, vaktiyle genç kızlık rüyalarını ışık tufanları içinde bırakan emellerin hepsine sahip demekti. Servet, tantana, süs. O hayalinde beslenen emeller bugün sahipti; fakat bunlar öksüz çocuklar mahzunluğuyla, elim bir boyun büküklüğüyle duruyorlardı. Bu evlilik ona genç kızlık emellerini vermiş fakat kadınlığını aç bırakmıştı. Tamamıyla aldandığına, bedbaht bir kadın olduğuna çoktan karar vermişti. Sonra hayatının ufkunda bir mutluluk parıltısı belirmişti, bütün ruhuyla kendisini ona vermişti; bu zayıf ışığı söndürebilecek hiçbir kuvvetin varlığını düşünmemişti. Bugün birinci defa olarak bir serseri rüzgâr, bilinemez nereden esen bir hain nefes, o ışığın, o güneşinin üstüne bir parça bulut sevk etmek istemişti. O sönerse ne olacaktı? Sonsuz bir karanlık...

Bunu düşünürken kendi kendisine gülmek istiyordu. Şimdi o gelecekti, iki kelimeyle izahat verilmiş olacaktı, her şey bitecekti. Sonunda bugün onu bu derece korkutan ne olmuştu? Kendisini çocuk buluyordu. Daha son vapur gelmemişti. Sonra onun belki gece geleceğini düşündü. Ama nasıl gidecekti? Bebek'e kadar arabayla gidecekti. Sonra? Hayalinde Behlûl'ü karanlıkta, sandal içinde, kendisine gelmek için tehlikeler geçirerek, geliyor görüyordu. Ona ne kadar minnettar olacaktı!

Bir aralık odaya baktı, sobayı yakmaları için kızlara bir şey söylememişti. Birden hissetti ki bunu söylemek için kuvvet bulamayacak. Oda karanlıktı. Bu saatte, sebepsiz burada bulunmak ona o kadar yersiz göründü ki kalkıp gitmek istedi. Belki Adnan Bey dönmüş, onu sormuştu; fakat şu dakikada, şu karanlık ve boşluğuyla karanlıkların uykuda ruhuna gömülen hatıralarıyla gizli bir buluşma yeri samimiyetini kazanan bu oda, onu daha çok alıkoymak istiyordu. Sanki Behlûl'ü burada beklerse, onun dönüş ihtimali kuvvet kazanmış olacaktı. Ondan başka, şimdi kendisini üşüten bu açık pencerenin altında, kendisini söylemeye davet eder bir teselli dili, uzaktan uzağa gelen bir ezgi vardı ki ona: "Söyleseniz ya, niçin söylemiyorsunuz?" diyordu. Bilseniz bize bu sahillerin pencerelerinden atılmış ne gizli sırlar, ne kırık hayaller, ne solgun çiçekler, ne yıpranmış emeller, ne ölmüş ümitler var! Bileniz bu zavallı hüzünlü ölüleri biz ne ruhu okşayan matem şarkılarıyla sallayarak, ne ince ve yumuşak köpüklerden kefenlere sararak birer nazlı cenaze şeklinde yavaş yavaş, samanyollarının üzüntüsünden damlayan mersiye damlaları altında yuvarlaya yuvarlaya götürürüz. Bilseniz bize katılarak akıp giden ne kadar ıstırap gözyaşları vardır. Sizin de bize verilecek ölmüş bir hülyanız, arkasından dökülecek birkaç damla matem yaşınız mı var? Siz ki o kadar şen, o kadar şen, ağlamaktan o kadar uzaktınız. Demek hepsi bitti, hepsi hepsi...

O zaman bu teselli dilinin arasında bir alay kahkahası fark ediyordu; ve bu sessiz kahkahayı birinin sesine benzetiyordu: Peyker'in...

Çoktan anlamıştı ki Peyker haklıydı. Küçük, fakir, adi bir evlilik; fakat aşka, sevgiye dayanan bir evlilik; bir evlilik; sizin ruhunuzu sıcaklığının gürlüğüyle ısıtsın, size çocuklar versin; bir kocanız, bir eviniz, bir hayatınız olsun ki onlarla sizin aranızda başka hiç, hiçbir şey olmasın. Eniştesine dair takdir hissine benzeyecek bir fikir taşımamakla beraber Peyker'i mutlu buluyordu: Mademki kocasını seviyordu... O da kocasını sevebilseydi; fakat sevememişti ve asla sevemeyecekti.

Demek bütün bir hayat işte bir hatanın kurbanı oluyordu. Bunan sonra mutluluk ümidi saklanmak lazım gelen utanılacak bir aşktan ibaretti ve bu aşk, bir gün onun yüzüne müthiş bir aşağılama sillesiyle çarparak "Artık yetişir!" diyebilirdi. O zaman ne yapacaktı?

Tekrar bir düdük sesi onu sarstı, son vapur geçiyordu, beklemeye lüzum görmeksizin hissetti ki Behlûl bu vapurda da değildir. Birden onda acı bir emniyet uyandı. Behlûl gelmeyecekti ve kendisi böyle ıstırabından kıvranırken o bu gece başka bir kadının kollarında bulunacaktı.

Bu odada daha çok durmak istemedi; karşıdan karanlık gecelere özgü görüş olayıyla deniz küçülmüş, sahil yaklaşmış, etraf karanlıklardan yararlanarak birbirine sokulmuş gibiydi. Kanlıca tepeleri heybetli karanlık kütleleri şeklinde Bihter'e yaklaşıyor, onu ezmek istiyordu. Pencereyi açık bırakarak kalktı, aralık kapıdan bir ışık huzmesi tozlanarak odanın biraz içerisine kadar dökülebiliyordu. Bu karanlık ve boş yerde gizli bir cinayet işlercesine kendisini titreten bir şey vardı. Yürürken yüzüne soğuk bir hava dalgası çarpıyor gibiydi. Vücudunda istemsiz bir korkuş titreyişi koşuşarak, bu karanlıkların uyuyan vahşiliğini uyandırmaktan çekiniyormuşçasına sol eliyle arkasından elbisesini biraz kaldırarak, sağ eliyle bir yere çarpmamak için siperlenerek yürüdü; ileride, kapının yanında halının bir parçası aralıktan kayan ışık tozlarıyla yaldızlanmıştı, oraya doğru ilerliyordu; birden, bir el sanki orada bir perde yırtarak karanlıkları bir ışık safhasıyla deldi. Kapıyı açmışlardı. Bihter titredi; henüz, bu birden açılan kapının eşiğinde kim olduğunu fark edecek kadar zaman bulmadan, seri bir hareketle çekildi, arkasına bir kanepe rastladı, dizlerinde galebe çalınamayan bir gevşeklikle oraya düşer gibi oturdu. Ancak o zaman eşikte dikilen gölgenin Matmazel Courton olduğunu anlayabildi.

İhtiyar mürebbiye elinde birkaç kitapla karanlık odaya bakıyor, karanlıkları delerek içerisini görmek istiyordu. Bihter nefes almaktan korkuyordu. Şüphesiz hiç hoş olmayan bu tesadüften iki kelimeyle çıkmak pek mümkün iken, şu dakikada Bihter bir suçüstü halinde yakalanmış olmak perişanlığıyla selameti Matmazel Courton tarafından görülmemekte arıyordu. Herkesten çok bu cadının gözlerinde bir şey sezerdi ki onun suskunluğunu delmek isteyerek altında gizlenen hakikati görmeye çalışan bir nüfuzu vardı; ne zaman ihtiyar kızın bir burgu etkisi yapan bu bakışına rastlasa: "Şüphesiz bu biliyor!" derdi. Nasıl olmuştu da bu sır onun gözünde açığa çıkmıştı?

En evvel anlamsız bir hiç onun vesveseli sinirlerini uyarmış olacak, Behlûl'le Bihter'in nefes alışlarına kadar teftiş altında tutularak sonunda muhakkak bir şey elde edilmemekle beraber, delilleri itibarıyla bütün hakikat anlaşılmış bulunacaktı. Onun elinde bu hakikat Bihter'in aleyhinde o kadar müthiş bir silah olabilirdi ki Bihter silahı iptal etmeye, o silaha sahip olandan kurtulmak suretiyle çare bulmayı düşünmüştü. Onun için Matmazel Courton gönderiliyordu.

İhtiyar kız bunu her zaman, fakat asıl düğüne gidilecek gün aranılmamış bir tesadüfle Bihter'le Behlûl'ün sırlarını öğrendiği o sırada kapısını vaktiyle kapayamadığı dakikadan itibaren beklemişti. Onun için bir gün Adnan Bey dolaşık bir cümleyle artık Nihal'in bir mürebbiye eşliğine ihtiyaç duymayacak yaşa geldiğinden bahse imkân bulabilmek üzere bir başlangıç yapmaya çalışırken, ihtiyar mürebbiye derhal meseleyi anlamış ve onu bu müşkül girişten kurtararak asalet haysiyetini velev süslüce olsun kovulmuş olmak aşağılanmasından korumuştu. Adnan Bey'den kendisi izin istedi.

İhtiyar kız bu meselede en çok Nihal'i düşünüyordu ve ondan ayrılmayı o kadar müşkül görüyordu ki zihninde o dakikayı hep uzatıyordu; sonunda artık o dakika daha çok uzatılamayacak kadar yaklaşınca buna dair Nihal'e bir kelime söylemek için kuvvet bulamamış ve o vazifeyi babasına bırakmıştı.

Bugün öğleden sonra dönünce Nihal kendisini görür görmez birden:

"Hepsini biliyordum, hepsini, hepsini... Bana buna dair bir kelime söylemeyeceksiniz, anlıyor musunuz? Size ne gün gideceğinizi ben haber vereceğim, mümkün mertebe çabuk, belki yarın... Bir an evvel bitsin, çok sürecek olursa kuvvet bulamayacağım zannediyorum. Şimdi beni öpünüz ve hiçbir şey yokmuş gibi gezmeye çıkalım."

Gezdikleri sırada Nihal bundan hiç bahsetmedi, neşeliydi, yalnız ara sıra ihtiyar mürebbiye onun gözlerini kısarak kaşlarını kaldırdığına dikkat etmiş ve bir defasında sormuştu: "Neden kaşlarınızı kaldırarak gözlerini kapıyorsunuz çocuğum? Başınız mı ağrıyor?"

Nihal: "Hayır, demişti, belki güneşten..."

Eve döndükleri zaman Nihal mürebbiyesine, "Matmazel," demişti; "belki bu gece beraber geçecek son gecemizdir. Hemen yemekten sonra yukarıya çıkarız, sizinle o kadar çok şeylerden, o kadar uzun uzun bahsederiz ki hiç olmazsa bir sene birbirimizi görmek hatırımıza gelmesin."

***

Matmazel Courton Behlûl'ün kapısında içeri girmeyerek duruyordu. Ufak bir tereddütten sonra seslendi:

"Behlûl Bey! Orada değil misiniz?"

Bihter karanlığın içinde fark edilmekten titriyordu, burada saklanmış olmak şimdi kendisine o kadar çocukça bir şey görünüyordu ki kendi kendisine hırsından "Ahmak!" diyordu. Bu saatte, bilhassa Behlûl orada olmaksızın, bu odada bulunmak, pencerede hava almış olmak pek tabii bir şeydi ki yalnız saklanmış olmakla şüphe çekebilirdi. Bu, Matmazel Courton'un gözünde bütün içindeki sırlar bir dakikada okunan bir kitap kadar açıklık kazanacaktı. İhtiyar kız içeri girebilirdi, onu orada görebilirdi, o zaman?

Bir an içinde Matmazel Courton'u büyük bir zafer çığlığıyla üzerine atılıyor, kolundan tutuyor, "Ah, siz misiniz hanımefendi, siz, Behlûl Bey'in odasında, kendinizi saklayarak, karanlıklardan gizleyerek, öyle mi? Siz; siz ki beni kovduruyorsunuz ama hanım, bu evden gidecek olan ben değil, sizsiniz..." diyor zannetti. İhtiyar mürebbiye eşikte kendi kendisine bir karar vermiş görünerek ilerledi, şüphesiz Behlûl'e iade olunacak kitapları oraya hemen bırakıvermek fikrindeydi. Karanlıkta yürüyenlere özgü kararsız bir tavırla ilerliyordu. Bihter'in önünden geçecekti.

O zaman elinde olmayarak sanki mekanik bir güdüyle yerinden fırlayarak, Bihter ayağa kalktı. Karanlıkta iki kadın nefes nefese, yüz yüze gelmişlerdi. Matmazel Courton kimse bulunmadığından emin olunan karanlık bir yerde birisine rastlamaktan doğan heyecanla, "Ah hanımefendi," dedi, "beni korkuttunuz. Behlûl Bey'in kitaplarını getiriyordum."

Bihter cevap vermiyordu, ona böyle rastlamak o kadar beklenmeyen bir şeydi ki Matmazel Courton da daha çok söylemeye kuvvet bulamıyordu. Bir saniye içinde Behlûl'ün de orada olabileceği, kendisinin onları karanlıkta bulmak maksadıyla geldiğine ihtimal verileceğini düşündü; Bihter'de böyle bir fikrin doğması onun vakarına oranla o kadar aşağılayıcı bir şey göründü ki bir kelimeyle bu muhtemel düşünceyi düzeltmek istedi: Sizi temin ederim ki hanımefendi..." diye başladı; fakat kendisinin her şeyi bildiğini ima etmeksizin cümlesinde devama imkân yoktu, birden sesi tutulmuşçasına sustu. O zaman Bihter, bir dakika içinde yarın kovulmuş bir hizmetçi aşağılanmasıyla bu evi terk edecek olan bu kadının yanında, kocasına ihanet etmiş bir kadın ayıbını ve aşağılanmasını duyarak, boğulan sesiyle: "Matmazel" dedi, Behlûl Bey burada değil, ben de bilmem niçin, pencerede biraz oturduktan sonra, burada uyuşmuş gibiydim.

Rahatsız edici, ağır bir sessizlikle karanlıkta, birbirine bakıyorlardı. Matmazel Courton, bu kadının ağzında günahının aşağılık bir itirafına benzeyen bu kelimelere cevap vermeyerek, karanlıkta aranmaksızın, önüne çıkan bu sırrın yanından silinmek isteyerek iki adım daha ileriye attı ve Bihter ağır adımlarla çıkarken, o artık karanlığa alışmış gözleriyle Behlûl'ün orada bulunduğuna kanaat bile getirmek istemeksizin, kitapları yavaşça bir geridonun üzerine koydu.

***

Bu gece mürebbiyesiyle geç vakte kadar oturmak isteyen Nihai erkenden yatağına girmiş fakat sonunda uykusuna mağlup oluncaya kadar onu yatağının yanında alıkoymuştu.

Matmazel Courton ona tasarılarından bahsetmişti; evvela Paris'e gidecek, orada ancak bir ay akrabasından ihtiyar bir amcanın yanında misafir kaldıktan sonra, ta vilayetlerden birinin kaybolmuş bir bucağında, harap bir kâşanenin henüz zamanın yumruklarıyla tepelenmeyecek kadar dayanıklılık gösteren bir kanadında sakin bir örümcek ailesi miskinliğiyle yaşayan hısımlarına katılacaktı. Bu sessizlik ve terk edilmişlik hayatını tatlı bir mutluluk rüyası şeklinde süsleyerek anlatıyor, ikide bir eğilerek Nihal'in solgun çehresine dudaklarının ucuyla kondurulmuş bir öpücük içinde, "Yalnız" diyordu, "bu mutluluk içinde küçük Nihal'imi düşünerek ağlayacağım. Fakat sen de burada mutlu olacaksın, mutluluğundan bana bahsedeceksin, değil mi Nihal? O zaman minimimi Nihal'imin de mutluluğundan haberdar oldukça artık ağlanacak bir şey kalmayacak."

Nihal yalnız dudaklarını buruyordu. Böyle saatlerle ihtiyar mürebbiye ona ninniler söylemiş oldu. Artık yarın sabahleyin belki henüz Nihal uyanmadan ihtiyar papağan kafesinden uçmuş bulunacaktı; bütün eşyası -tebessüm ederek ilave ediyordu- Behlûl Bey'in o kadar itirazlarına hedef olan şapkaları bile kutulara yerleştirilmiş, küçük bir işaret bekliyordu. Sonra Behlûl'ün ismini söylerken ihtiyar kızın fikri bir saniye içinde garip bir mecra takip etti ne kadar zamandır vicdanının üzerinde müthiş bir yük ağırlığıyla duran o sırrı hatırladı; o dakikaya kadar düşünülmemiş bir şey olmak üzere zihni belirsiz, eğri birtakım izleri takip ederek daha çok düşünmeksizin, belki bir dakika sonra pişman olunacak bir sözü zapt edecek kadar kuvvet bulmaksızın Nihal'in yatağına tekrar eğildi ve artık süzülen gözlerine bakarak, "Nihal," dedi "sana yalnız son bir nasihat olmak üzere söylüyorum, buna dair benden izahat istemeyeceksin. Ve bir saniyelik bir duraksamadan sonra ilave etti: Behlûl'den sakın..."

Nihal bulanık uykulu gözlerini açtı, bu söz beyninin içinde belirsiz bir bulut arasından hemen geçiveren bir parıltı karışıklığıyla geçmişti. Bunu birisinin söylediğinden bile emin değildi, tekrar gözleri kapandı, dudaklarında uçan bir tebessüm gölgesiyle, "Ama biz onunla bugün karar verdik. Artık dost olacağız..." demek istedi, dudakları ufak bir titreyişle kıpırdandı, sonra birden beyninin üzerine uyuşturucu bir iksir döküldü, artık uyuyordu.

Matmazel Courton bu defa son veda öpücüğünü koymak üzere tekrar eğilirken Nihal uykusunun arasında ince kaşının ucunu birisine göstererek, "Buradan!" diyordu.

***

Bihter bu gece odasında yalnız kalınca bugünün tarihini zihninde özetlemişti. Bu bir günlük hadiseler o kadar umulmayan şeylerdi ki ancak bir senenin havsalasına sığabilecek bir olaylar dizisi gibi büyüyor, birbirine karışan ayrıntılarla bir buhran devresi kadar velveleli görünüyordu. Bir aralık Bihter sinirlerinde bu derece büyük etki yaratan bu olaylar dizisini asıl niteliklerine indirmek istemişti. Bunların hiçbirinde korkutan anlamlar yoktu,ne Behlûl aşklarına ihanet edecekti ne Adnan Bey bir şüphe duymuştu ne de ihtiyar mürebbiye kendisinden intikam almaya vesile aramıştı; sonra zihni bu muhakeme tarzının üzerinde geriye doğru bir hat takip ederek tersine sonuçlar çıkarıyordu. İhtiyar mürebbiyeyi yavaş, hain bir sesle kocasına bir şeyler anlatıyor görüyordu. Belki şimdi Adnan Bey'in kapısına tık tık vurarak, gündüz Behlûl'e dair yarım kalmış konuşmayı bitirmek isteyecekti. Halbuki o burada işkenceler içinde ezilirken Behlûl kim bilir nerede kimlerin kollarında, "Hayatımda yalnız siz, siz varsınız." diyordu. Kalbini direncini kırarak bir ıstırapla yoran, bu hayal içinde onu görürken hepsini unutuyordu, artık ihtiyar mürebbiye bildiklerini söyleyebilir, Adnan Bey kendisinden izahat isteyebilirdi.

Ellerini karnına basarak vahşi bir kıskançlık azabıyla kıvrandıktan sonra birden, bir rüzgâr darbesiyle gıcırdayan sobanın külahı, rezeleri üstünde yavaşça sallanan bir panjur kanadı dinleyerek: "Belki o geldi!" diyordu. Böyle ancak bir saniye tutuşan bir ümit parıltısından sonra kendisini salıvererek derin bir bitkinlik içinde artık gelmeyeceğine, artık hepsinin, hepsinin bittiğine elim bir kanaatle hüküm verdi. O zaman gözlerini kapar ve şiddetli bir ağrının ıstırabını uyutmak için kendisini unutmaya çalışan hastalara özgü bir azimle gözleri kapalı, kaşlarının bir kasılmasıyla dimağını faaliyetten alıkoymak isteyerek dururdu. Bir aralık, böyle dururken kendisini uykudan uyanıyor zannetti; böyle, sandalyesinde uyuşarak uyumuş, saatler geçmiş ve uykusunun arasında onu birisi sarsarak: "Ama ne uyuyorsun? İşte geldi..." demiş gibiydi.

Gerçekten uyumuş muydu? Etrafına bakındı; saat kaç olmalıydı, geridonun üstünde mum yavaş yavaş; bir tarafından sızarak şamdanın yanına unutulmuş bir bağa[1] tarağa damlıyordu. Yerinden kalkıp tarağı kaldırmak için üşendi; yine uyuşmak, hemen orada bir ölü halsizliğiyle kalmak istiyordu. Ama Behlûl, gerçekten gelmiş miydi?

Buradan kalkmak, yavaşça çıkmak, karanlıkta yine o odaya girmek...

---

1 Kaplumbağa kabuğundan yapılmış veya bu kabuğu andırır biçimde olan. (Y.N.)

Fakat ya gelmemişse? Bu defa kalbinin ta derin bir noktasında bu dakikaya kadar sakin kalmış bir damar, kadınlık gururunun damarı, terk edilmiş bir kadının isyan eden damarı titremişti. Birden kendisini böyle terk edilmişliğinin içinde hiç bir şey yapamayarak, dayak yemiş bir çocuk acziyle, o kadar sefil, o kadar aşağılanmış buldu ki yerinden fırlamak, bütün metanet ve kuvvetiyle ayağa kalkarak, etrafında yıkılan mutluluk hayalinin içinden yıkılmamış olarak çıkmak, kendisine bu hakaret sillesini vuran eli kıracak kadar kuvvet bulmak için karar verdi.

Şimdi artık Behlûl gelebilirdi, artık onu gidip odasında aramayacaklardı. Bütün vakarı silinerek ayağa kalkmış, esaret zincirini parçalayan kızgın canavar isyanıyla, daha çok itaat etmek, sürüklenmek istemeyerek irkilmişti: Artık Behlûl'ü hatta düşünmemek istedi. Şimdi hiçbir şey olmamışçasına yatağına girip yatacaktı. Elbisesini koparırcasına çekip fırlatarak yatağına girdi; gözlerini kapamak, hiçbir şey düşünmeksizin hemen uyumak istiyordu; sonra gözleri açılarak, ötede, söndürülmeden bırakılan muma dikildi; mum hep bir kenarından sızarak yavaş yavaş, onun hayatına damlayan birer üzüntü damlasıyla ağır ağır bağa tarağa akıyordu.

Her dakika kalkıp onu söndürmek isteyerek fakat vücudunu gevşeten büyük bir rehavetle hep bu işi bir dakika sonraya bırakarak, gözleri oraya mıhlanmış, fikri boş, uzun uzun bu ağlayan muma baktı.

17

Behlûl ancak üç gün sonra döndü. Odasına girerken Bihter'e yalnız rastlamak ihtimalinden korkuyor, ufak bir heyecanı zor zapt ediyordu. İhanetini gözlerinde okuyacağından emindi. Bu üç gecelik yokluğunu açıklayacak bir yalan bulmaktan bütün icat yeteneği acze düşmüştü. Ondan başka vücudunu şakrak, çılgın Hollandalının gençlik ve neşe kokusundan oluşan bir canlı haleyle kuşatılmış hissediyordu. Bihter'in hassas kadın burnu bu ıtırlı havayı elbette keşfedecekti.

Bu üç gece delice bir zevk humması içinde geçmişti. İlk gece Concordia çıkışında Kette bir arabaya atılarak -bu defa annesiz- Şişli'de bir eve götürülmüştü.

Onunla, gece, karanlıkta, bir araba içinde, tenha sokaklardan uçarken bu aşk gezintisinde bir kız kaçırmak yeniliğini bulmuştu. Hatta Kette onun üzerinde annesinin yanından ayrılmayan bir masum kız etkisi bırakıyordu. Ertesi gün, geç vakit ondan ayrıldıktan sonra Boğaziçi'ne dönüş etmek niyetindeydi. Beyoğlu'nda mağazalarda, bir aralık şekerlemecide rast gelinen bir dostun yanında o kadar gecikmişti ki kendi kendisine: "Artık vapur kaçmış olacak..." demek için imkân bulmuştu. Kette'ye iki kelime göndermiş, onu yemeğe getirtmişti; kızı o kadar sarhoş etmişti ki o akşam Kette sahnede kendisini kaybederek göğsünden bir demeti koparıp Behlûl'e atmıştı. Üçüncü gece Behlûl Concordiya halkını Kette'den mahrum etmek istemişti; halk Kette için kudurup ayak teperken o bu hoş kızı yalnız kendisi için Şişli'nin o dingin evinin küçük odasında hapsetmiş olacaktı.

Bu hevesi de geçtikten sonra Bihter'i düşünmüştü. O, kim bilir, bu üç geceyi ne büyük azaplar içinde geçirmişti. Bu ihaneti keşfetmesine müsaade edecek miydi? Onu aldatmak için ne yalanlar bulacaktı?

Bunları düşünürken Bihter'i arzu ediyor, Kette'den üç gece içinde meydana gelmiş bir bıkkınlıkla tekrar yalıda, o gecelerin ihaneti ortaklığıyla çalınmış sevişme saatlerine yuva olan odasını görmek, orada o saatlerin hazlarına kavuşmak istiyordu.

Kendisini odasında yalnız bulunca, derin bir zevk duydu. Sanki zorluk ancak oraya gelebilmekteydi. Odasının penceresi o günden beri açık kalmıştı. Rüzgârla içeriye serpilen yağmurlardan koltuğun bir kenarı, halı, beride tütün takımı ıslanmıştı. Odasında gürültüsüz gezinmeye, yürürken ayaklarını hafif basmaya lüzum görüyordu; uyandırılmaktan çekinen bir hasta gibiydi. Şu dakikada Bihter gelecek olursa kendisine söylenecek hazır bir şeyi yoktu.

Yavaş adımlarla pencereyi kapamak için ilerlerken koltuğun üstünde ıslanmış beyaz bir şeye gözleri ilişti. Bunu alır almaz anladı; Bihter'in orada unutulmuş bir mendili... Farkında olmadan bunu dudaklarına götürdü, ıslanmış bir menekşe demeti kokusuyla Bihter'i kollarının arasında zannetti. Bu mendil ona bütün hüzünlü bir şiiri okuyor, onun yokluğunda yine onun havasında yaşamış olmak için odasında, bekleyiş işkenceleriyle penceresinin yanında geçirilmiş saatleri söylüyordu.

Kendi kendisine: "Zavallı Bihter!" diyordu. Ve elinde bu mendile bakarak, onun sessiz dilinden akan ıstırap ifadesine karşı af diliyordu.

Birden, bir kasırga dolanmasıyla, odasının kapısı itildi ve Nihal atılarak, Sonunda gelebildiniz!" dedi, "Neredeydiniz, bakayım?" Nihal parmağını tehditle sallayarak ilerliyordu, birden Behlûl'ün elinde ıslak mendili gördü: "Nedir o elinizdeki ıslak mendil?. Oo, burası bir göl olmuş! Bu sizin marifetiniz mi?" Çömelerek, perdelerin ucunu kaldırarak ıslak yerlere bakıyordu, sonra elini uzatıp mendili almak istedi: "Bunları mendilinizle mi kurulayacaksınız? A, mendil sizin değil, veriniz bakayım, Bihter'in mendili..."

Bu küçük şeyle Nihal bütün hakikatin tarihini anlayacakmışçasına Behlûl'de bir korku vardı, mendili Nihal'e verdi, Nihal kenarına bakarak ve sonra ucundan tutup ıslak halının üstüne atarak, "Evet, onun." dedi. Sonra çapkın bir tebessümle Behlûl'ün yüzüne bakarak: "Babamı işitseniz" dedi, "sizin için neler farz ediyordu."

Behlûl kızardı; fakat önemsememiş görünerek sordu:

"Neler?"

Nihal dudaklarını kıvırıyordu:

"Onları size Firdevs Hanım nakletsin. Bilirsiniz ya, genç kızlar, yanlarında unutularak söylenen şeyleri işitebilirler... Şimdi Firdevs Hanım bizde! Haberiniz var mı? Dün geldi. Matmazel Courton gitti, o geldi. Size Nesrin'i çağırayım mı? Bu gölü kurutsun." Tekrar mendil gözüne ilişti. "Bu nereden gelmiş? Onu da kendisine versinler..."

Behlûl mendil meselesine daha çok dikkat etmeyerek sordu:

"Nihal, ne diyordu baban? Söyle bakayım. Hani ya senin hiçbir şey söylemeksizin her şeyi söyleyen bir ifaden vardır..."

Nihal hep gülerek devam etti:

"Oh! Bilir miyim? Firdevs Hanım'a anlatıyordu. Pek iyi işitmiyordum ki..." Sonra Bihter'le şaka etmek için galiba: "Ben de ara sıra Behlûl'ün odasında misafir kalırım belki..." diyordu. "Nedir, rica ederim, başka bir odan mı var şimdi? Artık sen de gidiyor musun?"

Behlûl anladı. Bu üç gecelik yokluğu amcasının şakalarına bir vesile olmuştu. Tekrar içinden, "Zavallı Bihter..." diyordu. Kim bilir, bu şakalar onu nasıl işkencelerle kıvrandırmıştı. Nihal'in sorusuna cevap vermiş olmak için: "Çıldırdın mı?" dedi. "Behlûl nereye gider? Hem bundan sonra Nihal'i, bu minimini dostunu yalnız bırakabilir mi? Firdevs Hanım sonunda geldi, öyle mi? Bak onunla ne iyi geçineceğiz, Nihal! O da bizimle dost olacak." Sonra büyük bir sır veriyormuşçasına eğildi ve gülerek yavaş sesle ilave etti: "Herkesten çok Bihter'in düşmanı odur, bilir misin?"

Behlûl eğilerek bunu söylerken nefesi Nihal'in çehresini sıcak bir temasla ancak bir saniye okşamıştı. Nihal bugün şu dakikada birinci defa olarak zapt olunamamış bir sinirli ürkeklikle çekildi. Artık bir kadın olduklarını benliklerinde gelişen bir farkındalık parıltısıyla gören genç kızlara özgü bir his onu ürkütmüştü. Ufak bir kızarmayla Behlûl'e gülerek cevap verdi:

"Bu da size özgü fikirlerden..."

Behlûl, "Sen bunu anlayacak kadar büyük değilsin!" diyordu, "Şimdi beni yalnız bırakır mısın, Nihal? Seninle bu meseleden sonra uzun uzun bahsederiz..." Kayıtsızca ilave ederek sordu: "Baban nerede, Nihal?"

Doğrudan doğruya Bihter'i soramamıştı. Nihal'den Adnan Bey'le Bihter'in odalarında beraber olduklarını haber alınca derin bir nefes aldı. Onları beraber görmek bu yokluktan sonra ilk buluşmanın güçlüğünü hafifletecekti. Beş dakika sonra Adnan Bey'in çalışma odasına girerken Behlûl kendi kendisine metanetini tebrik ediyordu. Adnan Bey'in şakalarına kayıtsızca cevap verecek kadar kuvvet buldu. Adnan Bey onu itiraf edilmeyecek bir ilişki peyda etmiş olmakla ithama çalışıyor, Bihter'e bakarak, "Göreceksiniz," diyordu, "bu gece, ihtimal bir gece daha Behlûl burada kaldıktan sonra yine haftalarca kaybolacak."

Behlûl'le Bihter'in arasında elim, rahatsız edici bir bakış görülüyordu. Behlûl gözleriyle, "İnanıyor musunuz? Bunlar bütün bir yığın köhne şakadan başka bir şey değil..." demek istiyordu. Sonra Adnan Bey'e cevap veriyordu: "Kim bilir, belki hakkınız var. Bütün bir kış uslu bir çocuk olduktan sonra artık her şey affolunabilir, değil mi?"

Bihter bu konuşmaya katılmayarak, gözlerini kaldırmayarak, hummalı ellerle bir çuha parçasını işlemekte devam ediyordu. Adnan Bey garip bir inatla hep bu şakayı genişletmek, Bihter'i de konuşmaya karıştırmak istiyordu. Behlûl kayıtsız kalmakta devam ederek cevap veriyor, kendisini savunurken itirafa benzeyen gevşeklikler gösteriyor, sonra konuşmanın bir küçük fırsatından istifade ederek başka bir söz zemini hazırlamaya çalışıyordu. Bu, her ikisi için, büyük bir işkence oldu. Adnan Bey onları sıkmak istiyor gibiydi. Behlûl birinci defa olarak kalbinde bir şüphe hissetti:

"Acaba biliyor mu?"

Henüz Bihter'le doğrudan doğruya konuşmamışlardı. Behlûl bir aralık bütün cesaretini toplayarak sordu:

"Anneniz gelmiş, öyle mi yenge? Nerede? Yukarıda mı?"

Ayağa kalkmıştı. Çıkmadan evvel Bihter'in gözlerini aradı, fakat onlar hep o çuha parçasının üzerine dikili, sessiz ve derin bir kinle dargın kaldı.

***

Firdevs Hanım'a Matmazel Courton'un odasını vermişlerdi; onu oradan, tekerlekli uzun sandalyesinin içine koyarak, sofaya çıkarıyorlar, sandalyeyi pencerenin yanına kadar itiyorlar, Boğaziçi'nin bu yıpranmış çiçeğini, Kanlıca tepelerinin altında gölgelenen yeşil sulara karşı sanki bir hayatın mezarı kenarında sabahtan akşama kadar hemen her vakit yalnız bırakıyorlardı. Behlûl onu görmeyeli üç ay olmuştu. Yalnız uzaktan uzağa ona ait şeyler işitirdi. Firdevs Hanım uzun, hâlâ bitmeye tahammül edemeyen bir gençlikten sonra birdenbire genç kalabilmek için sarf edilen kuvvetler ihtiyarlığının sağlık sermayesini perişan ederek bir iflas sonucuyla düşüvermişti. İskemlesinin üstünde o uzun, levent, hâlâ güzel endamıyla yatarken özsuyu kuruya kuruya bir gün yolun bir kenarına düşüvermiş sağlam bir ağaç gibiydi. Dizleri artık sızıların sürekli bir mahkûmuydu; sabahleyin yatağından kalkabilmek için yardıma muhtaçtı. En çok bu ihtiyaç, kalkabilmek için başka bir elden beklenen bu kuvvet sadakası onu kudurtur, sonra kudurmuş bir hırsla kendine uzanan eli ısırmak isterdi. Onun için Firdevs Hanım'ın yanında hizmetçileri on beş günden çok alıkoymak mümkün olamamıştı. Artık gelin olabilecek kadar para topladıktan sonra müsaade alan Katina'nın yerini sırasıyla sekiz kızdan hiçbiri tutamamıştı; hatta bir gün kimsesiz kalarak, Firdevs Hanım'ı sandalyesine yatırmak için Peyker Yakup'a müracaatta bulunmuştu. Sonra, bu, âdet olmuştu; ikide birde Firdevs Hanım'ın kendi hizmetçisine karşı hırçınlıkları taşarak, Yakup çağrılırdı ve onun ellerinde bu hırçın hasta, sessiz, şikâyetsiz, itaatkâr, yumuşak bir çocuk uslulüğunu kazanırdı. Bu erkek ellerinde öyle bir sihir özelliği vardı ki Firdevs Hanım'ın yalnız kollarından, omuzlarından tutup bu pörsümüş bir yığın eti sandalyesine atmakla günlerce devam eden bir şifa sakinliği bahşetmiş oluyordu.

Firdevs Hanım'da adeta kudurgan bir cinnet başlamıştı; artık herkesle, damadıyla, kızıyla, Feridun'la; ara sıra gelen Bihter'le kavga ediyor; sonra bu hırçınlıklarından herkes kaçışıp da onu sandalyesinde yalnız bıraktıkları vakit, kendi kendine bağırıyor, söyleniyor, ağlıyordu. Artık küçük sarı yalının dingin hayatında bir hastanın varlığı tahammül edilmeyecek bir yük oluyordu. Bir gün Firdevs Hanım kızının ikinci çocuğuna hamile olduğunu haber alarak ateş püskürmüştü. Bunu ayıp, affedilmez bir kabahat olmak görüyordu, artık evin içinde iki saat rahat bir uyku uyumak mümkün olmayacaktı; bunu özel olarak onun evden kaçmasına sebep olmak için yapmışlardı. Peyker annesinin bu çılgınlıklarına hiç cevap vermezdi. O akşam Nihat Bey eve uzun bir müddetten beri karı koca tarafından beklenen mühim bir haberle gelmişti. Memuriyetinin bir derece terfiiyle maaşının zammı sonunda kararlaşmıştı. Bu aile sevinci içinde Firdevs Hanım'dan büyük bir memnuniyet beklenilirken o bunu da kendisine karşı düzenlenmiş bir oyun olarak görmüştü: Artık onun varlığından tamamıyla vazgeçilebilirdi, bu evden kalkıp gitmek isterse kimse itiraz etmeyecekti, bu bir tür kendisini kovmak demekti. Karı koca bu cinnet taşmasının karşısında şaşkın, susarlarken o bir çocuk taşkınlığıyla hıçkıra hıçkıra ağlamıştı.

O günden sonra Firdevs Hanım bu karı kocanın mutluluğundan bir intikam vesilesi buldu: Her sabah damadına, kızına: "Haberiniz var mı? Bugün daha iyiyim!" diyordu. Onları iyileşmesi ihtimaliyle tehdit etmiş oluyordu. Bir gün tedavi eden hekimin yalının rutubetinden bahsetmiş olmasından fırsat bularak Nihat Bey'le müthiş bir kavga etmişti: "Ben anlamadım mı zannediyorsunuz?" demişti, "Bu yalanı siz öğretmiş olacaksınız, benden kurtulmak için! Ama unutuyorsunuz ki bu evden kovulması mümkün olan ben değilim, siz ikinizsiniz.

Nihat Bey artık taşmıştı. İşte gideceklerdi, onu yalnız bırakacaklardı. Firdevs Hanım bir kahkahayla cevap vermişti:

"Yalnız mı?"

Ama niçin yalnız kalsın, o da evlenecekti, evet, sadece evlenecekti, bunun için henüz gençti...

O zaman karı koca bu cinayetin karşısında birbirine bakarak susmuşlardı. Ertesi gün Firdevs Hanım Nihat Bey'i görmek istemiş ve o yanma gelince, "Kararımı değiştirdim." demişti, "Yalının rutubeti belki gerçektir, ben Adnan Bey'e gidiyorum."

İşte böyle bir gece içinde Firdevs Hanım, hasta dimağında doğuvermiş bir fikir sonucuyla, iki günden beri Adnan Bey'in yalısındaydı. Burada kendisini o büyük sofanın bir köşesinde köhne, terk edilmiş bir kırık sandalye kabilinden yapayalnız bırakılmış görünce derhal hissetmişti ki bu yeni hayat elim can sıkıntılarından oluşan uzun saatlerle sürekli bir azap saklıyor. Kızıyla damadı yalnız sabahları ve yemekten sonra geceleri onun yanında ufak, kısa duraklamalarla yetiniyorlardı. Nihal gelip geçtikçe bir rüzgâr savrukluğuyla duramıyordu. Nesrin'le Şayeste uzaktan bir tuhaf tebessümle bakarak geçiyorlardı. Firdevs, Adnan Bey tarafından buldurulan bir Alman karının elinde bırakılmıştı. Yegâne eğlencesi uzun sandalyesinin yanına konulan bir masanın üzerinden ikide birde alınan bir küçük ayna, ufak bir pudra kutusu, bir sürmelikti. Bunlar kimi vakitler minimini birer günah gibi çantasının içinde saklanırken, şimdi üzerlerine bir mendil atılmaya bile lüzum görülmüyordu. Hatta Adnan Bey'in varlığı bile bunların ara sıra alınarak mesela gözünün bir kenarında bozulmuş bir sürmenin tamir edilmesine engel olmuyordu.

Behlûl bugün yukarıda Firdevs Hanım'ı Alman karısına dizlerini ovdururken, küçük aynasında şakaklarını, saçlarını düzeltiyor buldu.

Firdevs Hanım Behlûl'ü bir sevinç çığlığıyla kabul etti:

"Ah! Siz misiniz? Sonunda gelebildiniz! Neredeydiniz, bakayım? Yok, yok oraya değil, şu iskemleyi alınız... Emma, bizi yalnız bırakınız..." Aynasını masanın üzerine bıraktı ve Behlûl'ün bir sorusuna cevap vererek, "Ben mi?" dedi, "Pek fena değil, hele iki günden beri büyük bir fark hissediyorum. İnanır mısınız? Bu iki gün içinde bir kere gelip aramadılar bile..." "Nihat Bey'le Peyker'den bahsediyordu, onlar için en olmayacak vesilelerle taşan bir düşmanlığı vardı. Şüphesiz kendisini salıvermiş olmalarını affetmiyordu. "Bu herif hakkında sevgiye benzer bir şey duyamadım. Yalnız kendini, menfaatini düşünen bir adam! Oh! Bilmezsiniz ki... Bakınız size bir şey daha söyleyeyim, şimdi Peyker'e bir çocuk daha yaptı, iki sene sonra bir tane daha, her iki senede bir çocukla Peyker otuz yaşında altı çocuk anası oluyor. Ondan sonra bir gün Nihat Bey onun ellerinde kollarında altı çocukla kendi haline bırakacak, kaçacak. Gülmeyiniz, Peyker'i sever mi sanıyorsunuz? Hep kendi işine geldiği için... Bihter niçin Adnan Bey'e verildi? Neden yüzüme öyle anlamayarak bakıyorsunuz? Artık Adnan Bey'den beklenecek bir şey kalmayınca, o vakit?" Bu düşünceyi takip ettikçe onlardan intikam alıyor gibiydi: "Göreceksiniz ya," diyordu, "Peyker otuz yaşında altı çocuktan sonra, benden daha ihtiyar olacak. O zaman bana yalvaracak, bugün bir nevi kovulan annenin elleri öpülecek..."

Firdevs Hanım Behlûl'e bir küçük kelime için müsaade etmeyerek söylüyor; Peyker'i altı çocukla, otuz yaşında ihtiyar olmuş, kocasından ayrılmış, yalnızlığının, terk edilmişliğinin tesellisini annesinin affından bekleyerek, sefil, aşağılanmış, tasvir ettikçe garip intikam kevserinin lezzetinden mest olarak taşıyordu. Bu kadının anneliğinde öyle bir yırtıcılık vardı ki Behlûl'ü korkutuyordu. Bu bir ana değil, kızlarının mutluluğuna düşman bir rakipti. Peyker'den sonra Bihter'den bahsetti. Onun bu evliliğine hiçbir zaman razı olmamıştı.Bu evliliğin sonucundan da emindi. Bihter'den bahsederken Behlûl'ün gözlerine bakarak fazla izahat vermekten çekiniyor gibiydi. Yalnız hükmünün sonucunu söyledi:

"Bihter de Peyker gibi olacak. O da bir gün bana muhtaç olacak. Birbirini takip ederek ikisi de bugün böyle bir köşeye atılıveren Firdevs Hanım'ın ellerine kapanacaklar, ama o zaman..." Cümlesini bitirmeden evvel tekrar elini uzatıyor, sürmeliği aynasını alarak dökülmüş kirpiklerini tamir ederken ufak bir duraklamadan sonra tekrar ediyordu: "Ama o zaman Firdevs Hanım affetmeyecek..." Bu söz ağzından bir hınç ve kinle düştükten sonra birden elinden aynasıyla sürmeliğini atarak fikri başka bir zemine sıçradı: "Deminden beri size bütün lüzumsuz şeylerden bahsediyorum. Asıl size söylenecek başka bir şey var. Keşfediniz bakayım!"

Behlûl masanın üzerine eğilip bakarak: "Pek kolay! dedi, Crème Simon[1] bitmiş, Beyoğlu'na ilk çıkışımda sizin için ondan bir kutu almak..."

1 Fransa üretimi bir kozmetik eşyası. (Y.N.)

Firdevs Hanım darılarak, "Şakayı bırakınız, rica ederim" dedi, "size dair pek ciddi bir mesele. Sizi iki günden beri bunun için bekliyorum, bana öyle çapkın gözlerle bakmayınız, bütün ciddiyetinizi takınınız."

Behlûl gülüyordu:

"Ama mümkün olmayan şeyler teklif etmeyiniz, rica ederim. Ciddiyet! Siz beni hiç ciddi gördünüz mü?"

"Hayatınızda birinci defa olarak gayret ediniz. Bakınız, size dört kelimeyle söyleyeyim. Buraya gelip de sizi bulamayınca kendi kendime dedim ki: "Bu çocuğu böyle kendi haline bırakmak hiç iyi değil. Bu hayat bir gün ona öyle bir cinnet yaptıracak ki, tamiri mümkün olmayacak. O halde ona öyle bir şey yaptırmalı ki, anlıyor musunuz?"

"Anlamamak ne kadar mümkünse o kadar anlamıyorum. Bana bir cinnet yaptırmamak için başka bir şey yaptıracaksınız, öyle mi? Ben o sizin dediğiniz çılgınlıklardan yapmayacak olursam, hayatıma tamamen olmamış gözüyle bakarım. Beni böyle bir cinnet yapmaktan men edebilmek için nasıl bir çare buldunuz?"

Firdevs Hanım biraz doğrularak cevap verdi:

Evlilik!"

Behlûl bir kahkahayı zapt edemedi:

"Yanlış işittim zannederim. Ne dediniz, rica ederim? Evlilik mi? Ama işte asıl tamir kabul etmeyecek bir cinnet ve ahmakça bir cinnet! Bence evlilik üç sebeple yapılır: Ya ikide birde nezleye uğrarsınız, ıhlamurunuzla hatminizi içirecek, arkanıza kızgın pamuk sokacak[1] birisine muhtaç olursunuz; ya çoraplarınızı delersiniz evde örecek bir kadın bulundurmak istersiniz yahut iki senede bir defa baba olmaya heves edersiniz, sizin küçük damat Bey gibi.

---

1 Soğuk algınlıklarında, bronşit tedavisinde kullanılan bir yöntem.

Ben hekimin tavsiyesiyle üzerimde kırmızı mühür mumu taşıyalıdan beri nezleden kurtuldum. Size de tavsiye ederim, anlaşılan hekimlerin nezleye karşı bundan daha etkili ilaçları yok. Delinip de örülmüş çoraplar hakkında üstesinden gelinemez bir nefret taşırım. Çocuklara gelince, başkalarının çocukları için çıldırırım fakat küçük Behlûl'lere şimdiden düşmanlık ediyorum. Şu halde?"

"Dördüncü bir sebep daha var ki unutuyorsunuz. Bence erkeklerin hayatında bir saat çalar ki bütün o gelici geçici sevdaları bırakarak hayatta mutluluğu bir genç kızın ellerinde aramak zamanını ihtar eder."

"İşte oldukça şiir çeşnisinde bir cümle! Bilir misiniz? Böyle sözlerin beni mağlup etmekte garip bir kuvveti vardır. Cümlenizde bir ikinci şiir daha var: "Genç kız! Genç kızlar bence hiç tanınmamış, henüz tecrübe olunmaya muhtaç yaratıklardır. Fakat bu şiirin tecrübesini diğerlerinden usandıktan sonraya bırakacağım."

Firdevs Hanım'ın mağlup olmamaya karar vermiş gibiydi: "Evet fakat genç kızlar yalnız bir kere tecrübe olunur ve onların saf kalplerine tevdi olunacak emeller lüzumundan fazla çürümemiş, yıpranmamış olmak lazım gelir."

Behlûl bir tebessümle cevap verdi:

"Siz bu cümlelerinizde devam ederseniz ben şimdiden hezimet ilan ederim. Ama buna sahip olacak kadar mutluluğa değer bulduğunuz genç kız kim oluyor?"

Behlûl bu sorusunu sorarken sofanın camlık kapısı açılmış, Beşir girmişti; galiba Firdevs Hanım'a bir şey söyleyecekti. Onun beklediğine önem vermeyerek devam ettiler. Firdevs Hanım diyordu ki:

"Anlamadınız mı? Hâlâ anlamıyor musunuz? Ama Nihal, sadece Nihal..." Bu fikir bende buraya gelip de onu büsbütün değişmiş, üç ay içinde büyüyüvermiş görünce doğdu. Behlûl uzun bir "Ooo!" ile ayağa kalkmıştı, bir kahkaha içinde sordu:

"Siz ne vakitten beri böyle harikalar doğurmaya başladınız? Nihal... Ama siz ona bir koca değil, bir hoca arayınız. Hem bakınız, şimdi aklıma geliyor, Nihal'in kocası olmak mümkün değil. Büyük bir engel var: Ben Nihal'in borçlusuyum. İşte şimdi siz anlamıyorsunuz. Hesap ettim, tam on dört lirayla bilmem kaç kuruş borçluyum, faizleri de hesap ederseniz..."

Firdevs Hanım artık darılıyordu:

"Amma siz bütün şaka ediyorsunuz. Nihal'i, bu mücevher parçasını başka birisine mi bırakacaksınız?"

Behlûl Beşir'e bakarak Firdevs Hanım'a cevap verdi:

"Ama yanılıyorsunuz, Nihal bir mücevher parçası değil, bir ateş parçasıdır. Onunla kavga etmediğimiz bir gün yoktur. Değil mi Beşir?"

Beşir orada hareketsiz, nefessiz, donuk gözlerle duruyordu Behlûl'ün kendisine bu hitabını işitmemiş gibiydi. O zaman Firdevs Hanım sordu:

"Ne istiyorsun Beşir?"

Beşir bir uykudan uyandı ve söyleyeceğini hatırlamak isteyerek ufak bir duraklamadan sonra cevap verdi:

"Beyefendi soruyor, eğer izin verirseniz buraya bir küçük sofra kurduracaklar, bu akşam beraber yemek için..."

Firdevs Hanım hemen onayladı ve Beşir indikten sonra hâlâ kendisine gülümseyerek bakan Behlûl'e, "Siz istediğiniz kadar gülünüz." dedi, "Nihal'i siz alacaksınız, mademki ben öyle karar verdim."

Behlûl biraz eğildi ve şüphesiz bu konuşmayı bir şakayla bitirmek isteyerek en çapkın sesiyle, "Ama" dedi, "siz henüz başkalarının evliliğiyle fikrinizi meşgul edecek kadar gençlikten uzaklaşmış değilsiniz. Nihal biraz daha büyüyünceye kadar bu evin içinde beni evliliğe razı edebilecek birisi daha var ki..."

Firdevs Hanım bitirmesine müsaade etmedi ve bu defa büsbütün darılarak, "Susunuz bakayım," dedi, "ben ciddi meselelere karışan şakalardan hiç hazzetmem." Sonra birden bir şey daha hatırladı: "Ha, size söylenecek bir şey daha unutuyordum: Bu Nihal meselesinden ben birisine daha bahsettim..." Garip gözlerle Behlûl'e bakarak o birisinin keşfedilmesini bekleyerek duruyordu. Firdevs Hanım'ın gözlerinde öyle delici bir bakış vardı ki Behlûl cevap vermedi ve zapt olunmayan bir zaafla gözlerini indirdi. Firdevs Hanım sesinin bütün doğallığıyla haber verdi: "Bihter'e..." Ve küçük bir duraklamanın ardından tekrar aynasına uzatarak ilave etti: "O bu evliliği pek tabii buluyor." Behlûl derhal anlamıştı. Bu kadın, şüphesiz görülmüş, işitilmiş, hiçbir şeye dayanmaksızın yalnız bir faraziyeyi takip ederek hakikati yoklamak istemişti. İlk tecrübe Bihter'de yapılmıştı, Bihter bu tecrübeden nasıl çıkabilmişti? Kendisi hemen bulunuveren bir karşılıkla bu kadının olabilecek şüphelerini gidermeye çalışarak: "O tabii ki onaylayacak" demişti, "Pekâlâ bilir ki benimle Nihal arasında bir evlilikten sonra ikimiz de bu evde oturamayız, şu halde anlıyor musunuz?"

Firdevs Hanım gözlerinde tuhaf bir gülüşle bakıyordu, anlamıyor gibiydi. Behlûl öyle sakat bir değerlendirme zeminine girmişti ki devam ederse idare edememekten korktu. Konuşma bitmeksizin kesilmiş oldu. Behlûl bu kadının her şeyi anlamış olduğuna hüküm veriyordu. Bu kadında kızlarının mutluluğuna öyle sönmek bilmeyen bir düşmanlık vardı ki bu sır onun ellerinde Bihter'e karşı müthiş bir silah olabilirdi.

Birden Bihter'le sevişmelerinin yeni bir tehlike evresine girdiğini anladı. Bundan sonra bu sandalyesine mıhlanmış kadının gözleri karanlıkları, duvarları delerek gizli bir düşman ihanetiyle onları takip edecekti. Belki yine en güzel korunma çaresi bu evlilik şakasındaydı. Bu dakikaya kadar Bihter'le bir buluşmanın güçlüğünden kaçarken, bir dakikada aksine onunla buluşmaya lüzum gördü. Fakat nasıl görüşecekti? Bihter'in tekrar onun odasına gelmesini ihtimal vermiyordu.

Konuşmanın bu kesintisinden doğan azaptan Behlûl'ü Firdevs Hanım kurtardı: Behlûl Bey! Rica ederim, Emma'yı çağırır mısınız?" dedi.

18

Bu evlilik meselesi evin içinde tuhaf bir şaka olarak bir müddet çalkalandı. Adnan Bey açıkça şaka ediyor, ne zaman Behlûl'le Nihal'i görse, "Nişanlılar!" diye gülüyordu. Nesrin'le Şayeste bile buna gülüyorlardı. En çok gülenler Nihal'le Behlûl'ün kendileriydi. İkisinin arasında bu sık sık tekrar edilen bir oyun oluyordu.

Bu evlilik şakası çıktıktan sonra ona herkesle beraber çocukça bir oyuncaktan başka türlü nazar etmemekle beraber, bazı dakikalar olurdu ki Behlûl Nihal'in yanında kalbini eriten bir şey duyardı ve o zaman farkında olmadan kendi kendisine, "Ama bu evlilik pek mümkün olmayacak bir şey de değil." derdi. Sonra ötekini düşünürdü: "Ya Bihter? Bihter ne olacak?" Bihter'e ilk ihanetinden, Kette'den sonra bir aralık ikisinin arasında her şey bitmiş zannolunabilirdi. Günler geçmişti. Bihter'le beş dakika yalnız kalamamıştı. O hep dargın çehresiyle duruyordu; artık Bihter'in o üç gecelik yokluğu affetmeyeceğini, hatta izahat bile istemeyeceğini zannetmişti. Fakat Bihter'i tamamen kaybetmiş olduğuna da ihtimal vermek istemiyordu; onun yine küçük bir kazayla kollarına döneceğine emindi. Bu emniyet Bihter'in kayıtsızlığından acı duyan gururuna karşı bir tür teselli gibiydi. Bihter'in gelip ondan izahat talep etmemesi onu büyük bir yükten kurtarmış olmakla beraber, bu dargınlık devresi artık yorulmaca başlayan aşkına bir istirahat arası hazırlamış oluyor, hatta ona yine Kette'ye dönmek, o genç sarı kızla yarım bırakılan sevda abıhayatının son yudumlarını da toplamak için fazla bir serbestlik bırakıyordu. Kette'den sonra Bihter'e daha ateşli ve ihtiraslı döneceğini farz ederken, aksine o çapkın kız için kendinde henüz doyurulmaya muhtaç hevesler buluyordu. Yalnız bir şeyi itiraf etmek istemiyordu: Bihter'den usanmış olmak! Bu, aşk hayatında zevkine büyük bir leke sürmüş olacaktı. Onun fikrince Bihter, o kadınlardan biriydi ki onlara karşı ihanet edilir, fakat hiçbir vakit terk edilmiş olmak utancı bırakılmaz. Behlûl hatta Bihter tarafından terk edilmek, bu kadın tarafından terk edilmişliğin acılarını tatmak için bir heves bile duyuyordu.

Artık kendi tarafından sebebiyet verilmiş bir ilişki yenilenmesi gerçekleşmeksizin Bihter'in odasına gelmeyeceğinden günler geçtikçe kuvvet kazanan bir emniyet kazanmışken, bir gece onun ne vakitten beri terk edilen bu sevda yuvasına dönüşünü görmüştü. Bihter şüphesiz hatırlamış, izahatın yapılması için geliyordu. Sonra bu izahat o kadar çabuk yapılarak, o kadar kolay kabul edilmiş oldu ki Behlûl şaşmıştı. Bihter kadınlık gururuna karşı bir borç ödemiş, meselenin dış yüzünü kurtarmış olmak için inanmış, aklanmış, aldatılmasına müsaade etmişti. Bu odaya, hakikatte, aldanmak için tekrar gelmişti. Artık Bihter'de haysiyet hissi onlardan biriyle, o vücutlarını her sevda talibine satanlardan bir düşkün kadınla ortaklığa engel olmuyordu. Bu kadın, o ihaneti keşfetmekle beraber gözlerini kapıyor, tekrar kendisini saran bu kolların arasında bir düşkün kadın hayalinin titreyişini, onun koku kalıntısını görmemek, duymamak için, kendisini sahte bir emniyetin siyah duvarları içinde saklıyordu.

Behlûl karşısında isyan etmiş, gururunun taşkınlığıyla yükselmiş bir Bihter göreceğinden eminken onu böyle aldatılmayı kabullenmiş görünce, kendisini üşüten bir duyguya engel olamamıştı. Artık Bihter için başkalarıyla, kim bilir kimlerle bir ortaklık başlamış oldu. Behlûl ikide birde kayboluyor ve bütün kayboluşlarından sonra hep aldatılmaya razı bir kabulleniş le gelen Bihter'i daha çok küçülmüş, seçkinliğinden daha çok kaybetmiş buluyordu. O zaman insafsızlıklar yapar, bu kadını aşağılamak isterdi. Şimdi beraber bulundukları geceler, birbirini didiklemekle geçiyordu, ikide birde Bihter bir gurur kalıntısıyla ona karşılık verdikten sonra, henüz bir öpücük bile alınıp verilmeksizin fırlar giderdi; fakat yine hep ilişkiyi yenileyen o olur, kavgaların mesuliyeti kendisine yüklenmiş bulunurdu.

Yavaş yavaş bu kadın, Behlûl'ün elinde ezilecek, hırpalanacak sonra en kirli heveslere alet edilecek sefil bir yaratık oluyordu. Sevişmelerine bile bir sefalet rengi geliyordu. Behlûl bu güzide sevdanın seçkinliğini muhafazaya itina etmez olmuştu; Bihter kollarının arasında her defa bir parça daha onlardan biri oluyor ve ara sıra irkilmek isteyen haysiyet isyanında devam etmek için kuvvet bulamıyordu.

Behlûl kaç kereler ona Firdevs Hanım'dan bahsetmişti. Onun için: "Hepsini biliyor, bir gün göreceksiniz ki bu kadın bildiğinden bizi haberdar edecek." derdi.

Bihter Behlûl'ün bu korkusuna cevap verirdi: "Biliyorsa ne olabilirdi sanki?"

Adnan Bey'den bahsetmek için ikisinde de kuvvet yoktu, yalnız Nihal'le evlilik şakasından bahsedildikçe, Behlûl temin ederdi ki bu, evin içinde oluşabilecek şüpheler için en etkili bir korunma çaresiydi. Bu şakadan bahsolunurken Bihter'in dudaklarını elim bir azap çizgisi belirir, donuk bir bakışla bir kelime söylemeksizin Behlûl'e bakardı. Bir şaka olmak üzere başlayan bu düşünce, hissediyordu ki Adnan Bey'in kalbinde bir şakaya değer olan önemden çok kabule görüyor, Behlûl'ün her kimle olursa olsun ihanet etmesine alttan alta izin veren bu kadın, bu evlilik şakasından öyle müthiş bir ıstırap duyuyordu ki Behlûl'ü Nihal'le konuşurken gördükçe sapsarı kesiliyordu. Bir gece itiraf etmiş: "Bu şaka beni öldürüyor." demişti.

Behlûl bir kahkaha içinde onu öperek: "Çıldırdınız mı!" dedi, "Nihal'le bir evlilik! Olacak şey mi? Unutuyorsunuz ki Nihal bir çocuktur. Ondan sonra, bu şakayı men etmek de mümkün değil..."

Bu güvence Bihter'i sustururdu fakat o ıstıraptan kurtaramazdı. Evet, Nihal bir çocuktu fakat on beş yaşında bir çocuktu; evet, bu şaka men edilemezdi fakat sonra bu şakanın gerçek olmasına nasıl engel olunacaktı? Kendi kendisine bunu sorarken ellerini kilitleyerek ıstırabından kıvranırdı.

Behlûl bu şakaya her zaman kayıtsız kalamıyordu. Arada sırada gözleri Nihal'e dalarak onun ince simasının ince şiiriyle ruhunda eriyen bir şey duyar ve kendi kendisine sorardı: "Kim bilir? Belki aranılıp bulunamayan şiir ve sevda bundadır."

O zaman elinde olmadan aşk hayatını çözümler, bütün eski hatıralarını birer saniye tekrar yaşar, sonunda Bihter'in parlak siyah saçlarıyla Kette'nin beyaza benzeyen sarı saçları birbirine dolanarak iki çehreden oluşan bir karışık sima resmettikten sonra bu hatıra silsilesini son bir düğümle bağlardı. Sonunda? Evet, sonunda ne olacaktı? Bunların hepsinde bir şiirsizlik, hatıralarının bu çiçeklerinde bir kuruluk, bir cansızlık buluyordu. Kim bilir? Belki sevdanın ruhu, hayatın şiiri, böyle henüz açılmamış bir goncanın saf sinesinde gizliydi.

Nihal'le ilişkilerinde her vakit kendisini idare edemiyor, her gün ağabeylik sıfatından bir parça kaybolarak Nihal'i bir genç kız sıfatıyla görmeye başlıyordu. Nihal'i ince omuzlarından tutmak, yüzünü saçlarının sarı dalgalarına sokarak onun taze ruhunu bir narin çiçeğin belirsiz kokusu gibi solumak için çılgınca bir heves duyuşları olurdu. Sonra kendi kendisini takdir ederek Nihal'e günlerce kayıtsız kalmak için çalışırdı. O zaman evlilik şakasının, ikisinin arasında gülmeye yeni bir vesile oluşturan bir oyundan ibaret kalmasına dikkat ederdi.

***

Bir gün Behlûl bir gazete kenarına kurşunkalemiyle tuhaf bir baş çizerken Nihal odasına girmiş ve kendisini görmemişçesine devam eden Behlûl'ün etrafında dönüp dolaştıktan sonra, sonunda arkasında durarak omzunun üstünden kurşunkalemini tutmuştu. Behlûl sanki onun varlığını hâlâ fark etmemiş, elinde hareketten kalmış kurşunkalemiyle omzundan sarkarak ince bileği dudaklarına sürünen Nihal'i küçük eliyle, bir kelime söylemeyerek, bir ufak hareket etmeyerek duruyordu. Sonra yavaşça parmakları kurşunkaleminden tutmayarak Nihal'in parmaklarını tuttu. Nihal elini çekmeyerek bırakıyordu. Behlûl elinde bu ince, ince eli, dudaklarının kenarında o mavi damarları görünen sanki şeffaf bileği hissedince kalbinde bir şeyin eridiğini duymuştu. Bu eli çekerek dudaklarına götürdü ve nazik bir çiçeğin ince havasını teneffüs edercesine[1] kokladı.

Nihal hâlâ elini çekmeyerek, göğsü Behlûl'ün arkasından omzuna biraz yaslanmış, bırakıyordu; ikisinin ruhunu esiri bir kucaklayış içinde eriten bir mestlik dakikası geçmişti. Birden Nihal silkinerek, varlığında uykuda kalmış bir şey uyanıvererek, elini çekti ve Behlûl'ü yanına oturarak, "Nişanlı Bey!" dedi, "Bana anlatır mısınız, niçin sanki evlenirler?"

Bu sorusunda öyle tuhaf bir saflık, gözlerini açarak cevap bekleyişinde öyle hoş bir çocukluk vardı ki Behlûl demin onu mağlup eden kısa şiir dakikasının perişan kalıntısından sıyrılarak güldü: "Çünkü..." dedi.

---

1 1945 baskısında bu cümle şöyledir: Zapt edemeyen bir hissi zaaf içinde kokladı. (Y.N.)

O kısa mağlubiyet dakikasından sonra Behlûl tekrar kayıtsızlığa dönebilmek için büyük bir çaba harcamıştı. Nihal'in sorusuna yalnız bir "çünkü"yle cevap veren Behlûl, bir dakika evvel Nihal'in elini elinde olmayan bir hareketle çekip dudaklarına götüren Behlûl değildi.

Nihal Behlûl'ü taklit ederek: "Çünkü! Çünkü!" dedi. "Bilir misiniz? Siz bu kelimeyi telaffuz ederken kime benzediniz? Matmazel Courton'a... Onun da bana böyle cevap verişleri vardı. Ne zaman cevabı zor bir şey sorulacak olsa -Nihal Matmazel Courton'un Fransızcasıyla taklit ediyordu- başını sallar, "çünkü" derdi. "Ah! Yarım kalan çünküler bana ne kadar şeyler kaybettirdi. İşte şimdi de herkesin niçin evlendiğini anlayamayacağım." Nihal bunu söylerken tuhaf bir kayıtsızlık tavrı takınıyordu, birden aklına başka bir şey geldi: "Durunuz," dedi; "bana başka bir şeyi anlatınız. Evlenmek için sevmek lazımdır, değil mi? Bunu biliyorum, hatta bu sevmek, anlaşılan, mesela benim babamı, Bülent'i, şunu, bunu sevişimden başka bir şey! Şu halde bu nedir, rica ederim ki o bir sevmeklere benzemiyor?"

"İşte küçük bir soru ki Nihal, beni sana anlatılamayacak şeylere yöneltebilir. Mesela -en iyisi misalleri yakından seçmektir - mesela Nihal, sen beni nasıl seviyorsun?"

Nihal gözlerini kapayarak, omuzlarını kaldırdı, "Bilir miyim?" dedi, "Hatta sizi seviyor muyum? Zannediyorum ki sevmiyorum; herhalde, nasıl söylemeli? Evlenmek için sevmiyorum. İşte bakınız, bir şey itiraf edeyim, bu evlilik şakası beni ilk önce pek iyi eğlendiriyordu fakat şimdi iş değişti; tamamen! Artık bundan sıkılıyorum."

Nihal'in bunu söyleyişinde öyle hoş, öyle çocukça bir şikâyet tarzı vardı ki onun şaka eden sesine sirayet etmemesi mümkün olamayan bir incelik titreyişi ilave ediyordu. O söylerken Behlûl dalgın gözlerle bakıyordu. Bir müddetten beri onun karşısında böyle elinde olmayan dalgınlıkları vardı. Onda o vakte kadar dikkat edilmeyen, görülüp de anlaşılmaksızın geçiveren şeyler buluyordu. Nihal her anlamıyla güzel değildi, onda güzellikten daha iyi bir şey vardı ki kuralsızlığıyla, tuhaflığıyla, gözü eğlendirerek çekiyordu: Hoşluk... Bütün vücudu, bütün siması ince şeylerden oluşmuştu; garip bir tesadüf şakasıyla isminden bile ince ve uzunca boyuna fazla bir narinlik bulaşıyordu. Sonra bu incelikler, renklerin belirsizliğiyle karışarak, onun tozlu zannedilen donuk sarı saçlarından, üzerine düşen her endişe gölgesinden kâh koyulaşıyor, kâh açılır gözlerinden, hafif bir saz altında nadir ve ancak kendine özgü pembe dalgalar uçan teninden daha çok bir incelikle inceleşerek, Nihal'i, bir ressamın fırçasında unutulmuş renklerin tesadüfî bir hediyesine, fakir hatlar ve renkler içinde çizilivermiş bir küçük çehreye benzetirdi, Nihal'in maneviyatında da bu dış görünüşünden sonsuz bir çocukluk sirayet etmişti. Bugün on beş yaşında bir genç kızken, herkes için bir çocuk kalan Nihal yarın bir kadın, bir zevce, bir anne sıfatlarıyla yine bir çocuk kalmaya mahkûm gibiydi. Behlûl bu çocuklukların en yakın şahidiydi. Nihal şu uzun buhran devresini hep ıstıraplarının, ruhunda harabeler bırakan işkencelerin çocukça isyanlarıyla geçirmişti. Bugün, şu dakikada, karşısında kendine özgü çocukça bir edayla ellerini kilitleyerek artık bu evlilik şakasının usanç verdiğinden bahseden Nihal yine bir çocuktu; fakat o ıstırap devresinin çocuklukları altında derin bir ruh azabı saklayan Nihal'in belki bu çocukluğunun, şu itirafının altında da bir şey, onu mustarip eden, henüz esası anlaşılmamış yeni bir ruh olayı saklıydı. Behlûl bunu kendi kendisine sorarken mest eden, uyuşturan bir şiir esintisinde kalbinde çürümüş kalan sevda çiçeklerine taze bir hayat serpiliyor gibiydi. Bu genç kızın saf ruhunda ilk korku titreyişini uyandırmış olabilmek, onun şeffaf rüyalarına ilk şiir ve hayal nurlarını serpmek yıpranmamış, her türlü ihtiraslardan artık yorgun çıkmış kalbi için öyle temiz ve parlak bir yeni hayat ufku açılıyordu ki Behlûl tekrar bir dakika mağlup olarak Nihal'e, "Ama bu seni niçin sıkıyor?" dedi, "Bu şakanın ciddiyet kazanmasına bir engel var mı?"

Bu soru öyle kendiliğinden, öyle bir dakikalık samimiyetle titriyordu ki Nihal, sanki kendisini birden korkutan bir şeye karşı büyümüş gözlerinin sabit bir bakışıyla baktı. Sonra Behlûl'ün sorusunun yalnız ilk kısmına cevap vererek: "Bu beni neden sıkıyor, biliyor musunuz?" dedi, "Size anlatmaya çalışayım; fakat bakınız, bu biraz karışık bir şey, ben de pek iyi anlamıyorum ki... Herkesle beraber bu şakalara gülerken, birdenbire içimde darılmak, şakayı bir kavgaya çevirmek için heves duyuyorum. O zaman babama, Firdevs Hanım'a sert bir cevap vermemek için kendimi zorluyorum. İşte durunuz, size bir şey daha söyleyeyim, ben ki size hiçbir şeyi söylemekten sıkılmam, değil mi? Bunu pekâlâ bilirsiniz. İnanır mısınız? Şimdi size bunları anlatırken sıkılıyorum. Hep böyle sizden artık sıkılır oldum. Gördünüz mü bir kere? Biz dost olmaya karar vermiştik, bu şaka çıktıktan sonra artık mümkün olmayacak. Bana gücenmezseniz size bir şey daha itiraf edeyim. Şimdi mümkün mertebe sizden, hatta herkesten, bütün bu şakayı yapanlardan uzak kalmak, kendi kendime kapanmak istiyorum; evin içinde herkes her vesileyle bundan bahsediyor, yalnız biri hariç: Beşir... Oh, bilseniz, şimdi herkesten çok onu seviyorum. Anlıyor musunuz? Demek istiyorum ki siz de bu şakadan bahsetmeyecek olsanız, sizi de yine sevmeye başlayacağım."

Behlûl bu saf çocuk kalbinin, bu bilinmeksizin taşan itiraflarını şaşkın dinlemişti. Nihal bitirdikten sonra elini uzattı, Nihal'in elini tuttu ve sesinde ufak bir titreyişle: "Hayır, aksine... Bundan bahsedelim, Nihal. Niçin sanki bu şaka sonuçsuz bir oyundan ibaret kalsın?" dedi.

Nihal elini çekmek isteyerek güldü:

"Bakınız, şimdi sıra bana geldi." Ve yine Matmazel Courton'un taklidini yaparak ilave etti: "Çünkü!"

Behlûl ona söyletmek istiyordu:

"Hayır, hayır, söylesene, çünkü? Çünkü neden?"

Nihal tereddütsüz cevap verdi:

"Çünkü, çünkü evlenmek için sevmek lazım değil mi? Bunu herkes söylüyor, demin siz de tasdik ediyor gibiydiniz. Şu halde mademki ben sizi sevmiyorum. Seviyorum; fakat anlıyor musunuz?"

Nihal, sonunda elini çekerek ayağa kalkmıştı, Behlûl'ün karşısında duruyordu. Behlûl de ayağa kalktı ve bu defa bir itirafın samimiyetiyle, "Ama işte ben seni seviyorum, Nihal" dedi, "Ben de buna ilk önce garip bir şaka olmaktan çok önem vermemişken, işte, işte bugün, bilhassa bu dakikada, işitiyor musun Nihal? Amcama gidip, 'Artık bu şaka bir şaka olmak için lüzumundan fazla devam etti. Nihal'i bana veriniz ve iş bitsin.' demeye bir engel görmüyorum."

Bu cümle ağzından bir hamlede çıkmıştı. Nihal, dudakları bembeyaz duruyordu; şakakları vuruyordu. Birden bir hışıltıyla başlarını çevirdiler. Bihter, sapsarı, odanın kapısını iterek girmişti. Behlûl dudaklarını ısırdı. Bihter işitmiş miydi?

Bihter tutuk bir sesle: "Behlûl Bey!" dedi; "Bugün İstanbul'a inecek misiniz? Size havale olunacak bir iş var!"

Bihter bunu söylerken Behlûl'e bakan gözlerinde vahşi bir anlam vardı. Nihal durmayarak odadan çıkıyordu. Behlûl müthiş bir hiddet taşmasını zor zapt ederek yalnız, "Evet." demişti.

Nihal odadan çıkar çıkmaz, henüz onun uzaklaşmasını beklemeyerek Bihter oturdu ve her şeye hazır bir kadın hırsıyla, göğsü şişkin, gözlerinde derin bir büyük anlamıyla: "Artık bu şaka lüzumundan fazla sürdü, siz de teslim edersiniz ki bu daha çok süremez." dedi.

Birden, Behlûl'de, böyle her türlü tehlikeye karşı odasına gelen bu kadına karşı yenilmez bir isyan hissi uyanmıştı, derhal cevap verdi:

"Ben de şimdi Nihal'e bundan bahsediyordum. Bu şakanın bir hakikate dönüşme zamanı artık geldi, zannediyorum."

Bihter'in zavallı yenilmiş aşkı sanki göğsünü yırtan bir iniltiyle sızladı; ağzından hırıltıyla, boğulurcasına bir çığlıkla, boğuk, vahşi bir ses çıktı: "Ah!" dedi, bir saniye devam edemeyerek durdu, sonra taşarak:

"Demek, sonunda itiraf ediyorsunuz, sonunda bütün oyunlar bitti, artık beni aldatmaya lüzum görmüyorsunuz, öyle mi? Fakat bu evlilik olmayacak, anlıyor musunuz? Her şey, evet, her şey, hatta Kette, bakınız, ismiyle bile biliyorum, evet, hatta Kette, yalnız Nihal değil; ama bu evlilik olmayacak."

Behlûl artık her şeyi kırmak, bu kadını aşağılamak ve bu defa unutulmayacak bir hakaretle aralarına bir düşmanlık koymak için bir saniye içinde karar verdi:

"Bu şakadan başka bir şey daha var ki asıl o lüzumundan fazla devam etti. Size ceplerimi karıştırarak mektuplarımı okumak, odamın kapılarında içeride söylenen şeyleri dinlemek hakkını veren ilişki sonunda tahammül olunamaz bir cesaret oluyor. O ilişki size beni bir evlilikten men etmek hakkını veremez.

Bihter bu dakikada, Behlûl'le aşkında ezilen, aşağılanan, her şeye tahammül eden Bihter değildi; Bihter Behlûl'ün düşündüğü, görmek istediği Bihter, kendisine verilen hukuku yırtıcı tırnaklarla savunmaya gelen bir Bihter olmuştu. Derhal cevap verdi:

"Bir evlilikten belki; fakat bu evlilikten men etmek bence bir hak değil, hatta mutlak bir vazifedir." Vahşi bir gülüşle gülüyordu:

"Amcanızın kızıyla evlilik! O amcanızın ki..." Birden öfkeyle ayağa kalktı: "Ama anlamıyor musunuz ki bugün, şimdi o buradayken içeriye giren kadın, onun yüzüne karşı da haykırabilirdi: 'Seni aldatan bu adam şu dakikaya kadar beni de aldatıyordu. O senin için bir koca olamaz çünkü daha evvel kendisini başka birisine vermişti: Bana!' diyebilirdi. Bu evlilik! Ama bu kirli bir şey, daha fena: Bu bir cinayet..."

Behlûl bu tehdidin karşısında titremişti fakat mağlup olmamak istedi:

"Unutuyorsunuz ki aramızda ondan daha kirli bir şey, ondan daha büyük bir cinayet var."

Bihter bir adım geri çekilerek bu zalim hakarete yalnız uzun bir nefretle cevap verdi: "Ooh!" dedi.

Demek bu aşk, bir vakitler bu adamın ağzında onu ihya eden, bütün çürümüş hislerinden arındıran muazzez, mukaddes bir şey olmak üzere temin edilirken, bugün o yalanlara inanan zavallı kadının yüzüne kirli bir cinayet olarak fırlatılıyordu. Bir an için Bihter ikide birde aşklarının keşfedilmesi ihtimaline karşı bu adamın ağzında tekrarlanan o rüya ezgisini, o yeşil sevda yuvasını hatırladı, bu yalana inanmıştı, bu adamın bütün yalanlarına inanmıştı. Ooh! Ne acı aldanış! Birbirine bir kelime söylemeyerek, gözlerinde derin bir düşmanlıkla bakıyorlardı; bir saniye oldu ki Bihter kendisini aşağılayan bu adamın karşısında hemen oraya yığılıvererek ağlamaktan korktu ve burada daha çok kalmak istemeyerek bir kelime ilave etmeksizin yürüdü.

Son bir ümidi vardı: Belirsiz bir ümit... Belki bu adam onu böyle salıvermek istemeyecektir, o çıkarken koşacak, ellerine sarılacak, "Hayır, aramızda yalan olan bir şey varsa o da bunlardır, ötekiler gerçekti, evet, yalnız onlar gerçek!" diyecekti. Fakat Behlûl, hareket etmeden, bu kadına bir rica bakışını bile esirgeyerek çıkmasına müsaade etmişti.

***

Nihal Behlûl'ün odasından ayrıldıktan sonra yukarıya çıkmış, sofada Firdevs Hanım'ın yanında babasını bulmuştu. Firdevs Hanım onu eliyle çağırarak: "Nihal! Bakınız, babanız ne diyor?" demişti. Nihal, merakla yaklaşmıştı. O vakit, Adnan Bey gülerek, hâlâ bir şakadan bahsedercesine anlatmıştı. Mademki artık Nihal gelin olacaktı, o kadar hoşuna giden zümrüt takımının alınmasına bir engel kalmamış demekti.

Firdevs Hanım her bulunan fırsattan istifade ederek Adnan Bey'i her gün bir parça daha bu evlilik fikrine alıştırıyordu. Bugün aralarında bir şey daha karara bağlanmış gibiydi. Nihal henüz cevap vermeden o ilave etti: "Nihal! Biz bir şeye daha karar verdik. Sizi birkaç gün sonra halanıza Ada'ya gönderiyoruz. Bir kere bu küçük hava değişikliği sıhhatinize lazım, ondan sonra halanız ihmal edildiğinden o kadar şikâyet ediyormuş ki..."

Nihal bu fikre karşı sevincini saklamamıştı: "Gerçek mi, baba?" diyordu, "Bilseniz burada, o gittikten sonra öyle sıkılmaya başladım ki..."

Nihal Matmazel Courton'dan bahsediyordu. O gittikten sonra bu evin içinde uzun, bitmez tükenmez can sıkıntılarından oluşan saatler başlamıştı. Artık herkesten sıkılıyordu. Kitap okuyamıyordu, bu evin havasında onu boğan bir darlık vardı. O zaman kızlardan birini ve Beşir'i alır, rıhtıma çıkar, uzun uzun, serin havayla ferahlama duyarak yürürdü.

Behlûlle evlilik şakasından ilk önce eğlenmişti; sonra bu, onu bilmeksizin sıkan bir şey oldu. Geceleri, elinde olmadan bunu düşünüyor, uykusu kaçıyordu. Kalbinde bir ses vardı ki ona, "Behlûl'den sakın" diyordu. Bu ses Matmazel Courton'un sesine benziyordu. Gerçekten, o kendisine bir şey söylememiş miydi? Pek iyi hatırlamıyordu. Bir gece, sanki rüyasında, onun kulağına bırısi, galiba Matmazel Courton eğilmiş ve bu iki kelimeyi fısıldamıştı. O zamandan beri bu iki kelime onun kulaklarında kalmıştı.

Bir kere kendi kendisine cesaret ederek: "Mademki bir kız için mutlaka gelin olmak lazım, şu halde bir başkasıyla olacağına..." demişti. Bunu bir kere söylemeye cesaret ettikten sonra artık istemeksizin tekrar etmişti ve her tekrar ettikçe büyük bir kabahat işlemişçesine kendi kendisinden kaçmak isteyerek yalnız kalmaya çalışırdı. Birkaç gün, kendi kendisine ahdederek, bu evlilik şakasını hatırlamamak için gayret etti; fakat o şaka evin içinde, her adımda kendisini takip ediyordu. Asıl Behlûl'den sıkılmaya başlamıştı. Onunla artık tamamen bir kardeş olamıyordu. Kendisinde zapt olunmayan sinir isyanları keşfediyordu. İkisinin samimiyetine bu şaka icat olunduktan sonra, meçhul bir elin parmaklarından buzlu damlalar serpiliyordu.

Nihal bir şeye daha dikkat etmişti: Bundan mecbur olmadıkça bahsetmiyordu. Bunu kendisine karşı lüzumlu bir kaçınma tavrına yoran Nihal, sonraları Bihter'in bu evlilikten memnun olmadığına hüküm vermişti. Bu bakımdan o şaka Nihal için bir kıymet kazanmış oluyordu. Bihter'i üzen bir şeyin devamını meni uygun bulmayarak herkesin bundan bahsetmesine üstü kapalı bir müsaade, hatta gizli teşviklerde bulunuyordu.

Bir gün Şakire Hanım'la Cemile gelmişlerdi. Onlar pek uzun aralarla ve ancak bir gece için gelirlerdi. Bu defa mühim bir haberle geliyorlardı: Cemile gelin oluyordu, söz kesilmişti, hemen nikâh olacaktı. Onu bir dökmecinin oğluna istemişlerdi, iyi bir çocuk deniyordu, babasının dükkânında çalışıyordu. Süleymaniye'de bir evleri vardı. Şakire Hanım'ın ağzında bu ayrıntılar uzun hikâyelere konu oluyordu. Nihal sevincinden Cemile'ye sarılıp yanaklarından öperken Nesrin de yalıda cereyan eden şeyden onları haberdar etti: "Haberiniz yok," dedi, "bizim de düğünümüz var."

Şakire Hanım'a anlattılar. Artık ondan bir şaka olmak üzere bahsetmiyorlardı; Nihal sanki işitmeyerek hep Cemile'yle meşgul, onların gevezeliklerine müsaade etmişti. Yalnız bir aralık Şakire Hanım'ın Şayeste ile Nesrin'e gözünün ucuyla bir şey göstererek: "E?" dediğine dikkat etmişti. Hiçbir şey ifade etmeyen bu sorunun zengin anlamları var gibiydi. Nihal onları bir hafta alıkoydu. Bu müddet zarfında o sorunun anlamlarını izah edecek şeylere rastlamak ümidindeydi. Onlar gittikten sonra o sorunun önemini arttıracak bir şey öğrenememişti fakat hep hayalinde Şakire Hanım'ın gözünün ucuyla birisini göstererek: "E?" deyişini görüyor ve bununla, bilinmez nasıl, Bihter'in memnun olmayışı arasında bir ilişki buluyordu.

Bugün Ada'ya gitmek düşüncesi çıktıktan sonra Nihal odasına girdi. Matmazel Courton'a başlanmış bir mektubu bitirecekti. Ondan üç uzun mektup almış ve bunlara adeta birer küçük kitapla karşılık etmişti. Mürebbiyesine her şeyden, binlerce ufak tefeklerden sayfalarla ayrıntılar vererek bahsediyordu. Yalnız şimdiye kadar bir şeyden bahsetmemişti: Behlûl'den... Her şeyden çok bundan bahsetmek için heves duyuyordu fakat tam bu hevese mağlup olmak üzereyken bir ses ona, "Behlûl'den sakın!" dedi. Bugün mektubuna bir yaprak daha ilave ederek bu Ada seferinden bahsederken, "Yalnız Beşir'i alacağım." diyordu. Sonra birdenbire kalemi başka bir konuya sıçrayarak ilave etti: "Bakınız, az kaldı size Beşir'den bahsetmiyordum. Beşir hasta, evin içinde bunu benden başka gören yok. Ben onun hastalığından bahsederken kendisiyle beraber herkes gülüyor. Fakat bana inanınız; Beşir hasta! Bunu nasıl tarif edeyim... Onun şimdi öyle bir gevşek yürüyüşü, gözünde öyle sönmüş bir şey, renginde öyle cilasını solduran bir donukluk, gülüşünde bile bir şey yırtıyormuşçasına öyle acı bir anlam var ki bunları fark ettikçe Beşir'ime ağlamak istiyorum..."

***

Nihal yanılmıyordu; Beşir hastaydı. Onu gittikçe incelten, sanki seneler geçtikçe aksi bir sonuçla küçülten bir şey vardı ki bu ince, minimini Habeşi, eklemleri kopmuş zannolunan sarkık kollarıyla, şimdi merdivenleri sürte sürte çıkan gevşek bacaklarıyla bütün vücudunu, omuzlarında sürekli bir yükün yorgunluk kahrını eziyormuşçasına, derin bir çöküklüğüyle, kırılmış bir oyuncağa benziyordu. Bir şey söylemek üzere gelirken, verilen bir emri dinlerken kendisini unutuşları oluyordu ki bunlardan silkinip çıkabilmek için kuvvetinin üzerinde çabalara lüzum görüyordu. Nihal ona, "Ama ne oluyorsun Beşir?" dedikçe incelmiş dudaklarını açarak beyaz ışıldayan, muntazam dişlerini gösteren bilinmez nasıl derin, meçhul elemlerle acı bir tebessüm içinde, "Hiç!" derdi ve bu hiç, bu anlaşılmamış, anlaşılamayacak ruhun umutsuzluklarını, kendisince bile halledilemeyen, niteliği bilinmeyen o müthiş bir muammayı her dilden daha açık ve etkili bir ifadeyle özetlemiş olurdu. Bu sonsuza kadar meçhul kalacak ruhun o karanlık dertleri öyle elim ve kahredici bir hiçten ibaretti ki bu kelime, onun zehirlerle ölüyor zannolunan tebessümünün içinde gizli bir derdin feryadıyla inleyen bu hiç, her şeyi söylemiş, her şeyi izah etmiş oluyordu.

Bir gün Nihal rıhtımda bozuk bir kaldırımdan atlamak için onun elini istemişti, eldivenin arasından hissetti ki Beşir'in bu serin havada çıplak eli ateşler içinde yanıyor:

"Beşir! Ateşin var. Hasta mısın Beşir? Haydi eve, eve gidelim. Sana sıcak bir şey, hemen yatağına yatarsın..."

Nihal ona çay kaynatmış, içine bolca konyak koyarak zorla içirmişti. Nihal'in bu ufak tefek özenlerinin arasında Beşir ölmekten mutlu gibiydi. Ama Nihal'in zorlamalarına karşı onu bir günden çok yatakta alıkoymak mümkün olamıyordu; yalnız bu meselede gülerek, gülmekle kendisini affetmiş olarak Nihal'e itaatsizliklerde bulunuyordu. İkide birde Nihal ona hastalığından bahsettikçe başını sallayarak, "Hiçbir şeyim yok!" derdi. Ve bu cevabında öyle bir kuvvetli bir güven vardı ki herkes Nihal'e güler, Nihal bile aldandığına hükmederdi.

Sonra onun olmayacak vakitlerde, gece soğuklarda bahçede rıhtımda dolaşmaları haber alınmıştı; selamlıktan şikâyet olunmuştu. Şayeste ile Nesrin bir gece hırsız var zannıyla korkarak yorganlarının altında saatlerle büzüldüklerinden bahsetmişlerdi. Beşir'e soruldukça kâh inkâr eder, kâh "Uyuyamadım da..." derdi.

Bir gün birdenbire, Nihal'le bir gezintiden dönüşün ardından onu bir gıcık tutmuş, saatlerle, kıvranarak, kuru kuru öksürmüştü o günden sonra hep bu gıcık tekrarlanıyor, evin içinde bütün yalıyı çürük bir göğüs gibi gümleten öksürükler işitiliyordu.

O zaman Nihal şaşırır, ne yapmak lazım geleceğine karar veremezdi. Bir gün Bihter ona bir şeyler kaynatırken tesadüf ederek "Bu ne telaş!" demişti; "Soğuk almış, o kadar. Geceleri ayazlarda dolaşmasaydı..."

Mayıs sıcak günleriyle geldikten sonra Beşir'in öksürüklerine de bir yumuşama gelmiş oldu; fakat o, bu gıcık nöbetlerinden ezilmiş, ihtiyar olmuş zannettiren bir düşkünlükle çıkmıştı. Nihal ona beraber Ada'ya gideceklerini haber verdikten sonra, "Seninle beraber bol bol güneşlerde geziniriz, değil mi Beşir?" demişti. Ondan sonra Bülent'e de haber göndeririz, o da mektepten doğru oraya gelsin. Yine hep beraber merkeplere bineriz. Yalnız içimizde zavallı Matmazel Courton eksik..."

Beşir bu Ada haberiyle bütün eski neşesini bulacak kadar sevinmişti, sonra bir aralık gözlerine belirsiz bir endişenin gölgesi düşerek bir şey soracak zannolundu fakat sormadı...

19

Nihal, Nesrin'i ve Beşir'i beraber almıştı. Nihal'in on beş gün için bir misafirliğe geleceğini haber alan halasının özeniyle ona bütün beyazlardan oluşan bir oda hazırlanmıştı. Bu, içine mücevher kırpıntıları doldurulmuş büyük bir gümüş tabak gibi parıldayan denize, Heybeli'nin yeşil sırtına nazır küçücük bir odaydı ki, pencerelerinin üstünde uçuşuyor zannolunan beyaz tül perdeleriyle, köşede küçük karyolasının beyaz cibinlikleriyle, üzerlerine beyaz keten örtüleri çekilmiş koltuklarıyla Nihal'i ruha ferah veren bir temizlik tebessümleri içinde karşıladı. Burası o kadar beyaz, önünde serilen denizden, ötede parlayan güneşten, geniş ufuklara doğru parıltılarla ilerleyen gökyüzünden o kadar aydınlıktı ki yalının o ağır perdeleri, sık kafesleri altında bunalmış ciğerlerine çoktan beri beklenen bir baharın taze havalarını doldurmuş oldu. Ellerini çırparak, ihtiyar halasının yanaklarını öperek, "Ne güzel!" diyordu. Halbuki burada güzel olarak sanki göğsünü beyaz gömleği içinde geniş ufuklara serbest açan bu taze odanın baharından başka bir şey yoktu. Nihal çıplak beyaz duvarlara bakarak halasına, "Bu oda büsbütün benim, yalnız benim olsun, olmaz mı?" diyordu.

İhtiyar hala gülerek, "Yalnız senin olmasında biraz güçlük görüyorum," diyordu, "ihtimal sonra, mesela bu yaz sonunda onu seninle beraber paylaşmak isteyen biri vardır."

Nihal halasına tekrar sarılarak: "Aman, hala, siz de mi başladınız şimdi?" diyordu, "Ben asıl bunun lakırdısından kaçtım."

İhtiyar hala hep gülerek, anlamlı bir sesle: "Kim bilir?" diyordu. Sonra ilave etti: "Behlûl'ü de bütün kış görmedim. Beni bir kere gelip aramadı. Pek mümkündür ki bu sırada, şu fırsattan istifade ederek..."

Nihal kızarıyordu:

"Öyleyse ben kaçarım. "Sonra birden taşıveren çocukluğuyla sordu: "Hala! Onun için Beyoğlu'nda bir oda tutacak deniyordu. Bu niçin sanki? Siz biliyor musunuz? Şimdi galiba onu da kovmaya hazırlanıyorlar."

İhtiyar hala evliliğinden beri Adnan Bey'in uzaklarında yaşamıştı. Bihter'i evvelden görmüş olmakla tanırdı. Bu evlilik hakkında yeğenine pek serbest fikirlerini söyledikten sonra aralarına bir çeşit yabancılık girmişti, yalnız kendisine senede birkaç kere gönderilen Nihal'le Bülent'in ziyaretlerinden ibaret bir irtibat kalıntısı bırakılmıştı.

Ama bu sene, Nihal gelmeden bir hafta evvel, Adnan Bey halasına gelerek kendisini affettirmiş ve uzun bir sohbetle Nihal'in tasarlanan evliliğinden bahsetmişti. Evlilik meselelerinde bir vazife yapmak için bütün yaşlanmış kadınlara özgü merakla hala derhal onaylamış, "Ooh! Ne âlâ!" demişti, "Iki yeğen çocukları!"

Bugün Nihal'in son sözünden sonra aralarında bir hasbıhal açılmış oldu. Nihal halasına yalının yeni hikâyelerinden bahsetti. İhtiyar hala, "Bütün bu şeylerin içinde en mühiminden bahsetmiyorsun" diyordu. Ve Nihal, "O nedir?" diye sorarken, hala öyle tuhaf gülüyordu ki, Nihal kızararak: "Aman hala, böyle yaparsanız beni iki günde kaçırırsınız" diyordu.

Bir cumartesiydi; Nihal odasından akşamüzeri, sokağa çıkmak üzere hazırlanmış olarak indi; arkasında yalnız omuzlarından tutturularak aşağıya kadar dökülen kolsuz bir yeldirme, başında saçlarını ancak örtebilen hafif bir Japon tülü vardı. Beyaz gazlarla boğulmuş bir leylak kadar taze, narin esiri bir güzellikle güzeldi. İhtiyar hala bu ince çiçeği yalnız gözleriyle öperek sordu:

"Çıkıyor musun, Nihal?"

Nihal: "Evet, hala izin verirseniz!" dedi, "Sizin arabayı alıyoruz, yalnız Beşir'le ben... İskeleye kadar gideceğiz, bu akşam mutlak Bülent gelir. Ondan sonra belki biraz çamlara doğru çıkarız, değil mi hala? Bu gece mehtap hemen akşamdan başlıyor zannederim."

Hala gülümsüyordu: "İskeleye Bülent için gidildiğinden emin misin, Nihal?"

Nihal evvela anlamayarak durdu, sonra birden kıpkırmızı oldu; Bu soru kendisince bile tamamen hallolunmamış bir noktaya dokunarak sanki orada bir hafif örtü altında gizli bir şeyi yırtıvermişti.

Lüzumundan fazla telaş etti:

"Aman hala! Hep böyle yapıyorsunuz." diyordu, "Gördünüz mü bir kere? Şimdi gidemeyeceğim. Benim şu küçük gezintimi bozdunuz."

O zaman ihtiyar halanın ısrar etmesi, gözlerini indirerek dargın duran Nihal'e adeta yalvarması lazım geldi. Niçin sanki? Nihal'in bu derece saygısını artık fazla buluyordu, mademki Behlûl artık onun için bir aday demekti, hatta Bülent'ten çok Behlûl'ün beklenmesinde daha tabiilik vardı, küçük mehtap gezintisi Behlûl'le yapılacak olsa bile itiraz edecek olan ihtiyar hala değildi. Yalnız...

İhtiyar hala artık yumuşayan, gülümseyen Nihal'in damarlarına nüfuz edici sesiyle ilave ediyordu:

"Yalnız, çok geç kalmazsınız, değil mi Nihal? Bunu hiçbir şey için söylemiyorum; Beşir yine öksürüyor, anlıyor musun çocuğum? Gece, rutubet! Bana öyle geliyor ki bu çocuk hep durmadan üşüyor."

İhtiyar hala aldanmıyordu. İlk iki gün zarfında gıcıktan öksürükten kurtulmuş zannolunan Beşir ondan sonra birdenbire yine öksürmeye başlamıştı. Adanın bol güneşleri altında, onda ısınamayan, üşümekte devam eden bir şey var gibiydi.

Şimdi elbisesini delecek kadar çıkık duran omuz kemiklerini

sıkarak, bütün vücudunu sarstıkça artık ağrılar veren o inatçı öksürükleri zapt etmek istiyormuşçasına dirseklerini böğürlerine basarak bir yürüyüşü vardı ki onun içinden gelen titreyişlerle üşüdüğünü, donduğunu farz ettirirdi.

Ve Beşir üşüyordu, Beşir donuyordu, onun ruhunda birdenbire Afrika çöllerinin kızgın kumlarıyla yanan havasına bir özlem uyanmış, senelerden beri örtülü duran bir hatıra köşesi yırtılarak gözlerinin önüne ateşler içinde kaynaşan bir kır sermişti. Hayalinin güneş dolu, o kızgın yazına karşı bir türlü ısınamayarak üşüyor, hep omuzlarını sıkarak, böğürlerine basarak donuyordu. Sonra onu artık gülmekten, artık hayatı sevmekten men eden bir şey vardı. Bu neydi, bilmiyordu; sessiz, şikâyetsiz bekleyişinde öyle bir anlam vardı ki onu ıstırabının niteliğini tarif edemeyerek sızıldayan bir çocuğa benzetirdi. Her şeye, hatta kendi kendine karşı kayıtsız oluyordu. Artık o herkesin etrafında dolaşan, koşan Beşir değildi; tenha köşeler arardı. Çoğunlukla arandıkça kendisini olmayacak bir yerde, uzak bir kenarda unutulmuş, donuk gözlerle hiçbir şey düşünmeyerek, geniş bir çölün sonsuzluklarında kaybolmuş bulunurdu.

Kendi kendinden bile habersiz olduğunu gösteren dalgınlıkları oluyordu. O sıralarda kendisine hitap olunurken boş gözlerle bakar, dinler, dinler ve anlamazdı.

Adada, o iki günden sonra, tekrar öksürük başlayınca Nihal halasına rica ederek Beşir'i muayene ettirmişti. Ona hiçbir şeyi yok denmişti; fakat katran kokuları yayan ilaçlar yollamışlar, çam altlarında uzun gezintiler tavsiye etmişlerdi. Nihal belirsiz bir suretle keşfediyordu: Demek bir şey vardı. Üç günden beri kendisinden çok Beşir'i düşünerek halasının tek atlı açık arabasını alıyor, Beşir'i yanına oturtarak çamlara gidiyordu.

Bu gezintiler esnasında Beşir bir kelime söylemeyerek fakat mutlu fakat böyle hep hasta olmak isteyerek, dudaklarında acı bir tebessümle gülümserdi.

Bu akşam tekrar çıkacaklarını söylerken Nihal Beşir'e: "Bülent gelecek!" demişti.

Beşir bu defa arabanın arkasında kalmak istemişti. Nihal arabayı yalnız idare ediyordu; uzaktan vapurdan çıkanları görebilmek için halasının küçük sedef dürbününü almıştı. Arabayı deniz kenarına kadar götürdü ve iskeleye çıkanlar görülebilecek bir noktada durdurdu. İskele kalabalıktı. Ada pazar misafirlerini kabule hazırlanmıştı. Mekteplerinden çıkacak çocuklarını bekleyen anneler, görülmekten haz olunan çehrelere tesadüf heyecanıyla henüz görünmeyen vapura bakan genç kızlar vardı.

Nihal bu öbek öbek toplanan açık, şuh elbiselerden oluşan zümrelere uzaktan bakarken, kendi kendisine soruyordu: Gerçekten Bülent için mi gelmişti? Sonra kendisi cevap vermek istemeyerek Beşir'e soruyordu:

"Beşir! Bülent kaçta mektepten çıkıyor? Hesapça bu vapurda olacak değil mi?"

Beşir istemeyerek susuyordu. Uzaktan vapurun düdüğü işitilmiş, bu bekleyen halkı vaat dolu bir selamla titretmişti. Zümreler birbirlerine daha sokuluyor; iskelenin başında daha toplu bir küme teşkil ediyor, koşuşanlar oluyor, uzaktan bir mızıka işitiliyor, vapuru karşılamak için sahilden beş altı sandal ayrılıyordu. Artık akşam olmuştu. Kahveler lambalarını yakıyorlardı.

Tekrar bir düdükle şimdi iskeleye yanaşmak üzere olan vapuru bir an evvel görmek için ayaklarının üstünde yükselenler vardı. Nihal dürbününü alarak arabada ayağa kalktı ve güvertenin üzerinde birbirinin üstüne yığılan yolculara bakarak Beşir'e sordu:

"Bundan başka vapur var mı?"

Beşir şüphesiz işitmiyordu. Yerinden kalkmayarak, dalgın, bu kaynaşan halka bakıyordu. Şimdi yolcular çıkmaya başlamıştı. Anneleriyle öpüşen çocuklar, elinde çantalarıyla gelmiş misafirler, iskele başında bekleyen zümrelere selamlar dağıtarak sonunda bir tanesine katılan babalar vardı.

Birden Nihal oturarak, "İşte!" dedi. Sonra Beşir'e bakarak kıpkırmızı ilave etti: "Bülent yok!"

Şu halde Beşir'e gösterilen kimdi? Beşir derin bir elemle gözlerini Nihal'e dikerek bu sessiz sorunun cevabını bekliyordu.

Nihal: "Bizi görmeyecek, Beşir!" diyordu: Ve eliyle iskeleyi göstererek: "Oraya gidip haber verir misin?"

Beşir bir kelime ilave etmeyerek arabadan atladı. Behlûl iskeleden çıkmıştı. Beşir yetişebilmek için biraz koşmaya mecbur oldu. Behlûl Nihal'i uzaktan eliyle selamladı. Bir dakika sonra arabada, yanındaydı: "Geleceğimden nasıl haber aldın?" diyordu.

Nihal kamçısını şaklatarak: "Bilmiyordum." dedi, "Ben Bülent'i bekliyordum. Hain çocuk! Niçin gelmedi sanki? Haber de göndermiştim..."

İskelenin kalabalığını arkada bırakarak Nihal arabasının hoş bir kıvrılışıyla bir yarım daire çizdi ve bir müddet sahili takip ederek Behlûl'ün yüzüne bakmaksızın, gözleri şimdi denizin maviliklerini koyulaştıran sisler içinde kaybolmuş, uzun uzun Bülent'ten bahsetti. Artık sevmediğine yemin ediyordu. Onunla yavaş yavaş bütün kalp bağları çözülmüş, şimdi aralarında derin bir yabancılık hüküm sürmeye başlamıştı. Bülent başkalarına sokulmak için ondan uzaklaşmak istemişti. Nihal bundan bahsederken omuzlarını silkerek: "Öyle olsun!" diyor, bu terk edilişe karşı kayıtsız görünmek istiyordu. Sonra, yavaş yavaş, Bülent'in bu ihanetten doğan acılarını saklayamadı. Behlûl'le biraz daha samimi hasbıhalden çekinmedi, itiraf etti: "Onu benden kaçıyor gördükçe ağlamamak için, bilseniz, ne kadar güçlük çekiyorum!" dedi ve şimdi dolaşık sokaklardan kurtularak, büyük caddeye çıkan arabasını biraz durdurarak sordu: "Nereye gidiyoruz?"

Behlûl, "Nereye istersen... Herhalde eve değil." dedi, "Böyle, yan yana, iki kişi, arabada sallandıkça kendimi hoş bir rüya içinde zannediyorum."

Nihal güldü ve bu küçük duraklamadan huysuzlanan atın kulaklarına kamçısıyla dokunarak,"Ama yanılıyorsunuz, iki kişi değiliz!" dedi, "Beşir'i unutuyorsunuz..."

Bu zarif iki tekerlekli arabanın hafif, dengeli ve tekdüze sarsıntısıyla ikisi de yavaş yavaş sallanıyorlardı; araba iki kişi için o kadar dardı ki dizginleri idare edebilmek için biraz önde oturan Nihal'in omzu Behlûl'e dayanmış oluyordu. Maden[1] tarafında büyük caddeyi takip ediyorlardı; hafif bir rüzgâr Nihal'in yeldirmesini açıyor, ince örtüsünü uçurarak arkaya atıyordu. Yol o kadar tenhaydı ki Nihal rüzgârın bu saygısızlıklarından telaş etmiyordu. Yanlarından pek seyrek arabalar geçiyor, şurada burada artık dönen birkaç yaya zümresine rastlanıyordu. Etrafı yarı bir belirsizlik içinde bırakan gecenin ilk esmerlikleri gittikçe koyulaşıyordu. Nihal, yolun tenha ve Kartal kıyısının oraya düşüvermiş uzun siyah bir buluta benzeyen manzarasına karşı bir noktasında, birden karanlıktan korktu ve tekrar dizginleri çekerek sordu:

"Saat kaç, rica ederim? Devam edecek olursak, geç kalmaz mıyız? Bilirsiniz ya, ben karanlıktan o kadar korkarım ki..."

Behlûl: "Hayır, hayır, devam edelim!" dedi, ta yukarıya, çamlara kadar. Bak, Nihal, senin karanlıkta korktuğunu bildikleri için fener çekiyorlar.

Behlûl parmağıyla başlarının üstünde henüz donuk, üzeri pembe toz serpilmiş sarı kâğıttan bir fener şeklinde duran ayı gösteriyordu. Araba tekrar yürümeye başlamıştı. Birden Behlûl Nihal'e bir şey daha gösterdi. Biraz ileride yolun kenarında yan yana iki araba duruyordu.

1 Büyükada'nın doğusu. (Y.N.)

Nihal baktı, arabalardan birinde iki kadınla diğerinde bir erkek gördü. Erkek gülerek, yılışarak bir şeyler söylüyordu. Behlûl yavaşça mırıldandı:

"Bir aşk! O başımızın üstünde parlayan fener yok mu, Nihal? Onun kadar aşkları alevlendiren bir şey yoktur."

Birden, Nihal tam arabaların yanından geçerken zor zapt edilmiş bir hayret çığlığıyla: "A, ben bunları tanıdım!" dedi, "Bunlar kimler biliyor musunuz?"

Arabaları geride bırakarak geçmişlerdi, Nihal anlattı: O arabadaki iki kadından biri, genci, düğün evinde şarkıcı taklitleri yapan dul kadındı; yaşlısı da, hani ya şu her evlenecek kızlara ellerini öptürdükleri kadındı. Nihal ilave ederek: "Beni gelin olmaktan iğrendiren kadın..." diyordu.

Behlûl: "Herhalde bu defa bir evlilikten başka bir şeyle meşgul görünüyor." dedi.

Nihal pek iyi anlamayarak bakıyordu. Behlûl, Nihal'in son cümlesine de cevap vermek isteyerek soru sormasına engel oldu:

"Ama artık seni gelin olmaktan men eden bir şey kalmadı, değil mi? Ben öyle zannediyorum ki bu gece, aşkları o kadar alevlendiren bu fener başımızın üstünde bizi teşvik ederken sonunda sen de öyle bir kelime söyleyeceksin ki..."

Nihal gülerek ve arabayı çeviriyormuşçasına bir vaziyet alarak: "Öyleyse dönelim." dedi.

Behlûl eliyle engel oldu:

"Hayır, daha doğrusu gidelim, hep böyle gidelim. Ta sen o kabul kelimesini veresiye kadar gidelim..."

Behlûl sesinde bir üzüntüyle söylüyordu. Artık beş günden beri Bihter'le o elim konuşmadan sonra, Nihal'le bu evliliği ruhunun tek şifa çaresi olarak görüyordu. Bu beş gün zarfında yalıdan kaçmış, Bihter'i düşünmemişti. Bütün varlığını bu genç sevda şiiriyle mest eden bir tatlı su içinde eriyor gibiydi. Yalnız onu düşünmüş, yalnız bu temiz mutluluğun içinde beyaz rüyalarıyla yaşamıştı sonunda bir gün Firdevs Hanım'la son bir konuşmadan sonra Adnan Bey daha önce davranak Behlûl'e: "Halanın yanına gidebilirsin, onun bilgisi var." dedi; "Eğer Nihal olur diyorsa..."

Bugün Behlûl bu oluru elde etmek azmiyle geliyordu. Amcasının o müsaadesinden sonra Nihal'in muhtemel olmayan bir reddine denk gelmek korkusuyla titremişti. Şu dakikada Nihal'e bundan bahsederken, Behlûl bütün o tecrübelerle dolgun hayatını yaşamamış, henüz ilk aşk kelimesini, ilk kalp feryadını tercüme edecek dili bulamayan bir çocuk gibiydi. Nihal'e biraz sokularak, hep o titrek sesiyle devam etti: "Bilmiyorsun Nihal, baban bana ne dedi: 'Eğer Nihal olur ederse...' Anlıyor musun Nihal? Bütün hayatın mutluluğu bence senin yalnız bir kelimene bağlı duruyor, yalnız bir küçük evet; dünyada beni insanların en mutlusu edecek... Seninle ne güzel, ne mutlu bir çift oluşturacağız..."

Nihal, dalgın, dudaklarında bir tebessümle, gözlerini çevirmeyerek, hep kamçısının ucuyla atın kulaklarını okşayarak dinliyordu, birden hatırına bir şey gelerek silkindi ve yavaşça, saçlarını Behlûl'ün yüzüne yaklaştıran bir hareketle dönerek: "Ama susunuz!" dedi, "Beşir'i unutuyorsunuz. Sonra, sonra..."

Behlûl omuzlarını silkti: "Şimdi de Beşir..." dedi, sonra, "Ama ne zaman? Yalnız bir küçük kelime! O kadar çabuk söylenecek bir şey ki..."

Nihal tekrar ondan gözlerini çevirdi, şimdi kamçısını sinirli darbeciklerle hayvanın kulaklarına çarpıyordu ve hayvan ürktükçe araba daha çok sallanarak onları birbirine daha da yaklaştırıyordu.

"Şimdi, şimdi, Nihal, anlıyor musun? Yalnız bir küçük evet..."

Behlûl'ün bu sözü kulaklarında, istirhamlar dökerek, sanki heyecanından çırpınarak yankılanıyordu. Nihal sapsarı, bir kelime söylememek için dudaklarını sıkarak, gözlerini yumdu ve uzun bir baş eğmesiyle "Evet." dedi; sonra birden kamçısının uzun bir temasıyla atın karnını okşayarak arabayı yıldırım süratiyle sürdü, Fransızca olarak: "Ama susunuz, rica ederim." dedi, "Birazdan, yukarıda, çamlıkta... Sizin Beşir'den haberiniz yok. Beşir hasta..." Sonra, derin bir göğüs geçirerek ilave etti: "Ve fena hasta..."

Gelmişlerdi, Nihal arabayı çamlığın eteğinde durdurarak: "Şimdi biraz dinleniriz artık..." dedi.

Behlûl arabadan atlayarak elini Nihal'e uzattı:

"İner misin, Nihal?"

Nihal cevap vermeyerek elini verdi ve yeldirmesini toplayarak atladı, şimdi başının ince tülü omuzlarına düşmüştü. Behlûl terbiyeleri toplayarak Beşir'e verdi: "Dikkat et, Beşir." dedi.

Nihal'le yan yana, şimdi üzerine sarı parlak bir toz serpilmiş zannolunan yolun kenarına kadar ilerlediler, önlerinde ta ayaklarının altında dik bir bayır, daha sonra sahilin eteklerini saklayan, üzerinde dağınık çamlarla bir set vardı; burada bakış kesilerek, gözleri ta ötede erimiş mavi bir yaldız donukluğuyla serilen denizi görüyordu. Nihal kollarını açarak, tabiatın bu büyüleyici tablosunu kucaklamak isteyen bir vaziyetle: "Ne güzel! Ne güzel!" dedi. Ve bu manzaranın ihtişamındaki samimi şiirle ikisi de şaşırmış başka bir kelime ilave etmeyerek, bir hareket edecek olurlarsa bu havadan, ışıktan oluşturulmuş esiri bir tablo inceliğiyle titreyen hayal serabı siliniverecekmişçesine hareketsiz, sessiz uzun uzun baktılar. Deniz, derin bir uyku sessizliği içinde gibi, yukarıdan sarı bir ateş şişesi şeklinde ufuklara sarhoşluk veren bir tatlı suyun selsebilini gösteren ayın altında, baygın, kederli bir rüya içinde uzun nefeslerle göğüs geçirerek seriliyor, uzakta belirsiz gölge yığıntılarıyla duran sahillerin girintili çıkıntılı saçaklarına sokularak daha samimi köşeler, gizlenecek, siperlenecek tenha, saklı, karanlık etekler arıyor; beride, ancak siyah birer sırtı görünen Adaların, meçhul bir uçurumdan fışkırıvermiş binlerce sarı gözlerinin hain ateşleriyle bakıyor zannolunan bu heybetli siyah devlerin önünden kaçarak, ta uzaklara, bitmez tükenmez ufukların uzak enginlerine doğru uzanıyordu, ve aydan dökülen ışık şelalesiyle yaldızlanarak böyle serilip uzanan deniz o uzak ufuklarda göklerle birleşiyor gibiydi; onların bu kavuşma noktasında beyaz bir fecir çizgisi gelişerek, parıldayan bir toz galeyanı içinde, sanki orada tutuşup yanmış bir güneşin hâlâ parlak külleri savrularak kaynaşıyordu.

Bu denizin uyuşturan sessizliğinde öyle nüfuz eder bir hüzünlü anlam, o kadar ruha yakın bir sıkıntı vardı ki Nihal'le Behlûl kalplerinde bir belirsiz keder, birer küçük kelime alışverişinden bile men eden bir sessizlik ihtiyacı hissediyorlardı.

Nihal kendisinde, terk edilmiş, böyle uyuyan bir denizin sakin kenarına bırakılıvermiş, sonsuz bir unutuluşa mahkûm, bir çocuk hüznünü duyuyordu. Hayatta bütün sevdikleri insafsız birer ihanetle onu itmişler, reddetmişlerdi; dünyada yapayalnız tek başına bırakmıştı. Bu sakin gece ile diğer bir gece arasında, o Chopin'den sevdiği parçayı çaldıkça, hayalinde uyanan beyaz gece arasında bir yakınlık doğuyor ve onu ölmüş bir dünyanın içinde yalnız kalmış olmak sıkıntısıyla eziyordu; yalnız, yapayalnız; bütün sevdikleri tarafından unutulmuş, terk edilmiş!

Denizin o uçsuz bucaksız enginlere doğru uzanışlarına bakıp dalarken bir şey onu çekiyor, ta uzaklarda bir yere atmak için sürüklüyor zannediyordu. Ne tutunacak bir himaye eli ne kendisine cesaret verecek bir şefkat bakışı vardı. Etrafında hiç, hiç kimse yoktu; o zaman bu yalnızlık kuruntusunun korkularıyla titreyerek, başını döndüren bu geniş ateş çölünden, o uzak ufukların galeyanlı enginlerinden gözlerini ayırıyor ve bakmaksızın, yanında Behlûl'ün varlığını hissettikçe korkunç bir rüyanın dehşetiyle uyandıktan sonra kendisini yatağında bulmaktan doğan bir emniyet, bir ferahlama sakinliği buluyordu. O vakit gizli bir emniyet hazzıyla, sanki yalnızlıktan kaçarak hissedilmeyen bir yakınlıkla Behlûl'e sokuluyordu.

Yan yana, omuzları hemen birbirine temas ederek duruyorlardı. Behlûl de derin bir bezginlikle uyuşmuş gibiydi; uzakta esmer beyazlıklarıyla belirsiz bir tabloya, terk edilmiş bir hatıranın, bir hayatın silinmiş çizgilerine benzeyen şehre bakıyordu ve açıkça fark olunamayan levhalarıyla, siyah kümelerin altında bellisiz beyazlıklara boğulan safhalarıyla bu manzara eski bir rüyayı andırıyordu. Böyle, eski bir rüyaya benzeyen bu levhanın karşısında, kendi hayatını, ihtimal bu geceden itibaren Nihal'in bir kelimesiyle son sayfası kapanacak, artık işte böyle soluk çizgileriyle, silik safhalarıyla terk edilmiş bir harabeye dönecek olan hayatını düşünüyordu. Daha şimdiden o hayat, uzun senelerin fasılasıyla ayrılmış, uzaklaşmış gibiydi; bütün o çehreler, hatta Bihter, hep o düne ait hatıralar, arada böyle geniş bir denizde, ta ötede, o eski rüyaların yıkıntılarına gömülmüştü. Şimdi onun yanında taze bir emel çiçeği çekingen bakışlarıyla ona yeni bir hayat ufku vaat ediyordu. Ve Behlûl, Nihal'i biraz daha yaklaşmış, biraz daha sokulmuş hissettikçe onu ellerinden tutmak, çekmek, buradan daha uzağa, daha gizli bir yere, çamların gölgelerine götürmek, orada ormanların içinden gelen sıcak nefesler arasında dizlerine kapanarak, ellerini öperek, "Beni sev, Nihal!" demek istiyordu. Sonra bunu düşünürken Nihal'e yıpranmış, kirlenmiş bir kalpten başka bir şey verememekten, bu çocuğun yanında şifa kabul etmeyen bir hastalıkla sakat kalmaktan azîm bir fütur duyuyordu. Bir dakika geldi ki, kendisinden korktu; Nihal'i mutlu edeceğinden emin miydi? Bu soruyu kendi kendisine sormamıştı, belki bu da bir mevsimlik bir hevesten ibaretti. Sonra Bihter'i düşündü: Onunla her şey bitmişti, şimdi aralarında hiçbir ilişki kalamazdı. O günden sonra yalıda yalnız iki saatlik bir zaman için bulunmuş ve Bihter'i görmemişti. Bir kere evliliğe kesin olarak karar verilince, Bihter, her isyan hamlesinin ardından çocukça bir gevşeklik gösteren bu kadın bu emrivakiye zaruri olur verecekti .

Birinci defa olarak Nihal sessizliği bozarak: "İşitiyor musunuz?" dedi.

Bu sakin gecenin sessizliği içinde Adaların hayat ve levhası derin bir uğultuyla görülüyordu. Sanki bu uyuyan denizin altında görünmez bir şelalenin boğuk, ancak hissolunan bir iniltisiyle, ayaklarının altındaki topraklarda, başlarının üstündeki rüzgârlarda ufak bir titreyiş vardı; Nihal parmağını kaldırarak Behlûl'ü dinlemeye davet ediyordu; o zaman bu titreyişin arasında gecelerin sırlarla dolu sinesinden çıkan bir başka titreyiş, ince, belirsiz bir şey, sanki şakıyan bir nefes, havai bir sazın tellerine rastlamış avare bir esinti duydular ve bu o kadar ince, o kadar hafifti ki ancak işitiliyordu.

İlk önce çekingen, kendisini saklamak isteyen bir gönül sırrı korkaklığıyla küçük çırpıntılar, havaları okşuyor gibiydi; sonra bu ezginin çekingen dalgaları altın rüyalar altında uyuyan denizlerin, çamları yumuşak temaslarla öperek geçen rüzgârların uyanmak için fırsat bekleyen teranelerini, o tabiatın uykuda zamanlarına özgü sessizliğe benzer nağmelerini ikaz etmiş oldu; büttün tabiatın üzerinden akışkan bir titreme geçti, sanki gecelerin ruhu derin bir şakıma hazzı içinde inledi.

Behlûl cevap vererek, "Bir mandolin..." dedi. "Bir mandolin! Kim bilir nasıl bir gizli derdi gecelere emanet etmek isteyerek ya bir çam dibinde aya karşı hüzünlerini döken, yahut serseri dalgacıkların üstünde havalara bir selam bırakan küçük mandolin" Nereden, geldiğine dikkat edemedikleri bu ses ikisinde de bu gece, bu muhteşem tablonun sessizliği içinde garip bir etki yarattı; birbirlerine daha yakın olmak, onların da kalbinde bir gizli sesi dile getirmeye davet eden bu belirsiz ezgi arasında daha çok sokulmak istediler.

Nihal ufak bir hareketle Behlûl'ün kolunu aldı: "Zannederim ki geç kalıyoruz." dedi.

Behlûl titreyen eliyle Nihal'in koluna asılan elini tutarak: "Hayır, dinleyelim." diyordu. Elinin altında Nihal'in de eli titriyordu fakat bu defa bu küçük el vurulmuş bir kuş teslimiyetiyle, çekilmiyor, kendisini salıveriyordu.

Bir dakika açıklık kazanacak zannolunan o ses, bu gece, şurada bu iki eli birbirlerine birleştirdikten sonra çekingenlikle silinmek isteyerek, tekrar kaybolmaya, örtülmeye başlamıştı. Bir müddet, birbirinden ayrılmayarak, tekrar onu işitmek ümidiyle dinleyerek duruyorlardı. Birden arkalarında, biraz uzakta, gecelerin bu mutlu sessizliğini yırtarak boğuk bir öksürük sesi işittiler.

Nihal titredi: "İşitiyor musunuz? Beşir yine öksürüyor." dedi ve elini Behlûl'ün kolundan çekmeyerek onu dönmeye mecbur etti: "Gidelim artık! Biliyor musunuz? Bu gecelerin rutubeti onun için ne fenadır..."

Beşir hep çamlığın kenarında, arabanın üzerindeydi. Oraya geldikleri zaman daha sihirli bir tablonun karşısında bulundular.

Behlûl: "Bak çamlara, Nihal!" dedi, "Yalnız beş dakika, yirmi bir adımlık bir gezinti! Bunu reddedemezsin Nihal."

Behlûl şimdi hâlâ elinin altında duran o küçük ele hafif bir baskıyla hükmederek Nihal'i çekiyordu. Uzaktan Beşir'e bağırdı: "Şimdi geliyoruz, Beşir!"

Yoldan çıkmışlardı, çamlıktaydılar; Behlûl ufak, dar, eğri izler takip ederek Nihal'i hep biraz daha ileriye götürüyordu. Nihal üç dört adımda bir, "Ama korkuyorum." diyordu. "Bilmem neden; fakat korkuyorum. Bütün bu gölgeler, bu ağaçlar canlanacak, birden bize hücum edecekler zannediyorum. "Sonra birden durarak parmağıyla gösteriyordu. "Bakınız! İşte uzun siyah bir yen, iri parmaklarıyla bir el, görüyor musunuz? Bize uzanıyor."

Kesik kesik bu korkularıyla kendisi de eğleniyor, fakat korkmakta devam ederek, kaçarcasına biraz daha seri adımlarla yürüyor, Behlûl'e biraz daha sokuluyordu. Sonra birdenbire ilerlemek istemeyerek, korkulu gözlerle sanki gölgelerin arasında titreyen bir şeylere bakarak yavaşça Behlûl'ün kulağına: "Hayır, hayır, artık yetişir! İşte burada duralım!" diyordu; yahut geri dönelim, evet, geri dönelim.

O zaman Behlûl'ün koluna asılıyor ve bütün tabiatın meçhul hayalleriyle dolu zannolunan sessizliğinden doğan bir korkuyla ezildikçe böyle çiğnenmekten sanki hiddet eden otlara, ancak potinlerinin ucuyla basabiliyordu. Behlûl ona, "Çocuksun!" diyordu; "hep yolun kenarını takip ediyoruz, biraz eğilsek arabanın fenerini fark edeceğiz. Ondan sonra bu masum ormandan niçin korkmalı? Bak ne güzel, Nihal! Sen bunu güzel bulmuyor musun?"

Nihal eliyle yüzünü kapayarak: "Güzel, evet, güzel fakat korkunç" diyordu. Gözlerinin önünde orman bir sırta tırmanarak gittikçe koyulaşan, sarıdan çok yeşile benzer ışıklar altında sonunda donuklaşmış gölgelere boğularak uzanıyordu ve bütün bu ormandan çıkan garip bir nefes, sanki karanlık derinliklerin korkunç yaratıklarla dolu göğsünde uyuyan perilerin bir hayat nefesi, ta içerilerden mırıltılar getirerek, görünmez kanatlarla çamların arasında çırpınarak uçuyor gibiydi. Daha uzakta, bir derin uğultu içinde, Ada'nın velvelesi, ormanın karanlıklarında açılmış bir uçuruma iniltilerle yuvarlanan, her şeyi karşı konulamaz bir selle sürükleyerek götüren heybetli bir çağlayan farz ettiriyordu. Onlar ormanın henüz kenarındaydılar. Nihal artık daha çok gitmekten kaçınıyordu. Yukarıda yeşil bir yağmur altında çalkalanıyor zannolunan çamlık hemen oraya çökmeye hazır, yüksek bir set, fakat canlı karanlıklarla geniş geniş nefes alan bir set korkunçluğuyla titriyordu. Daha yakınlarında, yer yer, açık tirşeye çalan meydancıklar, ayın yeşil bir rüya rengine boyanarak akan ışıklarıyla, geniş birer iç açıcı gülüş şeklinde gülümsüyordu.

Bunlardan birinin içindeydiler.

Nihal: "İster misiniz burada oturalım?" dedi, "Fakat yalnız bir dakika, biraz korkuyu unutacak kadar. Şimdi geri dönecek olursak ne zannediyorum, biliyor musunuz? Bütün bu orman, bu arkamızdan uzun elleriyle kollarını uzatan çamlar hareket edecek, koşacaklar, bizi tutacaklar, sonra..."

Bunu söylerken omuzlarından akan bir titreme seliyle yeldirmesinin içine sarınıyordu. Hemen oraya, hoş bir büzülüşle çömeldi. Behlûl ayakta ona bakıyordu. Bir saniye birbirine karşı, gözleri bu yeşil aydınlığın içinde bakışarak durdular. Nihal, böyle Behlûl'ün gözlerinin altında dururken, onu yerinde sallayan, sanki büyük bir zaaf içinde bayıltarak oraya düşürüverecek, ihtimal bir dakika içinde öldürüverecek bir şey duyuyordu. Birden kendisinde uyanan başka türlü, niteliği meçhul bir korkuyla bağırmak istedi:

"Ama beni tutunuz, beni buradan götürünüz! Arabaya, eve evet, eve eve!"

Bu dakika evde, odasında, o beyaz yatağının içinde bulunmak istiyordu; şimdi yalnız arkasında siyah heyulalarıyla duran romandan değil, karşısında bakan bu adamdan da korkuyordu. Bu gece fena bir rüyaya benziyordu. Korkusunu unutmak için en evvel hatırına gelen bir şeyle Behlûl'e hitap etti: "İtiraf ediniz ki bu gece buraya gelmek tuhaf bir fikir..."

Behlûl işitmiyor gibiydi. Hep o dalgın gözleriyle Nihal'e bakıyordu; sonra, birden, oraya, Nihal'in dizlerinin dibine oturarak titrek bir sesle: "Nihal!" dedi; "Beni bir parça seviyor musun?"

Nihal, ufak, kesik bir kahkahayla güldü:

"İşte! Anlaşılan bunu söyletmek için gelmiş olacağız. Ama bu o kadar sade bir şey ki bundan bahsetmek için buraya kadar gelmeye hiç gerek yoktu."

Nihal böyle başlayan konuşmayı bir şaka zemininden çıkarmamak istiyor gibiydi; büyük bir zorla dudaklarında bir tebessümle söylüyordu. Behlûl pek samimi, hatta biraz gücenmiş, cevap verdi:

"Seni temin ederim ki Nihal," dedi, "bu gece, şu dakikada, bu meseleye dair en küçük bir şakanın beni pek çok kıracak bir önemi olabilir. İşte, sen de, evet, sen de hiç şakaya eğilimli değilsin. Bana cevap vermemek için zorla gülmek istiyorsun, zorla, inkâr etme! Bu anlaşılıyor. Şu halde neden söylememeli? Evet, neden Nihal? Muhakkak, beni bir parça, pek çok değil fakat bana kifayet edecek kadar seviyorsun. Bunu söyleyivermek o kadar sade bir şeyken..."

Nihal hep o tebessümüyle cevap vermek istedi:

"Ama yanılıyorsunuz, ben sizi pek çok seviyorum. Bilhassa artık kavgalarımız bittikten sonra! Şimdi sizinle bir dosttan daha fazla, sadece birer kardeş değil miyiz?"

Behlûl acı bir tebessümle baktı, bu tebessümünde öyle derin bir serzeniş vardı ki Nihal'in dudaklarından o şaka etmek isteyen tebessümü birden silinerek, "Behlûl!" dedi, "Bana söyler misiniz? Niçin benimle evlenmek istiyorsunuz? İtiraf ediniz ki bu bir şakadan başka bir şey değildi. Siz her şeye ihtimal verebilirdiniz; buna, bu şakaya, minimini Nihal'le, hani şu Japonya yelpazelerinin resimlerine benzeyen kızla bir evliliğe ihtimal veremezdiniz.

Öyle denk geldi ki sizin önünüze sandalyesine esir, boş saatlerine eğlence arayan bir kadınla, genç karısıyla rahat kalabilmek için fırsat bekleyen bir baba çıktı. Bunların elinin altında ilk çıkacak talibe verilmeye mahkûm bir kız var: En evvel, en yakın olduğunuz için siz hatıra geldiniz. Siz de biraz hayatınızdan yorulmuş, bezmiştiniz, ufak bir değişiklik arıyordunuz. Önünüze bu şaka yuvarlanınca elinizi uzattınız. Kendi kendinize: 'İşte âlâ bir oyuncak!' dediniz. Bir müddet eğlenmek için pek iyi bir çare! Sonra kırılınca, bozulunca atmak bir şey değil..." Nihal yine ufak bir tebessümle Behlûl'e baktı, sonra hoş bir hareketle, kırık oyuncağını atan bir çocuk vaziyetiyle ilave etti: "Artık öyle zannediyorum ki bu oyuncağı atmak lazım geliyor."

Behlûl, sessiz dinlemişti. Telaşsız, hafif ve sakin bir akışla söyleyen Nihal bitirince cevap verdi:

"Ama işte ben asıl onu atmak istemiyorum, anlıyor musun? Evet, minimini Nihal evet, Japonya resimlerine benzeyen kız mademki öyle söylüyorsun, öyle olsun. Sen bir oyuncaksın, hayatımda artık yapılan, eğlenilen şeylerden bezildikten sonra rast gelinmiş bir oyuncak; fakat kırılıp atılacak bir şey değil, pek kıymetli, hayata tek ilgi bağı olarak alıkonacak, her zaman için, işitiyor musun, en yumuşak, en nazik çiçekler arasında saklanacak bir oyuncak! Bilsen Nihal, sana böyle söylerken kendime ne kadar şaşıyorum! Hep değişmiş, başkalaşmış bir Behlûl! Çünkü sen beni değiştirdin, evet, evet, büsbütün... Senin çocukluğundan, temizliğinden bana bir şey bulaşmış oldu; sanki hayatımın birkaç senesi bütün o boş emellerle dolmuş sayfaları birden yırtılıverdi. Senin karşına çocuklaşmış, hatta niçin itiraf etmeyeyim, temizlenmiş olarak çıktım. Bana o minimini elini uzatıverirsen, ben kurtulmuş bir adam olacağım. Mutlu, artık başka emeller arkasından koşmaya lüzum görmeyecek, kendisinin kaderi olan mutluluğu ulaştıktan sonra orada mutluluğunun içinde yaşayacak bir adam... İtiraf et ki Nihal, senin de böyle bir ele, böyle bir koruma ve eşlik eline ihtiyacın var..."

Nihal, gözleri inmiş, eli yeldirmesinin bir kenarını kıvırarak, göğsü ufak bir heyecanla şişkin dinliyordu. Behlûl devam ediyordu:

"Evet, ihtiyacın var, Nihal. Ben sanki senin bütün o acılarını, o gizli gizli ağlayan umutsuzluklarını hissetmiyor muyum? Sen şimdi kendini herkesten, bütün kalplerden, uzak buluyorsun, bütün sevdiklerinin arasında yapayalnız... Sen ki sevilmeye o kadar muhtaçsın..."

Birden Behlûl sustu, daha çok eğildi, Nihal'in gözlerini görmek istiyordu:

"Ağlıyor musun, Nihal? Evet, evet, işte ağlıyorsun. Ama niçin? Mademki bu yalnızlığın içinde seni seven, seni her zaman sevecek bir kalp var. Sen de bir parça, evet bir parça seviyorsan... Seviyorsun, değil mi Nihal? Ancak bir parça, bak şimdi gülüyorsun işte... Seninle sevgimizin içine girer, etrafımızdakilere dikkat etmeyerek, hiçbir şeye önem vermeyerek onun içine girer, onun içinde yalnız birbirimizle meşgul, saklanırdık, işte böyle aydınlık bir orman, başımızın üstünde bizi ışıklarıyla okşayan bir ay, yeşil bir yuva, bir, mutluluk yuvası ki hep tekrarlanan yıldızlı rüyalarla bizi uyutsun."

Nihal artık ağlamıyordu, gözlerinde henüz bir nem kalıntısıyla, kendisine bu yıldızlı rüyaları vaat eden adama bakıyordu. Şu dakikada bu çocuğun elemli ruhunda nasıl bir sevda ihtiyacı uyanmıştı ki bu mutluluk ezgisini böyle bitmez tükenmez saatlerle dinlemek arzusunu veriyordu. Bunu dinlerken iki senelik hüsran hayatını, o hayatın işkencelerini düşünüyordu; daha sonra, garip bir hayalle bu düşüncelerinin arasında anne çehresine benzeyen belirsiz bir gölge görüyordu.

Sevilmek! Sevilmek! Hasta ruhunda yalnız bu feryat vardı. İşte şimdi onu seven biri vardı, dizlerinin dibinde bu tekrar olunuyordu ve kendisinden, buna karşılık yalnız bir parça sevilmek isteniyordu. O da Behlûl'ü bir parça sevmiyor muydu?

Kaç kere bunu söylemek için cesaret etmek istemişti fakat kendisini men eden bir şey vardı. Zannediyordu ki onu söyleyecek olursa Behlûl gülecek, eğlenecek, bütün etraftan, bu çamların arasından binlerce alay kahkahası patlayacak. Ona, "Ama çocuk! Seninle eğlendiler." diyecekler. O zaman? O zaman artık ölmek lazım gelecek...

Daha sonra, kalbinde belirsiz bir şey, uzaklardan gelen belli, siz bir ses: "Behlûl'den sakın!" diyordu. Bu ne demekti? Bunu ne zaman işitmişti? Bu mutlu hayalin içinde rahat bırakmayan bu ses nereden geliyordu?

Ve Behlûl'ün hep o ince, üzgün sesi o mutluluk ezgisiyle kulaklarını okşuyordu

"Evet diyorsun, değil mi Nihal? Söyle bakayım, yalnız bir kelime, bir küçük kelime, ondan sonra buradan kalkar gideriz, arabamıza biner uçarız, ihtiyar halaya, "İşte size bir çift mutlu getirdik!" deriz. "Evet, değil mi Nihal?" Nihal başını eğdi ve ta Behlûl'ün kulağına, kendisiyle eğlenecek olanlardan saklıyorcasına, gizli bir nefese benzeyen bir sesle: "Evet!" dedi.

O zaman Behlûl bu narin, zarif başı iki elleriyle çekti ve ta kaşının ucundan, o incecik çizginin kenarından öptü. Şimdi uzaktan sesler, hayvan adımları, kesik kahkaha parçaları işitiliyordu. Nihal ayağa kalkarak, "Yoldan geçiyorlar!" dedi, "Artık biz de gideriz. Kim bilir, ne kadar geç kaldık."

Ağaçların arasından arabanın fenerini gördüler; daha sonra Beşir'in boğuk, uzun bir öksürüğünü işittiler. Nihal, "Beşir yine öksürüyor!" dedi. Sonra göğsünü göstererek ilave etti: "Bilir misiniz? O böyle öksürürken burada, göğsümde bir şey yırtılıyor zannediyorum."

20

Nihal sabahleyin kalkar kalkmaz penceresini açtı. Akşamdan karar verilmiş bir işi vardı Matmazel Courton'a mektup yazmak ve bu defa, o vakte kadar hiç bahsedilmemiş bir şeyden, Behlûl'den, mutluluğundan bahsetmek. Karşıda, Heybeli'nin yeşil sırtları, beyaz binaları güneşin bol tufanları altında yıkanıyor, hafif bir rüzgâr ıtırlı öpücüklerle Nihal'in sarı saçlarını öpüyordu; ve önünde güneşli mavi dalgalarını seren denize bakınarak beyaz oda, bu sabah gülüşünde daha başka bir ferahlık hazzıyla gülümsüyor gibiydi.

Nihal mutluydu; pek iyi bilmeksizin, gece, hemen yemekten sonra, halasından, herkesten, hele Behlûl'den kaçmak, sanki mutsuz bir dakikanın sert temasıyla bu nazik mutluluk rüyasının incinmesinden korkarak odasına çekilmek istemişti; ve burada kendisini yalnız bulunca birden taşan bir ihtiyaçla o dakikada, yanında, bu mahremiyetin samimiyetinde mutluluğundan bahsolunabilecek birisini istemişti; öyle birisi ki onun vücuduyla bu yalnızlık bozulmasın; öyle birisi ki ona yalnız uzaktan bakan bir hayali şefkate benzesin. Matmazel Courton'u düşünmüştü; söylenecek şeyleri ona söyleyecekti; ona yazarken ihtiyar kızın sevinçli ve gülümseyen çehresini görecek, onun gözlerinin altında, kitabı kalbine açılıveren bir bahar sayfasını anlatacaktı. Bu sahife, bir mutluluklar, güneşler vaat eden saf, o kadar umutsuz ve gözyaşlarıyla harap olmuş sahifelerden sonra geliyor, onların acılıklarına öyle parlaklık ve neşeyle son veriyordu ki onu dinlerken ihtiyar kız da Nihal kadar mutlu olacaktı. Son gece, minimini Nihal'ine öyle söylememiş miydi? Onun mevcudiyetinden haber aldıkça mutlu olacağından bahsetmemiş miydi?

Sonra yazmak üzere iskemlesine oturunca, mumunun titrek ışığıyla gözleri boş kâğıdının üzerine dikilmiş, dalmış ve aydınlık sayfanın ilk kelimesini bulamamıştı. Onda gizli, hallolunamayan bir korku, bu mutluluğun bayıltan havasında onu ufak bir titreyişle titreten bir nefes vardı ki mutluluğuna büsbütün kendini teslim etmekten men ediyor ve bu yeni şeffaf ufkun üzerine sanki bilerek, ince bir karanlık hattı çiziyordu.

Kendi kendisine bu hissi anlamak istemişti. Yalnız kalbinde derin bir ıstırap noktası acılığıyla sızlayan bir şey buluyordu: Bu evlilik onun değil, başkalarının mutluluğu için düşünülmüş, onlar için yapılmıştı. Bilinmez nasıl eğri, karanlık izler takip ederek, babasını, gizli gizli, Firdevs Hanım'la, Behlûl'le bu evliliği hazırlıyor, büsbütün rahat kalmak için bu hırçın kızdan kurtulmaya çalışıyor görüyordu. O zaman babasına büyük bir kinle düşman oluyordu. Kaç kereler bu hissin şevkiyle onlardan intikam almak için bu şakaya son verecek bir isyana cesaret etmek istemişti; fakat her defasında onu men eden, üstesinden gelinemez bir zaafla bu şakanın devamını arzu ettiren bir gevşeklik hissetmişti. Behlûl'ü seviyor muydu? Kendi kendisine bu soruyu sorarken verilecek cevaba kuvvet vermek için başını sallamaya lüzum görerek, "Zannetmem!" diyordu, fakat yine kendi kendisine itiraf olunan bir hakikat vardı: Behlûl'ü belki sevmiyordu ama onun tarafından sevilmek istiyordu. Mutlu olmak için bunu yeterli buluyordu; sonra bu gece o şaka, bir hakikatle bitiverince birden Nihal kalbinin o zamana kadar şüpheli kalan satırlarını okuyuvermiş oldu: Evet, o da Behlûl'ü seviyordu. Ve kim bilir ne vakitten beri? Evet, onu seviyordu, yalnız ona eş olabilirdi. Bunu artık itiraf ettikten sonra büyük bir yükten kurtulmuş oldu.

Ve bu böyleydi de yine mutluluğundan bahsedebilmek için bu beyaz kâğıdın üstüne konacak bir kelime bile bulamıyordu. Yazmaktan vazgeçti, sabahleyin yazacaktı, söylenecek şeylerin heyecanı geçtikten sonra sakinlikle yazabileceğinden emindi; fakat bu sabah, penceresinden geniş bir dalgayla giren güneşin altında, bu mavi denizin karşısında yalnız iki satır yazabildi:

"Matmazel!" diyordu; sonunda minimini Nihal'iniz yalnız yaşamaktan vazgeçerek elini birisine uzatıyor, pek tanıdığınız birisine! Ve minimini Nihal o kadar mutlu, o kadar mutlu ki size bu birkaç kelimeden başka yazacak bir şey bulamıyor."

Nihal giyinirken kapısına vuruldu ve halasının sesi, "Nihal açar mısın?" diyordu. Nihal kapısını açtıktan sonra hala perişan bir çehreyle, dağınık beyaz saçlarıyla girdi:

"Nihal, haberin yok!" dedi. "Beşir bir fena gece geçirdi ki... Dün gece üşümüş olacak; bu gece hep ateşler içinde yandı, yalnız şimdi baygın uyuyor."

Nihal sapsarı, gözlerinin etrafında seri titreyişler uçarak dinliyordu. İhtiyar hala derin bir üzüntüyle başını sallayarak ve Nihal'in yataklığına dayanarak ilave etti:

"Bu çocuk... Öyle zannediyorum ki..."

Bitirmedi. Nihal'le birbirine bakıyorlardı. Nihal ellerini kilitleyerek büyük bir üzüntüyle: "Ama bir çare, bir çare halacığım! Beşir'i kurtarmalı. Değil mi halacığım, Beşir kurtulur, değil mi?"

Nihal'de öyle bir üzüntülü telaş, bu imdadında öyle bir feryat vardı ki ihtiyar hala birden bulunan sakinlikle teminat vermeye lüzum gördü. Şüphesiz, o kadar korkulacak bir şey değildi. Hekime haber gönderilmişti. O katranlar iki gün içinde bile iyi etkiler icra etmişti. Yalnız dün gece rutubetten öksürükler şiddetlenmiş olacaktı. Bu uykudan sonra büyük bir iyileşme muhakkaktı.

Beşir'i yatağında, baygın, uyuyor buldular. Nihal yatağın yanında, bir kelime söylemeyerek gözyaşlarını salıvermeye hazır, gözleri Beşir'in bir gece içinde süzülüvermiş, büsbütün donuklaşmış çehresine dikilerek, hâlâ gelmeyen hekime sabırsızlanarak bekliyordu. Bir aralık Beşir gözlerini açtı; en evvel donuk, sanki hâlâ uyuyan gözleriyle Nihal'i gördü; başının bir çabasıyla doğrulmak, yastığının üstünde kalkmak istedi; sonra yavaşça, dalgınlığının arasında bulanık gözleriyle Nihal'e gönderilecek bir tebessüm bularak tekrar uyudu. Nihal yardım isteyerek etrafına bakıyordu. O zaman Behlûl'ü hatırladı. O neredeydi? Nesrin haber verdi: İskeleye gitmişti.

Hekim uzun, bitmek tükenmek bilmeyen bekleyişlerden sonra geldi. Nihal hep ayakta, yatağın yanında, uyuyan Beşir'e bakarak beklemişti. Muayenede bulunabilmek için kuvveti yetmedi. Hekim onu temin etti: "Sizi boşuna korkutmuş!" dedi, biraz dikkat, biraz soğuktan, bilhassa –söylerken gülüyordu- gece gezintilerinden korunma...

Tamamlamıyor, küçük bir tebessümle zayıf bir iyileşme ümidi bırakarak Nihal'in elini sıkıyordu: "Ondan sonra, küçükhanım," diyordu, "hasta odaları hiçbir vakit, hiç kimse için pek iyi bir yer değildir. Anlıyorsunuz, değil mi?"

Nihal dinlemiyor, işitmiyordu. Tekrar Beşir'in odasına girdi. O, uyanık, yatağının içinde oturuyordu. Nihal'i görünce güldü. Hekimin yalnız odadan bir geçmesiyle Beşir iyi olmuş gibiydi. Nihal:

"Nasılsın Beşir?" dedi.

Beşir cevap vermeden evvel etrafına baktı ve odada Nesrin'den başka kimse görmeyerek Nihal'e, "Buradan gidelim küçükhanım!" dedi.

Nihal, "Şüphesiz, gideceğiz elbette fakat bir gün sonra; sen biraz kalkmalısın, davranmalısın." diyordu.

Beşir hep başını sallıyordu. O bugün, hemen şimdi gitmek istiyordu. Hiçbir şeyi yoktu, şimdi isterse ayağa kalkacaktı.

Nihal gülüyor, onu bir çocuk aldatırcasına hiçbir şey vaat etmeden, her şeyi umduran kelimelerle oyalıyordu.

Bugün öğle yemeğinde Nihal ihtiyar halayla yalnız, karşı karşıya, bir kelime söylemeyerek, zihninde bütün Beşir, hemen hiçbir şey yemedi.

***

Nihal öğle uykusundan sonra odasından çıkarak Beşir'den

haber almak üzere iniyordu, birden köşkün önünde bir arabanın durduğunu, bir dakika sonra Bülent'in sesini işitti ve atıldı:

"Bülent! Sen misin Bülent?"

Bülent Behlûl'le beraberdi. Dün akşam gelmediğine pişman olmuş, sonra bugün ablasına koşmak için Köprü'ye inmişti. Bülent anlatırken çenesinde ezberlenmiş bir komedya oynayanlara özgü bir şey vardı, ara sıra Behlûl'e bakarak gülümsüyor gibiydi. Nihal dikkat etmeyerek, hatta tamamıyla dinlemeyerek onlara Beşir'den bahsetti: "Artık Beşir! Kim bilir?" diyor ve kendine özgü sinirli vaziyetiyle ellerini kilitleyerek cümlesini müthiş ve askıda bir soru halinde tamamlamıyordu. Bülent, Beşir'in odasına gitmek için yürüdü. Nihal de tekrar buraya dönmek için bir hareket etti fakat Behlûl elini uzattı ve onu durdurarak, "Nihal!" dedi, seni bugün burada yalnız bırakmaya mecbur oluyorum, şimdi İstanbul'a inmek lazım geliyor."

Sesinde öyle garip bir kuruluk vardı ki Nihal şu cümleden çok bu sesten tuhaf bir etki duydu. Ufak bir sessizlikten sonra: "Sizi bugün hep burada kalacaksınız zannediyordum." dedi.

Behlûl o zaman dolaşık, uzun cümlelerle izah etti. Tamamıyla unutulmuş bir iş vardı ki demin birdenbire kendisini iskelede görünce aklına gelmişti. Eğer minimini Nihal'den izin almaya lüzum görmemiş olsaydı, hemen vapura atılıp gidecekti. Fakat yarın akşam, elbette, artık onu alıkoyacak bir sebep kalmayarak...

Nihal zapt olunamayan bir çığlıkla, "Demek yarın akşam geleceksiniz!" dedi. Sonra birden kıpkırmızı olarak, şüphesiz kalbinin bu saflığından utanarak kayıtsız görünmüş olmak için ilave etti: "Size bir zahmet versem yaparsınız, değil mi? Geçerken posta kutusuna atılacak bir mektup! Bilirsiniz ya, kime?"

Nihal Behlûl'ü daha çok söyletmek istemedi. O söylerken bir dakika evvel o izahatı verirken, kendisini mustarip eden bir şey hissetmişti. Biraz daha evvel pek dikkat etmeksizin Bülent'i dinlerken de ona benzer bir his kalbini tırmalamıştı. Mektubu almak için odasına çıkıyordu. Behlûl onu takip etti.

Behlûl soruyordu:

"Sana ne getireyim, Nihal?"

O, zarfı kaparken cevap veriyordu:

"Her şey yahut hiçbir şey getirmeyiniz; mektubumu unutmayınız yetişir..."

Sonra bunu söylerken birden bu mektubu düşündü. Bu mektup onun mutluluk müjdesini ulaştırmakla görevli olan bir kâğıt parçası... Bilinmez nasıl, kalbinden ancak bir saniye içinde geçen bir korku titremesi arasında bu mektubu artık bir parça yalan olmuş buldu; fakat bu his o kadar bellisiz bir iz bırakarak o kadar çabuk geçmişti ki Nihal'i onu Behlûl'e uzatmaktan men edemedi. Behlûl cebinden cüzdanını çıkarıyor, tuhaf vaziyetlerle fazla önlemler alıyor görünerek Nihal'in küçücük mektubunu kaybolmayacak sağlam bir yere koymaya lüzum görüyordu. "Burada" diyordu; "minimini Nihal'in mektubu artık kaybolamaz. Behlûl dünyanın içinde, dünya göklerin içinde kaybolabilir; Matmazel Courton'un mektubu yine buradan kaybolamaz."

Nihal belirsiz bir tebessümle gülüyor fakat cevap vermiyordu. Behlûl cüzdanını çıkarırken bir küçük kâğıt parçası yavaşça kaymış, hemen oraya, Behlûl'ün ayaklarının dibine düşmüştü. Nihal bunu görür görmez, "Bir kâğıt düşürdünüz!" demek için ağzını açmak üzereydi, sonra birden doğuveren bir his onu durdurdu. İstedi ki bu kâğıt orada kalsın, onu görsün, okusun. Öyle zannetti ki bu kâğıt ona Behlûl'ün niçin gitmek istediğinden bahsedecek... Demin kendisine gösterilen sebepler asıl söylenmemek istenen bir sebebi saklamak için düzenlenmiş şeylerdi, bundan emindi. Sonra Nihal'de kısa bir mücadele başladı. Başkasına ait bir şeye nasıl elini uzatacaktı? Kendisinden saklanan bir şeyi ne hakla alacaktı?

Bu sorulara cevap vermemek için Behlûl'ün artık orada durmamasını, hemen çıkıp gitmesini arzu ediyordu; o gittikten sonra bu kâğıtla yalnız kalınca, artık merak galip gelecek, onu okuyacaktı. Birden bu o kadar önem kazandı ki eğer onu okuyamamak lazım gelse çıldıracağına, yaşayamayacağına hüküm verdi.

Behlûl cüzdanını cebine koymuştu, hâlâ kâğıdı görmüyordu. "Bana gücenmedin, değil mi Nihal?" diyordu.

Nihal cevap vermek için kuvvet bulamadı, başıyla cevap verdi. Sapsarıydı. Behlûl çıkarken Nihal bütün eklemlerini gevşeten bir zaafla duvara dayandı. Sonunda kâğıt orada kalmıştı. Dakikalar geçtikçe onun önemi artıyordu, sanki onda birçok garip sırlar vaat eden bir hain tebessüm vardı.

Nihal'in kulaklarında bir şey uğuldayarak, hareketsiz, göğsü bir heyecanla şişkin, dinliyordu. Behlûl'ün evden çıkmasını bekliyordu. Daha evvel cesaret edemeyecekti. Uzun dakikalar geçti. Sonra bir araba gürültüsü işitildi. Nihal pencereye koştu. Arabada Behlûl başını çevirerek eliyle onu selamladı, bir dakika sonra bir toz kasırgası içinde kayboldu. O zaman Nihal kâğıda koştu, onu aldı, açtı. Evvela donuk bir zihinle, bulanık gözlerle, sanki bir bulut içinde, anlamayarak okudu. Yalnız iki satırdan ibaret bir şeydi:

"Hepsini itiraf etti. Artık o tasarı mümkün değil. Bu akşam herhalde burada bulununuz."

Nihal ferahlayarak geniş bir nefes aldı. Bunda hiçbir şey yoktu, sonra, ancak bir saniyelik bir ferahlamanın ardından kalbine ateşli bir şiş saplanıyor zannetti. Birden bu iki satır müthiş bir hakikat kesilivermişti. Tekrar okudu. İmza yoktu. İnce, büyümek için kuvvet bulamayarak kavrulmuş çocuklara benzeyen harflerden oluşan bir yazı, bir kadın yazısı, Firdevs Hanım'ın yazısı...

Evet, bu Firdevs Hanım'ın yazısıydı. Nihal bu iki satırın altında şimdi bir imza değil, Firdevs Hanım'ın kendisini, çehresini, hain bakışlarıyla bir karanlık kuyunun içinden bakıyor zannolunan gözlerini görüyordu.

Artık mümkün olmayacak olan tasarı neydi? Kim hepsini itiraf etmişti? Elindeki kâğıda bakarak ondan daha fazla açıklama istiyor ona, "Söylesene! Niçin susuyorsun? Artık sen de hepsini itiraf edebilirsin!" diyordu.

Sonra birden, sanki bu kâğıt parçası yırtılarak, ortasından Bihter'in çehresi çıktı. Bihter, evet, Bihter'di, itiraf eden oydu. O zaman Nihal'in beyninin içinde bir bulut, her şeyi dumanlandıran, siyah bir örtüyle boğan bir bulut parçalandı. Artık düşünemiyor, şimdi zihninde patlayarak başını kırmak isteyen soruları işitmemek için çalışıyordu ve yine o sinir buhranı zamanlarında ensesinden saplanıyor zannolunan çiviler, yavaş yavaş dönen, döndükçe daha çok saplanarak delen burgularıyla beynini deliyordu.

Birden ayağa kalktı ve elinde kâğıdı sıkarak: "Ben de gideceğim!" dedi. Yüksek sesle söylüyordu. O zaman, artık zihninde gitmek kararından başka bir şey yaşamayarak giyindi. Halasına ne diyecekti? Elbette denecek bir şey bulacaktı. Nesrin'e bağırdı. O gelince kati sesiyle: "Gidiyoruz!" dedi. Ve onun hayretine kızarak birden hiddetlendi, kısılan sesiyle bağırdı: "Ne duruyorsun? Niçin öyle yüzüme bakıyorsun? Sana söylüyorum, gidiyoruz, anlamıyor musun? Hemen şimdi..."

İhtiyar hala Nihal'in sesini işiterek koşmuştu. Bu hemen verilivermiş kararı anlamıyor, kendisine gücenildiğine atfediyor, Nihal'den izahat istiyordu.

Nihal hazırlanmakta devam ederek: "Hiç, hiç!" diyordu, "Hiçbir sebep yok, size nasıl güvence vereyim, halacığım? Hani benim arada sırada nasıl tuhaf fikirlerim vardır. İşte onlardan biri, öyle bir fikir!Yarın sabahleyin yine döneceğim."

Hararetli hararetli, kesik kesik söylüyor, sonra geçerken kendisine anlayamayarak bakan halasını öperek kapıdan Nesrin'e sesleniyordu:

"Ne kadar uzattın, Nesrin? İşte sen böylesin."

Artık yapacak bir şey kalmayınca, arkasında çarşafıyla, halasının karşısında oturdu ve kuru gözlerle ona bakarak, bir kelime söylemeksizin, sağ ayağının seri darbecikleriyle tahtaya vurarak bekledi.

Hala tekrar sordu:

"Demek hiçbir sebep yok?"

Nihal gözlerini süzerek, başını sallayarak, sessiz bir cevapla: "Hiç! hiç!" demek istiyordu. Odaya Bülent girdi. Bir şey söylemeden ablasına baktı. Nihal onu sanki görmemişti. Bu oyuna, velev masum olsun, aracılık eden bu çocuk, kendisini bedbaht etmek isteyenlerle ortaklık yapan bir sanık hükmündeydi. Bülent anlamayarak demin Behlûl'ün, şimdi Nihal'in bu gidişleriyle Firdevs Hanım'ın o küçük tezkereyi göndermek için kendisini buraya kadar göndermiş olmasının büyük bir bağlantısı olduğuna hüküm veriyordu. Neydi o küçük kâğıt parçası ki böyle halasının sakin köşkünde birden bir fırtına gibi patlayıvermişti.

Nihal'e söz söylemeye cesaret edemeyerek soran gözlerle bakıyordu.

Nihal'in gözleri hep kendisinden kaçındı. Yalnız Nesrin hazırlanmış olarak çıkınca Bülent cesaret ederek sordu:

"Abla! Beni de beraber alır mısın?"

Nihal yalnız bir kelimeyle, kati ve itiraz kabul etmeyen bir kelimeyle cevap verdi:

"Hayır."

Halasıyla öpüştüler;

"Bir iki gün sonra yine buradayım, hala! Benim beyaz odama dokunmayınız..." diyordu. Sonra ta merdivenin altında bir şey hatırlayarak arkasından inen halasına döndü, ilave etti: "Beşir'ime iyi bakarsınız, değil mi hala? Ben asıl sizin için, fakat bir parça da onun için döneceğim..."

Nihal halasına eliyle son bir selam göndererek sofanın kapısından geçerken büyük bir hayretle donup kaldı. Karşısında Beşir vardı. Şimdi pek bol gelerek üzerinde bir cübbe genişliğiyle duran elbisesini giymiş, hazırlanmış, dudakları, o zavallı kavrulmuş soluk dudakları beyaz dişlerini mutlu bir tebessümle açarak, gözlerinde onu dirilten, yeni bir hayatın alevini uyandıran bir gülüşle Beşir oradaydı, o da beraber gidecekti.

Nihal: "Mümkün değil!" diyordu.

Beşir hep o tebessümüyle, hep o gülüş aleviyle, birinci defa olarak Nihal'e itaat etmiyor, yapacağından emin bir adam kuvvetiyle bir kelime söylemeyerek Nihal'in el çantasını alıyordu. Bütün ısrarlar onun inadına karşı etkisiz kaldı.

O, yoldan geçen bir arabaya seslenmiş, kimseyi dinlemek istemeyerek köşkün merdivenlerini inmişti. Nihal'le Nesrin takip ettiler. Vapura yetişemediler. Nihal bunu düşünememişti. Behlûl'le bir vapurda bulunmamak ancak tesadüfün bir lütfuydu. İskelede, hamallar içinde bekledi. Vapur iskeleyi terk edinceye kadar Nihal'i düşünmekten men eden bir şey vardı. Nesrin iki üç kere Nihal'i söyletmek istemişti, o yalnız kaşlarını kaldırarak susuyordu. Ensesinde beynini delen ağrılardan mustaripti. Vapur hareket edince, makinenin gürültü onu sanki bir rüyadan uyandırdı. Yerinde doğrularak baktı. Nesrin'le yalnızdı. O da kendisine bakıyordu. Tekrar Nihal'den sordu:

"Niçin böyle birdenbire gitmeye kalktınız sanki? Yoksa yalıdan bir haber mi geldi?"

Nihal, sakin, cevap verdi: "Hayır, hiçbir şey yok." Sonra birden hiddet etti, böyle sorgulandığına kızıyordu. Önünde bir alay niçinlere rastlamaksızın bir adım atmak mümkün olmuyordu. Şimdi herkes onun işine karışıyordu. Canı inmek istemişti, iniyordu, sonra? Bu kadar adi bir şeye neden karışıyorlardı? Şimdi evde de herkes soracaktı. En evvel babası... İşte, bakınız, ona, asıl ona böyle inmek istediğinin sebebini anlatacaktı. Ve Nesrin'in yüzüne haykırarak: "İşitiyor musun? Asıl ona..." diyordu.

Birden boğazında bir şey tıkandı. Bir gözyaşı boşanmasıyla taşacak zannolundu, sonra bu ukde boğazında kilitlendi ve ağlamayarak, bir kelime ilave etmeyerek başını arkasına dayadı, gözlerini kapadı, vapurun sallantısıyla hafifçe sallanarak düşünmek istedi.

Evet, niçin iniyordu? O iki satırı görür görmez her şeyden evvel aklına Ada'dan gitmek, eve dönmek fikri gelmiş ve bu fikir geldikten sonra başka bir şey düşünmeye vakit bulamamıştı. Şimdi ne yapacaktı? Bu soru zihninde tırmalayan bir kalemle resmolunurken kendisini, babasının karşısında görüyordu. O kâğıdı avucunun içinde buruşturarak babasının yüzüne atacaktı: "İşte, kızınızın hayatını böyle ezdiniz, buruşturdunuz, bir paçavra yaptınız; şimdi artık onu pencereden atabilirsiniz!" diyecekti.

Demek bu annesinin yerine gelen kadın, bu babasının karısı bu her şeyi onun elinden yavaş yavaş, insafsız bir gazapla birer birer alan yaratık sonunda son mutluluğunu da almak için tırnaklarını uzatıyordu. Demek onu aldatmışlardı? Demek bu evlilik şakaydı. Hain, onu öldürmek için düzenlenmiş bir müthiş oyundu?

Dizlerinin dibinde Behlûl'ü görüyor, onun yalvaran, derin bir incelik içinde titreyen sesini işitiyordu.

Behlûl ona yeşil bir ay altında bir aşk yuvası sıcaklığıyla açılan ormanın eteğinde: "Seni seviyorum, minimini Nihal!" diyordu. Ama şimdi, evet şimdi, bu sabahtan beri o gittikten sonra o da Behlûl'ü seviyordu. Hatta anlıyordu ki onu her zaman sevmişti. Onun için mutluluk imkânı yalnız bu evlilikteydi. Bu sabaha kadar nasıl mutluydu! Matmazel Courton'a yazılan mektubu düşündü. "Minimini Nihal o kadar mutlu, o kadar mutlu ki!"

demişti. Yarım saat sonra minimini Nihal o kadar bedbaht, o kadar bedbaht olmuştu ki...

Yalancı kâğıt! Ve acı bir tuhaflıkla bu kâğıt şimdi Behlûl'ün cebinde, o yalan mutluluk müjdesiyle gizli gizli gülüyordu. Birazdan Behlûl'ün elleri onu posta kutusuna atacaktı. Birkaç gün sonra o yalan söyleyen kâğıt ta uzaklarda Nihal'i düşünen birini aldatırken, kim bilir, Nihal burada ne olacaktı?

Demek bu evlilik olmayacaktı? O iki satırı zihninde tekrar etti. "Hepsini itiraf etti. Artık o tasarı mümkün değil. Bu akşam herhalde burada bulununuz!"

Birden kalbi bir ümitle titredi. Belki bu hiçbir şey değildi! Belki başka bir tasarıdan, onunla hiç alakası olmayan şeylerden bahsediliyordu. Sonra bu ümide karşı kalbinde hain bir sesin alay kahkahasını işitiyor ve bir demir elin göğsünü delerek ciğerlerini söktüğünü hissediyordu. Ve bir saniye içinde, bilinemez nasıl serseri birtakım fikirlerin birbirine karışmasından tutuşan bir farkındalık parıltısı içinde bu iki satırın arasında gizlenmiş hakikati, asıl o müthiş hakikati gördü. Bu ancak bir saniye içinde parlayan bir kıvılcımdı. O zamana kadar yalnız kendisini bedbaht etmeye çalışan bir kadının ihaneti simasından başka bir şey görmemişti. Bu simanın arkasında o kirli, o çirkin hakikatin çehresini gördü.

Demek böyleydi?

Gözlerini açarak Nesrin'e baktı. İhtimal bu hepsini biliyordu. Yalnız bu değil, herkes, herkes biliyordu, ancak kendisinden saklamışlardı. Onu daha çok bedbaht etmek, daha etkili bir silahla öldürmek için. Onunla beraber aldatılan bir bedbaht daha vardı: Babası! Zavallı adam! Sonra birden onunla beraber, aynı darbeyle bedbaht olmakta garip bir teselli buldu. Bu darbe onu öldürecekti fakat babasından intikam almış olarak... Bu, kalbini öyle vahşi bir lezzetle dolduruyordu ki babasından intikamını alarak onu öldürecek olan bu darbeyi takdis etti.

Sonunda o hak ve zafer kazanmış oluyordu; ölerek, can vererek fakat sonunda anlaşılmış olarak. Babasına gülerek koşacaktı, kâğıdı ona gösterecekti: "İşte!" diyecekti, "Görüyor musunuz? Behlûl kızınıza koca olamayacak çünkü o annemin yerine gelen kadının âşığıdır. Bu, minimini Nihal'inizi bir parça öldürecek, fakat ne sakınca var? Mademki siz İstanbul'un en nefis kadınına sahip oldunuz."

Bunu söylerken nasıl gülecek, sonra böyle gülerken bu babanın ayaklarına düşerek hep öyle, ölmekten mutlu, kahkahalarının içinde, ne kadar mutlu, can verecek! Evet, işte Ada'dan bunun için kaçmak, eve bunun için dönmek istemişti. Babasından alacağı intikamın tam olması için ölmesi lazım geliyordu. Bu fikre karşı bir teselli hafifliğiyle ayağa kalktı. Artık düşünmemek için pencereden baktı. Vapur Heybeli'den, acele etmeyerek, konuşa konuşa binen yolcuları alıyordu. Uzun uzun bunları seyretti. Vapur iskeleden ayrıldıktan sonra o hâlâ gözlerinin önünden kaçışan dalgalara bakıyordu. Berrak bir sabahtan sonra havada şimdi bir bulanıklık, yağmura bir yatkınlık vardı. Zihninde hiçbir şey olmayanlara özgü bir kayıtsızlıkla havaya baktı, uzun uzun etrafa yaklaşan bir yağmur haber vererek dağılan dumanları takip etti, dönerek Nesrin'e "Galiba yağmura tutulacağız." dedi, "Yazık yeni çarşafıma..."

Şimdi çarşafına, bu bahar için Bihter'le beraber yapılan belisiz yeşil kumlu[1] nefti çarşafına acıyordu. Sonra birden kendi kendisine: "Mademki artık öleceğim!" dedi. Demek zavallı Nihal artık sahiden ölecekti. Bu nefti çarşafı bir öksüz kıza verirlerdi. Sonra bütün o sevilerek yapılan elbiseler, çarşaflar, o çekmecesinin gözlerini dolduran bin türlü ufak tefek, hepsi birer birer hatırına geldi.

1 Çok ufak ve sık benekli. (Y.N.)

Bunlar artık hep boşuna atılacak, öksüzlere verilecek şeylerdi. Halbuki bunların hepsinde onun bir gönül bağı gizliydi, onlarla kalbinin arasında sıkı ilişkiler vardı. Bunları, hatta bundan sonrası için düşünülen şeyleri, hepsini unutmak gerekiyordu. Kadife kaplı bir kutu birden gözlerinin önünde açılıyor, ona yeşil gözlerinin aydınlık gülüşleriyle bakıyordu. Ve bundan, bu zümrüt takımından da vazgeçilecekti; mademki artık gelin olmayacaktı.

Demek öyleydi?

Zihninde şimdi bu soru tekrar canlanıyordu, yine oturmuş, yine vapurun sallantısıyla hafif hafif sallanarak, gözleri kapalı, düşünüyordu. Hücum eden bir art ardalıkla hatırasında küçük küçük ayrıntılar uyanıyordu. Şayeste ile Nesrin'in o zaman anlaşılmayan, ancak şimdi birer anlam kazanan sözlerini hatırlıyor, sonra onun tasarlanan evliliğinden bahsedilirken Şakire Hanım'ın gözlerinin ucuyla birisini göstererek "E?" deyişini görüyordu. Birden aklına mendil geldi. Bir gün Behlûl'ün odasında, onun elinde görülmüş o ıslak mendil... O gün bu mendilin hiçbir anlamı yokken yine onu meşgul etmişti. Bir şey düşünerek değil, yalnız Bihter'in mendilinin orada, Behlûl'ün elinde bulunmuş olmasından doğan bir acı duymuş, sonra bunu tamamen unutmuştu.

Şimdi, aylardan sonra bu anlamsız şeyi, şu dakikada, bu düşüncelerin, bu işkence saatinin arasında neden hatırlamıştı?

Demek o daima Behlûl'ün odasına gidiyordu. O halde onu, evet, bu her şeyden habersiz çocuğu niçin aldatmışlardı? Demek Behlûl onu sevmemişti, sevmiyordu; dün gece, dizlerinin dibinde yalan söylüyordu. Bu defa gögsünün içinde ciğerlerini koparan bir pençe hissetti.[1] Doğruldu, gözlerini açarak ta ruhunun sızlayan bir yarasından kopup gelen feryadı zapt etmek için kıvrandı. Nesrin de karşısında uyukluyordu.

1 Bu cümle 1945 baskısında yoktur. (Y.N.)

Onun karşısında hep böyle uyumuşlardı. Ama artık onları uyandıracaktı; hele babasını, evet, babasını gidip artık sarsacak ve: "Artık uyanınız," diyecek; "işte vakit geldi, kızınızı öldürdünüz."

Ağlamıyordu, hep boğazında onu tıkayan bir ukde vardı ki gittikçe daha çok sıkışarak onu boğmak istiyordu. Ve hep kuru gözleriyle, uyuklayan Nesrin'e bakarak ellerini göğsüne basıyor; artık bir karışıklık içinde, kalabalık, perişan bir akışla zihnini dolduran düşünceler arasından, uzun uzun aralarla silkinerek kendi kendisine soruyordu:

"Demek böyleydi?"

***

Boğaziçi vapurunda geniş bir nefes aldı. Sonunda geliyorlardı. İkide birde başını çevirerek pencereden bakıyordu. Onu düşünmekten men eden geveze hanımlarla beraberdiler. Beşiktaş'tan binen bir hanım vardı ki Nihal'le beraber Köprü'den binen iki hanıma bir dakikalık bir tanışıklıktan sonra veremden ölmüş bir kızının faciasını anlatıyor ve ağlıyordu.

Nihal pencereden Beylerbeyi'nin üstünde büyük siyah bir küme halinde, asılı, parçalanmaya hazır duran buluta bakarak kendi kendisine, "Ölmek, veremden ölmek, genç, henüz bir çocukken, ne güzel..." diyordu. Ve babasını ağlıyor görüyordu.

Daha sonra Küçüksu köşkünü gördü, gözleri bir şey arayarak Göksu'nun girişini uzun uzun seyretti, burada verilen ziyafeti hatırlıyordu. En evvel o gün, sabahleyin taşmıştı. Zavallı Matmazel Courton Nihal'in taşkınlıklarına engel olabilmek için ne kadar telaş etmişti. O da, evet, o da bütün hakikati biliyordu. Onun kulağına o cümleyi söyleyen oydu: "Behlûl'den sakın!" Bu cümleyi ihtiyar mürebbiyenin sesiyle işitiyordu ve asıl şu dakikada bu iki kelimenin içinde tehlikeler haber veren anlamlar buluyordu. O gün Göksu'da, ağacın dibinde, yüreğinin üzerinde birer taş ağırlıyla duran o küçük kederlerini söylerken ihtiyar kız onu nasıl bir şefkat bakışının sıcak kucaklayışıyla teselli etmişti; şimdi o yüreğini koparan, ezip hırpalayan artık o küçük kederlerden biri değildi, bütün hayatının, bütün mutluluğunun bir çöküşüydü. Bu adam, daha dün gece onu uyuşturan, bir ezginin kanatlarıyla yeni açılan parlak bir ufka götüren Behlûl demek sakınılacak bir yırtıcı yaratıktı ki, onun zavallı masum kalbini yırtmak, son damlasına kadar onun kanını içmek istemişti. Ve bu canavarı Nihal sevmişti. Gerçekten sevmiş miydi? Kendi kendisine: "Hayır, aksine!" diyordu; "Şimdi ona düşmanlık ediyorum."

Göksu, Hisar'ın eski duvarları ta uzaklarda kalmıştı, o hâlâ dalgın gözlerle bakıyordu. Geldiklerini Nesrin haber verdi. Sonunda, evet sonunda gelmişlerdi. Rıhtımda, öksürmemek için bol elbisesinin içinde omuzlarını kısarak Beşir önden yürüyordu. Nihal yalının pencerelerine bakıyordu. Birden kendi kendisine sordu: "Ya değilse, ya olmayacak bir şüphe üzerine yanılmışsa?"

Bu tezkere bugün gelmiş bir şey olmayabilirdi. Kim bilir ne zamana ait, nasıl bir meseleye dair bir şeydi. İhtimal Behlûl bugün onu bırakmak için zorunlu işini ertelemişti. Belki bir dakika sonra yalıda her şey eskisi gibi bulunacaktı ve Behlûl orada olmayacaktı, hatta gece bile gelmeyecekti. O zaman ne kadar sevinecekti. Bu çocukluğuna gülecek ve sebebini söylemeksizin Behlûl'den af isteyecekti: "Beni affediniz, işte yalnız o kadar..." diyecekti. Hatta ondan sonra Bihter'i bile sevecekti, onun masumiyeti ortaya çıktıktan sonra şimdiye kadar kendisini Bihter'i sevmekten men eden bütün çocuklukları unutacaktı.

Yalıda, karşılarına gelmek için merdivenlerden atılarak koşan Şayeste'den sordu:

"Behlûl Bey geldi mi?"

Şayeste hayret etti. Behlûl Bey kaç günden beri görünmemişti. Ada'da değil miydi?"

Nihal onun suallerine cevap vermiyordu. O gelmemişti. Ona bu lazımdı. Şayeste'nin boynuna atılacak, onu öpecekti. Gelmemişti ve gelmeyecekti. Şimdi Nihal bundan emindi. Kendi kendisine, "Ne çocukluk!" diyor ve çarşafını Nesrin'in kollarına atarken bu çocukluğa gülüyordu.

Adnan Bey Bihter'le beraber Firdevs Hanım'ın yanındaydı. Nihal sofaya çıkınca hep şaştılar. Nihal gülüyordu, babasına: "Sizin için," sonra diğerlerine bakıp ilave ederek "hepiniz için geldim!" diyordu, "Yarın sabahleyin Nihal yine kaçacak."

Bihter'le öpüşmüştü. Firdevs Hanım'a alnını uzattı, sonra beyaz odasını, ihtiyar halasını, gezintilerini geveze bir kanarya şuhluğuyla anlattı. Tuhaf kelimeler buluyor, halasının taklidini yaparak kesik kahkahalarla gülüyordu. Hatta Bihter'e akşam Behlûl'le beraber çamlığa çıkarken bir garip rastlantı olduğundan bahsederek: "Keşfediniz bakalım, kime rastladık?" diyordu.

Bihter sapsarı, yalnız Nihal'in Behlûl'le beraber arabayla gezdiklerine dikkat ederek kayıtsız görünmemek için "Kime?" diyordu.

Adnan Bey gülerek soruyordu:

"Demek nişanlılar dün akşam gezintisine çıktılar?"

Nihal ona yalnız bir kahkahayla cevap vererek Bihter'e rastlantıyı anlatıyordu.

Birden kendisini tamamen mutluluğuna dönüş etmiş buluyordu. İçinde öyle bir sevinç vardı ki onu babasını, Bihter'i, Firdevs Hanım'ı öpmeye, sonra, "Haberiniz yok, ben asıl öyle bir çocuklukla indim ki..." demeye yöneltiyordu. Bihter'e anlatırken kendi kendisine karar veriyordu: "Yarın sabahleyin yine Ada'ya... O, şüphesiz, buraya uğramadan doğru Ada'ya dönecek."

Sonra birden, o sevinçli mutluluk alnında bir keder hattı

çizildi: "Ah!" dedi, "Size Beşir'den bahsetmedim ama Beşir ölüyor."

O zaman uzun uzun anlattı. Beşir'i görmek istediler, Nesrin'i gönderdiler. Adnan Bey hekime haber gönderilmek üzere Bihter'den rica ediyordu. Nesrin haber getirdi: Beşir döner dönmez, başı dönmüş, titreyerek, hatta soyunmadan yatağına girmişti.

Hep telaş ettiler. Adnan Bey'le Bihter koştular. Nihal onları takip ediyordu, sonra birden dönerek Firdevs Hanım'ın yanına geldi ve kulağına eğilerek: "Babama söyleyiniz ki Nihal muvafakat etti." dedi ve kaçtı.

21

Ana ile kız arasında izahat seri ve şiddetli oldu. Behlûl'le son buluşmadan itibaren, bir müddet eğlenmeyi fırsat bilen ve artık usanılan aşkı, bir hakaret sillesi içinde iade olunacak kirli bir şey gibi yüzüne fırlatıldıktan sonra, bu kadında yalnız bir his yaşamaya başlamıştı: İntikam... Ondan, onlardan intikam almak... Bu hissin içinde Behlûl'le Nihal'i birleştiriyor, onları aynı hınç ve düşmanlığın mengenelerinde boğmak istiyordu.

Bu aşk onun her şeyiydi. İzdivacında bütün aklanan emellerini bu aşka koymuş, ona bütün ruhunu, bütün benliğini vermişti. Behlûl'le bu aşk aynen Adnan Bey'le o evliliği gibi başlamıştı. Melih Bey takımının bütün kalıtsal özelliklerine sahip olarak doğan bu kadına güzide bir evlilik lazımdı, bir evlilik ki altından küçük bir anahtarla gelsin. Bu evlilik ancak bir Adnan Bey'le mümkün olabilirdi. Başka hiçbir şey düşünmemiş, Adnan Bey'e elini uzatmıştı. Fakat anlamakta gecikmemişti ki elini uzatmakla kalbini vermiş olmuyor. O minimini altın anahtar bütün emellerinin önünde kapıları açmıştı fakat o emellerin demir kapılarını en hafif bir temasıyla boyun eğmeye mecbur eden altın parçasının karşısında kalbi, kendi kalbi kapalı kalmıştı. O zaman bu evlilikle boş kalan gönül boşluğunu, o aşksızlıktan doğan boşluğu doldurmak için evliliğinin yanında bir aşk hayatı icat etmek lazım gelmişti. Bunu uzaklarda aramak icap etmiyordu. Eteklerinin etrafında arzularla dolu gözlerle kendisini kucaklayan biri vardı, bir adım atmıştı ve kendisini Behlûl'ün kollarına vermişti. Yalnız bir adım; fakat bu adımın altında bir uçurumun ağzı gizliydi.

Onu görmemek istemişti. Ona evliliğinin boşluklarını unutturacak bir rüya lazımdı, işte o kadar! Gözlerini kapayıp artık evlilik hayatını görmemek istedikçe bu rüyaya dönüyordu. Ama bu ancak bir rüyaydı, devam edemezdi. Bunun hummaları, kâbusları vardı; bu rüya artık hayatı için o kadar zaruri bir şey olmuştu ki, o hummalara, o kâbuslara tahammül etmek istedi. Behlûl'ün ihanetlerine karşı kendisini aldattı, sonra inkâr olunamayacak deliller karşısında artık kendini aldatmaya başarılı olamayınca tahammül etti. Bu öyle bir fedakârlıktı ki, onu bir vahşi lezzetle işkenceler vererek mutlu ediyordu.

Fakat Nihal'le evlilik şakasının karşısında ta ruhunun derin bir noktasında aşkını tehdit eden bir tehlike duymuş ve buna isyan etmişti. Bu evlilik olmayacaktı. Behlûl büsbütün kendisinin olacaktı. O güne kadar aşkının endişesiyle hareket eden bu kadın bir dakika içinde anlamıştı ki artık bu aşk yaşamayacak ve birden karar vermişti: Evet, bu aşk ölecekti ama etrafına musibetler serperek...

Nihal'e acımıyordu, onun için birikmiş kinleri vardı, bütün eski tahammülleri birer intikam hakkı kuvvetiyle bu kız hakkında birer düşmanlık vesilesi teşkil ediyordu; fakat bütün bu düşmanlığın üzerinde bir şey vardı ki henüz dün bir çocuk olan Nihal'de bugün birdenbire bir rakibin ortaya çıkmasıydı. Nihal'de asıl bunu affetmiyordu.

Bu evliliğin gerçekleşmesinden sonra kendisi için başlayacak işkence hayatı o kadar ağırdı ki onun gerçekleşmesini men etmek üzere her şeyi feda etmeye karar vermişti. Fakat bu son çareden, gidip Adnan Bey'e bütün hakikati itiraf etmekten daha evvel başvurulacak bir tedbir vardı ki ta evliliğinden beri kendisini sönmez bir kinle takip eden, Firdevs Hanım'ın ellerinde hazırlanmış bu oyunu yine o ellerle bozdurmaktan ibaretti. Bu kadının gözlerinde bütün o kaybolmuş, bir daha dönmemek üzere gitmiş gençliğinin hüsranlarıyla siyahlanmış ruhundan çıkıyor zannolunan derin ve karanlık bir bakış vardı ki Bihter'e yöneldikçe, bu genç ve güzel kadını titreten bir yırtıcılık kazanırdı. Hiçbir zaman ana ve kız olamayan bu iki vücut birbirine düşman olmak için o kadar yakındılar ki Firdevs Hanım'ın yalıda varlığına Bihter bir tehlike devresi olarak görmüştü. Annesinin hep o kendisini takip eden bakışı ihanetler düşünüyor gibiydi, bu gözlerden hep karanlıklarda parlayan yeşil kedi gözlerinden duyulan korkuya benzer bir hisle titrerdi.

Bir gün birden onun her şeyi bildiğine kanaat getirmişti. Sonra evlilik meselesini Firdevs Hanım'ın icat fikrinden çıkmış bir şaka olmak üzere görünce, annesiyle bir savaş devresinin artık açıktan açığa başladığına hüküm vermişti. O günden beri bu iki düşman bu müthiş komedyayı perdelerinin altında gıcırdayan dişlerini saklayarak oynuyorlardı.

Nihal Ada'ya gönderilince Bihter karar vermişti: Artık perdeleri açmak lazım geliyordu. Ve o gün annesiyle yalnız kaldıktan sonra, doğrudan doğruya Firdevs Hanım'ın uzun sandalyesine giderek yanına oturmuş ve Emma'ya kendisi emir vererek: "Bizi yalnız bırakınız!" demişti.

Anne ve kız derin bir bakışla, birbirine atılmadan bakışan iki düşman bakışıyla bakıştılar. İkisi de ellerinde olmaksızın yine bir defa bir gece, açık sarı yalının şehnişininde, karanlıkta birbirlerine bakışlarını hatırladılar. O zaman henüz bu bakışın ifade ettiği düşmanlık karanlıklar içinde gömülmüş gibiydi, o zaman henüz tasarlanan bir evliliğin karşısında bir anayla kızdılar; bugün o anlam açıklık kazanmıştı, tamamen açıktı, şimdi büsbütün iki düşmandılar. Bihter sakin ve kati bir sesle sordu:

"Nihal'i Ada'ya siz gönderdiniz, değil mi? Elbette Behlûl'ü de göndereceksiniz."

Bu öyle bir sesle söyleniyordu ki asıl anlamı hakkında Firdevs Hanım'ın tereddüt etmesine imkân yoktu. Bihter'in kavga etmek kararıyla geldiğinden emindi; fakat en sade, en dingin sesiyle, hatta ufak bir tebessümle cevap verdi:

"Evet, zannederim ki Ccumartesi akşamı o da Ada'ya gidecek..."

Gözlerinde tuhaf bir gülüşle Bihter'e bakıyordu, Bihter bu tebessüme dikkat etmemiş göründü:

"Demek bu evlilik ciddiyet kazanıyor?"

Firdevs Hanım başını eğerek, "Galiba! Adnan Bey karar vermiş görünüyor" dedi.

Sonra bu sıkıntılı konuşmada soru sorma vazifesini kendisine alıkoymak isteyerek sordu: "Ama şaşırıyorum ki Adnan Bey'in kararlarını benden çok senin bilmen lazım gelirken bu meselede benden izahat istiyorsun.

Bihter tereddüt etmeksizin cevap verdi:

"Bunun sebebini anlamanız icap ederdi. Bu evlilik fikrini Adnan Bey'in zihnine siz soktunuz, yine sizin çıkarmanız lazım geliyor; onun için size müracaat ediyorum."

Firdevs Hanım biraz doğruldu:

"Adnan Bey'in zihnine bu tasarıyı koymak için pek çok sebepler buldum fakat onu çıkarmak için bir sebep görmüyorum."

Bihter cevap vermeden evvel acı bir tebessümle baktı, sonra gözleri annesinin gözlerinde, "Pekâlâ bilirsiniz ki bu evlilik mümkün değil!" dedi.

Firdevs Hanım bir hayret çığlığını zapt edemiyordu: "A, ben de aksine bu derece mümkün bir evlilik tasarı edemiyordum; hatta yanılmıyorum zannederim yine sen, evet, sen, burada, bundan ilk bahsedişimizde, Nihal'le Behlûl arasında bir evliliği pek tabii buluyordun."

Bihter bu konuşma tarzından birden sıkıldı: "Anne!" dedi, "Açık konuşalım, olmaz mı? Siz pek iyi bilirsiniz ki karar verdiğim şeylerde hiçbir kuvvetin üstün gelemeyeceği inatlarım vardır. Bu evlilik olmayacak, bunun için şimdiden her şeye karar verdim."

Firdevs Hanım sadece: "Neye?" dedi.

Bihter artık hiddetleniyordu, yanaklarına bellisiz bir kırmızılık tabakası fışkırıyor, dudaklarında ufak bir titreyiş başlıyordu; sabırsızlanmışçasına bir hareket ederek: "Konuşmanın sürmesini istiyorsunuz, öyle mi? Pekiyi öyle olsun!" dedi ve gözlerini annesinin gözlerinden ayırmayarak, şimdi o dudaklarının bir tebessümle beliren çukurunda bir ıstırap kasılmasıyla korkusuzca ilave etti: "Bakınız, ne yapmaya karar verdim. Bugün, bu saatte sizden beklenen şeye olur vermeyecek olursanız, hiç ses çıkarmamak, onun, bilirsiniz a kimin, damadınızın dönüşünü beklemek ve gidip ona demek ki 'siz kızınızı Behlûl'e veriyorsunuz; pek güzel, fakat o işte hemen bir seneden beri karınızın âşığıdır!"

Bihter tane tane, yavaş yavaş, tam bir sakinlikle, gayet tabii bir şey söylercesine, fütursuz, annesinin gözlerinden ayrılmayan gözlerinde gittikçe belirginleşen vahşi bir tebessümle devam ediyordu.

Firdevs Hanım'ın dudaklarında bir aşağılama gülüşü beliriyordu. Kızını devam etmekten men eder bir hareketle doğrularak dişlerinin arasından: "Utanmaz!" dedi.

O zaman Bihter devam ederek ilave etti:

"Kocamın yüzüne atılmasına engel olarak diyeceğim ki:;'Yok, niçin hiddet ediyorsunuz? Karınızın Firdevs Hanım'ın kızı olduğunu biliyordunuz. Teessüf olunur ki onun yanında bir de Behlûl bulundu. Bu kadına teşekkür ediniz ki, bugün size gelip; kızınızı bu adama vermeyiniz ve bu kadını, annesiyle, bilhassa annesiyle beraber evinizden kovunuz, diyor.'"

Bihter sustu, anne ile kız bu defa bütün yırtıcılıklarıyla bakışıyorlardı, rahatsız eden, yarım dakikalık bir sessizlikle göğüsleri şişkin durdular. Firdevs Hanım'ın kilitlenmiş zannolunan dişlerinin arasından boğuk bir kelime daha çıktı:

"Terbiyesiz!"

Bihter derhal cevap verdi:

"Yok, aksine! Sizden alınan terbiyeyi inkâr etmiyorum zannederim. Bilhassa size yeni bir şey öğretmiş de olmuyorum. Ne Firdevs Hanım'ın kızı olduğumu ne de Behlûl'le aramızda bir ilişki bulunduğunu bilmez değildiniz, itiraf ediniz ki bu evliliği bir parça da, hatta tamamen o ilişkiyi bildiğiniz için icat ettiniz. İster misiniz, artık barış yapalım? Mademki benden sonra Adnan Bey sizi almayacak."

Firdevs Hanım hiddetinden boğuluyor gibiydi, haykırdı:

"Bihter!"

Bihter elini uzattı:

"Hizmetçilere duyurmak hiç hoş bir şey değil. İsterseniz sizinle anne kız meseleyi halledelim. Bakınız, size ne şartlar teklif ediyorum: Behlûl buradan gidecek." Acı bir feragat anlamıyla başını sallayarak tekrar etti: "Evet, buradan gidecek, bir daha dönmemek üzere, siz bunu iki kelimeyle yaparsınız. Evlilik! Aslında bu bir oyuncaktı, tahta parçalarından yapılmış bir şey; parmağınızın ucuyla dokunsanız..."

Firdevs Hanım, "Ama yanılıyorsun," dedi, "onlar birbirini seviyorlar, bu evliliği bozmak hiç kolay değil."

Bihter sesinin bütün sertliğiyle cevap verdi:

"Kolay olmasa bile, mademki birbirini seviyorlar, bilhassa bunun için bu evliliği bozmak lazım geliyor."

"Sonra birden bütün üzüntüsünün, ıstırabının taşıveren hamlesiyle bu defa o haykırarak, "Aman Yarabbi! Anlasanıza, ölüyorum. Onların gözümün önünde seviştiklerinden, gözümün önünde... Ben işkenceler içinde kıvranırken onların mutluluklarından ölüyorum..."

Bu, zapt olunmamış bir feryattı, bu feryattan sonra bütün kuvvetleri söndü, artık saklanmaya kuvvet bulunamayan bir taşkınlıkla annesinin dizlerine atıldı ve hüngür hüngür, bu müthiş azapla birinci defa olarak bol bol ağladı, ağladı...

Pazar sabahı, Firdevs Hanım ne yapacağına karar vermeksizin, Bülent'i aldatarak Ada'ya gönderiyordu. Bülent'e küçük zarf verilirken yalnız: "Kimse görmeden Behlûl'ün kendisine" denilmişti. O da iskele başında Behlûl'e tesadüf edince, onu çekmiş, ta tenha bir köşeye kadar götürerek yavaşça, küçük zarfı eline sıkıştırmıştı.

En evvel Behlûl'de bir isyan hissi uyanmıştı. O zamana kadar ilişkilerinden hiçbirinde bu kadar ısrar görmemişti. Demek Bihter o asılıcı, usandırıcı kadınlardan biriydi ki onlarla dost olarak ilişki kesilemez. Mademki bu kadın kendisiyle uğraşmak, beraber geçirilen sevişme saatlerini birer intikam silahı gibi kullanarak evliliğinin önüne çıkmak istiyordu, Behlûl kendi kendine, "Öyle mi istiyorsun? Pekâlâ, öyle olsun!" diyordu. Bülent'in yanında kayıtsız kalabilmek için onun gevezeliklerine cevap vererek kendi kendine kararlar alıyordu: Nihal'e bir yalan uyduracaktı, doğru oraya gidecek ve Firdevs Hanım'ın yanına çıkarak;"Her şeyi itiraf etti, öyle mi?" diyecekti; "Bende de size itiraf olunacak bir hakikat var. Behlûl Nihal'i seviyor, hatta Nihal de Behlûl'ü seviyor ve o kadar sevişiyorlar ki onları hiçbir kuvvet ayıramayacak..."

Bu kararların arasında gizli bir korku onu titretiyordu. Bihter şimdi onun gözünde her şeye gücü yeten bir kadın hırçınlığıyla beliriyordu. Bihter, annesine gidip o günahı itiraf eden bu kadın, tehdidini icra ederek, Nihal'e de gidebilir, ona da hakikati söyleyebilirdi.

O zaman?

Bu heyecanla eve dönerse kendisini idare edememekten, Nihal'e söylenecek yalanı söyleyememekten korktu. İstanbul'a inebilecek zamana kadar olan saatleri ondan uzaklarda geçirmek istedi. O zaman hatırına bir fikir geldi: "Bülent seninle bir gezinti yapalım ister misin?" dedi. Kolunu uzatarak bütün Ada'yı kuşatan bir daire çiziyordu.

Bülent önce evet dedi sonra karnını göstererek, "Ama Bülent'in karnı aç" dedi. O zaman Behlûl ona nevaleler aldı, küçük bir kır ziyafeti çekti, bir arabaya bindiler. Behlûl kendisinden o kadar emindi ki bu gezintiden her güçlüğü yenecek bir çareyle dönüş edeceğine kanaat ediyordu. Arabada ustaca sorularla Bülent'i sorguya çekti. Vesileler bularak Bülent'i Bihter'e dair söz söylemeye davet ediyordu.

Bu tezkere verilirken Firdevs Hanım'la beraber miydi? Bülent Ada'ya gelmek üzere yalıdan çıkarken onu görmüş müydü? Nihal için bir şey söylememiş miydi? Bu soruyu ustalıkla Bülent'in gevezeliklerinin arasına serpiyor, sonra alınan cevaplardan Bihter'in hayalini anlamak istiyordu.

Bu sorgulama neticesinde Behlûl sessiz, soğukkanlılığına sahip olmuş görünüyordu.

Behlûl kendi kendine: "Belki anlaşmak mümkün..." diyordu. Birden arabayı durdurttu, "Burada duralım!" dedi. Burası dün gece Nihal'le beraber oldukları yerdi. Arabadan atladılar. Bülent'e, "Ben aç değilim!" dedi. Boğazında onu tıkayan bir şey vardı.

Dün gece, burada nasıl mutluydu! Nihal'i yanında hissettikçe bütün hayatının o boş hatıralarına nasıl bir nefret ve tiksinme fırlatıyordu! Bugün ufuk bulanmıştı, dün gecenin o parlaklığı bugün solgun bir kırgınlık sisi bırakarak uçmuş; uzak bir rüya hatırası olmuştu. Kendi kendisine şimdi onu istila eden derin bir fütürdan silkinmek isteyerek: "Hayır" diyordu, "Bir rüya değil, bütün ötekiler rüya, Bihter rüya ve fena bir rüyaydı, asıl Nihal bir hakikat, hayatımda yegâne bir hakikat"

Demek Nihal'i seviyordu; on sekiz yaşında, henüz mektepten çıkmış bir çocuğun pencerede görülmüş bir hayal için bütün varlığına hükmeden zaafıyla, o da Nihal'i, bu çocuğu seviyordu. Daha dün bu gülünecek bir şaka iken, demek bugün hayatına hükmeden bir hakikat olmuştu?

Evet, yalnız bu saf ve taze sevda doğruydu; bütün evvelkiler birer yalan, hain birer yalandı. Bu sevda, ona on sekiz yaşını, mektep çocukluğunu, o saf hayatının beceriksizliklerini geri vermişti. Dün gece onun dizlerinin dibinde yaşanan beş on dakika hayatının en temiz, en güzide bir zamanıydı, onun küçük ellerine dokunurken ruhunun en temiz derinliklerinde henüz yaşamaya başlayamamış bir şiir hayatı dirilmişti.

Şimdi önüne geçmek isteyen bir engeli kıracak, Bihter'i çiğneyerek Nihal'e gidecekti. Ama bu kadın isterse Behlûl'ü mahvedebilirdi. Onunla bir anlaşmanın gerçekleşmesine çalışmalıydı. İcap ederse ona yalvaracak, ellerine sarılacak: "Ne lüzumu var?" diyecek, "Niçin fena kadın oluyorsunuz? Benden intikam almak için Nihal'i öldüreceksiniz"

Buna karar verdi; evet, yalvaracak, icap ederse bu kadının dizlerine kapanarak, ellerine sarılarak, bütün o muazzez aşk saatleri hürmetine dost kalabilmek için yalvaracaktı. Bu karardan sonra bir hafiflik duydu. Bülent'e, "haydi!" dedi.

Ona en müşkül oyunları oynamak için en küçük bir karar yeterdi. Nihal'e oyununu oynadıktan sonra yolda, o iki saatlik vapur seferinde de kendisine karşı, tesadüf olunan dostlara karşı oyununu oynamak lazım geliyordu ve ara sıra, şuh bir konuşma arasında bugün Ada'dan ayrılışı sebebini hatırladıkça bu kadar kayıtsız gülebildiğine şaşıyordu. Kendi kendisine: "Tebrik ederim, Behlûl! Sen metin bir adamsın!" diyordu. Bihter'e de aynı metaneti gösterecekti; fakat Köprüde Boğaziçi iskelelerine doğru yürürken birden durdu. Buraya kadar bir an evvel gidip Bihter'i görmek, mutluluğunu tehdit eden tehlikeyi bir saat evvel gidermek için sabırsızlanıyordu; burada o müşkül konuşma dakikasından korktu, onu mümkün mertebe uzaklaştırmak istedi. Beyoğlu'na çıkacak, bir araba tutacak, uzun bir gezinti yapacaktı. Oraya son vapurla gidecekti ve o müşkül konuşma, yine odasında, henüz düne ait hatıraların, henüz sıcak nefeslerinin arasında cereyan edecekti; bir fırsat dakikası bularak ona yine eski rica sesiyle, ta aşklarının ilk mestlik devresine ait sesiyle, "Bu gece, odamda..." diyecekti. Ve emindi, o yine gelecekti, geldikten sonra da, gözyaşlarının içinde aşkını feda edecekti.

22

Nihal bir kavgadan çıkmışçasına yorgun, bu fütursuzluk komedyasını oynamak için son kuvvetini sarf ettikten sonra sanki kemikleri kırılmış, odasına girer girmez kapısını kilitledi. Artık akşam olmuştu. Behlûl muhakkak gelmeyecekti. Demek bu korku bir çocukluktan ibaretti. Bunu nasıl farz edebilmişti? Kendi kendisine gülmeye çalışıyordu. Bu meseleyi düşünmemek için penceresini açarken adeta yüksek sesle: "Zavallı Beşir!" dedi.

Böylece düşüncelerini Beşir'e yöneltmek istiyordu.

Hava tamamen örtülüydü, başının üstünde siyah kümelerle birbirinin üstüne yığılan bulutlar vardı. Şüphesiz yağmur yağacaktı. Nihal hemen oraya, penceresinin kenarına dirseğini dayayarak oturdu. Derin bir gürültüyle uzaklarda gök gürüldüyor, tek tük iri iri damlalar ağaçların tozlarla örtülü yapraklarına damlıyordu. Onun da başında böyle küme küme yığılan bulutlar ve ta uzaklarda, beyninin derinliklerinde gürüldeyen uğultular vardı. Sonra bulutların arasında seri, akıcı, mavi bir alevle şimşekler tutuşurken, o da bir titremeyle sarsılarak, beyninin içinde tutuşup sönüveren şimşeklerle, "Gelmeyecek!" diyordu. Ve tekrar Beşir'i düşünmek istiyordu. Artık Beşir'in öleceğine bugün kanaat getirmişti. Fakat kendi kendisini, Beşir'i düşünememekten, ona tamamen acıyamamaktan dolayı kınıyordu. Niçin ağlamıyordu?

Gözlerini açarak şimdi bahçeye, daha sık, daha bol düşen o iri yağmur tanelerine bakıyordu. Bunlardan pencerenin güneşten kavrulmuş tahtalarına düşenler vardı. Elini uzattı, sıcak temaslarıyla bu sıcak yağmur damlaları eline dökülüyordu. Yukarıda, gittikçe kararan gökyüzünün üzerinde is renginde bulutlar yaklaşıyor, ara sıra derinden, daha sonra pek yakından, hemen başının üstünden gök gürültüleri çatlayarak yağmur daha bol bir akışla dökülüyordu. Hava nemli ve yağmurun ilk sıcaklığından sonra biraz serindi. Bu defa maviden çok kırmızı bir alevle siyah bulutlar yırtıldı; o zaman yağmur, artık ince ve şık bolluğuyla, bahçenin kumlarını şişirerek, ağaçları yıkayarak düştü, düştü. Artık Nihal'in gözlerinin önüne siyah bir duvar çekiliyor gibiydi. Gece oluyordu. Elini çekmişti, mendiliyle kuruluyordu. Ve böyle, uzun uzun elini kurularken düşünüyordu ki artık bundan sonra Behlûl gelemezdi. Ne kadar mutluydu. Hemen yarın sabahleyin Ada'ya, beyaz odasına koşacaktı. Behlûl de oraya gelecekti, belki kendisinden evvel gelmiş olacaktı.

Birden bir ses, babasının sesinden başka bir erkek sesi işitti, sofada Firdevs Hanım'ın yanında sanki birisi vardı, nefes alamadı. Behlûl müydü? Biraz pencereden çekilerek dinliyordu, sonra bir ses daha işitti: İnce bir kadın sesi. O zaman hatırladı: Bu gece için Peyker'le kocasının geleceklerinden bahsolunmuştu.

Sofada gülüşülüyordu. Bütün seslerin üstünde Firdevs Hanım'ın küçük kahkahaları uçuyordu. Nihal kendi kendisine: "Tasalanmış olacaklar..." diyordu. Sonra bu kahkahalara kızdı. Beşir aşağıda ölmeye mahkûmken onlar gülüyorlardı.

Kalbinde bir ukdeyle tekrar uzun uzun yağmuru seyretti. Yağmur gittikçe inceleşiyor, gökyüzünde, hemen örtülmek üzere parça parça mavilikler görülüyordu. Birden bu siyah bulutlar yırtıldı, parça parça koptu, artık yağmıyordu; bulut parçaları, aralarında gittikçe genişleyen mavilikler; fakat gece başlangıçlarına özgü esmer mavilikler bırakarak birbirinden uzaklaşıyor, sonra hepsi birden harekete gelerek, birbirinin arkasından, kanatları gergin, acayip, iri kuş alaylarını andırarak, uçuyorlardı. Nihal, dalgın, bunlara bakıyordu Bir aralık gökyüzü temizlenmiş göründü, sonra birden esmerliğine sanki bir tabaka gölge daha düştü ve dakikalar geçtikçe bu gölge tabakaları, daha seri, daha koyu, sıklaşıyordu. Artık geceydi.

Nihal kendi kendisine, derin bir ferahlama nefesiyle tekrar etti: "Gelmeyecek." Evet, gelmeyecekti. Karanlık odası ona pek kasvetli göründü. Artık bu odanın yalnızlığından kaçmak istedi. Dışarıda hâlâ gülüşüyorlardı. Demin onu kızdıran bu kahkahalar, şimdi, tersine onu çekiyordu. O da gülecekti. Ayağa kalkmak istedi fakat onda bütün organlarını gevşeten, en küçük bir hareketten üşendiren büyük bir bitkinlik vardı. Bu yağmur, bu ilk önce sıcak, sonra serin nemli hava, onu derin bir uyuşukluk içinde tutmak istiyordu. Gözleri kapanıyordu. Uzaktan parça parça gelen sesler, bir uyku içinde kesik kesik, kopuk kopuk örtülüyordu. Hatta düşünmüyordu.

İçinden, dışarıda kendisini davet edenlere cevap veren bir ses: "Geliyorum!" diyordu. Sonra gözleri kapalı, bu uyuşukluğun içinde, açık sesle: "Gelmeyecek!" diyor ve kendi sesiyle uyanarak bulanık gözleriyle açık pencereye, karanlık odasına bakıyor ve uyuşukluktan silkinemeyerek, karşı konulamaz bir kuvvet tekrar gözlerini kapıyordu.

Böyle, uyuyor muydu? Onda, sinirlerini ezen üzüntülerden sonra, uykuya benzeyen uyuşukluklar olurdu ki onu uzun bir hastalık kadar sarartır, zayıflatır, gözlerinin altına mavi gölgeler kordu. Böyle ne kadar zaman kaldı?

Kendisine iskemlesinden kalkıyor, odasında yürüyor, mumunu yakarak aynasında saçlarını düzeltiyor, kapısını açarak çıkıyor gibi geliyordu. Artık aydınlık bir yerdeydi, etrafta kalabalık vardı, hep gülüşüyorlardı, o da beraber gülüyordu; sonra birden, bir saniyelik seziş arasında, kendisini, yine iskemlesinde uyuşmuş karanlık odasında, şimdi üşüten penceresinin yanında bu uykudan silkinemiyor hissediyordu. O zaman yanında birisinin bulunmasına ihtiyaç duyarak: "Baba!" demek istiyordu fakat sanki boğazını sıkıyorlar, ağzını kapıyorlardı.

Birden: "Geldi!" dedi. Ve gözleri korkuyla dolu karanlığın içine açıldı. Geldi! Bu ses odanın içinde başka birinden çıkmış gibiydi. Sanki birisi, karanlıkta soğuk bir nefesle onun yüzüne haykırmıştı: "Geldi!"

İskemlesinden fırladı. Kendi kendisine "Evet, geldi, şimdi orada, belki onunla beraber!" diyordu. Bundan emindi. Behlûl gelmişti. Karanlıkta, elleriyle araştırarak, bir uyurgezer yürüyüşüyle kapıya ilerledi.

Bir fırsat dakikasından istifade ederek Bihter annesine, "Eminim ki Nihal'in hepsinden haberi var!" demişti. Anne kız, uzun, birbirinin görüşünü soran sessiz bir bakışla bakışmıştılar. Sonra Bihter ilave etmişti: "Behlûl gelmeyecek."

Firdevs Hanım kesin bir sesle, bu meselelerde verilecek hükümlerinin isabetinden emniyetle yalnız, "Gelecek" demişti.

Ancak bu kadarcık bir konuşmadan sonra, Bihter'de bir bekleyiş azabı başladı. Behlûl'ün geldiğinden bir an evvel haber almak için olmayacak vesilelerle aşağılarda dolaşıyordu. Eniştesiyle Peyker gelince onların yanında bir aralık kendisini unutmuş, hatta Feridun'la iskemlelerin arasında bir küçük yarış bile yapmıştı.

Fakat gece oluyordu, Nesrin elinde mumuyla sofanın büyük avizesini yakıyordu.

Demek Behlûl gelmeyecekti, demek bu gece evliliğinin son gecesiydi. Eniştesiyle Peyker gittikten sonra, kocasıyla beraber odalarına çekilirken, o kendi odasında kalacak, ve orada hepsini, hepsini itiraf edecekti. Bunu düşündükten sonra, birden orada Nihat Bey'in tuhaf bir hikâyesini dinlerken gülen kocasına baktı; onun bu aldırışsız neşesinin yanında duramadı. İçinden, "Zavallı adam, bu gece kendisini bekleyen şeyden ne kadar uzak..." diyordu.

Şimdi buradan kaçmak istiyordu. Bir müddet yalnız kalmaya muhtaçtı. Bir aralık bir bahane icat ederek Nihal'in odasına gitmek, onu görmek, ondan bir şey anlamak arzusunu duydu. O odasında yalnız ne yapıyordu? Buna kuvvet bulamadı. Aşağıya indi. Kendisine işler icat ediyordu. Yemek odasına uğrayarak sofraya nezaret etti. Şayeste'ye fena silinmiş bir tabak için çıkıştı. Sonra Beşir'i hatırladı. Onun odasında gecikti. Beşir'i sorguladı. O, yatağından çıkmış oturuyor, kendisini pek iyi buluyordu. Bir aralık Bihter Beşir'le Ada'yla ilgili görüşmek istedi: "Ada'da üşümüş olacaksın!" dedi. Beşir donuk beyaz gözleriyle ona bakarak hiçbir cevap vermedi. Beşir'in bu bakışında öyle bir düşmanlık vardı ki Bihter devam etmek istemedi.

Bu katran kokularıyla dolu odada daha çok duramadı, bunalıyordu. Onu gittikçe daha çok istila eden bir heyecan içindeydi, o itiraf dakikasına kadar böyle hummalar içinde kayıtsız kalmak icap edecekti. Bu ne müthiş işkenceydi. Fakat bir kere itiraf ettikten sonra, o zaman artık müsterih olacaktı.

Beşir'in odasından çıktıktan sonra, dehlizi geçti, sofaya çıktı Adnan Bey'in iş odasına girmek üzere ilerliyordu, Behlûl'ün odasının kapısını açık gördü.

Gelmiş miydi?

Ancak bir saniye süren bir tereddütle durdu. Bu bir saniye içinde, odanın karanlığında bir gölge hareket ediyor zannetti. Birden döndü. Artık kocasının odasına da girmeyecekti. Şimdi Behlûl'le yalnız kalmaktan korkuyordu. Yukarıya çıkmak için merdivene yöneliyordu. Arkasından takip olunduğunu hissetti, tam merdiven başındaydı, bir adım daha, artık Behlûl kendisini takip edemezdi. Yukarıdan kocasının sesi, Feridun'un kahkahaları işitiliyordu fakat bu adımı atamadı.

Behlûl orada, ta yanındaydı. Başını çevirdi. Behlûl yavaş bir sesle: "Niçin benden kaçıyorsunuz?" dedi, "Yalnız bir dakika, ikimizin selameti için..."

Bihter cevap vermeyerek, bir hareket edemeyerek ona bakıyordu. Behlûl ilave etti:

"Nihal'in haberi var. Tezkere onun elinde."

Bihter vahşi bir tebessümle güldü. Hâlâ cevap vermiyordu. O zaman Behlûl taştı:

"Ama siz gülüyorsunuz, bu ikimizi de mahvedebilir. Buna müsaade edemezsiniz." Behlûl tehdit edercesine Bihter'e yaklaşıyordu. "Bilhassa, aramızda masum bir kız, bir çocuk var. Bu onu öldürmek için yeterlidir. Anlıyor musunuz?"

Bihter hâlâ o vahşi tebessümüyle gülüyordu. Birden, pek yakından, zapt olunamamış bir öksürük işittiler; Beşir'in öksürüğü... Behlûl Bihter'in gözlerine bakarak: "Beşir!" dedi. "Beşir burada mı?"

Ve birden anladı. Sapsarı oldu. Demek Nihal inmişti? Demek her şeyi anlamıştı? Derin bir bitkinlikle Bihter'e bakıyordu, sonra emreden bir sesle, "Bu gece geleceksiniz" dedi. Bihter, cevap vermeyerek merdivene dönüyordu; o dakikada merdivenden, yavaşça, sessiz, gürültüsüz, sanki bir gölge kayıyor, düşüyor ve hemen oraya yığılıveriyordu.

Bihter dehşet çığlığını zapt edemedi:

"Nihal!"

Behlûl koştu, Nihal orada, ayaklarının altında, gerilmiş sinirleriyle, kilitlenmiş çenesiyle, uzanmış kollarıyla, dimdik bir ölü sarılığıyla yatıyordu. Behlûl diz çöktü, Nihal'in başını kaldırmak istedi. Bu baş kıvrılmıyordu, Nihal'in dudakları kısılmış, bütün saçlarının dibi bol bir terle ıslanmıştı.

Behlûl çıldırmışçasına, "Öldürdük, biz öldürdük!" diyor, sonra Bihter'e bakarak ilave ediyordu: "Anlıyor musunuz? Biz, ikimiz!" Bir korku buhranı içinde bağırdı: "Koşunuz, Nihal, Nihal bayıldı!"

Şimdi hep koşuyorlardı. Herkesten evvel Adnan Bey, anlamayarak merdivenlerden atılmıştı. Sonra Nihal'i, orada, başı Behlûl'ün kolunda, merdivene uzanmış görünce anladı. Bütün vücudu titriyordu, eğildi; Nihal'i kucağına aldı. Boğuk bir sesle Nihal'in yüzüne eğilerek, bu açılmayan gözlere rica edercesine: "Nihal! Nihal! Bana baksana, Nihal!" diyordu. Şimdi herkes oradaydı.

Peyker Bihter'den soruyordu: Ne oldu? Nasıl oldu?" diyordu. Bihter merdivenin kenarına dayanmış, hareketsiz, bu etrafında olan şeylerden habersiz donuk gözlerle bakıyordu.

Adnan Bey Nihal'i bir çocuk hafifliğiyle kaldırdı, merdivenden çıkarıyordu. Babasının kucağında, böyle çıkarken, Nihal geniş bir nefes aldı ve gözlerini açarak babasına uzun bir bakışla baktı, sonra bu bakışla ifade edilmek istenen şeyler söylenerek gözleri tekrar kapandı.

Sofadan geçerken Firdevs Hanım, yerinden kımıldanamayarak, telaşlı bir sesle soruyordu:

"Ne oldu, rica ederim? Nihal mi düştü?

Behlûl onu takip ediyordu. Nihat Bey hizmet arz ederek: "Bir tabip bulmak icap ederse?" diyordu. Nihal'in odasının kapısında Adnan Bey arkasından gelenlere eliyle rica etti. Kimsenin girmesine muvafakat etmek istemedi. Kendisini tedavi edecekti.

Nihal'in buna benzer baygınlıklarını hatırlıyordu, beş yaşına kadar iki kere şiddetli, bir kere hafif baygınlıklar gelmişti; ondan sonra, uzun aralarla Nihal'de bunu andıracak sinirli haller eksik değildi. Bu defa biraz şiddetli görünüyordu fakat biraz kolonya ile...

Adnan Bey Nihal'i yatağında soyarken kendisini dinlemeyerek giren Behlûl'e, Peyker'e bu izahatı veriyordu. Nihal gözlerini bir kere daha açarak etrafındakilere baktı. Adnan Bey rica ederek, "Yalnız kalsak daha iyi olacak." dedi.

Peyker çıktı, Behlûl kalmak istiyordu, Adnan Bey ısrar etti: "Hayır, hayır, kimseyi istemem," diyordu; "göreceksiniz ki yarım saat sonra Nihal yatağından kalkacak." Sonra Şayeste'ye de izin verdi: "Nesrin kalsın." diyordu.

Adnan Bey'in kalbinde birden bir şüphe uyanmıştı, Nihal'in o gün Ada'dan birdenbire dönüşünü Nihal için pek tabii bir çocukluk olmak üzere telakki etmiş iken, Nihal'i Bihter'le Behlûl'ün ayakları altında serilmiş görünce kendi kendisine: "Bir şey var!" demişti. Bu şüphe belirsiz ve o şeyin tür niteliği düşünülmeksizin peyda olmuş bir histen ibaretti. Sonra, bütün bu kargaşalık arasında, bilinmez nasıl bir hisle, gözleri Bihter'i aramıştı. Bihter niçin orada değildi? Neden herkesle beraber ve herkesten çok o telaş etmiyordu?

Nihal'in bileklerini ovuştururken kendi kendisine bunu soruyordu. Sonra, birden ellerinin içinde Nihal'in bileklerini o kadar zayıf, terden şakaklarına yapışan sarı saçlarının altında simasını o kadar süzük ve solgun buluyordu ki ihtimal bu çocuğu kendi mutluluğuna, hep kendisini düşünmesine feda etmiş olmaktan doğan bir azapla kalbi kıvranıyordu.

Nesrin'le yalnız kaldıktan sonra, bir müddet bir şey soramamıştı, onu durdurmaktan maksadı Ada'dan nasıl olup da döndüklerine dair bilgi almaktı. Bir aralık Nesrin'e: "Kapıyı kapar mısın?" dedi. Sonra, kapı kapanınca, cesaret edemedi. Nihal'e bakıyordu.

Nihal şimdi baygın olmaktan çok, rahat, derin bir uykuda görünüyordu; elleri kolları gevşemişti; uzun uzun, düzenli nefeslerle göğsü kalkıp iniyordu. Onu şimdi bu çocuğun yanında ağlamaya sevk eden bir his vardı. Birden bütün haksızlıkları birer birer, insafsız bir kınama anlamıyla gözlerinin önünden geçiyordu. İtiraf ediyordu ki bu evlilik bir hata, müthiş, ihtimal tamir edilemeyecek bir hataydı. Evet, bu nasıl tamir olunabilirdi? Bugün belki, bu hatanın kurbanı, bu minimini Nihal, bu bir nefesle sönüverecek kadar zayıf çiçek, böyle birden, artık bir daha başını kaldırmamak üzere düşüvermez miydi?

Sanki bu hatanın affı temennisiyle eğildi, Nihal'in çenesine, o biraz keçi çenesini andıran zarif sivri çenesine dudaklarını uzattı.

Odanın kapısı gıcırdadı. Giren kimdi? Belki Bihter'di. Başını kaldırıp bakmaya, onu görmeye cesaret edemiyordu. Nihal'in, sıcak, çok güneş altında kalmış bir çiçek nefesine benzeyen kokusunu solumaya gecikiyordu. Kapı tekrar açıldı, kapandı, birisinin odada bulunduğunu fark etti, Adnan Bey o zaman başını kaldırdı ve yataklığın ayakucunda Beşir'i gördü.

Beşir orada, dirilmiş bir heyula gibi duruyor ve kavrulmuş dudakları titreyerek, beyazları donmuş gözlerinde vahşi bir gülüşle, bütün simasını geren derin bir ıstırapla Nihal'e bakıyordu; sonra gözleri titreyerek Adnan Bey'e dikildi, bir şey söylemek isteyerek dudakları kıpırdandı; daha sonra birden döndü, odanın kapısına kadar giderek sürmeledi ve dönerek, söylemeye davet bekleyen gözlerle baktı.

Adnan Bey sordu:

"Ne oluyorsun, Beşir?"

Beşir kuru bir sesle, "Küçükhanımı öldürüyorlar." dedi, "Artık hepsini söyleyeceğim." Ve yataklığın demirine dayanarak, gözleri Adnan Bey'in gözlerinden kaçınarak başladı. O hepsini biliyordu, kaç geceler soğuklarda, yağmurların altında, karanlık köşelerde gizlenerek, sofanın şehnişinde saatlerle onları bekleyerek, yorulmaz bir merakla takip etmişti.

Söylemeye, kendisini kemiren bu sırrı haber vermeye kuvvet bulamamıştı. Beşir anlatırken, perişan bir tarzda bütün gördüklerini, bildiklerini böyle dökerken ikide birde: "Size neden haber vermedim?" diyor, sonra bu sorusuna cevap vermeyerek, haberiniz olsaydı belki böyle olmazdı, dercesine Adnan Bey'in yüzüne bakıyordu.

Adnan Bey sapsarı, bir hareket edemeyerek, bir kelime söylemeyerek, kulaklarının içinde işittiklerini bir kargaşalık buhranına boğan uğultularla, gözlerini Beşir'den ayırmayarak dinliyordu. Beşir bugün Ada'dan dönüşü anlatıyordu: "Bülent Bey geldi, Behlûl Bey İstanbul'a indi." diyordu; sonra bilgilerine burada bir ara vererek son olaya atlıyordu.

O, bugün bir şey, bir büyük olay bekliyordu; bu olayı, odasında, yarı giyinmiş, yatağının kenarında mevut bir şey beklercesine beklemişti.

Beşir gittikten sonra, bütün kuvvetleri birden sönerek, oraya, Nihal'in yatağının kenarına çöktü ve iki elleriyle yüzünü kapayarak hüngür hüngür ağlamaya başladı.

Adnan Bey başının üstünde bir dünya parçalanıyormuşçasına ezilmiş gibi, hâlâ güzlerini Beşir'den ayırmayarak duruyordu; sonra birden taşan çılgın bir öfkeyle, bir şeyler kırmak, bir şeyler öldürmek isteyen bir köpürmeyle kalktı.

Ne yapacağını bilmiyordu, odanın içinde dönüyordu. Bihter! Bihter! Ona Bihter lazımdı; kollarından tutacak, Bihter'i kıracaktı. Aralık kapısına koştu.

***

Bihter bu hiç beklenmeyen olaydan sonra, kollarında Nihal'i çıkaran kocasını takip edemeyerek, orada, bir hareket etmeksizin donmuşçasına kalmıştı. Şaşkın gözlerle etrafına bakınarak kendisini oradan ayıracak bir başka olaya bekliyordu.

İşte şimdi bütün düşünülen sonuçlardan başka bir sonucun karşısındaydı. O kâğıt, Nihal'e her şeyi haber verecek olan iki satır, onun elindeydi; sonra, yavaşça merdivenlerden inerek burada onları işitmiş, hepsini öğrenmişti. Şüphesiz, şimdi babasına söylüyordu; babasının boynuna sarılarak, hıçkırıklar içinde, "Baba! Sizin bana koca yapmak istediğiniz adam Bihter'in âşığıymış." diyecekti. O zaman Adnan Bey çıldırarak onu, onların hepsini kollarından tutarak atacaktı.

Kocasına gidip o hakikati itiraf etmek için kendisinde kuvvet bulan bu kadın, hakikatin böylece meydana çıkmış olmasına karşı titriyordu. Demek buradan böyle, kirli bir düşkün kadın gibi aşağılanarak atılacaktı ve iki gün içinde bu olay bütün halka yayılacak, bu memleketin havasında, etrafına gülüşler serperek çalkalanacaktı. O zaman Bihter için Firdevs Hanım'ın hayatı başlayacaktı. Etraftan kendisine gülümseyerek bakmak için güç bulan gözler açılacak, yalının sermişine mektuplar atılacak ve...

Bütün vücudundan buzlar akıtan bir titreyişle titriyordu.

Ve bunları kabul etmek lazım gelecekti. Bunları reddedemeyecekti. Ne salahiyetle? Firdevs Hanım'ın kızı değil miydi? Kocasının evinden kovulmamış mıydı? Bu zillet hayatı boynuna sarılmış bir zincirdi ki onu boğuncaya kadar sürüklemek icap ediyordu.

Kollarını uzatarak boğazını sıkmak üzere uzanan bu zinciri atmak istedi. Her şeye, her şeye, hatta ölüme katlanacaktı, yalnız buna değil..." Merdivenden birisi iniyordu. Titredi. Belki kocasıydı. Hayır, bu Behlûl'dü ve onun karşısında durdu. Ona perişan, mecnun gözlerle bakıyordu. Birden soğuk bir sesle: "Ben gidiyorum!" dedi.

Tehlikeyi ancak Nihal'in odasından çıkarıldıktan sonra hissetti. Bu vakayla her şeyin meydana çıkacağını ancak o zaman anlayarak birden karar vermişti: Buradan kaçmak..."

Bihter, kilitlenmiş dişlerinin arasından: "Alçak!" dedi.

Behlûl ona yaklaştı, gözlerini gözlerine sokarak, "Niçin? Siz, yalnız siz sebepsiniz" diyordu. "Her şey pek güzel bitmek mümkünken..."

Tamamlayamadı. Bihter bir adım geri atmıştı; Behlûl'ün yüzüne bir şey düştü. Bu o kadar aniydi ki Behlûl birden anlamadı, sonra bir hamlede bu kadının üstüne atılmak, onun kollarını kırmak hevesiyle çıldırdı fakat derhal bulunan bir soğukkanlılıkla geri döndü ve odasına uğramaya lüzum görmeyerek, Bihter'e son bir kudurmuş bakışla bakarak merdivenlerden atıldı.

İşte o da gidiyordu. Bihter ne yapacaktı? Beşir'in dehlizden çıktığını, merdivenleri yavaş yavaş tırmandığını gördü. Öyle zannetti ki geçerken derin ve vahşi bir lezzetle ona bakıyor. Artık herkeste bu bakışı bulacaktı. Hatta annesinde, hatta kardeşinde, hatta eniştesinde, bilhassa bu herifin her vakit onun gözlerini inmeye mecbur eden gözlerinde bu bakış ne çirkin manalar kazanacaktı.

Yaşamak, böyle, bu bakışların altında yaşamak? Ama niçin yaşayacaktı? O zaman ölümü düşündü. Evet, ölecekti. Birden aklına bir şey geldi. Kocasının odasında, yataklığın yanında, küçük dolabın çekmecesinde, sedef kaplı kabzasıyla bir zarif oyuncağa benzeyen bir şey vardı ki onun küçücük ağzını şuraya, işte kalbinin elim bir yarayla sızlayan şu noktasına koysa ve ancak bir saniyelik bir metanetle, yalnız küçük bir baskıyla dokunsa, her şey, her şey bitecekti. Ve o zaman yaşayan sefil bir yaratık için esirgenen merhamet bir ölü için esirgenmeyecekti."

Bu fikir ona bütün kuvvetlerini iade etmiş oldu. Yürüdü, merdiveni çıktı.

Sofada, köşede, Firdevs Hanım'ın etrafında eniştesiyle Peyker'i gördü. Onu görünce başlarını kaldırarak baktılar. Beklemeden geçti.

Dehlizin önünde Emma halının üstüne oturmuş, Feridun'a kibritlerle bir oyun yapıyordu. Çocuk kollarını uzatarak, "Teyze!" dedi. Kenarda Şayeste ile Nesrin duvara dayanmış görüşüyorlardı. O geçerken vaziyetlerini değiştirmediler. Arkasından onu gülen gözlerle takip ediyorlar zannetti. Nihal'in odasının önünde bir an duraklar gibi oldu: Ya buraya girse? Belki henüz hiçbir şey meydana çıkmamıştı...

O anda bu riya fikrine karşı bir nefret duydu. Artık riya yetmemiş miydi? İki adım daha attı ve kocasının odasına girdi. Küçük dolaba koştu, çekmecesini çekti. İşte oradaydı. Aldı ve onu eline alırken düşündü ki ihtimal şimdi kocası da gelecek, onu arayacaktı. Bu pek mümkündü ama mademki ortada öldürülecek bir suçlu var, -bunu düşünürken vahşi bir tebessümle gülüyordu- bu vazifeyi o, kendisi yapacaktı.

Odasına girerek aralık kapısını sürmeledi. Kaç kereler kocasının hukukuna karşı böyle kapanan bu kapı işte sonunda onun intikam hakkına karşı da kapanıyordu.

Kendisini odasında, elinde o zarif bir oyuncağa benzeyen şeyle, yapayalnız, karanlıkta bulunca titredi. Bütün kuvvetleri birden söndü. Gerçekten bunu yapacak mıydı? Böyle genç, güzel, henüz yaşamaya vakit bulmaksızın..."

İlk önce mumunu yakmak istedi. Herhalde karanlıkta ölmeyecekti. Kendisini bir defa daha görmeksizin ölmek... Demek öldükten sonra artık her şey bitecekti; o da, kendisi de bitecekti, artık bir daha yaşamamak üzere... Karanlık, bitmez tükenmez bir karanlık içinde sonsuz bir gölge olacaktı?

Elinden silahı bırakmayarak sol eliyle kibrit kutusunu arıyordu; birden aralık kapısının, bir dakika evvel sürmelenen bu kapının gıcırdadığını, birisinin onu açmak istediğini işitti ve birden dizlerini gevşeten bir kesiklikle bulunduğu yerde duramayarak gözleri karanlıkta, hâlâ, gittikçe şiddet kazanan bir gıcırtıyla sarsılan kapıya dikilmiş bakıyor ve elinde sedef kaplı kabzayı sıkıyordu.

Bu kapı karanlıkta kudurmuş bir intikam hırsıyla gıcırdayan yırtıcı, parçalayıcı bir ağızdı ki ona vahşi bir gülüşle sırıtan dişlerini gösteriyor gibiydi; gözleri oraya dikilmiş, beyni donmuş, titriyordu. Bu bir korkunç rüya mıydı?

Sonra, bir saniye içinde bütün hakikat gözünde seri görüntülerle akıp giderek ortaya çıkıyordu. Ve o zaman gittikçe kilitlenen parmaklarının arasında sedef kabzayı daha çok sıkıyordu; o kadar ki avucunun acıdığını hissediyordu. Bunu niçin sıkıyordu? Bu uğursuz şeyi niçin kaldırıp o dişleri gıcırdayan müthiş ağzın önüne atmıyordu? Onu, gerçek kendisini öldürmek maksadıyla mı gidip almıştı?

Şimdi o eline yapışmış, dişleriyle oraya kilitlenmiş bir canavardı; onu silkip atamıyordu. Şimdi o, bu canavarın mahkûmuydu; sanki kendi iradesinin haricinde bir kuvvetle bu küçük zarif oyuncağın siyah ağzı kıvrılıyor, kıvrılıyor, ona çevrilmek istiyordu. Ve artık kapı sarsılıyordu; örtülü, müthiş fırtınalar saklayan bulutlar altında bir sesle kocası ona: "Açınız diyorum! Ama neden açmıyorsunuz?" diyordu.

Demek o ne bu kapıyı açmaya ne bu sese cevap vermeye ne bu adamın karşısına çıkmaya kuvvet bulamıyordu. Demek böyle küçülmüş, alçak ve aşağılanmış titriyordu; hatta kaçamayarak, hatta yalan söyleyemeyerek, hatta: "Sizi aldatıyorlar!" demeye kuvvet bulamayarak ve elinde hep o küçük zarif oyuncağın siyah ağzı kıvrılıyor, kıvrılıyor, ona çevrilmek, karanlıkta onu bulmak istiyordu.

Şimdi o ses, sarsılan kapının arasından, adeta yalvararak: "Bihter!" diyordu, "Açınız, rica ederim. Anlamıyor musunuz? Rica ediyorum!"

O karanlıkta bir adım atmıştı; dişlerini sıkıyordu ve odanın o yığın yığın karanlıklarına gülen sinirli, geniş bir gülüş ile sanki çehresi yırtılıyordu; birden titreyen dizlerine bir şey, bir alçak sandalye dokundu; ayaklarının önünde onu yürümekten men eden bir duvar yükseldi. Oh! Açamayacaktı, o adamın karşısına çıkamayacaktı ve elinde hep o küçük zarif oyuncağın siyah ağzı kıvrılıyor, kıvrılıyor, ona çevrilmek, karanlıkta onu bulmak istiyor ve ikna eden bir sesle "Evet, güzel, genç, nefis kadın; senin için yapılacak yalnız bu var!" diyordu.

Kendisini aldatmak isteyen o hain şeyi silkip atacaktı, ölmeyecekti; bu güzel, genç, nefis kadın yaşayacaktı; sonra birden, artık kırılmaya hazır, çatırdayan kapının karşısında, bileğinin mukavemetine bir bitkinlik geldi, sanki onu bir kuvvet büktü, mağlup etti, sonunda o siyah ağız kıvrıldı, bir yılan ihanetiyle, karanlıkta, o elim aşk yarasıyla sızlayan noktayı buldu.

***

Nihal ancak üç gün odasında hasta kalmıştı fakat üç aydan beri nekahet hali devam ediyordu. Babasına hekimler, "Burada kalmayınız, kızınıza Ada'nın bol güneşleri, sık çamları altında uzun gezintiler yaptırınız!" demişlerdi ve üç aydan beri Ada'da, ihtiyar halanın tek atlı arabasında sabah akşam baba ile kıza tesadüf olunuyordu.

Biri daha ihtiyar, diğeri daha çocuk olmuş gibiydiler, onların pek az görüşerek fakat birbirine pek çok sokularak arabada yan yana bir duruşları, çamlıkta biri ötekinin koluna asılarak bir yürüyüşleri vardı ki onlara birbirinden şifa bulan iki hasta halini verirdi.

Baba ile kız arasında ne Behlûl'e ne Bihter'e dair bir küçük kelime konuşulmamıştı, o uğursuz hatıradan kaçıyorlardı, maziden son seneleri unutmuş gibiydiler; gelecek için, nadir dakikalarda iki kelime ile hayaller kuruyorlardı.

Adnan Bey ihtiyar mürebbiyeye uzun bir mektup yazmış ve ondan kısa bir cevap almıştı: Matmazel Courton kış başında gelecekti. Şakire Hanım'la kocası Cemile'lerini gelin ettikten sonra artık o iki taze güvercini yuvalarında rahat bırakarak hayatlarının son senelerini yalıda tamamlayacaklardı. Bülent mektepte geceleri kalmayacaktı. Yine bahçede uzun koşuşmalar olacak, o küçük mutfağın parlak takımları arasında kitaplarda bulunmuş tariflerle tatlılar yapılacaktı.

Hayat yine onlar için sonsuz bir bayram olacaktı, mademki artık baba kızına, kız babasına dönmüştü.

Yalnız Beşir eksikti.

Nihal: "Oh. zavallı Beşir!" der, sonra bu feci hatırada duraklamak istemeyerek ilave ederdi: "Değil mi, baba? Ne kadar güleceğiz, hani önceleri nasıl gülerdik..."

Ve mutlu zamanının mutlu kahkahalarından birini bulmaya çalışarak, kesik, kuru, içinde bir ıstırap hıçkırığı, ağlayan bir kahkahayla kollarını babasının boynuna dolar, dudaklarını uzatır, ta çenesinin altında o kılsız noktadan öperdi.

***

Ağustos sonunun bir akşamıydı, baba kız yine gezintilerine çıkmışlardı, artık döneceklerdi. Birden Nihal terbiyeleri babasının elinden aldı: "Rica ederim, biraz daha baba" dedi, sonra babasına donuk beyaz bir safha şeklinde parlayan ayı göstererek ilave etti: "Bakınız, bize fener çekiyorlar."

Bunu söylerken dudaklarında bir tebessüm vardı, sonra bu tebessüm elim bir hüsran anlamıyla dudaklarının üstünde kaldı. Başı biraz öne eğik, gözleri süzgün, artık esmerleşen yolun üstünde bir hatıranın uçan hayalini takip ederek daldı. İşte onlar, mutlu nişanlılar, tek atlı arabalarının hafif gezintiyle uçacak, mutlu, kalpleri aşklarıyla dolu, başlarının üstünde sevişenler için çekilen bir fenerle, koşuyorlar, koşuyorlardı.

Nihal kamçısıyla atın karnını okşayarak bu belirsiz mutluluk hayaline yetişmek, kendisinden kaçan bu şeyi yakalamak istiyordu. Sonra birdenbire silkinerek artık ümidini kaybetmişçesine durdu:

"Burada biraz inelim mi?" dedi.

Onunla beraber burada yarım saatlik bir kendinden geçme içinde neler duymuştu! Yine deniz uzak bir hışırtıyla gizli şarkılar söylüyor, yine ay beyaz ışıklarıyla etrafa baygın bir ferahlık gülüşü yayıyordu; fakat... Nihal düşünmemek için, görmemek için kalbinde acı bir düğümle, babasının koluna asılıyor, onun omzuna başını koyuyor ve kendi kendisine, "Artık hep böyle.." diyordu.

Evet, hep böyle ve bununla mutlu olacağına yemin ediyordu. Gözlerini kapayarak o mutluluk hatırasını muazzez bir ölü hatırası hükmünde, ta kalbinin derinliklerine defnedecek ve babasının koluna asılarak, başını omzuna koyarak mutlu olmak için çalışacaktı.

Bunu düşünürken babasını yavaş yavaş çekerek götürüyordu, çekti, çekti, bir de çamlığa, o yeşil sevda yuvasına, o bir zümrüdün içinde oyulmuş rüyaya dönmek istiyordu; sonra çamlığın ta kenarında durdu, ilerlemekten onu men eden sanki bir el vardı.

Orada durarak bakıyordu. Belki onlar içerideydiler, o mutlu nişanlılar: Behlûl'le Nihal... Acı bir tebessümle dudakları titriyordu. Birden bunu düşünmemek için kendini zorladı, zihninden geçen bu şeyin babasını üzmesinden korkuyordu. Artık bundan sonra hayatını babasına borçlu değil miydi? Yalnız ona!

Şimdi bu baba kız yaşamak için birbirine bağlı, muhtaçtılar. Bunu tekrar ederken zihninden bir şimşek süratiyle bir korku geçiyordu: Ya ikisinden biri yalnız kalırsa? Sonra bu korkudan kaçmak için babasını çekiyor: "Artık kaçalım!" diyordu ve gözlerini kapayarak, kalbi bir duayla korkuya cevap veriyordu.

Beraber, hep beraber, yaşarken ve ölürken...

SON